AS LANÇAS DO CREPÚSCULO

PHILIPPE DESCOLA

AS LANÇAS DO CREPÚSCULO

Relações jivaro na Alta Amazônia

Ilustrações Philippe Munch

Tradução Dorothée de Bruchard

COSACNAIFY

terceira parte VISÕES

PARA ANNE CHRISTINE

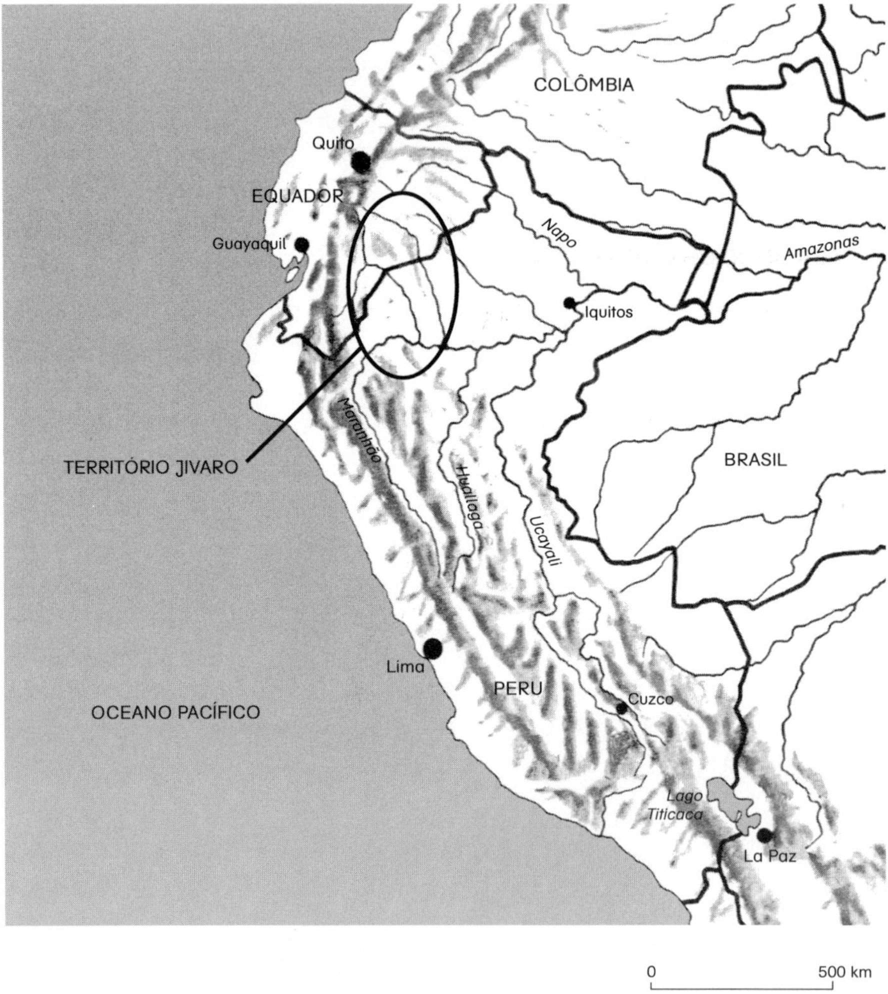

1. O território jivaro situado na América do Sul.

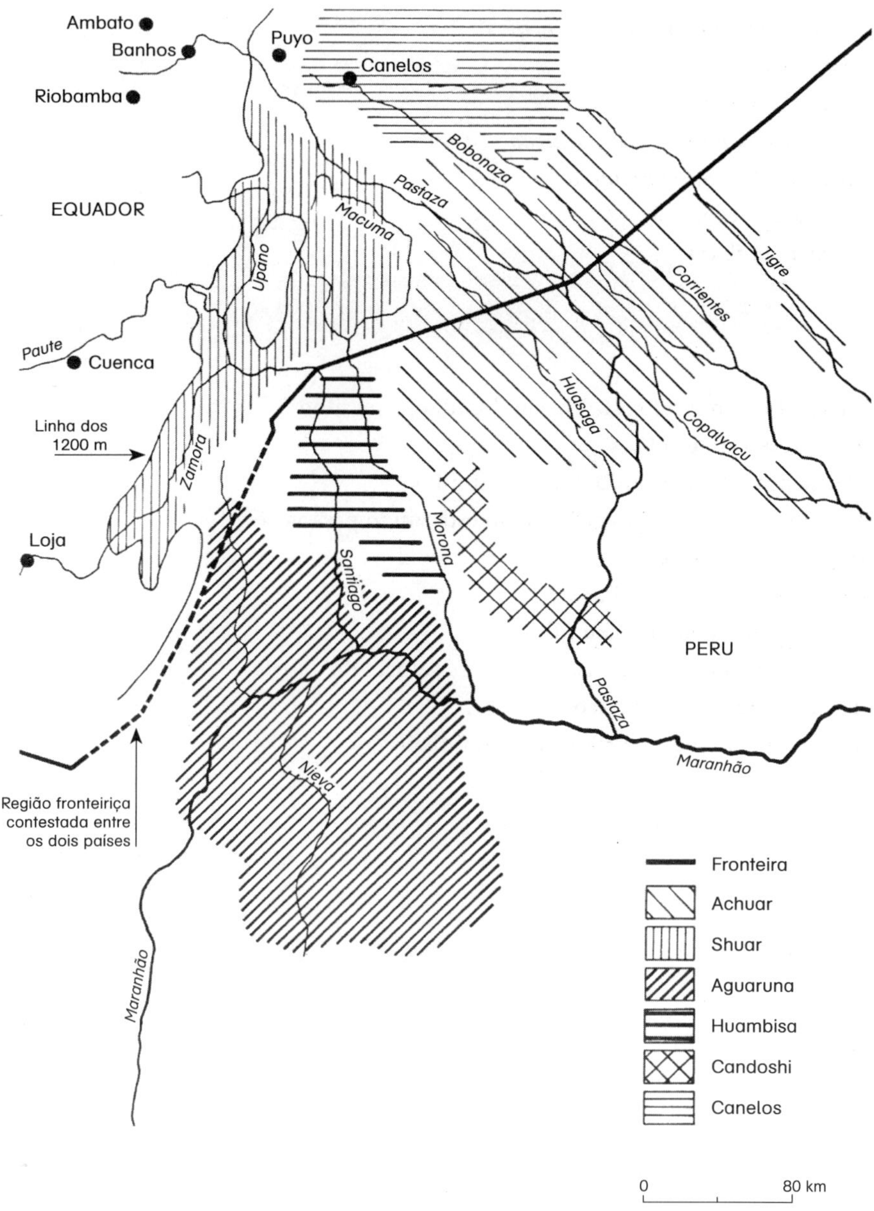

2. As tribos jivaro.

Anku nanki winiawai, uchi, uchirua
Pee awemarata
Etsa uchirua, anku nanki winiawai
Pee awemarata
Emesaka tamawa
Ayawaitramkaimpia, uchi, uchirua
Natemkamia waitmakaimpia
Aak aak weakume
Uwi uwi upujkitia.

A lança do crepúsculo está chegando, filho, meu filho
Depressa, esquive-se!
A lança oca está chegando, filho, meu filho
Meu filho Sol, a lança do crepúsculo está vindo para você
Depressa, esquive-se!
Que o "nocivo", assim chamado,
Não lhe espreite, filho, meu filho
Que não tenha de você a visão clara dos transes do *natem*
Afastando-se pouco a pouco
Que cada passo seu se disfarce de pupunheira.

Por mais que os indivíduos vão e venham,
a filosofia, ao que parece, não viaja.

Jean-Jacques Rousseau. *Discurso sobre a origem da desigualdade.*

PRÓLOGO

As fronteiras da civilização raramente apresentam um semblante simpático, mesmo a quem as aborda sem preconceitos. É verdade que nesses lugares pouquíssimo civilizados ocorre, em escala planetária, um conflito fronteiriço muito real. Iniciado há mais de um século, opõe um punhado de minorias tribais à multidão dos que aspiram expulsá-los dos seus derradeiros refúgios, legião heterogênea em que se mesclam e se opõem camponeses miseráveis em busca de terras e grandes proprietários de rebanhos e plantações, garimpeiros de ouro e pedras preciosas, e multinacionais do petróleo, da madeira tropical e da extração de minério. As linhas de frente em que se trava esta conquista inglória apresentam sempre o mesmo aspecto desolado: povoadas na anarquia do provisório, não raro à margem da legalidade nacional, elas perpetuam, como que em sinal distintivo, sua eterna ausência de urbanidade. A Amazônia talvez seja o lugar onde sua bastardia fica mais evidente. Do Orinoco aos Andes e dos Llanos colombianos até as planícies do Oriente boliviano, no sopé das altas terras superpovoadas e à beira dos rios navegáveis, em torno dos campos de pouso improvisados e ao longo das estradas recém-traçadas, milhares de vilas idênticas brotam sem cessar, a cada dia um pouco mais tentaculares e a cada dia já um pouco mais degradadas, ainda impotentes, porém, para digerir a grande floresta. Caóticas demais para atrair por muito tempo a curiosidade e desnaturadas demais para despertar simpatia, essas cidades cobertas por chapas de zinco expressam uma visão decadente dos mundos cuja confrontação organizam, mescla de tênue nostalgia de uma cultura européia há muito esquecida e preconceitos preguiçosos sobre o desconhecido tão próximo.

Nesses desanimados observatórios é que geralmente têm início as pesquisas etnográficas. Comecei a minha em Puyo, uma cidade de colonos mergulhada num presente sem encanto ao pé da vertente oriental dos Andes equatorianos. Para quem vem da Europa, ou mesmo das antigas cidades coloniais instaladas nos altos vales da Cordilheira, Puyo oferece a surpresa de um mundo sem um verdadeiro passado. É claro que essa pequena capital de província não tem nem três quartos de século; mas os mais antigos postos avançados do Ocidente, nos piemontes amazônicos, não tiveram melhor sorte, sendo que alguns foram fundados durante o reinado de Carlos v. A história tem se mostrado bastante ingrata com essas aldeias de fronteira condenadas a recomeçar diariamente o esforço derrisório ou trágico de seu primeiro estabelecimento. Não lhes deixou de herança uma memória coletiva ou monumentos comemorativos, e nada atualmente atesta a sua antigüidade com exceção, vez ou outra, de uns maços de papéis mofados em arquivos ignorados. No entanto, certas cidades fantasmas do Amazonas eram conhecidas no século XVI por todos os letrados da Europa, que acompanhavam atentamente, em mapas tão bonitos quanto imprecisos, a evolução de uma conquista sem precedentes. Jaen, Logroño, Borja, Sevilla del Oro, Santander, Valladolid, esses marcos do conhecimento geográfico beirando a nostalgia da Espanha natal só sobreviveram na memória dos homens graças à preguiça de várias gerações de cosmógrafos: surgidas durante o primeiro ímpeto da invasão espanhola, as vilas dos conquistadores tinham virado cinzas no século seguinte. Como ninguém teve a preocupação de verificar sua permanência, elas foram perpetuando nos atlas uma existência indevida, mesmo porque suas dimensões gráficas tinham a medida do vazio imenso que eram incumbidas de preencher. Para animar o grande espaço virgem das terras inexploradas, o copista espalhava com letras enormes o nome de aldeias inexpressivas, enfeitando o seu contorno com miniaturas de animais imaginários ou florestazinhas bem civilizadas. À revelia de seus habitantes, dizimados por doença ou ataques dos índios, um conjunto de cabanas miseráveis era registrado na mesma escala que Bordeaux ou Filadélfia. Essas casamatas da conquista esqueceram-se da glória discreta de seu estabelecimento inicial;

seu passado existe apenas na imaginação dos colecionadores de mapas antigos e nos fichários de um punhado de historiadores. Antigos ou modernos, tais enxertos urbanos foram acometidos de amnésia: os mais remotos perderam a memória de suas origens e os mais recentes não possuem lembranças para partilhar.

Indiferente ao tempo, Puyo também era indiferente aos seus arredores imediatos. Eu esperava fazer apenas uma breve estada naquele final da estrada carroçável que vai, em algumas horas, das grandes cidades da Sierra central até a floresta amazônica, mas percebi rapidamente que teria de ficar ali distraindo minha impaciência. Eu precisava, antes de tudo, colher dados sobre a localização dos Jivaro Achuar que eu planejava visitar e me informar sobre os meios para se chegar até eles. Só o que eu sabia é que a presença deles fora assinalada no curso inferior do rio Pastaza, a várias centenas de quilômetros dali, num reduto florestal completamente virgem de caminhos ou rios navegáveis. Para minha grande surpresa, a maioria das pessoas que interroguei em Puyo dizia ignorar tudo acerca dos Achuar. O proprietário da pensão familiar onde eu estava hospedado com minha companheira Anne Christine, os clientes das vendinhas onde fazíamos as refeições, os funcionários das administrações municipais e provinciais, os agentes dos órgãos governamentais, todas essas pessoas com quem um visitante de passagem puxa facilmente conversa numa cidadezinha do interior, pareciam nunca ter ouvido falar na misteriosa tribo que queríamos encontrar. Desanimado com a idéia de estar perseguindo uma quimera, levei vários dias para compreender que nossos interlocutores ignoravam tudo da floresta e dos seus habitantes; a algumas horas de caminhada daquela vila começava um mundo onde eles nunca tinham posto os pés. A leitura prévia de várias monografias etnológicas sobre a Amazônia equatoriana – inencontráveis, por sinal, no país onde se realizara a pesquisa – tinham me permitido saber sobre os índios muito mais, afinal, do que aqueles que viviam quase em contato com eles.

Os habitantes de Puyo compensavam a sua ignorância da realidade circundante com uma capacidade de fabulação tão fecunda quanto categórica. Pelas *cantinas* e quitandas circulavam as lendas mais inverossímeis acerca da mata e dos seus estranhos habitantes. Algumas pessoas nos garantiam que certos índios canibais reduziam o corpo de seus inimigos ao tamanho de uma boneca, tal proeza anatômica constituindo, aliás, a indicação mais segura de que tinham descoberto um milagroso remédio vegetal para a cura do câncer. Outras, em contrapartida, afirmavam que colônias de brancos leprosos subsistiam desde tempos imemoriais às margens de um rio inacessível onde nem os indígenas ousavam atacá-los. Outras ainda diziam que a mata escondia ruínas de palácios de arquitetura grandiosa, prova evidente de que aquela floresta onde eles nunca tinham estado servira outrora como local de veraneio para viajantes intergaláticos e quem sabe até – os extraterrestres tendo, em parte, substituído Deus na explicação popular do mistério das origens – como cadinho de uma gênese cósmica de nossa espécie. Nesse amontoado de histórias inverossímeis, reconheci facilmente e não sem alguma satisfação, as figuras bem repertoriadas, e pouquíssimo modificadas pela cor local, dos grandes delírios que a Amazônia sempre suscitou no Ocidente. O Índio branco, o Eldorado das riquezas fabulosas perdido na floresta, as criaturas monstruosas desaparecidas, os poderes sobre-humanos do mágico selvagem, esses mitos todos se perpetuam nas obras de vulgarização do século XVI até nossos dias sem que os sucessivos desmentidos da experiência tenham conseguido diminuir um poder de fascinação cuja fonte se situa além de qualquer realidade verificável.

O abismo irredutível que eu constatava entre o meu saber livresco e racionalista sobre os índios da Amazônia equatoriana e o universo lendário de que os habitantes de Puyo nos falavam tornou-se para mim a primeira ilustração de uma lei implícita da prática etnográfica. Se nos arriscássemos a formulá-la, parodiando a concisão da linguagem da física, ela poderia ser enunciada do seguinte modo: a capacidade de objetivação é inversamente proporcional à distância do objeto observado. Em outros termos, quanto maior o afastamento geográfico e cultural que o etnólogo estabelecer entre o seu ambiente de origem e seu "campo" escolhido, tanto menos sensível ele estará aos preconceitos das populações dominantes locais em relação às sociedades marginais que estiver estudando. Apesar do seu verniz civilizado, as primeiras não serão para ele mais familiares do que essas últimas.

É certo que uma sólida educação num país cosmopolita nem sempre protege os mais ingênuos das seduções fáceis da quimera. Assim, pouco antes de nossa chegada em Puyo, no outono de 1976, as autoridades equatorianas tinham organizado uma importante expedição internacional com o objetivo de explorar um despenhadeiro situado no piemonte amazônico, no coração do território dos Jivaro Shuar. Além de uma heteróclita coleção de especialistas dos mais variados tipos – entre os quais, ainda assim, faltava um etnólogo – os responsáveis acharam por bem contar com a cooperação de um comando das forças especiais britânicas e de um astronauta americano mundialmente conhecido. Não se sabe se os militares estavam encarregados de proteger a expedição contra eventuais ataques dos índios da região – submetidos há mais de quarenta anos à pacificação missionária – ou se deveriam cumprir uma missão mais heróica, cuja natureza se deixava adivinhar pela presença do astronauta. O boato difundido pelas publicações de alta tiragem de um hábil charlatão europeu afirmava que aquele despenhadeiro continha vestígios de uma civilização extraterrestre. Supostamente gravadas em material desconhecido, figuras estranhas ali brilhavam no escuro, retraçando todas as etapas de uma fundação prometéica da nossa civilização. E como a prática da viagem espacial aparentemente predispunha o homem da NASA a estabelecer relações harmoniosas com seres vindos do cosmo, contava-se decerto com a sua experiência no caso de algum encontro imprevisto. Os resultados da expedição foram ínfimos, se comparados aos recursos empregados: uns poucos cacos arqueológicos de uma cultura já identificada, fragmentos de cerâmica jogados fora pelos índios vizinhos e um conhecimento mais aprofundado da vida íntima dos milhares de bacuraus cavernícolas que se aninham naqueles despenhadeiros.

Essa anedota ilustra exemplarmente o modo como se perpetuam e se enriquecem as lendas que o Ocidente teceu em torno do mundo amazônico. Sobre um antigo cabedal herdado dos primeiros cronistas da Conquista, cada século enxertou sua cota de inverossimilhanças, reinterpretando as esquisitices postuladas sobre a natureza americana de acordo com os mitos próprios da época; das amazonas de seio cortado até os discos voadores, todas as figuras do nosso imaginário tomaram sucessivamente forma no bestiário maravilhoso da grande floresta. Aconteceu de até os mais eminentes pensadores suspenderem suas faculdades críticas diante das aberrações relatadas por crédulos viajantes, o crédito de sua autoridade transformando então aquelas lendas em verdades científicas que observadores escrupulosos hesitavam em questionar publicamente. Hegel oferece o melhor exemplo: na época em que Alexandre de Humboldt publicava suas notáveis descrições naturalistas e antropológicas do continente americano, o ilustre filósofo reavivava em seus cursos uma velha crença, popularizada por Buffon, segundo a qual o indígena do Novo Mundo é um ser física e espiritualmente menor devido à imaturidade do meio físico no qual vive. O desenvolvimento da etnologia tornou tais disparates impossíveis hoje em dia, mesmo para os filósofos mais indiferentes às humanidades periféricas. No entanto, essas fábulas em que a comunidade científica deixou de acreditar seguem se disseminando pela pena dos polígrafos do mistério e do exotismo. Disfarçadas numa névoa de esoterismo ou salpicadas daqueles detalhes pretensamente autênticos que mobilizam instantaneamente a convicção do leitor, oferecem à maioria das pessoas uma aparência de veracidade. Deparamos com elas, distribuídas em edições populares até na papelaria de Puyo, solidamente instaladas entre os manuais escolares e as revistas femininas.

Os mitos suscitados pela Amazônia parecem, desta maneira, levar vida dupla: recolhidos por exploradores indolentes entre os "*petits Blancs*" que vivem precariamente às margens da mata, acabam por achar seu caminho de volta para o local onde foram criados, santificados pelo crédito que goza o meio impresso. Novamente ingeridos pelos fabuladores autóctones, poderão então ser relatados em variante distinta ao próximo escriba aventureiro que passar por ali. Diferentemente, porém, dos mitos ameríndios que se enriqueceram ao longo dos séculos com episódios cômicos ou trágicos acrescentados por contadores inspirados, essa etnologia imaginária tem seu conteúdo poético empobrecido à medida que as exigências da racionalidade moderna lhe impõem o entrave da semiverossimilhança.

Imunizados por leituras anteriores contra os mexericos dos fanfarrões de Puyo, procurávamos desesperadamente qualquer pista que nos conduzisse até os Achuar. Tinham-me ensinado que os etnólogos raramente são os primeiros a chegar no cenário de suas pesquisas, para onde são geralmente encaminhados nos comboios das potências coloniais; mas a minha geração só sabia das colônias aquilo que o sentimento de culpa de alguns dos nossos professores nos tinha ensinado. Eu lembrava que sempre existem soldados ou missionários para abrir os caminhos de uma expedição etnográfica; naquela cidadezinha de uma República independente, não faltavam nem uns nem outros.

Os militares das tropas especiais da floresta, porém, ignoravam tudo sobre os Achuar; em contrapartida, pareciam interessados nas informações que poderiam obter conosco uma vez cumprida a nossa missão. Seu belicismo ostentatório se alimentava da proximidade do hereditário inimigo peruano, que anexara nos anos 1940 a maior parte da Amazônia equatoriana; mantinham sob suspeita, portanto, todo estrangeiro desejoso de se deslocar nos territórios em litígio. Felizmente, os oficiais daquelas tropas de elite eram fascinados pelo mito da Legião Estrangeira, e se perturbaram com a inconsciência da minha companheira que, etnóloga principiante também, se preparava para me acompanhar naquela expedição que eles julgavam bastante temerária. As proezas passadas do nosso exército colonial e a admirável ousadia de Anne Christine atraíram, portanto, a estima e a simpatia dos militares. Na falta de informações sobre os Achuar, forneceram-nos salvo-condutos indispensáveis para ir visitá-los.

Os missionários estavam mais a par das realidades indígenas: como de hábito na América Latina, o Estado equatoriano contava inteiramente com eles para o enquadramento das populações autóctones. A entrevista com os dominicanos foi bastante agradável, mas pouco produtiva. Estabelecidos desde mais de três séculos na região, é claro que tinham ouvido falar nos Achuar, embora suas tentativas para evangelizá-los tivessem fracassado. Um livrinho que eu consultara antes de nossa partida me levara a alimentar, contudo, alguma esperança. De fato, no fim do século XIX um dominicano francês fizera um contato com aqueles mesmos índios entre os quais esperávamos nos estabelecer. Seu empreendimento pastoral limitara-se à entrega de presentes sem valor ao chefe de uma pequena tropa de guerreiros, atraída a duras penas até a casa de um convertido. O abade Pierre ficara vividamente impressionado com o aspecto feroz daqueles selvagens, inteiramente entregues aos prazeres da guerra e ao domínio de Satanás. Ao voltar para a França, publicou uma obra edificante sobre as suas aventuras entre os Jivaro, mesclando habilmente a apologia do missionário com o mais negro retrato dos costumes dos índios, decerto com o intuito de suscitar vocações ao apostolado exótico nos jovens leitores das bibliotecas paroquiais. Mas a exortação permaneceu sem resposta e, quase um século depois, aqueles famosos Jivaro do rio Capauari ainda não tinham encontrado, entre os dominicanos, o pastor que o nosso missionário quisera conclamar. Conformados em não obter junto aos predicantes de São Domingos as luzes etnográficas que esse precedente literário me fizera esperar, voltamo-nos para religiões muito menos familiares.

Num acentuado contraste com a indolência bem latina dos dominicanos, os missionários protestantes continuavam aceleradamente com a conquista das almas. De tendência fundamentalista, aqueles evangelistas norte-americanos combinavam curiosamente uma estreita adesão à literalidade do Antigo Testamento com o domínio das mais modernas tecnologias. Vinham, em sua maioria, das pequenas vilas do *bible belt*, armados de uma consciência inabalavelmente tranqüila e de uma teologia rudimentar, convencidos de serem os únicos depositários de valores cristãos abolidos fora dali. Ignorando tudo do vasto mundo, não obstante sua transplantação, e assumindo como credo universal os raros artigos de moral em vigor na América rural de sua infância, esforçavam-se com bela energia para espalhar por toda parte seus princípios redentores. Aquelas rústicas convicções eram servidas por uma esquadrilha de pequenos aviões, um rádio potente, um hospital ultramoderno e veículos utilitários, ou seja, o equipamento completo de um batalhão de cruzados largado atrás das linhas inimigas. Procurando saber se o seu empreendimento se estendia até os Achuar, nos deparamos com uma névoa de respostas educadamente evasivas; assim como ocorrera em cada tentativa de obter informações junto aos círculos oficiais de Puyo, faziam-nos sentir a ligeira inconveniência da nossa iniciativa. Em meio às atividades bem ordenadas dos seus dispositivos, os militares ou missionários têm certamente muito mais a fazer do que satisfazer a ociosa curiosidade de etnólogos estrangeiros. No entanto, acabamos por descobrir que um pequeno grupo Achuar do Capauari aceitara, dois ou três anos antes, estabelecer um contato pacífico com os pastores evangélicos. Tinham até desmatado um terreno e construído uma pequena pista de pouso, que operava havia pouco tempo. Já mais tranqüilos, pelo menos, quanto à existência daqueles índios evanescentes, chocamo-nos com a educada recusa de nos transportarem até eles: os aviõezinhos monomotores da missão pousavam ali uma ou duas vezes por ano apenas, sendo impossível organizar para breve um vôo de uso exclusivo nosso.

Com esses contratempos todos adiando a data da grande partida, tentei, para me consolar, exercitar o meu olhar de etnólogo aprendiz nos habitantes de Puyo. Afinal, eu tinha naquela cidadezinha do piemonte amazônico o pretexto para uma observação etnográfica meio desencantada, porém repleta de ensinamentos; durante um parêntese, que eu esperava breve, minha curiosidade poderia encontrar ali um campo de diletante certamente mais exótico que as grandes cidades francesas onde vários dos meus colegas exercem atualmente a sua sagacidade.

Oficialmente fundada em 1899 por um padre dominicano, Puyo não passava, até os anos 1960, de um beco sem saída encolhido de frio ao redor das construções de madeira da missão, servido há cerca de dez anos por uma péssima estrada de terra que ia até Ambato, nos Andes. Os colonos vieram depois, atraídos em número cada vez maior pela miragem de uma Amazônia pródiga, sem que com isso se alterasse fundamentalmente o aspecto rústico e desordenado dessa vila comerciante que ainda depende, para as suas provisões como para a persistência do seu conforto moral, do cordão umbilical que a liga às cidades grandes da Sierra central. Mero terminal de uma sociedade urbana e mercante de que recolhe os entulhos diversos, Puyo faz questão de imitar os comportamentos andinos para melhor exorcizar a selvageria da floresta tão próxima. A maioria dos prédios abriga no andar térreo um bazar pintado em cores pastéis cujas vitrines oferecem à cobiça dos fregueses os atributos simbólicos da pequena burguesia equatoriana: espremedores de purê, moedores elétricos, radiogravadores, bibelôs de porcelana, bebidas alcoólicas importadas... Amplas calçadas de cimento cobertas por galerias de madeira permitem passear diante desses tesouros sem se expor às torrenciais chuvaradas da tarde. Também a rua é voltada à atividade comercial: engraxates – tarefa de Sísifo neste mundo de lama e poeira –, vendedoras de frutas tropicais, vendedores de cigarros e doces esperam placidamente por pequenos lucros. Reconhecíveis por sua trança comprida e seu chapéu de feltro cinza, índios da região de Otavalo mascateiam trouxas de roupa singularmente inadequadas ao clima: pesados ponchos de lã azul e tricôs de cores berrantes. No desenrolar de todas as conversas, o ouvido indiscreto apanha um *leitmotiv*: "*açúcar, açúcar, açúcar*", a unidade monetária nacional que, repetida por mil bocas com gulosa satisfação, é um pouco a ladainha desta cidade de mercadores.

O cheiro de Puyo é característico de todas as vilas amazônicas, uma combinação sutil de carne assada ao ar livre, frutas passadas e terra molhada, eventualmente realçada pelos gases pestilentos de um caminhão imenso ou de algum ônibus chacoalhante. Sobre o fundo desta emanação heteróclita, as casas acrescentam o cheiro típico da sua intimidade, uma mistura em que sobressaem o querosene e a madeira mofada, inseparáveis em sua composição olfativa já que o querosene, espalhado em abundância nas paredes e nos pisos, tem a função de protegê-los de um apodrecimento insidioso. Esta acre fetidez é que acolhe o comprador na soleira dos bazares, como que para melhor introduzi-lo numa barafunda bem diferente da exposição rica das vitrines. Relegadas a uma semipenumbra, em perfeito contraste com os televisores e máquinas de escrever exibidos nos lugares nobres, humildes mercadorias se empilham sobre prateleiras capengas ou se enfileiram em guirlandas no teto: panelas de alumínio, facões, ferros para machado, enxós, anzóis, linha de pescar... Na fachada, o brilho falso dos objetos de prestígio e nos fundos da loja os modestos utensílios destinados aos índios; mais do que um longo discurso, essa disposição das mercadorias indica que Puyo é uma cidade de duas faces, que extrai parte de sua riqueza dos habitantes da grande floresta, cuja presença tão próxima finge ignorar.

Olhando os transeuntes mais de perto, percebe-se rapidamente que eles se locomovem de modo bem distinto. Os comerciantes brancos e mestiços, os agentes dos escritórios governamentais e os funcionários dos bancos e das cooperativas, cidadãos de Puyo desde no máximo uma geração, tratam dos seus afazeres com a diligência das pessoas importantes. Os mais respeitáveis, ou os mais ricos, circulam pomposamente de carro para percorrer os cinco quarteirões em que se concentram suas atividades. Neste país onde, em razão das pesadas taxas de importação, pessoas remediadas não podem sonhar com mais que uma pequena caminhonete, o automóvel é o emblema por excelência do status social. As grandes Toyota utilitárias das administrações conferem aos seus usuários, portanto, um prestígio invejável. Fora do horário comercial, servem principalmente para que as famílias dos chefes de repartição passeiem pelas três principais ruas da cidade, numa ronda afetada e triunfante que não deixa de lembrar a tranqüila arrogância ostentada antigamente na Avenue du Bois pelas senhoras elegantes em suas carruagens.

Em meio a este balé automobilístico, transparentes para o olhar dos brancos e desengonçados com suas roupas novas, alguns índios perambulam em pequenos grupos. As botas de borracha que estão usando em honra às calçadas da cidade conferem-lhes um andar característico, ao mesmo tempo arrastado e balançante. Em tudo parecidos com os pequenos colonos mestiços, não é pelo traje que eles destoam, nem pela fisionomia, mas por seu comportamento desajeitado dentro do espaço urbano. Na orla da Amazônia, são tão fáceis de identificar quanto agricultores perdidos no metrô parisiense durante o Salão da Agricultura. Embora sendo mais autóctones que os cidadãos de Puyo, já que foram os primeiros habitantes, os índios não se sentem à vontade na bolha urbana que se edificou em poucas décadas sobre o seu território. De língua quíchua, são conhecidos em espanhol pelo nome de Canelos ou Alama; eles próprios preferem se designar pela expressão *sacha runa*, "povo da floresta". Cristianizados pelos dominicanos desde vários séculos, vivem em pequenas comunidades na região florestal de Puyo, a poucas horas de caminhada da cidade. Esses Quíchua da Amazônia vêm para a cidade como quem vai à feira da vila, para vender o excedente do que aprenderam a produzir e comprar o que já não querem deixar de adquirir. Em troca de alguns cestos de *ishpingo* ou de *naranjilla*, de peles de queixada e feixes de fibras de palmeira, irão obter facões, roupas ou espingardas.

A maioria das famílias quíchua vê-se unida a um ou outro comerciante de Puyo por uma relação de "apadrinhamento", ou *compadrazgo*. Trata-se de um laço mais político que religioso, muito comum no Equador e, mais genericamente, na América hispânica, por meio do qual alguém procura a proteção de um homem poderoso que se torna, em troca de toda espécie de serviços, padrinho de um dos seus filhos. O comerciante cria assim uma clientela, em todos os sentidos da palavra, e obtém a garantia de que seus *compadres quíchua* irão aceitar sem reclamar a taxa de câmbio sistematicamente desfavorável que ele lhes impõe quando vêm vender seus produtos e adquirir em troca produtos manufaturados. Mas os índios Canelos também levam com isso alguma vantagem, ganham pousada na casa do seu protetor quando precisam pernoitar na cidade, além da promessa de sua intercessão nos apertos com a burocracia nacional. Esta última vantagem é sem dúvida mais importante aos olhos deles, pois boa parte de suas visitas a Puyo é dedicada a tentar obter das autoridades um título de propriedade para as suas terras. A partir do início dos anos 1960, por incentivo do governo, um enxame de pequenos agricultores vem se espalhando pelo "Oriente", como é comumente chamada a Amazônia equatoriana. São índios das montanhas, ou mestiços, que saem de uma condição miserável nos Andes superpovoados em busca do sucesso fácil que lhes foi prometido neste novo Eldorado. Dia após dia, os velhos ônibus que fazem a linha da Sierra trazem para Puyo pobres diabos forçados a saltar no desconhecido por força do fracasso de sua vida anterior. Alguns são adotados pelo Estado, que os encaminha para projetos de colonização dirigida; os outros arranjam furtivamente pequenas propriedades em terras indígenas. Esse colonos selvagens tentam posteriormente regularizar a sua ocupação no Instituto Equatoriano da Reforma Agrária e da Colonização, o que conseguem sem grandes dificuldades já que as imensidões florestais do Oriente são, legalmente, "terras não cultivadas" constitutivas do patrimônio do Estado, podendo sua posse ser concedida a quem a pedir.

Com raras exceções, portanto, os índios desta parte da Amazônia equatoriana não possuem nenhum título relativo aos territórios que ocupam há vários séculos, sua soberania *de facto* permanece sem valor diante do aparelho jurídico da nação que os domina. Essa reforma agrária derrisória, que usurpa índios desprovidos em duvidoso benefício dos excluídos da Sierra, expõe os Canelos das imediações de Puyo a uma constante ameaça de espoliação. Os colonos, aterrorizados por um ambiente pouco familiar, nunca se aventuram muito longe pela floresta; depois de um dia de caminhada do centro urbano, o fluxo colonizador se esgota como se o impulso tomado na descida das montanhas se perdesse de repente. Nos arredores da cidade, porém, os conflitos fundiários são permanentes e a única maneira de os índios se protegerem é efetuar junto às autoridades os mesmos trâmites que seus invasores. Semana após semana, enfrentam a humilhação de ter de mendigar junto a burocratas arrogantes o direito de ficar nos seus territórios ancestrais, ou de tomar chá-de-cadeira nas ante-salas dos advogados especializados. A instrução dos pedidos pelas vias normais pode se estender durante vários anos; em caso de processo, uma vida inteira não é suficiente para fazer valer seus direitos: sempre falta algum documento, uma assinatura, uma garantia qualquer, para pôr fim ao pesadelo.

É aqui que uma relação de "apadrinhamento" pode se revelar muito útil. Ao arranjar um *compadre*, branco ou mestiço, com boa casa própria – comerciante de preferência –, o índio estará estendendo sua conexão social até as margens do poder administrativo. Ele sabe que a influência do seu protetor é muitas vezes ilusória e que paga caro por ela ao aceitar tacitamente ser ludibriado em todas as relações comerciais entre ambos. De fato, os negociantes julgam que a aparente docilidade dos Canelos face a esta troca desigual se deve ao desconhecimento dos princípios de funcionamento de uma sociedade civilizada. A ingênua satisfação que eles sentem em suas vitórias mercantis sobre índios considerados ignorantes contém uma justificativa implícita: o pequeno comércio possui uma função civilizatória e, já que o aprendizado das leis do mercado requer muito tempo e esforço, é legítimo que os comerciantes se ressarçam dos custos do seu apostolado graças àqueles que estão educando. Os índios são mais lúcidos no seu pragmatismo, e compreenderam rapidamente que para fazer média com esta cultura do lucro é necessário ceder um pouco para não perder muito; fingir ignorar os pequenos logros da transação significa estabelecer uma base de negociações com os brancos e, quem sabe, garantir-se contra o roubo de terras.

Muito além da terra dos Canelos, a vários dias de caminhada de Puyo, é que teria início o território dos Achuar, pelo menos segundo as raras obras de etnologia que fazem menção a eles. Sua língua não é o quíchua, mas um dialeto jivaro aparentemente muito próximo do falado pelos Shuar do piemonte sul-equatoriano. Os etnólogos nos ensinam que os Jivaro se dividem em quatro tribos, Shuar, Aguaruna, Achuar e Huambisa, só as duas primeiras tendo merecido a atenção dos cientistas e, embora partilhando uma mesma filiação lingüística e elementos culturais comuns, distinguem-se claramente entre si por determinados aspectos de sua organização social, de sua cultura material e de seu sistema de crenças. Ocupando, nos confins amazônicos, partes do Equador e do Peru, seu território é do tamanho de Portugal, mas menos povoado que um bairro parisiense, cada tribo ocupando um espaço claramente delimitado cujo acesso é proibido às demais. Muito isolados, e provavelmente bem menos numerosos que os Shuar e os Aguaruna, os Achuar viveriam às margens do Rio Pastaza e seus afluentes, numa mata cerrada salpicada de pântanos. Sendo sua região de acesso difícil e sua reputação belicosa aparentemente merecida, esses Jivaro teriam se mantido até o momento isolados do mundo exterior, ao contrário de seus congêneres shuar submetidos por várias décadas à influência aculturadora das missões. Era mais ou menos o pouco que se sabia a respeito dos Achuar na época, e era o que tinha motivado minha companheira e eu a realizar entre eles uma pesquisa etnográfica de longa duração.

Dificilmente irão acreditar, sem dúvida, se eu disser que não foi a fascinação pelas cabeças reduzidas que me levou até os Jivaro. Assim como os Pigmeus, os Esquimós e os Hotentotes, os Jivaro fazem parte dessas "sociedades primitivas" que integram o repertório do imaginário ocidental por terem se transformado em arquétipos da esquisitice exótica, comodamente identificáveis por um costume ou traço físico fora do comum. Pois a notoriedade dos Jivaro não data de hoje. Desde o último terço do século XIX o entusiasmo por essa tribo tomou conta da Europa, embora permanecesse, como permanece até hoje, restrito aos seus troféus. A sociedade viva intrigava menos do que o modo como procedia para chegar a esta incongruência anatômica que cônsules bem intencionados não cessavam de enviar para os museus. Na falta de observação direta acerca dos métodos de redução, os cientistas aliás se limitavam a especular sobre as técnicas empregadas, objeto de intermináveis debates na Sociedade de Antropologia de Paris em que se distinguiu, notadamente, o grande Broca. Alguns médicos legistas tentaram refazer o procedimento empiricamente e terminaram produzindo cabeças reduzidas bem apresentáveis. Sobre os Jivaro, porém, ignorava-se quase tudo e, se não praticassem a redução de cabeças, permaneceriam provavelmente numa obscuridade igual à de centenas de outras tribos amazônicas, de cultura tão original quanto a deles mas desprovidas desta singular habilidade taxidérmica. No final do século XIX eles eram, com efeito, um dos raros povos da região que resistira vitoriosamente a mais de três séculos de dominação colonial, e o mundo só conhecia a seu respeito aqueles troféus macabros que alguns mestiços temerários escambavam por ferros de machado e pontas de lança no limiar do seu território. No mais, a produção autóctone tornou-se muito escassa para satisfazer o gosto crescente dos colecionadores prevenidos. No Equador e na Colômbia, taxidermistas pouco escrupulosos puseram-se então a fabricar cabeças reduzidas em grandes quantidades, usando cadáveres de índios fraudulosamente obtidos nos necrotérios. Oferecidos, com chapéus de palha e falsas jóias pré-colombianas, aos turistas que passavam pelo canal do Panamá, aqueles sinistros despojos iriam assumir uma guarda enigmática nas vitrines dos viajantes cultos de antes da guerra, ao lado de uma tânagra ou de uma máscara africana, falsos testemunhos apergaminhados que até hoje ilustram inúmeros maus pretextos da curiosidade etnográfica.

A grande maioria das cabeças reduzidas autênticas provinha da tribo Shuar, o mais numeroso dos quatro grupos de dialetos jivaro, e também o mais próximo dos Andes meridionais do Equador. O isolamento em que tinham conseguido se confinar durante tanto tempo começou a ruir, nos anos 1930, sob o impacto dos missionários salesianos que há uns vinte anos vinham buscando se aproximar. Os Shuar ainda eram de muito difícil acesso na época, já que era necessária uma semana em lombo de mula por uma assustadora trilha de montanha para ir da cidade andina de Riobamba até Macas, última vila mestiça situada à beira do seu território. Mas o caminho estava aberto, algumas famílias shuar já tinham se agrupado em volta dos postos missionários, um punhado de colonos já começava a descer para as terras baixas, atraído pelos salesianos que contavam com a sua presença para apresentar aos Jivaro um modelo exemplar de vida civilizada. Dali em diante, a via estava aberta para os etnógrafos e aventureiros que, com raras exceções, durante muito tempo se contentaram em pilhar as bordas do pequeníssimo enclave estabelecido pelos salesianos dentro do imenso domínio florestal ocupado pelos Shuar.

Daquelas excursões em terras de missão surgiria uma porção de obras, mais notáveis pelo excesso de hipérboles do que pela qualidade ou originalidade de suas descrições. Obrigado, por desencargo de consciência profissional, a consultar esta indigesta literatura de viagem, deparei-me em todas elas com as mesmas anedotas gastas, as mesmas informações equivocadas ou aproximativas, o mesmo palavrório insípido envolvendo alguns dados etnográficos rudimentares extraídos dos salesianos. Em meio àquela miscelânea, a obra de Rafael Karsten se destacava singularmente por sua fineza, precisão, e pela qualidade de suas observações. Durante os anos 1920, o grande americanista finlandês passou longos períodos com os Shuar, os Aguaruna e os Canelos, os quais resultaram numa monografia descritiva que viria a constituir, por muito tempo, a única referência etnográfica confiável acerca dos grupos jivaro, obra por sinal quase inencontrável, tendo sido publicada por uma obscura sociedade científica de Helsinque. Uma foto o mostra apertado numa espécie de roupa de caça bavária, usando polainas e gravata, destacando-se com solenidade professoral sobre fundo de bananeiras e palmeiras. Nesses trajes incômodos, contudo, o cientista escandinavo explorava a floresta com seriedade e determinação, e seu livro mal deixa entrever, em poucas passagens, as dificuldades e perigos com que deve ter se deparado durante o seu périplo, bem-vindo contraste com a horripilante mistura de compaixão e autoglorificação que geralmente emana da prosa dos exploradores do território jivaro.

No final dos anos 1950, um etnólogo americano tomou o bastão. Michael Harner passou vários meses com os Shuar, estudando mais particularmente a sua organização social e o sistema xamânico mas, decerto por não falar o jivaro e não praticar uma verdadeira observação participante, o livro que ele publicou estava mais para um catálogo de informações do que para uma real análise antropológica. Embora seu trabalho completasse, em alguns pontos, o de Karsten, deixava na sombra os próprios princípios de funcionamento da sociedade shuar. É verdade que aqueles princípios pareciam especialmente difíceis de se esclarecer. A leitura de Karsten e Harner causava uma imagem perturbadora dos Jivaro, a de uma encarnação amazônica do homem em estado natural, uma espécie de escândalo lógico vizinho da utopia anarquista. Nenhuma grade de interpretação usada pelos etnólogos parecia adequada para descrevê-los. Vivendo bastante dispersos em grandes famílias quase autárcicas, os Shuar eram evidentemente destituídos de todas essas instituições centrípetas que em geral asseguram a coesão das coletividades tribais. Desconhecendo as obrigações de vida comunitária inerentes à vida de aldeia, aquela multidão de unidades domésticas independentes passava muito bem sem chefes políticos, ou mesmo sem essas unidades sociais intermediárias – clãs, linhagens ou classes etárias – que perpetuam um mínimo de equilíbrio interno em outras sociedades sem Estado. A este soberano desprezo pelas regras elementares de funcionamento de uma totalidade social somava-se o exercício permanente e entusiasmado de uma generalizada guerra de vendeta. Não contentes em travar uma intensa guerra entre tribos, a exemplo de outras etnias amazônicas, os Jivaro se envolviam constantemente em conflitos mortíferos entre vizinhos próximos e parentes. Afora a língua e a cultura, o único laço que unia aquela coleção de unidades domésticas disseminadas pela mata parecia reduzir-se à famosa "guerra de todos contra todos" que certos filósofos do contrato social, Hobbes à frente, acreditavam ser a principal característica da humanidade em estado natural. Ora, a permanência endêmica da guerra intertribal não permitia que se considerasse essa última como uma patologia, ou como uma disfunção acidental da sociedade; também não podia representar a sobrevivência de um hipotético estágio natural tal como concebido pelos filósofos da idade clássica, já que, pelo contrário, tudo parece indicar que a guerra é uma invenção relativamente tardia na história da humanidade.

Embora apresentasse dados interessantes sobre as motivações e a organização dos conflitos entre os Shuar, Michael Harner estava longe de ter resolvido o enigma daquela guerra intestina erigida como única instituição de um povo aparentemente desprovido de qualquer outra regra social. Assim, no início dos anos 1970 os Jivaro ofereciam o curioso paradoxo de se manterem, na essência, à margem do conhecimento etnográfico, ao mesmo tempo em que seu nome despertava um eco na Europa inteira, expostos como estavam havia mais de um século à sinistra reputação que os excursionistas da aventura exótica continuavam propagando. Esse singular descompasso entre a ignorância e a notoriedade é que tinha atiçado a nossa curiosidade, e não uma banal fascinação por troféus humanos. Além disso, os raros trabalhos antropológicos sérios acerca dos Jivaro referiam-se exclusivamente aos Shuar, relegando ao esquecimento as outras tribos de mais difícil acesso. Dos Achuar só se sabia, na época, que viviam a leste dos Shuar, que eram seus inimigos hereditários e que não cultivavam contato com os brancos. O caminho estava aberto para tentar resolver o enigma sociológico que nossos antecessores não tinham conseguido esclarecer.

As informações colhidas nas bibliotecas especializadas do velho continente conferiam aos Achuar a distinção do desconhecido, privilégio que se fazia raro no mundo amazônico. Soubemos, em Puyo, que suas linhas de defesa vinham sendo um pouco abaladas pelos evangelistas americanos e também, muito mais ao sul, por um padre salesiano, sem que a maioria da tribo, no entanto, estivesse cedendo às sirenes missionárias. Para efetuar nossos primeiros passos naquela *terra incognita*, o mais fácil parecia ser visitar primeiro os Achuar que viviam à beira do Capauari, um afluente da margem norte do rio Pastaza. Aqueles índios tinham aceito recentemente a visita episódica de Shuar convertidos, enviados pelos protestantes como batedores, e podíamos esperar que manifestassem igual tolerância em relação a nós. Já que não podíamos chegar até eles no conforto de um avião da missão, teríamos de efetuar um vasto périplo: ir a pé até a missão dominicana de Canelos, à beira do Bobonaza, depois descer o rio, de canoa, até a aldeia quíchua de Montalvo e nos embrenharmos na mata em direção ao sul para chegar ao Capauari.

O trajeto até Montalvo parecia não apresentar grandes dificuldades, pois já tinha sido aberto por uma coorte de missionários, aventureiros e soldados. O Bobonaza, com efeito, é a única via aquática navegável por canoa naquela porção da Amazônia equatoriana e, desde a segunda metade do século XVII, vinha servindo de ligação entre a missão de Canelos e o curso inferior do Pastaza onde tinham-se estabelecido os jesuítas de Mainas. Mais além da missão jesuítica, o Pastaza dava acesso ao Maranhão e, portanto, à rede fluvial do Amazonas; ao embarcar numa canoa em Canelos, podia-se esperar ser conduzido, em pouco mais de um ano, até o litoral do Atlântico.

Alguns dos nossos antecessores naquela interminável avenida aquática tinham conseguido com sua viagem notoriedade em Paris: o abade Pierre, é claro, mas também o explorador Bertrand Flornoy, que percorrera o Bobonaza nos anos 1930 e principalmente, muito antes deles, a extraordinária Isabelle Godin des Odonnais. Essa trágica heroína de um grande amor conjugal era a esposa de um membro subalterno da missão geodésica enviada a Quito por Luís XV a fim de medir um arco de meridiano na latitude do Equador. No mês de outubro de 1769 ela resolveu ir ao encontro do marido, que a esperava em Caiena, não utilizando a via então normal de circunavegação pelo Pacífico e pelo Atlântico, mas atravessando o continente em linha reta. Depois de embarcar numa canoa em Canelos, junto com seus dois irmãos, um sobrinho ainda pequeno, um médico, um escravo negro, três camareiras e imensa bagagem, a intrépida *doña* Isabelle iria viver uma pavorosa aventura no centro do atual território achuar.

Suas desgraças têm início quando os canoeiros indígenas, aproveitando-se da noite, abandonam o pequeno grupo após dois dias de descida do Bobonaza. Como não havia ninguém capaz de manobrar a embarcação pesadamente carregada, decidem desembarcar todo o mundo e despachar o médico e o escravo negro em busca de ajuda na missão de Andoas, situada a vários dias de navegação rio abaixo. Transcorridas três semanas sem notícias dos dois emissários, Isabelle e sua família constroem então uma jangada improvisada para tentar chegar a Andoas. Já nas primeiras turbulências, a jangada se desarticula totalmente e embora todos se salvem a muito custo dos redemoinhos, os víveres e bagagens desaparecem na catástrofe. Só resta avançar penosamente ao longo do Bobonaza, por margens abruptas cobertas de vegetação inextricável, revezando-se para carregar a criança. Para poupar suas forças já bem diminuídas, os náufragos decidem atalhar os ziguezagues andando em linha reta. Tal iniciativa acaba se revelando funesta, pois ficam rapidamente sem o fio condutor do rio e se perdem na mata onde viriam a morrer um por um de exaustão e inanição.

Isabelle Godin des Odonnais é a única sobrevivente. Já sem roupas e sem sapatos, precisa desnudar o cadáver de um dos seus irmãos para se vestir. Torna a achar o Bobonaza, cujo curso irá seguir durante nove dias até encontrar índios convertidos da missão de Andoas que a conduzirão finalmente a bom porto. Acabaram os seus sofrimentos, mas não o seu périplo; ainda levará mais de um ano para encontrar-se com seu esposo no outro extremo da Amazônia. Passada de boca em boca ao longo do rio, a história desta heroína involuntária já se tinha no meio tempo convertido em lenda, enriquecida de episódios fabulosos e anedotas escabrosas que chocavam muitíssimo sua austera modéstia. A lembrança desta epopéia hoje se esvaneceu na memória dos ribeirinhos, tanto quanto o acampamento montado há dois séculos pelos náufragos do Bobonaza. Só nos devaneios de um etnólogo permanece a figura fugaz de uma mulher de anquinhas abrindo caminho na floresta desesperadamente vazia onde ele próprio se prepara para entrar.

Pouco mais de vinte e cinco anos antes destes acontecimentos, Charles de la Condamine, o membro mais ilustre da missão geodésica, também tinha explorado os territórios amazônicos da Audiência de Quito. Uma vez concluídas as medições de triangulação e os levantamentos astronômicos que o tinham ocupado nos Andes, o célebre geógrafo decidira voltar para a França pelo Amazonas e estabelecer, ao percorrer o caminho, um mapa exato do rio. Iniciada em maio de 1743, sua viagem transcorreria mais facilmente, que a da infeliz Isabelle. Ele optara pela estrada, bastante freqüentada na época, que ia de Loja, na Sierra, até Jaen, às margens do rio Maranhão, contornando assim, por meio de um amplo desvio, a *terra incognita* habitada pelos Jivaro. Ele mal os menciona, aliás, no seu relato de viagem, no qual fala apenas do terror que inspiram nos ribeirinhos do Maranhão regularmente expostos a seus ataques mortíferos. La Condamine não se preocupa com isso, interessado que está em estabelecer com precisão o curso do rio, sua profundidade e a força de sua correnteza. É verdade que os sete anos passados nos Andes verificando minuciosamente a forma e a dimensão do planeta tinham-no predisposto às mais extravagantes aventuras. Com seus companheiros cientistas Louis Godin, Pierre Bouguer e Joseph de Jussieu, tinha-se deparado com todos os obstáculos, sofrido todas as decepções, suportado todos os vexames a que pode estar sujeita uma expedição científica nos confins do mundo civilizado.

Apaixonados por matemática, botânica ou astronomia, aqueles acadêmicos tão jovens não estavam mais bem preparados para enfrentar as dificuldades práticas de seu empreendimento do que eu. Distantes das satisfações austeras do trabalho de gabinete, para cumprir sua missão eles tiveram de se transformar sucessivamente em agrimensores e alpinistas, contramestres e diplomatas. Tiveram de adular as autoridades coloniais que os suspeitavam de espionagem e se esgotar em chicanas administrativas a cada vez que voltavam a Quito para descansar depois de uma campanha de medições. Cobertos de processos e ameaçados de expulsão, saíam novamente a acampar pelas montanhas, presas do frio e da fome, cercados por índios hostis e silenciosos, para executar aquele insólito projeto que iria modificar os conhecimentos sobre a Terra. Pareciam-se com os etnólogos modernos, no sentido de a aventura não ser para eles um fim em si, mas o estímulo que apimentava a sua pesquisa ou às vezes se erguia como obstáculo. Admitiam-na como componente inevitável do trabalho de campo, obscuramente desejada, talvez, antes do seu início, e na qual viam às vezes certo encanto quando um incidente inesperado, mas engraçado, vinha romper o fio de sua laboriosa rotina. Naquela terra longínqua onde eles outrora tinham me precedido, os jovens cientistas de Luís XV permaneciam presentes no meu espírito, decerto porque eu precisava encontrar na sua conduta o conforto bastante imodesto de um glorioso precedente.

O ofício de etnólogo apresenta, com efeito, um paradoxo curioso. O público o vê como um passatempo do explorador erudito, enquanto que seus praticantes tendem mais a se imaginar dentro da sábia comunidade que Bachelard denominava trabalhadores da prova. Nosso universo familiar é menos o das estepes, das matas virgens e dos desertos que o das salas de aula e do embate noturno com a página branca, ordálio infinitamente repetido e tão mais temível que qualquer *tête-à-tête* com um anfitrião pouco afável do bestiário amazônico. Numa formação voltada essencialmente para a prática lúdica das humanidades, nada prepara o etnógrafo neófito a esses episódios de camping desconfortável em que certas pessoas querem ver a marca distintiva de sua vocação. Se tal vocação existe, ela tende antes a nascer de um sentimento insidioso de inadequação ao mundo, demasiado forte para ser superado e demasiado frágil para conduzir às grandes revoltas. Cultivada desde a infância como refúgio, esta curiosidade distante não é privilégio do etnólogo; outros observadores do homem fazem dela um uso mais espetacular, fecundando-a com talentos que nos faltam: pouco à vontade nas grandes planícies do imaginário, temos de passar por essa obediência servil ao real de que estão desobrigados os poetas e romancistas. A observação das culturas exóticas torna-se então uma forma de substituição: permite ao etnólogo entrar no mundo da utopia sem submeter-se aos caprichos da inspiração. Canalizando para as teias da explicação racional um desejo de poder um tanto fantasioso, podemos assim nos apropriar, em pensamento, dessas sociedades cujo destino não poderíamos influenciar. Não há nenhum gosto pela proeza nisso tudo; nosso universo contemplativo não é o mesmo dos homens de ação.

De minha parte, tivera uma formação em crítica de textos e trabalho reflexivo, sabia estabelecer uma genealogia e identificar uma nomenclatura de parentesco, tinham-me ensinado a medir um terreno com uma bússola e uma corrente de agrimensor, mas nada em minha vida pregressa me preparara para brincar de percorredor de matas. Normalista indolente e filósofo medíocre, eu descobrira na leitura dos clássicos da sociologia uma feliz compensação para o purgatório da *agrégation*.* Estava, aliás, bastante sozinho nesta fuga. Dedicados ao culto intransigente da epistemologia, meus colegas consideravam as ciências sociais uma forma de distração pouco rigorosa, deploravelmente destituída da "cientificidade" que eles espreitavam na física aristotélica ou nos textos matemáticos de Leibniz. Assim, meu interesse pela etnologia me valeu uma reputação de simpática futilidade, sancionada pelo anódino apelido de "emplumado".

No entanto, um ex-aluno de nossa escola é que me guiara por aquele caminho. Assumindo durante alguns meses um curso de antropologia econômica, Maurice Godelier trouxera para dentro de nossos muros um esboço de legitimação das Ciências Sociais. Aureolado pelo prestígio de seu primeiro livro, o jovem bedel da École Normale Supérieure mostrava que era possível empreender uma análise rigorosa da articulação entre economia e sociedade, mesmo naqueles povos arcaicos com instituições desprovidas da transparência funcional a que nos habituou a dissecação sociológica do mundo moderno. Insatisfeito com a exegese filosófica e com a submissão exclusiva ao trabalho da teoria pura, decidi finalmente abandonar meus colegas ao seu fervor metafísico. Em vez de dissertar sobre as condições de produção da verdade, eu ia me afundar nas trevas do empirismo e me esforçar para explicar os fatos da sociedade.

Instigado por Maurice Godelier, empreendi então uma peregrinação até o Collège de France a fim de consultar Claude Lévi-Strauss em

* Difícil concurso para professor de escolas secundárias ou de certas faculdades na França. [N.T.]

seu santuário. A arrogância discreta dos normalistas não me era de nenhum auxílio em tão formidável circunstância: a idéia de abordar um dos grandes espíritos do século me mergulhava num terror sem precedentes. Depois de me acomodar numa ampla poltrona de couro cuja base ficava bem pouco acima do piso, o fundador da antropologia estrutural me escutou com impávida cortesia do alto de uma cadeira de madeira. O conforto do assento onde eu estava afundado em nada contribuía para dissolver o meu pânico; sentia-me ali como numa grelha abrasada pelo silêncio atento do meu examinador. Mais e mais convencido da insignificância dos meus projetos à medida que os ia expondo, consciente de estar interrompendo com minha conversa fiada tarefas da mais alta importância, encerrei com alguns balbucios aquela aula de formato inusitado. Para minha imensa surpresa, a prova foi coroada de sucesso: prodigalizando-me afáveis estímulos, Claude Lévi-Strauss aceitou dirigir minhas pesquisas e orientar minha tese.

Não querendo reproduzir na etnologia o tipo de abstração que me afastara da filosofia, eu resolvera me impor de saída o exercício de uma pesquisa monográfica. Este rito de passagem que sanciona a entrada em nossa confraria tem assumido formas muito diversas desde que a antropologia social incorporou "campos" cada vez menos distantes. Uma visão um tanto romântica desta experiência iniciática, alimentada pelos grandes clássicos franceses e anglo-saxões de etnografia exótica, impedia que eu fixasse minha escolha num subúrbio operário, numa empresa multinacional ou numa aldeia da Beauce. Tinha vontade de me entranhar numa sociedade na qual nada seria evidente e cujo modo de vida, língua e formas de pensamento só se tornassem inteligíveis depois de um longo aprendizado e de uma paciente ascese analítica; um universo social milagrosamente fechado, em suma, recortado de acordo com as medidas de uma avaliação individual, e cujos elementos disparatados pudessem ser pouco a pouco reunidos numa elegante construção por quem se dispusesse a desembaraçar a meada. Tal projeto exigia, além disso, um trabalho de pioneiro: eu deveria recusar o auxílio de uma erudição prévia e procurar captar o espírito de um povo livre e solitário que a colonização ainda não tivesse alterado. De todos os grandes continentes etnográficos, a Amazônia parecia-me o mais propício para acolher este desafio intelectual, cuja grandiloqüência eu assumia perfeitamente. A história não é, evidentemente, desconhecida naquela região do mundo, onde há tempos arrasta o seu cortejo de transformações, modificando a bel prazer uma paisagem étnica cuja aparente perenidade se deve menos a um suposto desejo dos índios de se perpetuarem idênticos a si mesmos desde o início dos tempos do que à falha de perspectiva temporal a que são condenados os cientistas pela escassez de fontes antigas. Lá, como em toda parte, os grupos isolados só são isolados porque são percebidos com os antolhos do imediato e na ignorância, ou esquecimento, de tudo o que à sua volta condiciona a sua sobrevivência.

No entanto, a Amazônia não é a África ocidental tampouco a Ásia meridional; seus povos não foram segmentados e recompostos pela ordem das castas e dos Estados conquistadores, não foram fragmentados ou tornados heterogêneos pelo tráfico de escravos, não se nomadizaram pelas imensas vias comerciais nem conheceram as estritas hierarquias fundadas na segmentação das funções e do *know-how* e, antes de tudo e sobretudo, não passaram pela expansão imperiosa das grandes religiões. A falta desses fluxos unificadores e a formidável desagregação provocada pelas epidemias nos últimos cinco séculos fazem da Amazônia contemporânea uma montagem de sociedades em miniatura que atrai os etnólogos apreciadores de singularidade. Numa carreira em que somos identificados, primeiro, pelo povo que estudamos, e onde as afinidades intelectuais nascem muitas vezes da cumplicidade suscitada por experiências etnográficas análogas, é muito raro que a escolha do continente a ser pesquisado seja fruto do acaso. Cada região do mundo e cada tipo de sociedade suscita vocações específicas de acordo com o caráter de cada um, tipologia sutil que a própria prática no campo se encarrega de fortalecer. Assim, as brigas entre escolas que animam essa disciplina muitas vezes estão simplesmente expressando uma incompreensão mútua entre diferentes estilos de se relacionar, as divergências teóricas ocultando, sob o estardalhaço dos conceitos, incompatibilidades mais fundamentais nos modos de estar no mundo. A Amazônia desconcerta os engenheiros da mecânica social e os temperamentos messiânicos; é o campo preferido dos misantropos sensatos que apreciam, no isolamento dos índios, o eco de sua própria solidão, que defendem ardentemente esses índios quando sua sobrevivência, cultura ou independência é ameaçada, não por um desejo de conduzi-los a um destino melhor, mas porque não suportam que lhes imponham a grande lei comum a que eles próprios sempre tentaram escapar.

Ainda assim, a essas tendências pessoais vinham somar-se alguns argumentos científicos. Ao analisar a literatura americanista, chamaram-me a atenção as lacunas de conhecimento que os inventários etnográficos das bacias do Amazonas e do Orinoco deixavam transparecer. Apesar da pilhagem e dos genocídios que seus habitantes tinham suportado nos últimos quatro séculos, a grande floresta ainda abrigava etnias isoladas das quais só se conhecia o nome e a localização aproximada. O próprio Claude Lévi-Strauss alertara diversas vezes os seus colegas sobre a necessidade de se aprofundar as pesquisas naquela zona cultural onde ele iniciara a sua carreira e que vinha desde então lhe fornecendo boa parte dos mitos analisados em sua obra. Particularmente atento à mitologia jivaro, e consciente da urgência da tarefa a cumprir, ele me incentivou a realizar sem mais delongas meu projeto de pesquisa com os Achuar, cuja assimilação havia sido temporariamente prorrogada. Depois de conseguir, por seu intermédio, uma verba do Centre National de la Recherche Scientifique [Centro Nacional de Pesquisa Científica], eu estava finalmente de posse do abre-te-sésamo obrigatório de toda expedição etnográfica.

Era esse viático, aliás bastante modesto, que eu ia gastando em Puyo durante os preparativos da partida. Estando os Achuar, evidentemente, alheios a qualquer circuito monetário, precisávamos adquirir os pequenos objetos para escambo com que poderíamos remunerar a sua hospitalidade. Tinham-me aconselhado, em Paris, a procurar miçangas. Fabricados por ateliês tchecos e destinados exclusivamente aos mercados exóticos, esses adereços eram difíceis de se encontrar na América Latina, onde os índios ainda os consideravam, como no passado, bens preciosos e extremamente cobiçados. Munido de um vale-compras devidamente carimbado pela agência de contabilidade do Collège de France, fiz minha provisão de miçangas multicoloridas numa lojinha que ficava atrás da Bastilha, quem sabe a mesma em que estivera o meu orientador antes de viajar para o Brasil. Eu achava irreal a idéia de que precisaria em breve distribuir aquelas bijuterias, a exemplo dos exploradores barbudos que vemos nas gravuras de viagem do século XIX, dominando do alto dos seus palanquins as cataratas do Zambeze ou parlamentando com alguns cafres diante de um curral da África austral. Aqueles preparativos anacrônicos davam o tom das antigas viagens e me proporcionavam um prazer paródico mais inspirado nas reminiscências de Júlio Verne do que nas insossas lembranças do escotismo. Foi, aliás, por fidelidade literária ao espírito das expedições etnográficas de antes da guerra – e em homenagem a Henri Michaux, que nos precedera outrora naquele país – que tínhamos viajado para o Equador ao ritmo lento de um cargueiro, desembarcando nossas malas e baús naquele porto de Guayaquil onde nada parecia ter mudado desde a estada de Paul Morand.

Em contato com os prosaicos comerciantes de Puyo, meus preconceitos românticos tinham sofrido as correções da realidade: nossos estoques de bijuteria seriam certamente bem recebidos, mas nos garantiram que os índios também apreciavam artigos de quinquilharia. Não se conhecia com grande precisão o gosto dos Achuar nesta matéria, é claro, mas tudo parecia indicar que seria semelhante ao dos Canelos que freqüentavam os bazares da cidade. Seguindo os conselhos dos lojistas, compramos então alguns cortes de tecido para a confecção de tangas – medidos em *varas*, unidade de medida do Antigo Regime –, linhas de pescar de náilon e anzóis, facões e lâminas de machado, facas e agulhas, sem contar uma boa provisão de espelhos e prendedores de cabelo para satisfazer a vaidade das moças.

Enquanto eu constituía metodicamente o meu cabedal de mascate fluvial, acumulando aquela miscelânea toda na cela de concreto que nos servia de quarto no Hotel Europa, surgiu de repente a oportunidade de uma partida imediata para Montalvo. Um pequeno avião da Força aérea equatoriana estava indo no dia seguinte levar provisões para o posto militar; ofereceram-nos lugares neste vôo, o que nos pouparia a longa descida do Bobonaza de canoa.

Aos primeiros clarões da aurora nos apresentamos no aeroporto de Shell-Mera, situado a alguns quilômetros de Puyo, ao pé de um anfiteatro abrupto dominado pelos picos da Cordilheira oriental. O céu estava excepcionalmente claro naquela manhã e vislumbrava-se, ao sul, o cone nevado do vulcão Sangay, rosado pelos raios do nascente e suspenso como uma gigantesca ilha flutuante coberta de fumarolas sobre a barreira ainda escura dos primeiros contrafortes.

À medida que nosso avião ganhava altitude, arrancando-se ao piemonte azulado rumo ao sol ofuscante da manhã, o sábio ordenamento das plantações de chá, traçado com cordel, cedia lugar à confusão dos desmatamentos espaçados. O telhado de zinco de um colono criava aqui e ali uma mancha brilhante. As clareiras foram se tornando cada vez mais raras e os últimos vestígios da frente pioneira acabaram sumindo num mar de pequenas colinas verdes que ondulavam suavemente num horizonte indistinto. Debaixo de nossas asas, a floresta oferecia a insólita imagem de um imenso tapete encaroçado de couves-flores, enfeitado com grandes buquês de palmeiras em tons mais claros. Em poucos minutos de vôo, tínhamos deixado para trás uma paisagem escassamente delineada mas onde a ação dos homens se deixava perceber em referenciais familiares, para penetrar num universo anônimo e repetido ao infinito, desprovido do menor sinal de reconhecimento. Nenhuma abertura, nenhum rasgão naquele manto vegetal, vez por outra bordado de prata pelo reflexo do sol nos meandros de um curso d'água. Nenhum indício de vida nas praias, nenhuma fumaça solitária, nada que deixasse transparecer uma presença humana sob aquele monótono dossel.

Eu estava dividido entre a angústia de ter de caminhar em breve no interior daquela imensidão deserta e a exaltação de finalmente avistar a verdadeira Amazônia, a mata profunda de cuja existência eu chegara a duvidar. Vivendo algum tempo em Puyo, acabava-se imaginando que toda a floresta existe à imagem e semelhança daquelas longínquas periferias desmatadas, uma espécie de semicerrado com alguns pequenos bosques residuais e bambuzais esparsos, ostentando nos outeiros pelados as chagas lamacentas da erosão. No entanto, tínhamos deixado aquela orla degradada tão depressa como um barco levanta âncora no porto e alcança as águas livres do alto-mar.

Flutuávamos sobre aquele oceano por mais de uma hora quando Montalvo surgiu à nossa frente, rasgadura cor de palha numa volta do Bobonaza. Ao longo da pista de pouso, um alinhamento de barracões retangulares cobertos com chapas metálicas assinalava o posto militar, enquanto as pequenas cabanas com telhado de palma dos índios Canelos distribuíam-se feito guirlandas pelo perímetro da grande clareira e pelas margens do rio. Um capitão e seus dois tenentes nos receberam afavelmente, felizes por burlar o tédio mortal daquela guarnição de fronteira com uma inesperada ocupação. Nada sabiam, evidentemente, sobre os Achuar do Capauari; depois de longos conciliábulos, acabaram por nos trazer dois guias canelos que se diziam capazes de nos levar até lá já no dia seguinte. Poderíamos chegar ao nosso objetivo em dois dias, caminhando rapidamente por uma trilha que os índios de Montalvo empregavam vez ou outra para efetuar trocas com os Achuar.

Passamos a tarde e a noite no refeitório falando sobre as belezas de Paris, os méritos do general De Gaulle e, inevitavelmente, as proezas da Legião Estrangeira. Isolado num canto, um subtenente muito jovem lia *Mein Kampf* numa edição espanhola que evidentemente já fora bastante usada. Como todos os oficiais do exército de terra equatoriano, nossos anfitriões tinham de fazer parte de seu serviço militar em postos do Oriente próximos ao Peru. Oriundos da classe média das grandes cidades da Sierra e da costa do Pacífico, suportavam aquele purgatório amazônico em resignado isolamento, tão pouco familiarizados com a floresta e com os índios vizinhos como se estivessem num navio-farol no meio do Atlântico. Aquelas poucas horas de mundanidades militares pareciam tiradas de um romance colonial à Somerset Maugham: não tínhamos nada a nos dizer, mas como éramos os únicos brancos socialmente aceitáveis num raio de centenas de quilômetros, era preciso manter aquela fachada de urbanidade forçada que atesta a cumplicidade dos civilizados no meio dos selvagens.

Ao amanhecer, mergulhamos bruscamente do outro lado, desbravando aquele continente paralelo que escolhêramos como nosso por vários anos. Nossos dois guias quíchua nos fizeram atravessar o Bobonaza, coberto pelas brumas da manhã, numa pequena canoa instável, parando logo em seguida numa casa indígena que dominava a margem. Uma vez distribuído o carregamento, uma mulher canelos serviu-lhes várias cabaças de cerveja de mandioca, enquanto eles brincavam com ela em quíchua, provavelmente a nosso respeito. Na hora da partida, ela esvaziou o conteúdo da sua cabaça sobre um deles, endereçando-lhe umas frases irônicas que provocaram uma risada geral. Não entendemos nada do que diziam, não entendemos nada do que faziam: aquela era uma situação etnográfica exemplar.

Depois de atravessar a horta que cercava a casa, penetramos na mata por uma subida lamacenta, já encharcados pelas gotas de sereno que pingavam das folhas de mandioca quando passávamos. Desta primeira caminhada na floresta, que seria seguida por tantas outras, só guardo hoje uma lembrança confusa. Nossos guias adotaram uma passada curta, mas muito rápida, seus pés mal se erguendo do chão a cada pernada para se equilibrar melhor. Aquele ritmo ligeiro e regular rapidamente deu cabo de minha intenção de contemplar a natureza. Apenas uma hora depois de deixarmos Montalvo a trilha já se tornara quase indistinta; eu avançava com os antolhos de um cavalo de fiacre, os olhos fixos no solo, mal-e-mal consciente da confusão vegetal que desfilava na fronteira do meu campo visual, tentando ajustar os meus passos exatamente ao rastro do guia à minha frente mas nem por isso conseguindo evitar todas as raízes ou os escorregões no solo argiloso. O relevo era muito acidentado e não cessávamos de subir ou descer uns morrinhos escarpados, separados por cursos d'água. Atravessávamos riachos a vau, chafurdando na água clara, mas os rios mais fundos tinham de ser transpostos em troncos flexíveis e escorregadios, únicos indícios de trabalho humano naquela trilha informe.

Lá pelo final da tarde, um dos guias matou um tucano com a minha espingarda e pouco depois fizemos uma parada a fim de prepará-lo. Um pequeno abrigo com uma lateral foi rapidamente erigido com algumas varas e samambaias, e rapidamente depenaram a ave para colocá-la no espeto. Um dos canelos guardou o longo bico multicolorido para fazer de polvorinho, enquanto o outro arrogou-se a língua, que queria usar como ingrediente num filtro do amor. Constituindo um prato de qualidade para os nossos acompanhantes, aquela pequena caça não me pareceu, porém, notável por suas virtudes gastronômicas; tive a impressão de que estaria mais valorizada num viveiro do Jardin des Plantes do que numa tigela de arroz morno.

Às seis da manhã partimos novamente, andando feito autômatos sob uma chuva torrencial um pouco atenuada pela copa das árvores. No meio do dia chegamos finalmente ao Capauari. O rio era mais largo que todos os outros que tínhamos atravessado e corria encaixado entre altos terraços em declives cobertos por uma vegetação impenetrável. A trilha dobrava subindo o rio e acompanhava a borda abrupta do planalto seguindo estreitamente os diversos meandros do curso d'água. Aqui e ali, a margem escarpada era entalhada por pequenas encostas laterais que tínhamos de descer para transpor um riacho afluente. As nuvens tinham-se dissipado e na floresta entorpecida pelo calor do meio-dia reinava um silêncio profundo, só perturbado de quando em quando pelo borbulhar causado por alguma árvore morta obstruindo o leito do rio.

Vínhamos seguindo a margem do Capauari fazia cerca de duas horas quando escutamos ao longe o latido de um cão, primeiro sinal de presença humana desde Montalvo. Quase em seguida, a trilha desembocou numa grande clareira onde havia uma plantação de mandioca, fulgurante de luz depois da penumbra de dentro do mato; no meio dela, erguia-se uma casa oval com telhado de palma, sem paredes externas. Quando nos aproximamos, uma matilha de cães famélicos nos rodeou num círculo ameaçador; umas criancinhas peladas que brincavam num riacho precipitaram-se para o refúgio da casa, deixando uma delas sentada no chão aos prantos, assustada demais para conseguir fugir. Sob o repuxo do telhado, duas mulheres vestindo tangas de algodão azul nos encaravam em silêncio; uma delas ostentava um tubinho de madeira preso sob o lábio inferior, e seu rosto estava coberto de desenhos vermelhos e pretos. Os homens não estavam, e elas nos deram a entender sem margem a dúvidas que devíamos prosseguir nosso caminho. Apesar do cansaço, de súbito mais perceptível depois da expectativa frustrada de uma parada, tivemos de nos embrenhar mais uma vez mata adentro.

O sol começava a declinar quando chegamos a uma pequena esplanada desmatada em toda a sua extensão, a qual provavelmente servia como campo de pouso para os aviões da missão evangelista. A algumas centenas de metros abaixo da pista, erguia-se uma casa muito maior do que a que tínhamos visto antes, dentro da qual avistamos um grupo de homens conversando. Usavam o cabelo preso num rabo-de-cavalo e também tinham o rosto listrado de traços vermelhos; alguns estavam com uma espingarda no colo. Tinham-nos visto fazia tempo, mas ignoravam soberbamente a nossa presença, fingindo estarem absortos na sua discussão.

Chegando a uns vinte passos da casa, nossos dois guias descarregaram seus fardos e trocaram algumas palavras em quíchua com um rapaz que nos observava lá de dentro, um pouco afastado do resto. Então, virando-se para nós, os Canelos nos comunicaram que tínhamos chegado à casa de Wajari, um Achuar conhecido em todo o Capauari, e que precisavam voltar imediatamente para Montalvo agora que tinham cumprido a sua missão. Pego de surpresa por esta partida repentina, pedi que eles ao menos explicassem aos Achuar por que estávamos ali. Mas eles se contentaram em menear a cabeça com um ar constrangido. De tanto eu pressioná-los, acabaram por me confessar que preferiam passar a noite na floresta a dormir com os Achuar. Depois desta observação um tanto preocupante, afastaram-se rapidamente na direção de onde tínhamos vindo, sem se despedir dos índios que continuavam discorrendo, indiferentes, do nosso lado. Era o penúltimo dia de outubro do ano de 1976, dia de Saint Bienvenue.

Tudo neste mundo se multiplica, a Fecundidade é a alma da Natureza e cuida de sua conservação. Cada espécie nos oferece uma lição constante e invariável: os homens que não a seguem são inúteis nesta terra, indignos do alimento que ela fornece para todos, e que eles ainda assim têm a ingratidão de só usar para sustento próprio.

Barão de Lahontan, *Diálogos com um selvagem.*

primeira parte

DOMESTICANDO A FLORESTA

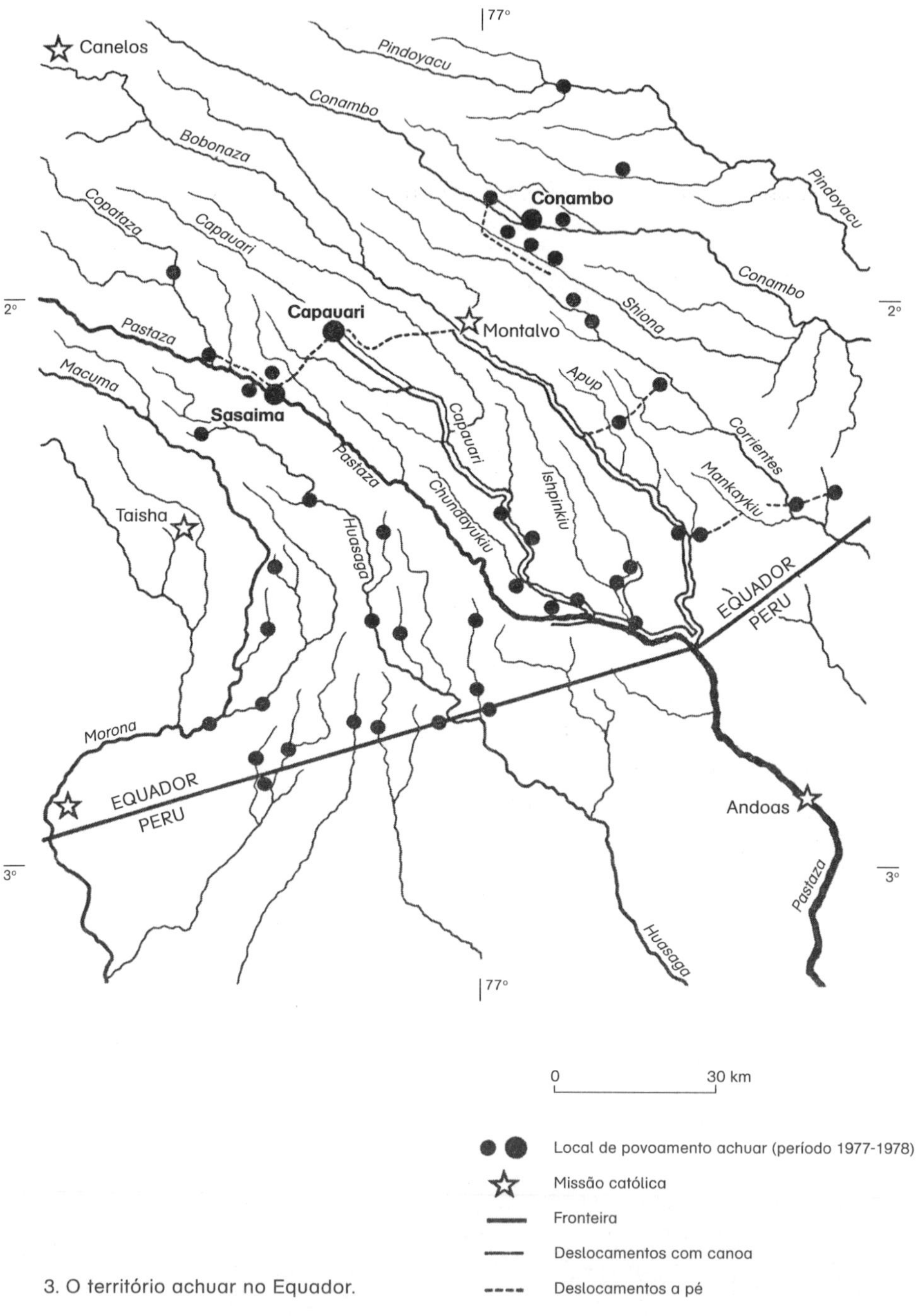

3. O território achuar no Equador.

I. APRENDIZADOS

Wajari chega do banho ajeitando o seu velho *itip*, uma tanga listrada verticalmente de vermelho, amarelo, branco e azul que lhe bate na metade das canelas. Como a maioria dos homens do lugar, ele geralmente usa short ou calça comprida, reservando o seu traje tradicional para o uso doméstico. O Capauari rola as suas águas marrons e tumultuosas até junto da casa, mas um pequeno recorte na margem permite banhos isentos de perigo: a correnteza ali se faz mais lenta, graças a um enorme tronco atravessado à flor da água que as crianças usam como trampolim. Degraus de tora moldam-se ao íngreme declive do talude e permitem o acesso ao rio sem que se escorregue na escarpa argilosa. Amarrada com um grosso cipó às raízes de uma toiceira de sumaúma, uma canoa de tronco escavado está na margem puxada até a metade; sua popa horizontal, que sobressai do rio, oferece um local cômodo para lavar a roupa e a louça, ou para pegar água numas cuias grandes em forma de pêra. Dezenas de borboletas amarelas esvoaçam no fundo desta tina flutuante e pelo lodo da margem, onde disputam com fileiras de minúsculas formigas os resíduos da última refeição. A gente daqui chama de Kapawi esse curso d'água que os mapas equatorianos e os Quíchua denominam Capahuari, por alteração da palavra achuar, que por sua vez é uma abreviação de *kapawientza*, "o rio dos *kapawi*", que é uma espécie de peixe achatado.

Estamos no final da tarde, mas o calor ainda é forte, mal-e-mal amenizado por uma pequena aragem que circula livremente pela casa sem paredes. Dentro dela, a semipenumbra é cortada obliquamente por longos fachos de luz que listram a terra batida, iluminando por vezes um fino fio de fumaça ou o vôo errático de uma mosca grande e avermelhada. Vista lá de dentro, a vegetação do jardim e da floresta se destaca sob a linha sombria do repuxo do telhado como um painel contínuo de verdes brilhantes de camafeu. Este segundo plano pontilhista, por contraste, torna a moradia mais escura e unifica num tom de sépia dominante a areia rosada do chão, o marrom preteado do colmo, o castanho escuro dos estrados e o ocre vívido dos vasos grandes onde fermenta a mandioca.

Wajari sentou-se em silêncio no pequeno banco esculpido que lhe é reservado: uma rodela côncava assentada numa base piramidal e ornada com um losango saliente que representa uma cabeça de réptil. É um homem de uns trinta anos, de cabelos grossos e quase crespos, nariz arqueado e olhar irônico debaixo das sobrancelhas carvoentas, com movimentos precisos apesar de sua ligeira corpulência. Esteve caçando com a sua zarabatana desde o amanhecer e voltou ainda há pouco, trazendo nas costas um grande queixada, porco-do-mato de lábios brancos. À sua chegada, mulheres e crianças se calaram, fingindo indiferença diante daquela caça de primeira. Ele largou, sem uma palavra, seu fardo aos pés de Senur, a mais velha das suas esposas, e em seguida foi tomar banho no Kapawi, depois de guardar com cuidado a zarabatana em posição vertical num porta-ferramentas fixado num dos pilares de sustentação da casa. Senur juntou-se a ele pouco depois, trazendo o queixada, que ele despelou e descarnou num piscar de olhos com uma velha lâmina de machadinha afiada feito uma navalha.

Wajari agora fita o solo, evitando olhar na minha direção, com os cotovelos apoiados nos joelhos e aparentemente absorto em profunda meditação. Seu rosto parece mais acobreado do que de costume, pois o banho não conseguiu eliminar completamente a tintura de urucum com que ele se pintou antes de sair para a caça. Estou diante dele, no banquinho de madeira reservado para os visitantes, encostado num dos postes da aba do telhado, no limiar da casa. Moldo minha atitude pela dele e, mergulhado num léxico jivaro confeccionado por um missionário salesiano para fins pastorais, finjo ignorá-lo.

De súbito, o dono da casa exclama com uma voz possante: "*Nijiamanch! Wari, jiamanch, jiamanch, jiamanch!*". É hora de as mulheres servirem a cerveja de mandioca, o *nijiamanch*, essa bebida cremosa e levemente alcoolizada que constitui o alimento da vida cotidiana. Meus companheiros nunca bebem água pura e a cerveja de mandioca serve tanto para saciar a sede como para forrar o estômago e azeitar as conversas. Alguns dias de fermentação extra a convertem numa bebida forte, consumida em repetidas libações durante as festas. Estando Senur ocupada em estripar o queixada à beira do Kapawi, sua irmã Entza, a segunda esposa, é quem corre para o marido com uma *pininkia*, grande taça de cerâmica com engobo branco e finamente decorada com motivos geométricos vermelhos e pretos. Com uma das mãos mergulhada no líquido esbranquiçado, ela tritura a pasta de mandioca para melhor diluí-la na água, rejeitando vez ou outra compridas fibras que bóiam na superfície. A cerveja de qualidade precisa ser homogênea, sem bolotas, cremosa para o paladar e não muito aguada. Wajari, porém, ignora a taça que a sua mulher lhe apresenta e, sem olhar para ela, murmura como que numa censura: "*Apach*!" "o Branco!". Depois de me oferecer o *pininkia*, Entza traz outro para Wajari, postando-se então alguns passos atrás dele com uma enorme cabaça cheia de cerveja que ela vai triturando maquinalmente, pronta para tornar a nos servir. Com o antebraço dobrado sobre o peito opulento para proteger-se dos maruins que nos perseguem a esta hora do dia, o ventre projetado para frente feito uma mulher grávida, ela envolve o marido com um olhar satisfeito.

Bebe-se o *nijiamanch* segundo um código de etiqueta preciso, que assimilei em poucos dias já que é sempre pelos modos à mesa que tem início o aprendizado de uma cultura desconhecida. É inconcebível recusar a taça oferecida por uma mulher; tal gesto seria interpretado como sinal de desconfiança grave em relação ao anfitrião, que estaria assim sob suspeita de ter envenenado a bebida. Dizem que só os moribundos ou inimigos declarados desdenham o *nijiamanch* que lhes é oferecido, sendo essa atitude o sinal revelador mais seguro de sua verdadeira condição. Não se deve, contudo, aceitar precipitadamente a *pininkia*: convém aqui uma reserva considerável e em hipótese alguma o estrangeiro à casa deve encarar a mulher que o está servindo, sob pena de passar por sedutor. Essa atitude de evitação dificulta as libações, principalmente por ser inconveniente um homem tocar na cerveja de mandioca, sobre a qual as mulheres seguem exercendo o controle até a ingestão. Assim,

como acontece muitíssimas vezes, quando um inseto atraído por aquela poça leitosa fica se debatendo em meio aos suplícios do afogamento, não há solução se não assoprar devagarinho a superfície do líquido, permitindo que ele aporte em segurança na borda da taça. Sensibilizada pelos esforços do bebedor, a anfitriã aproxima-se então para livrá-lo do mosquito importuno e triturar novamente a pasta fermentada na sua *pininkia*. Virando ostensivamente o rosto na direção oposta à da mulher, o convidado, num gesto amplo, oferece a taça às suas manipulações.

Com esse mesmo movimento, acompanhado de um chamado pelo termo de parentesco apropriado, pede-se uma ração suplementar. Depois de ser servido três vezes, a cortesia e um senso exibicionista de frugalidade exigem que se oponha débeis negativas a uma nova dose, enquanto as regras da hospitalidade impõem às mulheres que ignorem essas manifestações de polidez. Os protestos tornam-se mais enérgicos à medida que aumenta o número de rodadas, mas em geral continuam ineficazes. É consenso que um homem não pode beber menos que meia-dúzia de taças sem ofender gravemente a anfitriã que lhe dá de beber; entretanto, se várias mulheres estiverem servindo simultaneamente, é permitido devolver uma das *pininkias* antes do final fatídico. Há que se dar mostras de muita criatividade nas desculpas e de intensa veemência na sua formulação para finalmente satisfazer o amor-próprio da dispensadora de cerveja e se ver livre de sua inesgotável *pininkia*.

As esposas são as donas absolutas deste joguinho que, não obstante a paixão insaciável dos Achuar por sua bebida, pode acabar se aparentando ao suplício do funil*. Os entusiásticos estalares de língua do começo logo cedem lugar a discretas manifestações de aerofagia, o estômago fica abalonado como um dirigível, a ligeira acidez da bebida provoca uma salivação desagradável, e o irreprimível desejo de eliminar o excedente da bexiga deve ser dominado por razões de conveniência. Se as mulheres estiverem de mau humor, o encanto da convivialidade acaba assim por se esvanecer, sua falsa solicitude tornando-se o inevitável exutório de uma relação de forças desigual entre os sexos.

Hoje, felizmente, nada disso é o caso. Como Wajari está ocupado longe de casa durante o dia inteiro, a sessão vespertina de *nijiamanch*

* Método de engorda do ganso, com um funil, para fazer foie gras. [N.E.]

acaba sendo um dos raros momentos em que posso exercer o meu ofício, ou seja, falar com aquele ao qual o jargão de nossa disciplina dá o nome, até meio desagradável, de informante. Na verdade, é muito difícil para mim considerar Wajari meu informante, a exemplo daquelas personagens dúbias que, nos romances policiais ou de espionagem, negociam suas confidências em locais discretos. Decerto devemos esta deselegante herança terminológica à tradição dos etnólogos africanistas de antes da guerra, cheios de *boys*,* carregadores e intérpretes, remunerando os sábios indígenas quando trabalhavam nas varandas das casas como quem dá uma moedinha para o jardineiro. Os etnógrafos da Amazônia evidentemente não são santos e também distribuem moedinhas por todo tipo de bom ou mau pretexto: ninguém se introduz na intimidade de perfeitos desconhecidos sem de alguma maneira retribuir a sua boa vontade ou se garantir, por meio de ofertas prévias, de que não será posto para fora.

Tal foi a aposta que fizemos quando fomos para o Kapawi, sem víveres mas levando uma ampla provisão de pequenos objetos de escambo. Aliás, Wajari não se enganara quando, na noite do nosso primeiro encontro, nos convidou a morar em sua casa. Depois da súbita partida dos dois guias quíchua para Montalvo, o jovem achuar que conversara com eles na sua língua nos convidara, num espanhol extremamente rudimentar, a penetrar na casa de Wajari. Tseremp adquirira os seus talentos poliglotas trabalhando durante alguns meses como operário numa companhia prospectora de petróleo no rio Curarai, ao norte do território achuar. Expliquei-lhe que gostaríamos de passar alguns dias ali para aprender a língua jivaro e ele deduzira que éramos missionários protestantes americanos, o que, com a mais perfeita má-fé, não desmenti nem confirmei. Tseremp tinha então se tornado nosso intérprete junto ao dono da casa e, depois de um longo discurso que escutamos com uma incompreensão repleta de angústia, ele nos transmitira o seu convite para morar em sua casa.

Naquela mesma noite, dei um facão grande para Wajari e um corte de tecido para cada uma de suas três esposas; ele aceitou em silêncio, aparentemente sem dar muita importância. Depois de partilharmos uma semana o cotidiano da casa, ele parecia ter aceito a nossa presença como

* Assim eram chamados os jovens empregados nativos nos países colonizados. [N.T.]

uma coisa quase natural, manifestando uma distância simpática, discretamente atenta às nossas necessidades ao mesmo tempo em que destituída de servilismo. Tínhamos duas ou três vezes oferecido pequenos presentes às mulheres e às crianças, e cedido medicamentos para tratar a crise de paludismo ou de diarréia de um bebê de colo. Mas não fiquei com o sentimento de que esses donativos eram corruptores, ou que tinham convertido Wajari num informante devidamente remunerado por desvendar os segredos de sua cultura à minha inquisição.

Meu anfitrião segue sorvendo silenciosamente a cerveja de mandioca que a sua esposa lhe serve com prodigalidade. Ele bebe mais uma dose, depois volta-se subitamente para mim fitando-me nos olhos: a partir de agora, a etiqueta autoriza a conversação e a iniciativa pertence a ele, como é sempre o caso com as visitas.

– Está tudo correndo bem?

– Está, sim, tudo bem.

– E a sua mulher, vai bem?

– Vai bem, sim.

Até aqui, nada de tão difícil; o dicionariozinho mimeografado shuar-espanhol do R. P. Luigi Bolla permite que, não obstante as diferenças de vocabulário entre os dois dialetos, eu sustente sem dificuldade esse brilhante diálogo. Animado com o sucesso, procuro dar à minha conversa um tom menos banal.

– E isso, o que é? Digo, apontando para o assento.

– É um *chimpui*.

Isso eu já sabia; o inestimável léxico do missionário explica que *chimpui* é um banquinho de madeira esculpida. Intriga-me, porém, a aparência zoomórfica do assento e o que estou tentando descobrir no momento é a sua significação simbólica.

– Sim, é um *chimpui*, mas o que é?

– É um *chimpui* completo, um legítimo *chimpui*.

Meus conhecimentos no que diz respeito a formulações interrogativas são um tanto limitados, mas além de "o que é?", também sei dizer "por que?".

– Por que *chimpui*?

Wajari responde com uma frase comprida na qual tenho a impressão de captar que "nossos antepassados" e "meu pai" achavam inconcebível, desde toda a eternidade, sentar-se em outra coisa que não num *chimpui*. Trata-se do círculo vicioso típico da explicação baseada na tradição, da qual o etnógrafo só consegue escapar por meio de um gesto de impacto ou inventando uma interpretação complicada, mas verossímil. Opto pela audácia, de preferência à imaginação e, a despeito de todas as normas de conveniência, aproximo-me do *chimpui* de Wajari, toco no pequeno losango em forma de cabeça de réptil e repito a minha pergunta.

– E isso aqui, o que é?

Segue-se mais uma glosa. Só identifico as primeiras palavras, *yantana nuke*, que, de acordo com uma ansiosa consulta ao léxico, aparentemente significam "cabeça de jacaré". Wajari prossegue, entusiasmado, com um comentário que para mim se tornou absolutamente ininteligível. A fim de pelo menos respeitar as aparências, pontuo o seu discurso com interjeições vigorosamente aprobativas, "é verdade, é verdade!", "disse bem!", como já havia observado os Achuar fazendo durante os diálogos. Intimamente, não me conformo; o que Wajari está desfiando com tanta boa vontade é muito provavelmente o mito de origem do seu povo, e eu ainda por cima esqueci de ligar o gravador. O formidável protocolo das investigações etnográficas lamentavelmente vem abaixo, minha conversa direcionada vai para o brejo, a pesquisa da tradição oral atola nas areias da incompreensão.

Minha postura arrogante em relação aos intérpretes e aos que se servem deles começa a ficar abalada; submeter-se às incontroláveis interpretações dos especialistas indígenas da vulgarização cultural talvez seja melhor do que esta persistente ignorância decorrente da barreira lingüística. Mas nós não temos escolha. O espanhol de Tseremp é rudimentar demais para que façamos dele um tradutor, e mais ninguém aqui é bilíngüe. Para dizer a verdade, minha dificuldade em considerar Wajari o protótipo do informante dos manuais de etnografia deve-se essencialmente ao fato de que não entendo coisa alguma das informações que ele me fornece. Tenho a impressão de que ele cumpre bem o seu papel mesmo sem tê-lo aprendido, enquanto eu fracasso no meu, tão cuidadosamente preparado.

Instaura-se novamente um mutismo recíproco e tranqüilizo os meus escrúpulos científicos recordando um conselho que me dera

Claude Lévi-Strauss antes da minha partida. Depois de eu o ter bombardeado com detalhes das técnicas de pesquisa que eu contava empregar e com os problemas sutis que elas me possibilitariam resolver, ele concluíra nosso encontro com essas simples palavras: "Deixe-se levar pelo campo". A essa altura, não há nada que se possa fazer além disso.

Senur voltou do Kapawi depois de cortar o porco-do-mato em quartos e lavar-lhe as tripas. Antes de dar início à preparação do animal, ela pôs o fígado e os rins para tostar num espetinho a fim de servi-los ao marido. Convidados a partilhar este lanche, nós o apreciamos com um prazer tanto maior que, numa culinária em que a insipidez do mingau reina soberana, os miúdos são os únicos pedaços que se comem assados. Entza e Mirunik, enquanto isso, confeccionaram um moquém de lenha verde sobre um dos fogos, a fim de pôr a caça para defumar. O moquém serve para toda a família, mas a carne já foi repartida entre as mulheres por Senur; esta tem preferência por ser a mais antiga, o que lhe permitiu ficar com dois pernis e um bom pedaço de lombo, o restante cabendo às outras duas esposas.

Para as necessidades do jantar, cada mulher seleciona em seu quinhão um pedaço de qualidade e o põe a cozinhar em fogo brando numa marmita de mandioca ou inhame. Uma após a outra, elas vêm depositar aos nossos pés uma porção de cozido dentro dos *tachau*, grandes pratos de cerâmica envernizada de preto. Wajari também foi servido e convida os dois filhos adolescentes, Chiwian e Paantam, a partilharem a sua refeição, enquanto Senur, Entza e Mirunik reúnem à sua volta suas respectivas crianças para um pequeno banquete íntimo. Embora as esposas às vezes comam juntas, em geral cada uma cuida do próprio alimento e do de sua prole: mesmo no seio da família, a eventual comensalidade não implica partilha dos alimentos. Nossos Achuar evidentemente nunca ouviram falar em comunismo primitivo.

Uma cabaça d'água circula, fazendo as vezes de jarro, para as abluções preparatórias da refeição; um gole para enxaguar a boca, e outro que se expulsa em fino filete para lavar as mãos. Então o dono da casa me convida a começar com a expressão padrão: "Coma a mandioca!", à qual se deve responder por uma aquiescência embaraçada e a fingida surpresa de descobrir de repente aos próprios pés os pratos fumegantes. A mandioca-doce é o alimento básico dos Achuar, tão estreitamente sinônimo de comida como é o pão na França e, mesmo que acompanhando uma caça de qualidade, será sempre esta modesta raiz que seremos, por meio de lítotes, convidados a consumir. É de bom tom que o convidado continue recusando a oferta por algum tempo, como se estivesse saciado e incapaz de engolir mais um bocado sequer, e, forçado pelas leis da boa educação, é que ele afinal consente em experimentar os pratos até então laboriosamente ignorados.

Concluída a refeição, a cabaça d'água circula novamente e agora é a vez de Mirunik servir a inevitável cerveja de mandioca. Wajari conversa em voz baixa com o seu filho mais velho, degustando o seu *nijiamanch*, o que não me dispensa de outra malograda tentativa de pesquisa oral. O sol mergulhou atrás da barreira da floresta com a rapidez dessa latitude, deixando um rastro *dégradé* de azul cobalto e rubro no qual se recortam, qual finas sombras chinesas, os estipes delgados e esbeltos das pupunheiras. Perdido nessa orgia de tons pastéis, um minúsculo cúmulo vigia o pôr-do-sol, feito uma lanterna veneziana avermelhada na copa das árvores. A imobilidade absoluta do ar torna ainda mais estáticas as massas vegetais misturadas num primeiro plano único, que se destaca na tela celeste como um cenário sem profundidade.

Submersa em verdes monótonos, a natureza aqui é pouco propícia à emulação pictórica; ela só ostenta seu mau gosto no crepúsculo, conformando-se então à estética de Baudelaire, ultrapassando na artificialidade os coloridos dos cromos ruins. Uma agitação excepcional por parte dos anfitriões da floresta acompanha esta breve orgia cromática; os animais diurnos se preparam ruidosamente para dormir, enquanto as espécies das trevas despertam para a caça com o entusiasmo dos apetites carnívoros. Os cheiros também ficam mais nítidos, pois o calor do fim de tarde lhes trouxe uma densidade que o sol já não tem condições de dissipar. Entorpecidos durante o dia pela uniformidade dos estimulantes naturais, os órgãos sensitivos são subitamente assaltados, no crepúsculo, por uma multiplicidade de percepções simultâneas que torna muito difícil qualquer discriminação entre a visão, a audição e o olfato. Com esta brutal excitação dos sentidos, a transição entre o dia e a noite adquire, na selva, uma dimensão particular, como se a separação entre o corpo e o ambiente que o cerca se abolisse por um breve instante antes do grande vazio do sono.

É a hora tão esperada em que podemos finalmente baixar a guarda. O olhar atento que dirigimos aos nossos anfitriões nos é evidentemente devolvido com constância e esse joguinho de observação recíproca ganha uma trégua ao cair da tarde. As crianças, especialmente, param de nos espionar e comentar nossos mínimos gestos com cochichos abafados pelo riso. Estão, no momento, muito ocupadas caçando rãs, com um canudinho de bambu acoplado a um pistão que projeta, por compressão, bolinhas de argila seca. Ouvem-se seus urros de alegria na mata de corte à beira do rio, quando conseguem acertar um dos seus alvos. Senur grita para elas: "Cuidado com as cobras!", e então resmunga na meia-luz, diante do fogo que está atiçando, provavelmente maldizendo a inconsciência das crianças face aos perigos da floresta. Falo em voz baixa com Anne Christine sobre os acontecimentos do dia, sobre a lentidão dos nossos avanços e tudo o que deixamos para trás. Sem esse retorno à intimidade que nos é permitido toda noite, decerto suportaríamos mais dificilmente as limitações da nossa nova vida, e confesso que já tenho às vezes me perguntado de onde é que alguns colegas nossos tiraram forças morais para permanecer vários anos sozinhos em condições similares.

Cansado, decerto, por seu dia de caça, Wajari esta noite não parece disposto à vigília. O sinal para dormir é dado quando ele me indica a cama dos visitantes com esta simples injunção: "Durma!". Contrariamente a diversas outras tribos amazônicas, os Jivaro não utilizam redes e sim estrados retangulares cobertos com ripas flexíveis em madeira de palmeira ou bambu. Dorme-se de um jeito estranho, com metade das pernas no ar, descansando numa vara acima do fogo de combustão lenta. Tal dispositivo fundamenta-se no antigo princípio de sabedoria popular segundo o qual não se sente frio se os pés estiverem aquecidos; com a condição de se levantar regularmente para reavivar o fogo moribundo, consegue-se assim combater o frio úmido das horas que antecedem o alvorecer.

As camas da casa são circundadas, em três lados, por ripas de madeira: nessa habitação sem paredes, oferecem uma pequena ilha de intimidade, a exemplo do leito fechado bretão reinando no meio da sala comum. A nossa não dispõe desse refinamento. Apoiada nos postes periféricos, parcamente protegida da chuva pela saliência da aba do telhado, abre-se tão amplamente para o jardim e a floresta que nos sentimos dentro de uma jangada ainda presa à casa por uma tênue amarra, mas prestes a derivar rumo às trevas da mata tão logo o sono nos falseie a vigilância. Os ruídos esporádicos da residência adormecida são suplantados, nesta antecena, pelos ecos noturnos da vida selvagem; o fundo estridente das rãs e dos grilos e o baixo contínuo dos sapos são pontuados pelos gritos melancólicos das aves de rapina e os três silvos descendentes do bacurau. E o choro de uma criança ou um cachorro gemendo vêm nos lembrar de maneira quase incongruente a proximidade de um universo familiar, de tal modo que a noite, aqui, abole as pacientes construções da humanidade.

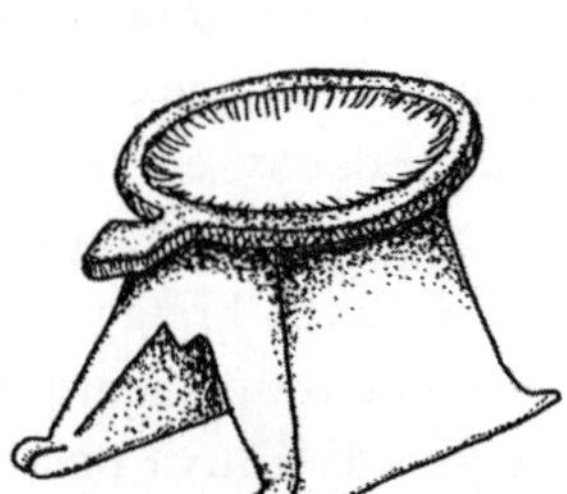

II. AO AMANHECER

Um clarão trêmulo vem subitamente acariciar o interior do telhado de palma, capturando em seu âmbito as tábuas do forro e dos caibros dispostos como um tabuleiro de xadrez. Atravessada de quando em quando por uma sombra gigantesca, uma suave luz alaranjada vai aos poucos revelando os detalhes do madeiramento ao ritmo regular de um sopro experiente: na noite ainda escura, uma mulher veio atiçar um fogo. Ainda faltam duas horas para o nascer do sol, mas a casa já está despertando para a rotina de um novo dia. A mobilização não é tão imediata ou geral, e a umidade penetrante não convida à perambulação: com exceção de Senur e Wajari, ninguém ainda se levantou. Cabeças infantis desgrenhadas surgem das camas fechadas e tornam a mergulhar no confortável refúgio onde é bom se deixar ficar. O dono da casa sentou-se no seu *chimpui*, virando as costas amplas para o revigorante calor do fogo. Sua esposa está voltando do rio, surgindo da escuridão com um imenso porongo de água fresca. Chiwian, um menino de uns quinze anos, vem juntar-se ao pai em silêncio e senta-se, como ele, de costas para o fogo, a cavalo sobre uma acha de lenha.

Sobre o fogo do *tankamash*, Senur dispõe a *yukint*, uma grande taça preta bem aberta. Esse recipiente, que tem um pé oco em forma de fuso, destina-se à preparação do *wayus*, infusão elaborada com uma planta cultivada da mesma família da famosa erva-mate dos argentinos. O bulbo do fundo contém as folhas e sua extremidade estreitada serve como filtro para impedir que elas se derramem na decocção, da qual nos servimos à vontade com pequenas cabaças oblongas. Wajari me chamou para perto dele. Abandono com algum pesar a tranqüilidade do meu leito para ir cumprir meu dever junto ao fogo. O *wayus*, mais que um simples chá matinal, é uma instituição do mesmo nível que a cerveja de mandioca, só que submetida a um protocolo menos rígido. Somente os homens consomem essa infusão adocicada, com propriedades ligeiramente vomitivas, que abole por algum tempo, na intimidade do final da noite, o formalismo afetado da etiqueta diurna.

Ao convidar um visitante masculino a juntar-se a ele ao pé do fogo, o dono da casa está suprimindo, por alguns momentos, a invisível barreira que confina os estrangeiros à margem do espaço doméstico. A casa achuar é de fato, de maneira mais ou menos elíptica, dividida no sentido da largura por um limite imaterial que a separa em duas partes de iguais dimensões: o *ekent* e o *tankamash*. Espaço reservado à sociabilidade masculina e à acolhida dos visitantes, o *tankamash* ocupa mais ou menos um terço da casa, de uma das extremidades em semicírculo até os primeiros pilares de sustentação. Ali é onde Wajari reina no seu *chimpui*, ali é que dormem os convidados e os adolescentes solteiros da família. Ali também é que fica o *tuntui*, um tambor muito grande, cavado num tronco e mantido em posição semivertical por meio de um cipó que passa por sua extremidade superior e se prende na viga. Por razões ainda misteriosas para mim, este longo cilindro de som cavernoso também se prolonga em ambas extremidades por losangos em forma de cabeça de réptil. No *tankamash*, o dono da casa e seus convidados dispõem, cada qual, de um fogo constituído de três toras dispostas em forma de estrela. As lenhas selecionadas são particularmente densas e se consomem devagar. Para reanimar a chama, basta pôr em contato as extremidades das toras, acrescentar um pouco de lenha miúda e atiçar por alguns instantes o fogo latente. Estes fogos masculinos estão dispensados do serviço prosaico da cozinha e servem apenas para aquecer as horas frescas da noite e acolher o círculo de bebedores de *wayus*.

Por contraste, o *ekent* é o domínio das mulheres e da vida familiar. As camas da casa se erguem em seu perímetro, enquanto o centro é ocupado pelos fogos culinários e por uma importante bateria de *muits*, os vasos grandes de cerâmica onde a mandioca fica fermentando. Cestos de amendoim ou de espigas de milho ficam pendurados nos barrotes, fora do alcance da voracidade dos camundongos e da gulodice das crianças.

Em sebes de madeira de palmeira ficam amontoados os utensílios domésticos, os pacotes de argila e os colorantes para a cerâmica, os blocos de sal produzido pelos Shuar do Mangosiza, a linha de pescar, os fusos de algodão, toda modesta parafernália da vida cotidiana.

Petrificados só de pensar em comprometer com um gesto intempestivo a aparente bonomia da acolhida que nos deram, e instruídos, por outro lado, pela leitura de nossos predecessores entre os Jivaro, Anne Christine e eu aprendemos rapidamente as poucas regras de convívio que permitiam que nos movimentássemos pela casa sem cometer nenhuma gafe. Naquela habitação aberta, cujo interior se deixa abarcar num só olhar, o protocolo impõe acessos e zonas diferenciados para homens e mulheres, dependendo de eles serem membros da família ou estrangeiros. O *ekent*, em princípio, me é proibido, assim como para todos os visitantes masculinos, e devo limitar minhas perambulações à parte do *tankamash* que me foi designada, a menos que Wajari me convide junto de seu fogo para beber o *wayus*. As mulheres e as filhas do dono da casa também respeitam este limite, já que só transpõem a linha imaginária que as separa do *tankamash* por necessidade de ofício, ou seja, para servir aos homens sua refeição ou oferecer-lhes cerveja de mandioca. Wajari, evidentemente, tem o direito de estar em toda parte neste espaço que ele mesmo construiu, e este privilégio da condição masculina se estende aos seus dois filhos adultos.

Anne Christine se beneficia, graças ao seu status um pouco singular, de uma grande liberdade de movimento. Sendo mulher, tem livre acesso ao *ekent*, onde passa parte do dia com as esposas de Wajari, mas as obrigações que se impõem ao seu sexo ficam parcialmente obliteradas pela extrema distância causada por sua origem estrangeira. Enquanto a mulher de um visitante geralmente só é admitida no *tankamash* para partilhar, à noite, a cama com o seu marido, Anne Christine pode escolher entre reunir-se às mulheres no seu gineceu ou ocupar um discreto lugar ao meu lado, como faria um adolescente em visita com o pai. Ela respeita com bom humor as aparências desta submissão que lhe abre as portas de dois mundos, sendo que um deles está quase irremediavelmente fechado para mim.

Wajari conta para Chiwian uma história comprida, que começou com a fórmula "*yaunchu*", a abertura universal dos mitos e contos que poderíamos traduzir por "muito tempo atrás". As peripécias parecem ser muitas, cadenciadas por onomatopéias expressivas ou mudanças de ritmo melódico, e mais uma vez maldigo a incompetência lingüística que furta à minha curiosidade este provável tesouro da cultura jivaro. Cativado pela narrativa do pai, o pequeno Paantam também veio juntar-se a nós. A mesma curiosidade não anima, porém, os demais membros da casa: Senur voltou a deitar-se e as outras duas mulheres ainda não se levantaram. Dominando a cena lá dos seus estradis, brincam com seus filhos ou conversam com eles em voz baixa.

De fato, é todo um mundinho que está brincando nas *peak* – como são chamadas essas camas fechadas. Cada uma abriga uma esposa e seus filhos pequenos, ou seja, por vezes cinco ou seis crianças. Essas só abandonam o leito materno por volta dos doze anos: os meninos vão dormir no *tankamash* e as meninas passam a dispor de um leito próprio no *ekent*. Quanto a Wajari, ele honra com sua presença a *peak* de uma esposa a cada noite segundo um rodízio que minhas contas minuciosas garantem ser equânime. As mulheres casadas são, desta forma, donas de um pequeno território bem separado onde vem se acostar o seu esposo nômade e coletivo. Esse território, por sinal, se projeta, para além dos limites da *peak*, nas regras de exclusividade que governam o uso dos objetos domésticos. Senur, Entza e Mirunik dispõem, cada uma, de um fogo culinário que Wajari tem obrigação de alimentar com pesadas achas de lenha que ele traz da floresta. Os utensílios domésticos e as ferramentas não fabricadas por elas mesmas – facões, panelas de latão, paus de ponta – também são escrupulosamente divididos. O único instrumento de cozinha que elas compartilham é o almofariz da mandioca, grande chapa redonda, ligeiramente cavada, confeccionada numa raiz tabular.

A cama de cada esposa é ladeada por outra, em miniatura, onde jaz meia dúzia de cães raivosos e macilentos. As matilhas aqui são da competência exclusiva das mulheres, que as possuem com orgulho, criam com amor e adestram com eficiência. Também as alimentam com cuidado, com um saboroso purê de batata-doce servido em cascas de tartaruga. A magreza aflitiva dos pobres indigentes, portanto, não resulta da parcimônia de suas donas, mas do temível vigor dos parasitas que os assolam. Apesar da sua espinha saliente e cauda descarnada, os cães achuar são caçadores valentes e tenazes. Asseguram, além disso, uma guarda eficaz das casas, cercando os intrusos numa roda ameaçadora de que pode ser difícil escapar ileso. São raramente deixados em liberdade e, para evitar batalhas, as matilhas das diferentes esposas ficam amarradas em seus respectivos estrados com trelas feitas de casca de árvore.

Dentro de uma rede pequena suspensa nas hastes da cama fechada, o bebê de colo de Entza põe-se a chorar. A mãe o embala com a ponta do pé ao mesmo tempo em que tranqüilamente cata piolhos na cabeleira embaraçada de uma menina; para acalmá-lo ela canta uma cantiga de ninar. Não obtendo resultado, Entza logo desiste da sua recreação higiênica, pega o bebê e lhe dá o seio. Assim que o toca, porém, dá um grito e corre para nós. A cabecinha está toda melada de sangue parcialmente coagulado, enquanto o corpo, por contraste, parece de uma palidez doentia. Preocupado, Wajari interrompe a sua narrativa e toma o bebê nos braços. Perscruta a cabeça ensangüentada resmungando em tom ameaçador, depois pede que eu o examine. Bem debaixo da orelha, uma pequena picada assina o delito: um vampiro passou por ali durante a noite. Embora sem gravidade, a ferida sangrou com abundância; de fato, o animal pica apenas superficialmente, mas solta uma secreção que anestesia a vítima e impede que o sangue coagule. Esses vampiros são pouco maiores que um camundongo e sua punção noturna, portanto, é sem conseqüência; mas se tornam a molestar um bebê já debilitado, acabam por provocar uma espécie de anemia considerada mortal.

Já é a segunda vez, desde o início de nossa estada, que o bebê é atacado e o pai parece bastante preocupado. Enquanto Entza lava a sua cabeça com água quente, Wajari o faz suavemente pular no seu colo para tentar acalmar o seu choro, depois o ergue esticando os braços e chupa-lhe rapidamente o pênis. Nosso anfitrião demonstra, no exercício de sua ternura paterna, uma curiosa mistura de força bruta e delicadeza. O torso musculoso e o pescoço forte, as feições viris e acentuadas realçam, pelo contraste, a graça quase feminina dos cabelos pretos que lhe varrem os ombros. O bebê se acalmou e se põe a dar risadas de prazer, brincando com a sedosa cabeleira do pai; tenta pegar os dentes de jaguar que este usa num colar, ou as fitas multicoloridas atadas em seus pulsos. Nessa cultura em que os cabelos compridos e enfeites coloridos são apanágio dos homens, o bebê fica tocando em Wajari como que numa linda mamãe burguesa de cabelos perfumados e corrente cintilante.

O que dizer, diante desta cena tocante mas sem afetação, do sinistro renome desses guerreiros redutores de cabeças? É claro que Wajari nem sempre é tão carinhoso com sua prole, e é preciso uma circunstância excepcional para vê-lo brincar assim com um bebê. Tão logo uma criança começa a andar, principalmente se for uma menina, ele adota em relação a ela uma atitude mais formal, abstendo-se a partir de então de qualquer abraço. Mas este pudor nos gestos não disfarça o orgulho afetuoso em seu olhar quando contempla, impassível, sua pequena tropa. É de acreditar que viemos parar em meio aos únicos índios pacíficos desta sociedade de reputação sanguinária, e que eles se esforçam por imitar, para nós, uma ficção rousseauniana que nada na literatura etnográfica deixava prever.

A luminosidade leitosa da aurora começa a suplantar a claridade das fogueiras. A névoa que sobe do rio envolve em sua lanugem os contornos do terreiro e afoga numa uniformidade curiosa os primeiros raios de um sol ainda invisível. Um rasgão deixa entrever a copa de uma árvore aqui e ali, mas o solo está coberto por uma nuvem esponjosa que vai enrolando seus inchumes na vegetação, feito um nevoeiro de teatro. O rito do *wayus* caminha para a sua inevitável conclusão. As virtudes desta infusão matinal não são apenas sociais, são antes de tudo vomitivas. Bebido em pequenas quantidades, o *wayus* não produz nenhum efeito em particular. À diferença da cerveja de mandioca, porém, é ingerido sem parar até que se esvazie a grande taça preta, e uma náusea persistente logo se instala se o estômago não for aliviado desta massa líquida. Acompanho Wajari, portanto, até as moitas que margeiam o Kapawi e, estimulando a úvula com uma peninha como se deve, curvo-me, em meio aos vapores da aurora, ao costume cotidiano do vômito. Os homens não podem começar o dia sem esta energética purgação que devolve ao organismo a virgindade do ventre vazio. Através da expulsão purificadora dos resíduos fisiológicos, os Achuar encontraram uma maneira cômoda de abolir o passado e renascer toda manhã para o mundo com o frescor da amnésia corporal.

Wajari não volta para casa comigo, comunicando-me com voz serena que vai defecar no rio. A purificação deve prosseguir até o fim, com uma imersão nas águas ainda frias do Kapawi e a evacuação, ao sabor da correnteza, dos derradeiros dejetos. Eu deveria, em nome de nossa incipiente camaradagem, acompanhá-lo nessa atividade que os homens ligados pelo afeto sempre realizam juntos, mas tenho até o momento resistido diante desta excessiva submissão às obrigações da observação participante. Descendo o rio mais um pouco, da pequena enseada dedicada às atividades domésticas, Wajari faz um estardalhaço danado: bate a água com as mãos, emitindo um ulular sustentado que se ergue dos vapores do rio feito buzina de nevoeiro. Ele se interrompe de quando em quando para berrar, triunfante: "Eu sou Wajari! Sou Wajari! Sou forte! Sou um jaguar que anda na noite! Sou uma sucuri!" O contraste com a delicadeza das cenas domésticas anteriores é surpreendente. Sumiu o pai amoroso, o anfitrião prestativo; agora é, de fato, um guerreiro exaltando sua glória na aurora atenta.

Escorrendo água e estremecendo, Wajari retorna da sua barulheira com a segurança de uma virilidade reafirmada. E como qualquer experiência só tem graça quando é partilhada, carrega nos braços três ou quatro filhotes de cachorro para jogá-los no Kapawi. Os cachorrinhos devem ser educados como os homens, e nada como um bom banho para fortalecer a coragem. Chiwian e Paantam, no entanto, não dão mostras de que vão seguir o pai nessas ascéticas abluções em que se moldam as qualidades da condição masculina. A moleza deles nem por isso é censurada pois, a partir dos doze ou treze anos, os meninos aqui parecem ter total liberdade: Wajari nunca dá ordem alguma aos filhos, nem eleva a voz contra eles.

Os pobres cachorrinhos não se beneficiam deste tratamento; latem lamentavelmente cada vez que seu inflexível treinador joga-os de volta no rio com enérgicos encorajamentos. Tremendo de frio, sobem finalmente o barranco aos tropeços, mas só para se depararem com nova provação. Instigado, decerto, pelos gemidos deles, o jacamim que guarda a casa resolveu, não se sabe por quê, barrar-lhes caminho. Esse pássaro, do tamanho de uma galinha mas com patas bem compridas, voz muito aguda, se deixa facilmente domesticar quando capturado ainda jovem. Com uma distinção arrogante, exibe nas cercanias da casa uma elegante plumagem cinzenta com reflexos oliváceos. Apesar de sua aparência ponderada e delicada, o jacamim adora dar uma de cérbero, anunciando a chegada de um estranho com o grito agudo e indignado. O de Wajari é dado a esses surtos: vez ou outra, interrompe a sua patrulha de janota para se atirar, com a maior vulgaridade, sobre o animal ou visitante que não lhe agrada. É difícil se livrar dos seus ataques histéricos e os pobres cachorrinhos passam por esta cruel experiência. No meio tempo, as matilhas se puseram a latir para a ave insolente; o mico cativo salta para todo lado no seu poleiro soltando trinados superagudos, e os bebês assustados choram convulsivamente. Senur acaba acorrendo, lançando imprecações para apartar a briga a pauladas e o odioso animal retoma a sua guarda com uma satisfação sarcástica.

O sol dissipou a bruma, da qual só subsistem algumas echarpes enroscadas na orla da floresta. O céu, muito claro, anuncia mais um dia de calor, embora este não se deixe sentir antes do meio da manhã. São seis e meia no meu relógio e o desjejum finalmente aparece na forma de uma rodada geral de cerveja de mandioca acompanhada, em nosso benefício, de um prato de taros cozidos. Wajari se limita ao líquido. Segundo o seu hábito, não irá comer nada antes do final da tarde, durante a única refeição cotidiana de fato, que deverá incluir caça ou pesca para ser considerada como tal. Uma pequena merenda de mandioca torrada, de inhame ou de taro vem às vezes preencher um vazio no estômago e permitir a espera do jantar, mas deve ser comida depressa, quase às escondidas. Tem-se aqui horror à voracidade e as crianças são sempre lembradas de que precisam moderar sua gula natural. Sendo o alimento variado e farto, não é o fantasma da escassez que gera esta moderação, mas o sentimento de que a temperança, em todas as suas formas, é mesmo a virtude exemplar dos níveis superiores da humanidade. Com exceção da cerveja de mandioca, de que é permitido ingerir quantidades consideráveis, as maneiras à mesa impõem aos homens uma fachada de frugalidade, tão mais ostensiva quanto maior for o número de testemunhas.

Sentado a cavalo no seu *chimpui*, Wajari se entrega à sua toalete com a aplicação de uma cortesã veneziana. Depois de pentear cuidadosamente os cabelos, divide-os em duas tranças, dos dois lados da franja espessa que lhe come as sobrancelhas. Cada trança é enroscada num cordão de algodão vermelho, enquanto o comprido rabo-de-cavalo é amarrado por meio de uma fita tecida com motivos geométricos, e penas de tucano vermelhas e amarelas na ponta que lhe fazem como que um pequeno buquê na nuca. A seguir, pega os seus *karis*, dois tubos finos de bambu de uns trinta centímetros de comprimento, ornados com um motivo de losangos gravados a fogo. Uma ponta de cada tubo termina com uma roseta de plumas e uma longa mecha de cabelos pretos. Depois de umedecer os bambus com saliva para que escorreguem melhor, Wajari retira os dois pauzinhos que ele usa no lobo das orelhas e delicadamente introduz nas aberturas o incômodo enfeite. Ele pede então para uma das filhas ir buscar um fruto no pé de urucum, que fica junto à casa, como se espera que deve ser com um cosmético usado por todo o mundo, todos os dias. Com uma vara molhada no suco vermelho da cápsula, traça no rosto um desenho complicado, examinando-se com olhar crítico no espelhinho que lhe dei há poucos dias. Finalmente satisfeito com sua aparência, nosso anfitrião pega o seu grande facão, deixa-me sua casa à disposição e sai num passo animado para visitar seu cunhado Pinchu, que o convidou para desmatar uma nova roça. Mais um longo dia de ócio forçado tem início para mim.

III. RUMORES DE ALDEIA

A chuva fina que caiu a noite inteira cedeu lugar a uma dessas manhãs sombrias em que sair da cama se torna um pequeno ato de coragem. Wajari, felizmente, renunciou à costumeira lavagem estomacal, e seu banho se deu sem estardalhaço. Ele está, no momento, ocupado em remexer no seu *pitiak*, um cesto com tampa de trançado bem apertado onde ele guarda objetos pessoais, e de onde tira uma abominável camisa de náilon estampada em estilo havaiano. Depois de sacudi-la energicamente para dispersar as várias baratas que tinham se refugiado ali, lança um melodioso "tu-tu-tu-tu", chamando as galinhas para bicarem os bichos apavorados que disparam para todo lado. Apesar da cafonice da sua roupa, Wajari não parece ridículo, quando muito incongruente. E se ele faz essa concessão à chamativa elegância dos trópicos, é em honra ao seu irmão Titiar que pediu que fôssemos hoje ajudá-lo a construir sua casa.

Titiar mora na outra margem, não muito longe daqui. As chuvas dos últimos dias fizeram o nível das águas subir brutalmente, submergindo o grande tronco pelo qual normalmente se atravessa o Kapawi, e é na pequena canoa balançada pela corrente que cruzamos o rio. A casa do irmão de Wajari ergue-se sobre um grande terraço arenoso na confluência do Kapawi com um riacho de águas transparentes encravado num barranco luxuriante. Ao lado da casa está o esqueleto de uma estrutura de madeira já completamente montada, mas ainda desprovida do telhado de palmas. Diferente da casa do nosso anfitrião, esta é cercada por paredes de tronco de palmeira, interrompidas a cada extremidade por uma porta cega. Da intimidade dele, assim dissimulada, só percebemos no momento altos clamores de vozes.

Entramos pela porta do *tankamash*, pontuando nossa chegada com a saudação tautológica habitual: "Estou chegando!". É necessário algum tempo para nos acostumarmos à penumbra e distinguirmos a guirlanda de convidados que reveste a parede do *tankamash*, frente ao vulto de Titiar entronado em seu *chimpui*. Depois de navegarmos em meio a uma profusão de *pininkia* repletas até a borda, colocadas na maior desordem no chão e sobre os bancos, abrem um espacinho para nós na fileira dos visitantes. Wajari não foi o único a se endomingar, pois vários homens ostentam camisas dignas de uma escola de samba. Aqueles trajes reluzentes contrastam com a sobriedade das posturas, o formalismo das atitudes e o exotismo dos adornos. Todos os homens estão com o rosto delicadamente enfeitado com pinturas de urucum, alguns usam tubos *karis* nas orelhas e ostentam coroas de penas de tucano ou diademas de penas de arara.

Titiar é um belo homem, esbelto, com olhos de veludo, elocução lenta e melodiosa, cuja postura ostensivamente segura parece às vezes revelar uma secreta apreensão. Ele está, no momento, envolvido num diálogo com Tsukanka, um temível "velho" de uns cinqüenta anos, baixinho, robusto, com cara de gárgula, feliz possuidor de seis esposas e mais rabugento que um jacamim. Nunca o vi rindo ou sorrindo, o que talvez seja até melhor pois seus dentes, que às vezes se revelam fugazmente, são cobertos de um verniz preto que os faz parecer uma armadilha para lobos. Quaisquer que sejam as circunstâncias, Tsukanka fala muito rápido e muito alto, com uma violência mal contida que nos deixa esquecer sua baixa estatura. Ele parece ainda mais assustador agora que se lançou no diálogo habitual das visitas, o *yaitias chicam* ou "discurso lento" que, ao contrário do que o nome pareceria indicar, transcorre num ritmo que meus ouvidos incautos julgam extremamente rápido.

O discurso lento é um modo canônico de conversação entre dois homens, uma espécie de responso que se desenvolve segundo uma linha melódica específica, escandida por fórmulas estereotipadas que servem para marcar as diferentes etapas do diálogo e assinalar as alternâncias de fala entre os dois interlocutores. Esta forma de expressão é usada principalmente como início de conversa por ocasião da visita de parentes próximos, mas assim que uma conversação normal aborda um assunto sério ou importante, ou seja, capaz de gerar algum conflito, os homens voltam de modo quase automático para as entonações acentuadas e as frases repetitivas características do discurso lento. Ora, como as conversas à toa são aparentemente inexistentes por aqui e que as ocasiões de conflito parecem não faltar, a comunicação entre os homens geralmente assume a forma de uma troca dialogada, mais ou menos alerta ou compassada conforme for a prosódia musical do discurso lento mais ou menos afirmada.

Os chefes de família presentes são estreitamente aparentados. O dono da casa casou-se com uma irmã de Tsukanka, que, por sua vez, é casado com duas irmãs de Titiar. Segundo a lógica do sistema de parentesco jivaro, essa relação de aliança recíproca se estende a Wajari, já que ele é irmão de Titiar. Naanch é um assim chamado irmão "ramificado" (*kana*) de Wajari e Titiar, pois seus respectivos pais eram irmãos; eles se chamam, portanto, de "irmão" e se consideram como tal. Wajari, no entanto, também se casou com uma irmã de Tseremp; este último, assim como os dois irmãos Tarir e Pinchu, está assim coletivamente aliado a Wajari, Titiar e Naanch. Além disso, Tseremp é marido de uma filha de Tsukanka e gostaria de tomar a irmã desta última como segunda esposa. Mukuimp, por sua vez, é genro de Wajari. Pelo jogo extensivo das categorias de consangüinidade e afinidade, acaba ficando com três "sogros". Finalmente, Tayujin e Kuunt são irmãos e, sendo a irmã deles uma das esposas de Naanch, Wajari e Titiar também são seus cunhados; Tsukanka também é sogro deles, já que Tayujin é casado com uma de suas filhas. Os homens desta pequena coletividade não se dirigem uns aos outros pelo nome, mas por um dos quatro termos de parentesco que denotam os entrelaços de suas relações: *yatsur* ou "meu irmão" (primo de primeiro grau ou segundo grau do mesmo sexo), *sairu* ou "meu primo-cunhado" (marido da irmã, irmão da esposa ou primo de segundo grau do sexo oposto), *jiichur* ou "meu tio-sogro" (pai da esposa, irmão da mãe ou marido da irmã do pai) e *aweru* ou "meu genro-sobrinho" (marido da filha, filho da irmã ou filho do irmão da esposa).

Sentei-me ao lado de Tseremp. Ele tem cerca de vinte anos, não é muito alto mas é bem proporcionado e tem esse temperamento simpático e entusiasta que, entre nós, se encontra principalmente nos jovens chefes de tropa escoteira. No seu espanhol rudimentar, ele me explica que este núcleo de parentela veio se estabelecer aqui há três ou quatro anos por estímulo de Wajari e Titiar. Antes, as famílias viviam dispersas em toda a região do alto e médio Kapawi, a um ou dois dias de caminhada uns dos outros, as relações entre eles se limitavam a visitas bastante episódicas embora o parentesco fosse próximo. Os homens do Kapawi mantinham, há muito tempo, relações de hostilidade com os Shuar do Makuma, a uns dez dias de caminhada para noroeste, e quando esses últimos foram "pacificados" por missionários protestantes durante os anos 1950, meus companheiros criaram o hábito de ir de vez em quando visitar os antigos inimigos para trocar zarabatanas e curare por sal, instrumentos de metal e espingardas. Os missionários norte-americanos vislumbraram imediatamente o partido que poderiam tirar do escambo ocasional entre suas ovelhas e aqueles índios rebeldes entre os quais não tinham conseguido se estabelecer até então. Confiaram então a alguns Shuar doutrinados a tarefa de convencer seus parceiros comerciais do Kapawi a abandonarem suas guerras intestinas, agruparem-se em aldeias e construírem a pista de pouso que esses pastores voadores impõem como primeiro passo para uma vida cristã. A gente do Kapawi hesitou durante um bom tempo. Mas como sua principal rede de escambo, por meio da qual se abasteciam em ferramentas e espingardas com seus vizinhos achuar do sudeste, fora brutalmente interrompida por novas hostilidades entre o Equador e o Peru, acabaram por ceder às solicitações dos emissários shuar na esperança de obter mais facilmente, junto aos missionários, as armas e ferramentas de que já não podiam prescindir.

Os Achuar tinham terminado de desmatar o campo de pouso cerca de dois anos antes da nossa chegada, sem ganhar com isso nenhum benefício especial. Uma aldeia com uma dúzia de casas fora edificada próximo à pista, que os missionários protestantes chamaram de Capauari em referência ao nome equatoriano do rio. Segundo Tseremp, de tempos em tempos um aviãozinho vinha conferir se os índios não tinham-se matado uns aos outros; caso estivesse sobrando lugar a bordo, um dos homens embarcava com zarabatanas ou adornos de penas para ir negociar com seu parceiro comercial shuar, poupando-se assim da longuíssima viagem a pé até o Makuma. Voltava para Capauari uns dias depois, com todo um lote resplandecente de panelas e facões, mas sem os presentes que esperava dos missionários. De fato, firmemente convencidas das virtudes civilizadoras do livre empreendimento, as seitas fundamentalistas deixam o exercício da caridade para os idólatras católicos.

Wajari está terminando o discurso lento com Titiar. Os dois irmãos se visitam constantemente e, como não têm notícias frescas para trocar, a conversa entre eles é breve. Ela se encerra com uma frase estereotipada, proferida num tom constantemente ascendente:

– Veja só, meu irmão, agora que te visitei bem como faziam nossos antepassados e desejando te visitar novamente em breve, preciso então te deixar.

– Está certo! Está certo!

A fórmula é retórica, já que vamos passar o dia trabalhando juntos. Titiar, aliás, dá o sinal da partida e saímos todos em fila rumo à casa em construção.

Nos quatro ângulos de um retângulo com cerca de vinte metros de comprimento por uns dez de largura, quatro pilares sustentam vigas horizontais apoiadas num poste situado no meio de cada um dos lados maiores. Dos dois lados menores deste grande paralelepípedo são montados os triângulos das escoras que suportam uma comprida viga de cumeeira. As duas extremidades mais estreitas são prolongadas no piso por uma série de postezinhos dispostos em semicírculo que conferem à casa sua forma elíptica. Caibros de bambu são amarrados a intervalos regulares nas duas laterais do telhado, e em forma de leque nos lados arredondados. O trabalho do dia consiste em prender, nos caibros, finas tábuas sobre as quais serão amarradas as palmas da cobertura.

As tarefas parecem ser espontaneamente divididas e aparentemente ninguém, nem mesmo Titiar, coordena a execução dos trabalhos. Esses homens partilham de um mesmo *know-how* e são intercambiáveis na cadeia das operações, mas admiro o fato desta cadeia se desenrolar sem uma prévia definição do papel de cada um. A fórmula hierárquica na divisão do trabalho industrial – onde o engenheiro programa os gestos que um contramestre se encarrega de fazer os operários executarem – realmente nos fez esquecer as antigas redes de hábitos que se teciam no trabalho coletivo. Por detrás de uma aparente espontaneidade, cada um estava atento ao humor e aos gestos dos outros, tornando assim inútil qualquer função de autoridade.

Os mais jovens – Tseremp, Kuunt e Mukuimp – sobem na estrutura de madeira por meio de troncos de balsa com cortes entalhados e se põem a amarrar as tábuas com cipó. Os outros preparam as tábuas, com estipes de palmeira que eles fendem no sentido das fibras e depois aplainam minuciosamente. O clima é mais relaxado do que dentro da casa e todos parecem apreciar o trabalho em conjunto. Tayujin brinca com o seu irmão, que está fazendo palhaçadas no madeiramento; compara-o a um macaco guariba.

– Você mijou em cima de mim, irmãozinho da garganta grande, ele exclama, fingindo um ar ofendido, vou te matar para roubar tuas mulheres.

Esta ameaça não parece perturbar Kuunt, que sapateia em cima dos caibros imitando à perfeição o rugido rouco do guariba. Tayujin agarra então uma tábua e faz de conta que está atirando no irmão com uma zarabatana.

– Eu te assopro uma setinha na bunda, irmãozinho guariba, e agora vamos ver se você ainda consegue cobrir as fêmeas.

Tsukanka não acha aquilo engraçado. Solta uma enérgica salva de reprimendas e pede a seus genros mais compostura. No tempo dele, os homens não falavam assim; eram altivos e fortes, não zombavam dos seus irmãos. Os jovens agora são como os Quíchua, não têm mais nenhum pudor; brincam com as palavras, causam vergonha, mas não sabem vingar os seus parentes.

As advertências do pai quanto ao pudor são recebidas com um silêncio embaraçado pela nova geração, que retoma o trabalho sem dizer palavra alguma. É provável, aliás, que a brincadeira de Tayujin e Kuunt se dirigisse em parte a mim. A gente do Capauari, com efeito, me deu um nome achuar absolutamente clássico, Yakum, macaco guariba, por ser minha barba da mesma cor que o pêlo arruivado que cobre a garganta proeminente desse animal. Durante o episódio do telhado, lançavam-me olhares de soslaio que eu fingia não notar, pois, embora estivesse começando a entender um pouco a língua, achava mais sensato continuar parecendo ignorante para que os homens não prestassem atenção em mim e pudessem conversar entre si sem reservas. As brincadeiras de que sou objeto são sem maldade: acham graça na minha falta de jeito e me outorgam o papel de bicho-papão junto às crianças pequenas indisciplinadas, que sossegam imediatamente quando as ameaçam de serem devoradas pelo grande Yakum barbudo.

Por volta das onze horas, Titiar clama o tão esperado "*nijiamanch! Jiamanch, jiamanch, jiamanch! Wari, nijiamanch!*", e suas duas esposas aparecem com panelas de cerveja de mandioca e pilhas de cabaças e *pininkias*. Todas as tábuas já estão presas nos caibros e é hora de fazer uma pausa. Os homens, no entanto, continuam se movimentando com ostentação, fazendo-se de absortos em pequenos acabamentos inúteis, enquanto Titiar convida um por um insistentemente para que venham saciar a sede. Depois que cada um finalmente, como que a contragosto, abandona sua tarefa, o *nijiamanch* pode enfim correr a rodo.

A primeira obrigação de um homem que se beneficia da cooperação dos parentes e aliados consiste, de fato, em dar-lhes de beber com generosidade. Um trabalho assim coletivo é, aliás, denominado "convite", *ipiakratatuin*, e aquele que toma essa iniciativa deve, antes de tudo, passar pelas casas convidando cada homem a ajudá-lo com a fórmula padrão: "Amanhã você vem à minha casa tomar cerveja de mandioca". Nunca é feita nenhuma referência à natureza do trabalho que será efetuado – todo o mundo sabe que Titiar está terminando o telhado da sua casa nova –, nem sequer ao próprio fato de que será preciso trabalhar. As libações e as conversas, formais e informais, ocupam um bom espaço no convite, e o labor comunitário parece ser mais um pretexto para uma festinha do que uma necessidade estritamente econômica.

Cada casa achuar sendo quase totalmente auto-suficiente, um homem só recorre ao convite para tarefas bem específicas, como a derrubada, a machadadas, de uma nova roça, a instalação de certas peças particularmente pesadas do madeiramento, ou o rebocamento sobre rolos de uma canoa grande, do lugar do corte onde foi confeccionada até um rio navegável. Na verdade, só esta última operação exige uma mão-de-obra externa à família; nos outros casos, um homem e seus filhos podem ser suficientes para o serviço, o trabalho coletivo sendo apenas um meio de se ganhar tempo e poupar esforço. Essa entreajuda não está sujeita a uma contabilidade minuciosa que imponha uma reciprocidade estrita quanto ao número de dias de trabalho de que uns e outros se beneficiam. Porém, como parentes têm obrigação de se prestarem assistência mútua é mal visto recusar um convite, mesmo porque, com seus bate-papos bem regados, ele oferece a oportunidade de uma agradável ruptura na monotonia da vida doméstica.

O desejo de convivência se faz sentir menos agora que os Achuar do Kapawi se agruparam ao redor da pista de pouso e podem se visitar diariamente sem esforço. Não mais que quatro ou cinco anos atrás, aqueles homens precisavam caminhar vários dias para fazer o convite, percorrendo os parentes disseminados na mata; e se o trabalho comunitário era, com isso, menos freqüente, em compensação prolongava-se por mais tempo, encerrando-se com uma grande festa de bebida em que se dançava até o amanhecer. Ao fugir do isolamento do habitat disperso para esta pequena aldeia cuja única rua é uma pista que conduz ao céu, os Achuar estão descobrindo que certa promiscuidade pode esmorecer as alegrias da vida mundana.

Tsukanka, não Titiar, é quem toma finalmente a iniciativa do recomeço do trabalho. Em nenhum momento o dono da casa deu instruções aos que vieram ajudá-lo, a não ser para convidá-los para a pausa. As únicas ordens que ouvi até agora foram as que os maridos dão a suas esposas e, pelo menos no plano formal, os homens parecem mesmo constituir uma comunidade de iguais. Titiar está justamente pedindo às suas mulheres que o acompanhem para buscar fardos de umas palmas de *kampanak* que ele cortou na floresta a mais de uma hora daqui; esse serviço de carregamento é a única operação reservada às mulheres na construção da casa.

Duas espécies de palmeiras pequenas são utilizadas na cobertura dos telhados: *kampanak* e *turuji* pertencem à mesma família botânica e têm a vantagem de crescerem em colônias, o que facilita a sua coleta. Embora sejam plantas bastante comuns, são necessárias grandes quantidades para fazer um telhado e os pequenos bosques mais próximos se esgotaram rapidamente. Assim, quando depois de uns doze anos o telhado de palma começa a apodrecer, só resta mudar-se para outro local. No entanto, como a antiga residência de Titiar não tem mais que oito ou nove anos, ele espera recuperar parte do colmo que a recobre para esta outra que está construindo.

Mais que qualquer outro recurso, a acessibilidade das palmas e a resistência do telhado é que vão condicionar o ciclo das mudanças de moradia. O que quer que aconteça, um homem deve reconstruir sua casa a cada doze ou quinze anos. Se ainda houver colônias de *Kampanak* ou *turuji* nas proximidades, se a caça e as plantas de colheita continuarem abundantes e se nenhuma guerra impuser um afastamento tático do território dos inimigos, ele irá edificar a nova habitação ao lado da antiga, de modo a continuar explorando suas roças de mandioca. Caso contrário, precisará selecionar outro local de moradia, a um ou dois dias de caminhada, e empreender uma trabalhosa mudança: derrubada de novas roças, transplantação dos brotos, construção da casa e do seu mobiliário etc. Em Capauari, este ciclo seminômade foi recentemente interrompido pelo agrupamento em aldeia, mas essa transformação nas formas de moradia já começou a criar alguns problemas. Titiar se queixava de agora ter que ir bem longe para encontrar palmeiras de cobertura e o tipo de madeira apropriado para carpintaria. Nessa floresta em que os recursos naturais são abundantes mas muito dispersos, a concentração das moradias e a passagem para uma vida sedentária induzem rapidamente perturbações nos modos tradicionais de uso da natureza, cujos custos os meus companheiros estão começando a avaliar. Por mais abundante que a natureza pareça nessas latitudes, suporta mal as pressões demográficas, por modestas que sejam.

Com vários fardos de *kampanak* já estocados sob o madeiramento, o trabalho pode prosseguir na ausência de Titiar. Uma a uma, cada palma é atada a uma tábua pelo pecíolo, de modo a sobrepor a anterior. A colocação começa pelas tábuas da aba do telhado e avança rumo à cumeeira, cada nova camada de palmas recobrindo parcialmente a fileira inferior de modo a garantir uma perfeita vedação.

O ritmo de trabalho diminuiu consideravelmente e aproveito para pedir a Tseremp esclarecimentos sobre as conversas animadas que tiveram lugar de manhã, na casa. Como eu suspeitava, uma vendeta está sendo tramada, mas os protagonistas ainda não estão claramente definidos, pois as circunstâncias do *casus belli* permanecem obscuras. A primeira parte do caso é conhecida por todos: um certo Ikiam, que vivia na desembocadura do Copataza no Pastaza, a três dias de caminhada a nordeste, foi abandonado há alguns meses por sua mulher Pinik, que ele espancava. Provavelmente contando com a cumplicidade de um parente, a mulher fugiu de canoa, descendo o Pastaza durante vários dias até chegar a um pequeno agrupamento de casas achuar situado na confluência desse rio com o baixo Kapawi. Um tal de Sumpaish morava nas redondezas e apaixonou-se imediatamente pela fugitiva, tomando-a por esposa.

A continuação do *vaudeville*, que ninguém aqui conhecia, foi reportada esta manhã por Tayujin, o genro de Tsukanka, que voltava de uma visita ao seu irmão Narankas, no Sasaima. Furioso por ter sido corneado, Ikiam resolveu, no mês passado, trucidar a infiel e seu novo marido. Um belo dia, saiu sozinho de canoa com uma espingarda pica-pau e uma boa provisão de pólvora e chumbo, e não tinha sido visto desde então. Ninguém aqui duvida que ele tenha sido assassinado, mas há duas versões contraditórias quanto à identidade do assassino. Alguns acham que ele foi morto por Sumpaish, o que é o mais verossímil. Perfeitamente consciente das prováveis conseqüências do seu casamento, o novo marido de Pinik estava de sobreaviso e teria surpreendido Ikiam rondando sua casa. Segundo outro boato, difundido por gente de Sasaima, o marido ciumento teria sido morto por um dos seus cunhados, um tal de Kawarunch, que vive à beira do Pastaza, a um dia de navegação rio abaixo de onde ele mora. Kawarunch teria atirado em Ikiam de surpresa, quando este passava de canoa frente à sua casa para ir cumprir sua vingança no baixo Pastaza. A culpa presumida de Kawarunch baseia-se apenas em sua reputação de homem irascível; segundo Tseremp, trata-se de um sujeito perigoso, que tem um bocado de assassinatos nas costas. Como os Achuar do Copataza parecem querer organizar um ataque de represália, e como todos em Capauari são parentes distantes, tanto da vítima como de um ou de outro assassino presumido, a questão está em saber de que lado cada homem vai se colocar.

O retorno de Titiar e de suas duas esposas, debaixo de uma montanha de palmas, anuncia o fim próximo do trabalho do dia. Depois de um agradecimento coletivo, o dono da casa logo convida a todos para se dirigirem à antiga habitação, onde nos espera uma copiosa refeição preparada pelas moças, na ausência da mãe. Além dos rios de *nijiamanch*, o responsável por um convite deve também oferecer a quem o ajudou um bom jantar, ou seja, caça em abundância. Titiar percorreu a mata por dois dias seguidos para prover sua pequena festividade, só conseguindo, no entanto, parco resultado: dois guaribas, uma cutia e um tucano. Couberam-me as mãos de um dos macacos, uns pequenos punhos preteados e encolhidos nadando num caldo gorduroso, feito os despojos de um banquete canibal. Sendo aquele pedaço escolhido reservado aos hóspedes que se deseja homenagear, tenho de chupar aquelas tristes falanges com a convicção dos convidados bem educados.

Outra rodada de cerveja de mandioca sucede a refeição; muito mais alcoolizada que as anteriores, logo contribui para esquentar as conversas. Dois discursos lentos acontecem simultaneamente, um entre Titiar e Naanch, outro entre Tsukanka e Wajari. Fingindo ignorar as conversas paralelas, cada interlocutor grita a todo volume com o seu parceiro, enquanto cospe sem parar. A expulsão bem controlada da saliva é um desses talentos de sociedade exercidos durante as visitas, exutório de estilo para a acidez da cerveja de mandioca fermentada. Durante os discursos lentos, no entanto, o cuspe adquire um legítimo valor semântico. Com um cotovelo no joelho e a mão em concha tapando a boca, o vigoroso falante furta ao olhar a nudez dos dentes; as frases cadenciadas se espalham pela casa dissimulando a sua origem demasiado humana, como que saídas de uma focinheira. A intervalos regulares, dois dedos verticais aprisionam os lábios feito biqueira de apito e mandam a vários metros a elegante parábola de um jato de saliva. Quanto mais sério o assunto discutido, mais o ritmo das emissões se acelera, animando com um bombardeio contínuo o espaço imóvel em que se enfrentam dois interlocutores petrificados feito estátuas. O cuspe pontua, sublinha e dá ênfase; seu chiado confere uma espécie de ritmo aos diálogos. A meio caminho entre a palavra e o gesto, esta modesta função corporal é aqui elevada ao nível de um artifício retórico.

O caso Ikiam está no centro de todo esse burburinho codificado. Mesmo na falta de um motivo plausível, os partidários da culpa de Kawarunch são mais numerosos; a vingança de que o acusam é manifestamente anterior ao crime que lhe daria pretexto. Dois vizinhos de Kawarunch estão na origem das acusações que lhe fazem: Tukupi e Washikta vivem na foz do Sasaima e conquistaram grande renome com seus feitos guerreiros. São ambos "cunhados" de Kawarunch, mas se dão atualmente bastante mal com ele. Esse trio temível empreendeu ataques terríveis contra os Achuar do Sul antes que a discórdia viesse minar a sua facção; os do Capauari que são aliados deles homenageiam Tukupi e Washikta com o nome *juunt*, "grande homem", com que se designam os mais corajosos e experimentados líderes militares. Kawarunch, em compensação, não passa de um *mamkartin*, "matador", pois assassina sem alarde e prefere, à glória dos enfrentamentos diretos, a cautela das emboscadas.

Esses cálculos todos acerca da culpa de uns ou de outros estão ligados àquilo que os Achuar chamam de *pase chicham*, "palavras ruins", uma névoa de boatos, acusações e meias-mentiras particularmente favoráveis ao surgimento das guerras. A grande dispersão do habitat favorece a deformação sistemática das notícias, por anódinas que sejam, levadas de casa em casa por visitantes sempre diferentes. Esses mensageiros mais ou menos bem intencionados interpretam os fatos em função de suas estratégias pessoais e levam as calúnias mais inverossímeis até quem não hesita em acreditar nelas. E quando uma animosidade antiga encontra um novo feixe de maledicências para reatiçá-la, quando uma vingança muito adiada reconquista a sua atualidade com um pretexto recente, a vida de um homem passa a depender apenas de uma prudência de todos os instantes.

As genealogias que começamos a levantar revelam em sua crua estatística a abrangência dessas guerras de vendeta: na geração que acaba de se extinguir, um a cada dois homens morreu em combate. Por detrás da aparência serena dos nossos anfitriões, por detrás da rotina afável de sua vida cotidiana, um mundo mais tumultuoso vai se esboçando aos poucos. Nenhum deles acha necessário dissimular-me os ecos desse mundo, talvez por causa de minha suposta incompreensão, mais provavelmente porque aqui a morte violenta está na encruzilhada de todos os destinos individuais.

IV. TEMPO DE PARADA

Já faz dois meses que estamos em Capauari! O tempo parece perfeitamente imóvel, sem espessura e sem ritmo, à espreita dos acontecimentos. Somente as rotinas biológicas vêm animar um pouco o contínuo da nossa existência; sua alteração introduz, às vezes, um toque de fantasia. A pimenta que asfixia, a lagarta bonita que queima com seu ácido, os mosquitos que impedem o sono, os acarinos que devoram as pernas e o baixo-ventre, as picadas infeccionadas que supuram, os piolhos que bicam a cabeça, a micose que fede nos pés, a cólica que retorce as tripas, enfim, todas essas pequenas enfermidades habituais dos trópicos contribuem para acentuar uma certa exterioridade dos nossos corpos, nos quais se alojam dores sucessivas. Temos de agradecer à nossa natureza animal por compensar, com esse cortejo de novidades, os ciclos imperceptíveis de uma natureza vegetal eternamente idêntica! *Semper virens*, sempre verde, dizem os botânicos para qualificar esta floresta que nunca se despoja para depois renascer, cujas flores modestas e sem atrativo evocam, quando muito, uma banal função reprodutiva. Acostumados que somos a medir o tempo segundo as mudanças de cor das estações, como saberíamos apreender o transcorrer de uma duração sem contrastes cromáticos?

A esta falta de variações sazonais, os índios da Amazônia respondem de modo voluntarista: a justaposição das cores vivas é, nesta região do mundo, um atributo da cultura, a qual garante sua preeminência sobre uma natureza imutável através do jogo de claras descontinuidades. Adereços de penas vermelhas, amarelas e azuis, pinturas com urucum, colares de miçangas berrantes, pulseiras e tangas coloridas amplificam nos homens o cromatismo de uma fração da ordem animal à qual cabe animar discretamente a natureza com plumagens multicolores. Num universo monocromático, araras, tucanos, juruvas ou galos-da-serra se singularizam pelo esplendor de sua aparência e, quando os índios imitam a sua ostentação multicor enfeitando-se com suas penas recompostas, é com a preocupação de os considerar, de certa forma, como iguais. Além de uma vestimenta original que os predispõe a servir de matéria-prima para a confecção dos emblemas mais característicos da vida social, os pássaros ainda possuem certas qualidades específicas que os aproximam dos homens. As etapas do seu crescimento e as modificações radicais que dele resultam – diferenças entre o filhote de pássaro, o jovem e o adulto, passagem da penugem para as penas, dimorfismo sexual etc. – são particularmente aptas para indicar as mudanças de status de que os ritos de passagem são a expressão. Não é de surpreender, portanto, que a iniciação dos adolescentes, a entrada numa sociedade de guerreiros ou numa classe etária, o acesso à chefia ou a culminação do aprendizado xamânico sejam muitas vezes marcados, na Amazônia, pelo uso de um adereço de penas distintivo. O vínculo entre os casais, o cuidado dos pais para com a ninhada, as manifestações de altruísmo ou a organização bem clara das espécies sociáveis também apresentam muitas analogias com os modos de expressão da afetividade humana. Finalmente, o canto dos pássaros oferece uma complexidade melódica sem par no mundo animal e os seus gorjeios, que os índios sabem reproduzir com precisão impressionante, evocam para eles uma capacidade de formular mensagens que se aproxima muito da linguagem dos homens. Na maioria das culturas amazônicas, certos pássaros de plumagem excepcional, como as araras e os tucanos, constituem assim metáforas exemplares da condição humana no próprio coração da natureza. Quer coloquem, porém, seu esplendor num pássaro, quer num adereço, essas oposições de cores em que se expressa a marca do social se fazem perceber segundo uma contigüidade instantânea, não podendo indicar uma periodicidade temporal tornada invisível por falta de ilustração.

Existem, é claro, dias de sol e dias de chuva. Os primeiros são interminavelmente dilatados à luz crua do zênite, que devora os alegres prenúncios da manhã e os prazeres sociais da tarde. Os segundos, como em qualquer outro lugar, são dias de chuva apenas, morosos e domésticos. Alguns dias de sol escurecem durante a tarde com nuvens tempestuosas; o aguaceiro brutal dura apenas um momento e logo se evapora em fumaça na terra superaquecida. Os dias de chuva também têm, às vezes, o seu parêntese; um rasgão repentino, por volta do meio-dia, interrompe um pequeno dilúvio que parecia eterno. Tanto num caso como no outro, o arco-íris assinala inesperada presença. Ele constitui uma metamorfose celeste da sucuri, a grande cobra d'água cuja pele furta-cor evoca, misturando-as, todas as cores do prisma. Como ele, ela pressagia o perigo, e sua presença é saudada com o termo *pasun*, "mau agouro", assustadamente murmurado pelas mulheres. O arco-íris é também o sinal da transição, do intervalo, da duração recortada por um instante. As cores que ele exibe marcam uma descontinuidade única no desenrolar homogêneo do tempo. Mas a miragem matizada é tão fugaz que esquecemos da cisão que ela tinha a função de indicar: eis que a chuva recomeça ou o sol reassume os seus direitos.

O diário de campo é o nosso calendário de Crusoé. Como num navio, janeiro ou julho perdem seu sabor sazonal para se tornarem meros parâmetros dos dias que passam. A crônica minuciosa do cotidiano despe-se assim de qualquer referencial cósmico e sujeita-se ao ritmo da vida social apenas. As brigas de família, as acusações de feitiçaria e as histórias de caça constituem a trama principal, episodicamente pontuada pelo rumor frenético de uma guerra em trabalho de parto.

Esses povos da solidão, como Chateaubriand os chamava, têm uma existência social limitada a um número mínimo de acontecimentos que se dão em um círculo estreito de relações; o passado raramente remonta além das lembranças de infância e se abole rapidamente no universo, bem próximo, da mitologia. Poucos Achuar sabem o nome dos seus bisavós e a memória da tribo, que se estende no máximo a quatro gerações, soçobra periodicamente na confusão e no esquecimento. As inimizades e alianças que os homens herdam de seus pais obliteram as configurações mais antigas, estabelecidas pelos pais dos seus pais, já que nenhum memorialista se detém para celebrar os altos feitos realizados, algumas décadas atrás, por aqueles cujo nome já não representa mais nada para ninguém. Com exceção dos rios, espaços fugazes e em eterna renovação, nenhum lugar aqui tem nome. Os locais de habitação são transitórios, raramente ocupados por mais do que quinze anos para tornarem a sumir na floresta conquistadora. A própria lembrança de uma clareira se esvanece com a morte dos que a tinham desmatado. Como é que esses nômades do espaço e do tempo não nos pareceriam enigmáticos, a nós que damos tanto valor à perpetuação das linhagens e das terras e vivemos, em parte, do patrimônio e da fama angariados por nossos antepassados?

Neste universo social exíguo e sem profundidade, o acontecimento mais insignificante acaba adquirindo uma dimensão cósmica. O ferimento de um cão durante a caça adquire a mesma importância que a morte de uma criança ou um projeto de casamento, são todos igualmente objetos de comentários atentos e interpretações circunstanciadas. A rotina das tarefas cotidianas sendo imutável ao longo do ano, é pela sucessão dos temas de conversa que se sente o passar do tempo, como se desfolha aos poucos uma lenta crônica de incidentes menores. As guerras, o abandono de um cônjuge ou as mudanças para um novo lugar são os tempos fortes que pontuam essa monótona sociabilidade. As histórias de vida que começamos a colher se resumem, assim, a uma seqüência de acidentes caóticos: nascimento num lugar que já não existe, assassinato do pai, fuga para junto de um tio, conflito mortal, rapto da mãe, casamento num lugar que já não existe, assassinato do cônjuge, outra fuga, outro casamento, outra guerra etc. Entre esses paroxismos recorrentes, a vida reassume os seus direitos e tece uma nova rede de alegrias e tristezas mais corriqueiras. Desses grandes surtos de violência que vêm espantar o tédio, só conheci até agora alguns ecos longínquos. Tenho diante de mim o sistema fechado com o qual eu sonhava e, depois de algumas semanas de observação, já gostaria que fosse mais aberto. Apesar da curiosidade sempre alerta e da rotina do trabalho de pesquisa, cada dia que passa se enreda em filamentos de eternidade; nossa existência vai, de mansinho, se pondo entre parênteses.

V. COMÉRCIOS

Ontem, ao amanhecer, Wajari partiu sozinho para Montalvo a fim de trocar um pacote de peles de porco-do-mato por pólvora, detonadores e chumbinhos. Ele também gostaria de trazer curare peruano, que tem fama de ser mais potente do que o que ele próprio confecciona. A taxa de câmbio é derrisória: uma pele de porco-do-mato por uma onça de pólvora negra e uma caixinha de detonadores, ou três peles por uma libra de grãos de chumbo. Nesta região onde o dinheiro é totalmente desconhecido, os mascates *regatones* de Montalvo têm o monopólio quase exclusivo do comércio e impõem sem dificuldade alguma seus valores exorbitantes aos Achuar. É fácil imaginar o número de intermediários e a extensão dos seus lucros nesta cadeia mercantil que leva o despojo do porco matado por Wajari até as vitrines dos grandes comerciantes de couro! Por um curioso paradoxo do comércio internacional, uma indústria fundada na ostentação do supérfluo depende, para obter a sua matéria-prima, dos modestos subprodutos de que nem uma economia do estrito necessário faz uso.

Segundo o costume, o *chimpui* de Wajari fica virado de lado para indicar que a casa está vazia, temporariamente privada do seu chefe. Este sinal inequívoco tem o valor de uma advertência: nenhum visitante masculino poderá transpor a soleira da habitação sem incorrer na suspeita de querer seduzir as mulheres. Wajari abriu para mim uma exceção à regra, recomendando inclusive, antes de partir, que eu zelasse pela família. As esposas de Wajari são todas, no entanto, muito atraentes. Senur e Entza têm o mesmo formato robusto, ombros firmes, traseiro bem desenhado e seios generosos, a mais velha sendo mais séria embora dada à ironia, e a mais moça sempre aberta num largo sorriso, que um leve estrabismo torna curiosamente provocante. Quanto a Mirunik, ainda é uma menina de formas flexíveis e esbeltas, cuja reserva mal dissimula o extraordinário encanto das atitudes. A confiança que Wajari tem em mim talvez se baseie na tranqüilizadora presença de Anne Christine, a menos que reflita a sua opinião sobre o modo de dileção dos brancos.

É verdade que uma breve estada em Puyo, de onde voltamos há poucos dias, modificou sensivelmente o nosso status no seio da comunidade. Aproveitando um pouso, na pista de Capauari, do monomotor dos missionários norte-americanos – cujo único motivo aparente era conferir o boato de que estávamos instalados ali –, conseguimos embarcar no vôo seguinte que ia para o aeroporto de Shell-Mera. Desavisados da passagem do avião, tínhamo-nos precipitado para a pista ao ouvi-lo se aproximar. Eu estava participando de um desmatamento coletivo e, como todos os homens presentes, estava com o rosto todo desenhado com urucum. O piloto, um gigante loiro e rosado de roupas imaculadas, olhara com enojada consternação para aquele mendigo descabelado e sarapintado que, no entanto, se expressava em inglês. Ele finalmente se resignara a negociar, a preço de custo, nosso transporte rumo à higiene civilizada de que estávamos manifestamente muito precisados. Depois de terem inicialmente se recusado a nos levar até os Achuar, os evangelistas tinham decerto resolvido nos tolerar em sua zona de influência, já que nada permitia que se opusessem; ficaria muito mal para eles se nos vetassem agora o acesso a seu teco-teco.

De fato, o pequeno Cessna branco e vermelho retornou a Capauari no dia combinado. Sendo raro aquele espetáculo, a maioria dos moradores da aldeia tinha ocupado a pista para nos ver partir. Os homens e adolescentes se exibiam em volta do aviãozinho imóvel, enquanto as mulheres conversavam entre si, agachadas a uma boa distância. Naquela alegre algazarra, ninguém nos manifestara nenhum sentimento em particular. Na hora de subirmos na carlinga, fez-se um silêncio repentino; ouviram-se então, como num murmúrio distante, as vozes vacilantes das velhas salmodiando, melancólicas, cantos indistintos.

A estada de uns dez dias em Puyo nos permitiu renovar nossos estoques de presentes e medicamentos, assim como comprar um motorzinho externo em promoção e vários galões de combustível. O transporte aéreo daquele fornecimento todo tornaria possível uma longa estada entre os Achuar, com o Capauari podendo servir de base para expedições de canoa a regiões de difícil acesso ainda não freqüentadas pelos missionários.

Quando regressamos para a comunidade, os homens não conseguiram esconder sua surpresa: apesar de nossas promessas de voltar o mais cedo possível, não esperavam tornar a nos ver. Com exceção de um lendário salesiano, bem longe ao sul, eles não sabiam de nenhum branco que tivesse vivido tanto tempo entre os Achuar. A duração de nossa primeira estada já lhes parecera tão extraordinária que excluía qualquer idéia de prorrogação. Voltando para o meio deles e trazendo, como combinado, alguns dos objetos manufaturados de que eles diziam precisar, imprimíamos um tom diferente ao nosso relacionamento: era evidente que Yakum e Anchumir – o nome indígena de Anne Christine – não estavam ali só de passagem e que teriam, dali por diante, de contar com eles por um bom tempo.

A gente de Capauari nem sempre compreendia o motivo da nossa longa visita, mas isso acabara se tornando uma preocupação secundária, pouco a pouco apagada pela realidade de nossa participação nas suas atividades cotidianas. Eles perceberam rapidamente que não éramos missionários protestantes, tendo em vista nosso gosto evidente pelo fumo. Realmente, baseados em razões teológicas um tanto misteriosas, os evangelistas proscrevem o uso deste conforto que tanto agradecemos aos ameríndios. Tampouco poderíamos ser missionários católicos, pois tinham ouvido dizer que estes eram homens solitários que a falta de pênis tornava incapazes de viver com uma mulher. Não tínhamos intuitos colonizadores explícitos e eu tinha até recusado a proposta que me fizeram, lá pelo final da nossa primeira estada, de limpar um terreno e construir uma casa, contribuindo assim, decerto, para reforçar a idéia de que iríamos embora logo. Finalmente, a língua que falávamos entre nós não possuía as sonoridades do espanhol e devíamos, portanto, pertencer a uma tribo muito distante, provavelmente aparentada à dos missionários norte-americanos, embora diferente por costumes específicos. Nossa identidade sendo impossível de definir em referência aos tipos existentes, a gente do Capauari resolveu nos considerar como uma nova variedade existente de brancos, original decerto, já que sem comparação disponível. Voltando para o meio deles, a este esboço inicial vínhamos acrescentar a duração. Tudo parecia indicar que ficaríamos ali bastante tempo, e o que nas primeiras semanas parecia uma curiosidade esquisita e temporária em relação ao seu idioma, seus mitos e o nome de seus ancestrais, devia agora estar sendo considerado como um desejo duradouro de partilhar da sua existência.

A viagem a Puyo tivera outra conseqüência, mais inesperada, em nosso relacionamento com os índios. Em vez de diminuir os rudimentos de jivaro que um trabalho lingüístico sistemático nos permitira adquirir, aquele corte de alguns dias nos fizera, pelo contrário, dar um salto na compreensão da língua. Obrigados, já ao descer do avião, a manter diálogos em achuar, constatamos com surpresa que aquela façanha se realizava muito naturalmente de ambas as partes. O sentimento de uma súbita abertura no nevoeiro das palavras não cessou de se reforçar desde então. O rigor científico nos forçava, é claro, a registrar com o gravador as palavras que não poderiam ser resumidas ou mal interpretadas, a fim de poder transcrevê-las e traduzi-las com a cabeça descansada; em contrapartida, a conversa à toa de todo dia tornara-se em grande parte acessível, revelando aos nossos ouvidos repentinamente ouvintes um desfile de palavras geralmente marcadas pelo selo da maior banalidade.

Mais que todos os outros, Wajari ficou surpreso com a nossa volta. Ele me encomendara, sem contar muito com isso, algumas comprinhas em Puyo – um ferro de machado, cortes de pano de algodão, facões e cobertores –, e eu lhe pedira em contrapartida que reservasse para mim uma zarabatana nova que ele estava guardando para trocar. Cumpri escrupulosamente a minha parte do acerto, mas Wajari, que manifestamente não esperava mais me ver, tinha no meio tempo entregue a zarabatana para um Quíchua de Bobonaza, em troca de duas ou três panelas usadas. Sem exigir a contrapartida, e com perversa ostentação, entreguei então ao meu antigo anfitrião o pacotinho de provisões que todos tinham tido oportunidade de contemplar quando saí do teco-teco.

Seu descumprimento da etiqueta minuciosa das trocas mergulhara Wajari numa consternação profunda, mesmo porque todos os homens da comunidade estavam informados. Sim, pois os Achuar são rigorosos em matéria de reciprocidade e não admitem que suas transações internas sejam maculadas por desequilíbrios demasiado evidentes. Todos sabem quem deve a quem, a inexistência de moeda não impede que todo o mundo conheça o valor oficioso dos objetos de troca corriqueira. Para disfarçar o seu embaraço, Wajari me convidou no ato para que voltássemos a nos instalar em sua casa, e mais que depressa começara a fabricar uma aljava para compensar a zarabatana perdida. No eterno ciclo dos presentes e contra-presentes eu tinha tomado uma boa dianteira, o que nos garantiria abrigo e comida por pelo menos algum tempo.

Quando um achuar nos pede um facão, uma faca, um corte de tecido ou miçangas, nós lhe pedimos uma compensação: uma vasilha de cerâmica *pininkia*, um pouco de curare, uma cabaça, às vezes um cesto, ou um ornamento tradicional de pouco valor. Não temos emprego para esses objetos comuns, geralmente usados, que os índios aliás substituem bem rapidamente. Assim, eles vão se acumulando num galinheiro abandonado, à beira da pista de pouso, à espera de uma hipotética transferência para a civilização, onde supostamente os daríamos de presente para a nossa parentela. Para os Achuar, essas contrapartidas um tanto simbólicas para bens muito cobiçados são vantajosas, e evitamos desta forma ser submetidos a pedidos excessivos ou injustificados. A única exceção a esta regra do escambo refere-se aos medicamentos correntes, de que constituímos um estoque considerável e diversificado e que concedemos, gratuitamente é claro, a todos os que vêm nos consultar.

Pode parecer paradoxal, ou mesquinho, utilizar conscientemente os cânones da reciprocidade indígena para cobrar dos Achuar objetos inúteis para o nosso conforto material em troca dos indispensáveis bens manufaturados que nos custam tão pouco. Por mínimo que seja, o dinheiro da República permitiria que distribuíssemos as quinquilharias de Puyo com fartura sem esperar outra compensação que nossa ração cotidiana e um teto para nos abrigar. Ao optarmos por viver como os índios, no entanto, tínhamos resolvido adotar ostensivamente seus modos habituais de comportamento, em primeiro lugar para sermos aceitos, mas também para que a nossa presença não perturbasse demais o frágil equilíbrio da sua independência. Ora, os Achuar admitem que alguns objetos possuem um valor e não podem ser dados à toa. Eles estabelecem uma clara distinção entre as coisas que não podem ser objeto de transação, porque são como que prolongamentos da pessoa – as roças de mandioca, a casa com sua mobília, a alimentação ou o trabalho –, e as coisas que têm valor objetivável por serem independentes das pessoas que as possuem e são, portanto, passíveis de serem indiferentemente convertidas num equivalente qualquer com as mesmas propriedades: é o caso dos bens trocados entre os índios – armas, curare, sal, adereços, cães, canoas etc. – ou dos que são trocados nos dois sentidos com os *regatones* de Montalvo – ferramentas, tecidos, utensílios, peles de porco-do-mato, de jaguar, de jaguatirica etc. Algumas coisas da primeira categoria podem ser trocadas por outras da mesma categoria sem que isso implique estrita reciprocidade, já que sua indistinção em relação aos que as dispensam impede-as de serem quantificadas: oferecer uma refeição ou participar de uma derrubada faz parte das obrigações mútuas entre parentes e não pode, portanto, estar sujeito a uma contabilidade rígida. Em compensação, e apesar da inexistência de moeda, os objetos da segunda categoria estão sujeitos às regras de uma circulação completamente ortodoxa, no sentido de que não tolera os fluxos de mão única. Podem transcorrer vários meses, vários anos até, entre os dois momentos da troca, mas a duração não abole a obrigação de se devolver um bem de valor mais ou menos equivalente ao objeto recebido.

Conformando-nos aos modelos de troca culturalmente sancionados pelos Achuar, prevenimos as instâncias de conflito que uma distribuição maciça e indiscriminada de objetos manufaturados poderia provocar: ciúmes diante de um tratamento considerado desigual, supervalorização nas exigências, perturbação dos circuitos tradicionais etc. Como a gente do Capauari não tem a experiência da caridade, nossos pequenos comércios nos permitem ostentar, em relação ao mundo dos objetos, um comportamento facilmente reconhecível, que torna nossa presença menos exótica e nosso caráter mais previsível. Para além da paridade de atitudes que instaura, essa adesão ostensiva às regras do escambo é também a única maneira de conseguirmos casa e comida. A exemplo de todas as sociedades nas quais não impera um mercado formador de preços, os Achuar rejeitam, com efeito, as transações lucrativas sobre o alimento. Às vezes interpretada como forma bem resolvida de preservar a solidariedade de uma coletividade de iguais, tornando impossível em seu seio a negociação sobre artigos indispensáveis à sobrevivência, esta proscrição não deixa de tornar a subsistência do etnólogo bem incômoda. De que servem os seus dólares se ele não consegue o que comer? A alimentação e hospitalidade ilimitadas são oferecidas aos parentes em visita, mas os Achuar não prevêem que os estrangeiros tenham acesso a elas em troca de pagamento. Fascinante para um espírito encantado pela moral antiga, essa ignorância do mercantilismo provoca um bocado de pontadas no estômago: quando ninguém se preocupa com o nosso prato vazio, começamos a sentir falta das comodidades de um mundo em que o dinheiro permite conseguir de tudo.

Graças ao escambo, contudo, tornamo-nos substitutos de parentes. Do mesmo modo como recebem em sua casa visitantes remotamente aparentados que aproveitam a estada para se dedicarem às trocas, os Achuar nos concedem a hospitalidade indispensável ao bom funcionamento da circulação das coisas. Acolhidos e alimentados por Wajari, nós simplesmente damos a ele, em troca de seus objetos, contrapartidas mais generosas do que para os outros Achuar. Essa mais-valia sistemática que acrescentamos à reciprocidade tornou-se, assim, uma forma compreendida por todos para negociar a nossa acolhida, salvando as aparências da gratuidade dos bens de subsistência.

A ausência temporária de Wajari deu uma relaxada na disciplina da casa. É verdade que chove de doer na alma. A estação das chuvas fortes, no entanto, ainda não começou, mas o clima do Alto-Amazonas é notoriamente errático em razão da formidável barreira dos Andes, que engancha nos seus picos os grandes fluxos do leste. As mulheres então resolveram que não iam sair e ficar se molhando na roça. Aliás, ainda há abundantes provisões de cerveja de mandioca, que não teriam resistido muito tempo à sede inextinguível do dono da casa mas podem muito bem aplacar até amanhã a nossa apetência mais modesta.

Senur está debruçada sobre uma vasilha na qual faz macerar as cascas de uma variedade de estramônio especialmente destinada a fortificar o caráter dos cães. A ingestão desse preparo causa um estado delirante acompanhado de efeitos alucinatórios extremamente fortes, em razão da alta dosagem de atropina e escopolamina contida no estramônio em estado natural. A gente do Capauari cultiva diversas variedades de estramônio perto de casa, cada uma delas tendo um uso específico: o "estramônio para assoprar nos passarinhos", *chinki tukutai maikiua*, reforça a potência do caçador quando ele assopra na zarabatana; o "estramônio água-celeste", *yumi maikiua*, é utilizado como emplastro para tratar, por exemplo, de feridas gangrenadas decorrentes de ferimentos de guerra ou picada de cobra; o "grande estramônio", *juunt maikiua*, suscita durante vários dias um violento delírio, marcado por fases alternadas de narcose e excitação, durante o qual os Achuar entram em contato com os espíritos ancestrais *arutam*; finalmente, o "estramônio dos cães", *yawa maikiua*, destina-se a melhorar o seu faro, a sua coragem e a sua pugnacidade, mergulhando-os momentaneamente num estado de hipersensibilidade que aguça todas as suas faculdades.

A destinatária do tratamento é uma cadela magra, de cor indefinida, que atende pelo nome marcial de *Makanch*, a cobra ferro-de-lança cuja picada pode levar à morte em poucas horas. Contrariamente ao que se poderia esperar, a coitada não se identifica com sua temível homônima; é covarde e fracote a ponto de envergonhar a sua dona. A languidez da cadela seria decorrente de uma liquefação da medula provocada por um peido de tamanduá. Segundo uma crença bastante comum na Amazônia, as flatulências deste animal têm fama de serem mais perigosas para os cachorros que seguem seu rastro do que suas compridas garras afiadas que fazem o jaguar evitá-lo cautelosamente. É verdade que, com seu imenso focinho tubular por onde dardeja sua serpentina irrequieta, esse grande papa-formigas parece condenado a um encolhimento tal de suas vias superiores que talvez esteja fadado por natureza a se expressar somente pelo registro da analidade. A força letal dos seus peidos garante ao tamanduá uma total impunidade, como a todos os animais que "fedem mal", e cuja carne, em conseqüência, é declarada nauseabunda. Os mais conhecidos são o tamanduá, o tapir, o quati, o opossum, o sarigüê, o veado vermelho, a sucuri, como também as aves de rapina e as espécies carnívoras em geral. A esse clube dos fétidos opõem-se globalmente os animais que "fedem bem" e que, por isso, têm a honra de serem caça dos Achuar. A fineza olfativa dos índios é decerto notável, já que eles garantem perceber a presença de um animal por seu cheiro específico antes mesmo de avistá-lo. No entanto, esta distinção entre os fedorentos bons e ruins tem pouco a ver com a alquimia do nariz: se é verdade que alguns animais, como o sarigüê, emitem exalações pestilentas, não me pareceu que o aroma do queixada – caça cobiçada entre todas – ao assar fosse mais suave que o do gracioso *kinkaju*, ambos secretando uma espécie de almíscar particularmente vívido.

Essa definição da caça pelo olfato, aliás, não é incompatível com outros sistemas de classificação da fauna que recorrem a critérios extremamente variados. Como todo etnólogo em sua primeira fase de aprendizado de uma cultura exótica, dediquei muito tempo nessas últimas semanas para estabelecer listas exaustivas de nomes de plantas e de animais, tentando identificar as espécies reconhecíveis e colhendo o máximo possível de informações acerca de cada uma delas. Os Achuar denominam pouco mais de seiscentas espécies animais, dos quais apenas pouco mais de um terço são considerados comestíveis. Nessa categoria entram os animais que fedem bem, junto com todas as espécies caçadas ou coletadas à luz do dia. Ao contrário, os animais noturnos são geralmente caçadores concorrentes dos homens – felinos, aves de rapina, predadores carnívoros – e essa predileção pela carne os torna impróprios ao consumo, pois ficam, por seu regime alimentar, pouco diferenciados dos índios. Para além das flatulências e das exalações glandulares, os animais incomíveis assim o são principalmente porque, sendo carnívoros, "fedem pela boca".

Afora as suas virtudes gastronômicas, os animais podem também ser classificados como sendo "da floresta" ou "do rio". Esses últimos compreendem os peixes, é claro, mas também todos os bichos que apreciam o habitat aquático, mesmo que não vivam permanentemente na água: estão incluídos, notadamente, a sucuri, as lontras, os jumentos, os caranguejos, os guaxinins, as jaritatacas e alguns felinos. Do mesmo modo, os animais da mata não são exclusivamente terrestres: sejam quadrúpedes, ou sejam alados, sua existência transcorre entretanto no espaço vegetal limitado pelo dossel das árvores mais altas. Eles constituem a parte essencial da fauna e da caça, já que somente algumas aves de rapina são chamadas de animais "do céu", onde giram incansavelmente procurando suas presas no tapete ininterrupto das copas. Os bichos do rio são igualmente definidos pelo fato de morderem ou beliscarem, enquanto os animas silvestres são ora fuçadores que remexem a terra – tatus, tamanduás, porcos-do-mato ou jacus –, ora perfuradores com bico proeminente ou afiado – tucanos, japus, pica-paus, barbudos, jacamins etc. Os animais comestíveis, por sua vez, se dividem em quatro classes segundo o seu modo de captura e preparação culinária. A "caça" de penas e de pêlos, *kuntin*, é capturada com zarabatana ou com espingarda, e se come cozida. O "peixe", *namak*, é pescado com linha ou arpão e cozido em fatias ou filés, enquanto o "peixe miúdo", *tsarur*, é apanhado na pesca com timbó e se consome cozido, enrolado em folhas de bananeira. Finalmente, os "passarinhos", *chinki*, abatidos com zarabatana no terreiro, correspondem etimologicamente aos nossos *ortolans* e são assados em espetinhos. Costumes, habitats, cheiros, utilidade pragmática, modos de defesa conjugam-se assim numa teia de indícios para ordenar o mundo animal segundo uma lógica do concreto na qual não faltam atributos imaginários.

Depois da provação do peido do tamanduá, a pobre Makanch ficou manifestamente perdida nessas sutis distinções de qualidades sensíveis. Sem desconfiar da maldade que estão lhe aprontando, coça as pulgas no grande estrado reservado para a matilha de Senur. Presa com uma coleira de casca de árvore, deixa-se agarrar sem protestar por sua dona, que lhe entrava as patas num só gesto com uma canga rudimentar. Deitado de costas, incapaz de se mexer, a boca mantida aberta por uma varinha de madeira, o pobre bicho guincha e gargareja perdidamente, enquanto Namoch, uma mulher de Naanch, enfia-lhe goela e focinho abaixo grandes quantidades de estramônio, que lhe escorrem pelos olhos. Makanch é finalmente solta, à beira da asfixia, e se põe a divagar sob a chuva, titubeando, com o rabo entre as pernas. Tropeça e escorrega na terra encharcada, esbarra nas touceiras, desaba por vezes no chão e se levanta com dificuldade. Ora imóvel e trêmula, ora galopando a pleno vapor na perseguição de não se sabe que visão monstruosa, a cadela apresenta todos os sintomas de um transe delirante. Os meninos pelados que brincavam de escorregar de barriga na argila viscosa interromperam prudentemente seus jogos; cobertos de lama da cabeça aos pés, foram tomar banho deixando o campo livre para as deambulações alucinadas de Makanch.

Agachada debaixo da aba do telhado, Senur observa a cadela, cantarolando entre dentes uma cantilena que ela mais tarde talvez concorde em gravar. Todas as frases terminam com uma espécie de staccato gutural que lembra curiosamente o "quilisma", antiga técnica vocal do cantochão gregoriano que Monteverdi revalorizou dentro da música sacra.

Minha cadela de Patukam, filha de tapir, andarilha dos bosques
Sempre minha cadelinha, filha de tapir, andarilha dos bosques, filhinha de tapir, andarilha dos bosques
Ao te ver, a mulher Sunka, a mulher Sunka se alegra
Criatura doméstica da mulher Nunkui
Você que ata afinidades, que tem amigos entre os que vão em bando
Indo assim, minha cadela *tayra*, minha cadelinha *tayra*.

Começamos, pouco tempo atrás, a avaliar a importância que os Achuar atribuem a essas breves invocações cantadas que eles chamam *anent*, mesmo porque um pregador shuar, de passagem por Capauari por alguns dias, ajudou-nos a traduzir para o espanhol as gravações que tínhamos feito. Os *anent* servem para transmitir mensagens aos espíritos e seres da natureza, num tom alternadamente cominatório e carregado de humildade. Aos primeiros, solicita-se ajuda ou intercessão; aos segundos – plantas ou animais – ordena-se que se conformem às normas ideais de sua espécie. Essas súplicas se dirigem igualmente aos humanos: permitem veicular os pensamentos mais íntimos a destinatários fora do alcance auditivo a fim de modificar seus sentimentos, ações, ou até seu destino. É por este meio que se pode suscitar amor, superar as brigas entre parentes, reafirmar a harmonia conjugal, afastar os perigos que pairam sobre um ente querido ou prevenir os riscos de abandono. Habituadas à desgraça, as viúvas são especialistas neste último registro, que elas adotam quase maquinalmente cada vez que uma partida reaviva as lembranças de seu desamparo. Suas vozes tremidas deram comoventes provas disso quando de nossa viagem de avião.

Como muitas das manifestações de afetividade achuar, os *anent* se caracterizam por um grande pudor de expressão: é raro que o objetivo buscado ou o ser invocado sejam explicitamente designados. Embora dirigida a Makanch, o *anent* de Senur só menciona o objeto de suas preocupações por meio de combinações de metáforas, tecendo em volta da cadela uma rede cada vez mais densa de qualidades desejáveis encarnadas por animais emblemáticos. A ferocidade e a aptidão para caçar em matilha são evocados na referência aos "cães de Patukam", esses cachorrinhos silvestres agressivos e arredios a todo tipo de domesticação que atacam, em bandos, caças tão grandes como o tapir. Não obstante a inexistência, reconhecida pelos Achuar, de qualquer parentesco genético entre os cães domésticos e os cães selvagens, esses últimos são compreendidos como o arquétipo para o qual os cães de caça deveriam tender, e é sempre através da invocação deste primo selvagem, inútil para os homens, que principiam os *anent* dirigidos aos auxiliares menos sanguinários do caçador. Grande devorador de galinhas, o *tayra*, por sua vez, manifesta todas as qualidades de esperteza e habilidade da fuinha, de que aliás possui a aparência, só que sendo um pouco maior. Finalmente, se Makanch é chamada de "filha de tapir", é para que suas tetas se inchem de leite, a exemplo deste corpulento símbolo de maternidade exemplar que amamenta os filhotes durante vários meses depois de carregá-lo no ventre por mais de um ano.

Assim como têm seus múltiplos destinatários, os *anent* cobrem um extenso registro de circunstâncias. Mas ainda é difícil ter uma idéia exata sobre eles, pois, ao contrário dos mitos que se inserem no patrimônio comum, esses cantos mágicos, todos distintos, são tesouros individuais ciumentamente guardados e só podem ter por ouvinte os seres invocados. Não são, portanto, cantados em público, ou só mentalmente sem que nada transpareça na atitude. Prodígios de diplomacia nos são necessários para armazená-los discretamente no gravador, e sob a condição de satisfazer a curiosidade de quem as cede com a escuta das gravações anteriores no confessionário magnético.

Nem por isso nos tornamos traficantes de *anent*, pois a sua divulgação ocorre mediante o consentimento dos que aceitam passá-los para nós. Além disso, a mera escuta dos cantos mágicos não basta para a sua apropriação; é preciso também saber para que eles servem e em que circunstâncias utilizá-los, condições que seu conteúdo bastante alegórico geralmente não permite adivinhar. O modo de uso só é revelado mediante a garantia de que a máquina não está ligada e, desconfio, tratam-se de *anent* a que os donos atribuem pouco valor. Portanto, o gravador também cumpre um papel positivo de revelador, pois confere aos *anent* sua verdadeira dimensão furtando-os da clandestinidade errática de uma memória individual. As palavras empregadas nas encantações são, de fato, consideradas como legítimas encarnações das entidades às quais se referem, substitutos invisíveis e, apesar disso, quase materiais, de que o cantador ou cantadora se apropria e emprega à maneira de um talismã para agir sobre o mundo. Por isso é que os *anent* podem ser transmitidos como se fossem coisas, e por isso também é que sua realização concreta e impessoal, na forma de um rastro magnético confinado numa caixa, não atenua em nada a sua eficácia, mas antes confirma, aos olhos dos índios, a sua qualidade de objeto mágico.

Com exceção de algumas poucas variações estilísticas, as palavras dos *anent* só diferem do vocabulário corriqueiro pelas virtudes que lhes são atribuídas, metamorfose que as transforma em elementos de uma espécie de língua natural em que as coisas, os seres e as propriedades são chamados por um nome diferente daquele que têm na realidade – que é o seu verdadeiro nome, contudo, que os define desde sempre. Para evitar qualquer confusão, cada *anent* é portanto adaptado a uma situação determinada com muita precisão – semear o milho em buracos, plantar uma muda de mandioca ou favorecer a subida do leite de uma cadela. No mais, o canto só é considerado realmente eficaz se for acompanhado por pensamentos afetuosos para com a pessoa que o ensinou, a intencionalidade própria de seu caráter mágico ficando assim ampliada por uma intencionalidade de natureza emotiva. As mulheres geralmente o herdam de sua mãe ou de suas tias; elas os aprendem na adolescência, memorizando as palavras depois de ingerirem suco de fumo verde para clarear suas faculdades mentais. Assim munidas de seu pequeno repertório de *anent*, como se fosse um enxoval espiritual, as moças estão prontas para enfrentar a condição de mulher casada.

Nesse arsenal de invocações cantadas, aquelas destinadas a influenciar os cães ocupam um lugar importante, na medida do valor que as mulheres dão a esses animais familiares. Estimular o aleitamento, restaurar o faro e a belicosidade, favorecer ninhadas numerosas, proteger da doença, incitar a seguir corretamente uma pista ou a forçar uma caça a correr, atacar os predadores do terreiro, são todas circunstâncias desejáveis que um *anent* apropriado permite suscitar. Essa conversão do cão em interlocutor místico não nasce do afeto banal geralmente sentido por um animal de companhia, mas antes do desejo constante de vê-lo superar os seus congêneres. O cão achuar não é um confidente, mas uma espécie de projeção simbólica das aptidões de sua dona. Uma mulher é julgada pelo modo como as qualidades constitutivas da condição feminina se manifestam nos produtos do seu trabalho. Cães belos e corajosos, um terreiro opulento, uma cerveja de mandioca untuosa, uma cerâmica fina e delicadamente ornada, tecidos com desenhos sábios que provoquem o respeito dos homens e a admiração invejosa das mulheres, revelam inequivocamente o zelo no trabalho, a destreza e a habilidade, e atestam sobretudo um grande domínio da eficácia simbólica sem a qual o resto todo de nada serviria. O cão é, portanto, objeto de uma luta surda pelo prestígio, e os cuidados que uma mulher lhe dedica expressam menos a sua solicitude do que um desejo de realização.

O valor de um cão não se mede apenas pelo padrão da consideração pessoal; ele se define também em função de uma hierarquia mercantil que converte os melhores sabujos em bens extremamente preciosos. Se os filhotes são, em geral, doados sem contrapartida por não terem ainda revelado suas qualidades intrínsecas, os cães adultos se trocam segundo cotações que variam de acordo com o seu status e a sua proveniência. Os mais estimados e os mais raros são os cães suficientemente corajosos e ágeis para forçar as jaguatiricas, ou até os jaguares; são adquiridos sem hesitação em troca de uma canoa ou de uma espingarda de retrocarga. Esse valor exorbitante – a fabricação de uma canoa exige várias semanas de trabalho continuado – é em parte justificado pelos ganhos que o novo proprietário espera obter no comércio, ilegal, de peles; mas traduz igualmente o valor desproporcional que os homens atribuem ao combate com o jaguar, animal de reputação lendária cujo despojo assenta a fama de um grande caçador. Encarnação de todas as virtudes combativas, e símbolo de todos os perigos, o grande felino é um predador universal que rivaliza com os homens e às vezes os mata; é o auxiliar dos xamãs, assim como a sucuri, e partilha com ela o privilégio de inspirar um respeitoso temor, em parte fundamentado nas capacidades de metamorfose que lhe são atribuídas.

Os cães que vêm de longe são igualmente muito apreciados, independentemente de suas virtudes aparentes. Os Achuar se esforçam para conseguir alguns com as etnias vizinhas, que fazem o mesmo com eles. E isso que, bastardos de raça indefinida que lembra vagamente um sabujo decaído, os cães dos Shuar e dos Canelos se parecem bastante com os dos Achuar; não são, aliás, tão bons caçadores, já que não podem treinar na sua região de origem, onde a caça de porte desapareceu sob a pressão da frente de colonização e da expansão demográfica. Essa circulação canina não é objetivamente explicável, portanto, pelas qualidades dos sabujos de proveniência distante, estando ligada a um fenômeno mais geral que parece próprio a todos os grupos jivaro: a valorização fantasmagórica de certos objetos materiais ou imateriais – os poderes xamânicos, por exemplo – aos quais uma fonte estrangeira outorgaria força e qualidades muito superiores às de objetos idênticos acessíveis localmente. Essa dependência consentida em relação ao exterior só pode incitar ao escambo, as coisas possuídas sendo necessariamente menos estimáveis que aquelas que um simples movimento no espaço terá abastecido de todos os méritos.

Com exceção dos filhotes, os cães das mulheres são negociados pelos homens, que são os únicos donos das trocas na esfera dos objetos de valor. Uma mulher não possui verdadeiramente a matilha, cujo usufruto lhe é concedido pelo marido que sempre pode retirar um dos membros para troca. Na prática, é bastante raro que um homem despoje a sua esposa de um cão que seja importante para ela sem lhe dar a certeza de uma futura contrapartida de valor equivalente, ora um outro cão, ora um objeto precioso de uso exclusivo, como um colar de miçangas. Tal imbricação dos direitos sobre o cão reflete muito bem o status ambíguo do animal: colocado na inteira dependência das mulheres, criado, cuidado, alimentado e treinado por elas, ele serve principalmente aos homens numa das ações mais distintivas da condição masculina.

A ambigüidade do cão se expressa também em outros registros. Socializado o mais próximo possível da humanidade, sendo o único animal que dorme numa cama e come alimento cozido, o cachorro revela, porém, sua natureza bestial pela falta de discriminação alimentar e sexual: come todos os dejetos, inclusive excrementos, e se acopla indiferentemente com seus genitores, em desrespeito à interdição do incesto que rege a sociedade. Além disso, é chamado pelo mesmo termo genérico que designa o jaguar e alguns outros felinos, *yawa*, de que partilharia, desse modo, sua essência e comportamento. Essa selvageria participativa é, no entanto, desviada em benefício dos homens, pois simultaneamente o cão representa o arquétipo do doméstico, *tanku*, epíteto que lhe é agregado para distingui-lo de seus falsos primos indomáveis. Ele aliás recebe um nome próprio, privilégio que não é concedido a nenhum dos animais domesticados. Na intersecção do natural com o cultural, do masculino com o feminino, do social com o bestial, o cão é um ser compósito e inclassificável; é provável que sua estranha posição no bestiário jivaro indique uma chegada tardia na floresta do sopé da montanha, como se o seu lugar nas hierarquias animais ainda não estivesse firmemente estabelecido.

VI. A MAGIA DAS ROÇAS

Os diálogos do fim de noite se tornaram mais soltos. Sozinho com Wajari junto do fogo, procuramos um ao outro nos entornos das palavras, como que suspensos entre o sono e a aurora pelo círculo de fogo que nos isola das trevas. Em voz baixa, porém intensa, Wajari relata em detalhes o sonho que acaba de contar para Entza na intimidade da cama fechada. Nunkui, o espírito das roças, apareceu para ele na forma de uma anãzinha atarracada com o rosto pintado de urucum; sentada numa touceira com a imobilidade serena de um sapo, estava cercada por um halo vermelho e vibrante. Wajari estava surpreso, pois Nunkui tende mais a visitar os sonhos das mulheres, que ela ajuda com seus preceitos no trabalho da roça. Depois de pedir que ele a acompanhasse, ela o levou até uma margem escarpada do Capauari; lá, com um movimento enérgico do queixo, indicou-lhe o afloramento pedregoso prolongado por um pequeno monte de pedras. No meio das pedras, pôs-se a brilhar um ponto com uma luz avermelhada feito a extremidade abrasada de um desses grossos cigarros que Wajari enrola em folhas de milho secas. Então Nunkui cantarolou uma musiquinha com voz fina e Entza apareceu ao seu lado; ambas sumiram de repente, junto com a mancha de fogo em meio ao monte de pedras. Segundo Wajari, esse sonho excepcional é o presságio, ou melhor, a prefiguração, da descoberta de uma pedra de Nunkui. Também chamados de *nantar*, esses amuletos poderosíssimos favorecem o crescimento das plantas cultivadas, transmitindo-lhes a energia que encerram; as mulheres valorizam com muito ciúme a sua posse, que confere às suas roças uma opulência ostensiva, fonte de inveja e prestígio.

Ao nascer do sol, mal tendo forrado o estômago com um prato de batata-doce, saímos à cata da pedra mágica. Wajari a encontra no local indicado, a apenas três meandros, descendo o rio, da casa. Trata-se de um pequeno estilhaço de silicato cuja cor avermelhada é realçada aqui e ali por pontos brilhantes. Entza, a quem ele se destina, envolve-o cuidadosamente num trapo de algodão e coloca-o numa vasilha de *pininkia* que ela aperta no seu cesto; depois volta para casa, amarra o bebê a tiracolo, apanha um facão e um tição, solta os cachorros, faz sinal à menina para que a siga e o grupinho todo se dirige para a roça. Anne Christine a acompanha, e eu as sigo durante alguns passos com uma desenvoltura ensaiada: os homens não são bem-vindos nas roças.

São os homens, evidentemente, que desflorestam as clareiras, mas depois do corte das árvores maiores com machado e do desbastamento do mato residual com facão, contam com as mulheres para a queimada. Quando a futura roça fica coberta com um grosso tapete de cinzas, a última contribuição deles é plantar as fileiras de bananeiras que irão delimitar os lotes de cada co-esposa. Depois desse gesto simbólico que define a apropriação social da roça, eles se retiram de cena e deixam o terreno livre para as companheiras. Com um pau de ponta feito de madeira de pupunheira, as mulheres então dispõem as mudas de mandioca em toda a superfície do seu pedaço de chão, depois espalham em aparente desordem os inhames, batatas-doces, taros, feijões, abóboras, amendoins e abacaxis. Falta apenas colocar aquelas árvores cujos frutos de estação dão realce à refeição meio monótona de todo dia: pupunheiras, abacateiros, pinheiros, abieiros, ingás, cacaueiros e goiabeiras. Essas tendem a serem plantadas na beirada do terreno perfeitamente capinado que contorna a casa, espaço coletivo que escapa à jurisdição demasiado exclusiva exercida pelas mulheres em seus próprios lotes. Também é ali que encontramos as plantas de que todos se servem comumente: pimenta, fumo, algodão, arbustos de clibádio e timbó, cujo suco asfixia os peixes nas pescarias, cabaceiras, urucum e jenipapo para pintar o rosto e, enfim, as diferentes espécies de ervas medicinais e plantas narcóticas, como o estramônio. Na sua plena maturidade, a roça assume o aspecto de um pomar esparso em meio a uma horta germinante. Os caules altos dos mamoeiros sobressaem acima de uma impressionante desordem; os taros se abrem feito monstruosos buquês de folhas de aráceas, as bananeiras descamadas se enroscam e desabam sob o peso de enormes cachos de bananas, as abóboras se amontoam feito bolas ao pé das touceiras calcinadas, os tapetes de amendoins ladeiam os pequenos bosques de cana-de-açúcar, as marantas prosperam ao longo dos grandes troncos deitados que sobreviveram ao abate, e por toda parte os pés de mandioca espalham, feito tentáculos, suas folhas digitiformes.

Entza se deteve à sombra de um sapoti selvagem, poupado durante a derrubada em razão de seus frutos suculentos. Amarra ali o seu bebê dentro de uma rede pequena, cuja outra extremidade é pendurada numa estaca enfiada no chão, e depois, num instante, faz uma fogueira com uns poucos galhos preteados que sobraram da queimada. Ela ali está em seu reino, no coração do pedaço de chão que ela criou, delimitou, na imensa roça familiar, por uma pequena trilha que a separa de Senur, e uma enorme malvácea derrubada, cujo tronco ergue uma barreira mais alta que um homem, entre o seu domínio e o de Mirunik. Do lado que beira a floresta, uma orla de bananeiras assinala o final do espaço domesticado.

É hora de tratar da pedra de Nunkui. Entza pega a tigela de *pininkia* onde ela está, cobre-a com outra *pininkia* de dimensões idênticas e enterra profundamente o pequeno receptáculo ao pé de uma touceira. Assim aprisionado, o *nantar* irá exercer a sua ação benéfica sem nenhum perigo para o bebê. Essas pedras mágicas são, de fato, dotadas de uma vida autônoma que lhes permite se deslocarem sozinhas; se ficassem à solta, elas se aproximariam sub-repticiamente das crianças para chupar-lhes o sangue. Felizmente, Entza conhece um *anent*, que sua mãe outrora lhe ensinou e permite enganar essas sanguessugas minerais para que não ataquem os humanos. Em resposta a esta invocação, os *nantar* ficam vermelhos como brasas atiçadas e a energia fecundadora que tiram de Nunkui se difunde nas plantas. Para aperfeiçoar essas condições propiciatórias, convém ainda dar regularmente de beber aos *nantar* canibais infusões de urucum, substitutivo metafórico do sangue de que eles tanto gostam.

As pedras de Nunkui, porém, não garantem por si só o ofício da lavoura; também é necessário muito suor. Avançando de cócoras em círculos concêntricos, Entza se pôs a capinar com o facão. Dia após dia, ela vai perseguindo as ervas daninhas que disputam o terreno com as plantas cultivadas, tal labor paciente ocupando a maior parte do tempo

passado na roça. A tradição mítica explica que esses tufos de gramíneas parasitas nasceram da penugem de Colibri, que as espalhou na superfície da terra para punir os humanos por seu excesso por zelo hortícola. Depois de ser desobedecido por duas irmãs, Wayus e Mukunt, que não acreditaram em sua promessa de cultivar sem esforço e, ignorando os seus conselhos, se consumiram plantando mudas de mandioca, Colibri lançou uma maldição que pôs fim ao trabalho fácil: dali em diante os homens deverão penar duramente para desmatar as roças e as mulheres ficam condenadas à capinação perpétua.

Embora sancionado por um irascível beija-flor mítico, tal imperativo cultural obedece menos a razões práticas do que a preocupações estéticas. Constitui o íntimo orgulho da mulher achuar oferecer ao olhar crítico de suas companheiras uma roça perfeitamente dominada, onde nenhuma erva adventícia venha lembrar a desordem caótica da selva tão próxima. A aparente confusão vegetal, que impressiona num primeiro momento o observador neófito, na verdade resulta de um sábio equilíbrio entre grupos de plantas muito distintas em suas formas e exigências, dispostas em canteiros de afinidades separados por pequenas trilhas arenosas tão meticulosamente cuidadas como um jardim japonês. É evidente que a capinação prolonga um pouco a vida da roça, até que o esgotamento desses solos pouco férteis acabe tornando o seu abandono inelutável, após três ou quatro anos de cultivo. No entanto, o zelo obsessivo que os Achuar lhe dedicam parece regido principalmente por seu gosto pela composição vegetal e pela harmonia hortense, como atestam *a contrario* as diversas etnias amazônicas que se abstêm de mondar suas roças sem nem por isso estarem sujeitas à penúria.

Afora esse trabalho de manutenção fastidioso e, em parte, supérfluo, é certo que a horticultura tropical exige pouco esforço. Não existe a obrigação de revolver a terra, afofar os torrões, regar as mudas ou cobri-las com palha, beneficiar o solo, podar os brotos inúteis ou lutar contra os parasitas. A maioria das plantas se multiplica por via vegetativa, ora brotando no caule, como a mandioca, ora plantando-se um rebento, de bananeira por exemplo, ora também, no caso do inhame, enterrando-se um fragmento do tubérculo. A mandioca, que em suas inúmeras variedades constitui o grosso da alimentação cotidiana, é o sonho de um agricultor preguiçoso. Cada rebento fornece entre dois e cinco quilos de raiz, bastando uma pressão com o facão para desenterrá-las. Uma vez colhidas, dois cortes permitem retalhar o caule num pauzinho que, enfiado na terra sem nenhum cuidado, logo estará coberto de folhas e dará um novo lote de raízes dentro de poucos meses. Assim como o inhame, esta planta muito adaptável suporta ser deixada em terra bem além do seu período de maturação sem que as raízes se estraguem. A estocagem de alimentos torna-se portanto inútil, já que, à diferença das entressafras experimentadas pelos plantadores de cereais, a roça é aqui uma reserva de feculentos no pé onde se pode durante o ano inteiro vir apanhar o suficiente para suprir suas necessidades.

Até existem alguns amantes furtivos de tubérculos, mas suas depredações são afinal bastante modestas. As pacas, as cutiaias e, sobretudo, as cutias são os mais assíduos entre esses escavadores noturnos que vêm catar nas roças a sua ração de raízes. Diante dos seus delitos, rapidamente descobertos, os homens se previnem: armadilhas eficazes são colocadas nos caminhos trilhados por esses grandes roedores, cuja carne é uma caça bastante bem cotada. A mais comum é um pequeno túnel de ramagens, onde fica suspenso um tronco pesado; ao entrar nesta armadilha para onde é levado por seu caminho rotineiro, o animal tropeça num galho que provoca a queda da massa.

São preferidas, às vezes, medidas de retaliação mais diretas. Assim, há algumas noites, Wajari tomou emprestada a minha lanterna elétrica e foi se postar, com a sua velha espingarda ruim, à espreita de uma cutia que vinha há algum tempo roubando mandioca na roça de Senur. Não demorou a atirar, acordando a família toda com uma deflagração medonha. Ao prazer da espreita, sempre vivo num caçador, somava-se a satisfação de obter uma vingança gastronômica sobre aquela espécie de porquinho-da-índia gigante empoleirado em patas de doninha. Os Achuar preferem, em vez de cercar suas roças, deixar o acesso livre aos predadores de que eles próprios se alimentam, admitindo filosoficamente que faz parte da natureza da isca ser beliscada de vez em quando.

O sol já passou pelo zênite e Entza está terminando de capinar. Com a ajuda da menina Inchi, que tem no máximo seis ou sete anos, junta as ervas daninhas e as amontoa sobre o fogo, que logo solta espessas volutas de fumaça branca. Como todas as meninas, Inchi foi iniciada muito cedo nas tarefas distintivas da condição feminina: cultivo da terra, cozinha, faxina, buscar água, cuidados das crianças... É principalmente neste último item que seu auxílio é útil, embalando o bebê enquanto a mãe trabalha, ou afastando dele as moscas importunas; embora a ajuda que ela dá a Entza ainda seja modesta, está aprendendo junto dela seu papel de futura esposa e de boa roceira. A simplicidade dos modos culturais faz esquecer que a roça é um universo muito complexo onde coexistem milhares de plantas pertencentes a uma centena de espécies das quais algumas, como a mandioca ou a batata-doce, comportam muitas dezenas de variedades. Para dominar essa sociedade vegetal de que seus esposos ignoram praticamente tudo, as mulheres necessitam um saber botânico pacientemente acumulado desde a infância.

Por contraste, o irmãozinho de Inchi é totalmente livre de obrigações. Unkush passa os dias ao seu bel prazer, sem que ninguém lhe peça sequer um pequeno favor, e esse ócio de menino irá perdurar durante toda a sua adolescência. Em instável equilíbrio sobre uma touceira, ele está no momento ocupado em cutucar mamões com uma vara comprida. Os frutos da roça se destinam principalmente às crianças, e elas não deixam de se servir sempre que lhes dá vontade. Mas os mamões não estão maduros e resistem teimosamente aos golpes do rapazinho; no embalo do impulso, ele acaba caindo numa semeadura de feijão de onde se levanta soltando um "*chuwa*!" de nojo.

Sempre acompanhada de Inchi, Entza vai até um canteiro de mandioca e o examina com olhar crítico. É uma variedade nova que ela plantou há poucas semanas a partir de uma muda obtida com a sua irmã Chawir, que mora na margem do Pastaza. Suas raízes são muito mais grossas que as das variedades cultivadas em Capauari, e seu gosto meio insosso destina-a exclusivamente à fabricação da cerveja de mandioca. Mas a terra daqui é diferente da terra do Pastaza; compacta e argilosa, dizem que é menos fértil que os solos negros e arenosos que margeiam o grande rio. De modo que Entza teme que a planta não consiga se aclimatar. De cócoras diante do pé de mandioca, ela canta para ele, em voz doce, uma pequena súplica.

Sendo uma mulher Nunkui, eu vou chamando o comestível para a existência
As raízes *sekemur*, lá onde estão apoiadas, lá onde se encontram, eu as fiz assim, bem separadas

> Sendo da mesma espécie, depois da minha passagem elas continuam nascendo
> As raízes de *sekemur* se "especiaram"
> Estão vindo para mim
> Sendo uma mulher Nunkui, eu vou, chamando o comestível para a existência
> Atrás de mim, respondendo ao meu apelo, ele continua nascendo.

A força do verbo foi novamente afirmada: para que o irreprimível vampirismo das pedras de Nunkui seja contido, ou para que um pé de mandioca se desenvolva apesar de ter sido transplantado, é preciso tocar a alma dessas entidades mudas, porém atentas, com um *anent* adequado. Contudo, a palavra pronunciada exige precauções; embora endereçada a uma muda de mandioca, o *anent* de Entza só menciona o objeto de suas preocupações através de uma metáfora, o sabão vegetal *sekemur*, cuja raiz volumosa lembra a da mandioca. A alma dos cães, assim como a das plantas, não suporta interpelações demasiado diretas. A sensibilidade desses interlocutores suscetíveis se rebelaria diante da exposição explícita daquilo que os homens esperam deles, e deve portanto ser poupada por injunções indiretas que mitigam a crueza das exigências e até o nome do ser destinado a encarná-las.

Qualquer que seja o seu objetivo específico, todos os *anent* de cultivo se referem, de uma maneira ou de outra, a Nunkui. Ela é a criadora e a dona das plantas cultivadas, como atesta um mito que até as crianças menores souberam me contar. A versão seguinte – nossa primeira tentativa de tradução de um mito – me foi relatada pela velha Chinkias, mãe de Wajari e Titiar.

> Muito tempo, muito tempo atrás, as pessoas não tinham roças. Estavam sempre com fome, pois viviam das raízes e das folhas que colhiam nas florestas. Certo dia, uma mulher saiu para apanhar camarões num rio pequeno; da beira da água, ela viu derivar ao longo do rio cascas de mandioca e de banana; subindo o rio para ver de onde vinham aquelas cascas, avistou uma mulher descascando mandioca, que era Nunkui. Ela disse para Nunkui: "Vovozinha, por piedade, dê mandioca para mim". Mas Nunkui recusou e disse: "Leve com você a minha filha Uyush (o preguiçoso), mas peço que a trate bem; quando você chegar em casa, diga para ela chamar as plantas cultivadas". A mulher assim fez e a criança Uyush

disse o nome de todas as plantas da roça: a mandioca, a banana, a batata-doce, o taro, o inhame, todas as plantas da roça; e elas existiram de modo verdadeiro. Estavam felizes, porque a comida não faltava. Um dia em que Uyush estava sozinha com as crianças da casa, estas lhe pediram, brincando, que chamasse à existência uma aranha, o que ela fez, e depois um escorpião, o que ela fez igualmente; exigiram então que ela chamasse os espíritos maléficos Iwianch. De início, ela recusou, mas acabou cedendo aos seus pedidos e Iwianch horríveis penetraram na casa. Completamente aterrorizadas, as crianças quiseram se vingar de Uyush e jogaram-lhe punhados de cinza quente nos olhos. Uyush se refugiou no telhado da casa. Lá, ela se pôs a cantarolar para os bambus gigantes *kenku*, que tinham nascido perto da habitação: "*Kenku, kenku*, vem me buscar, vamos comer amendoim, *kenku, kenku*, vem me buscar, vamos comer amendoim". Erguido por uma súbita borrasca, um bambu veio abater-se sobre o telhado e Uyush se agarrou nele. As crianças tentaram alcançá-la, mas Uyush penetrou dentro do bambu, de onde lançou uma maldição sobre as plantas cultivadas, que ela chamou uma por uma. Então, elas começaram a encolher até se tornarem minúsculas; depois, Uyush desceu para dentro do bambu, defecando regularmente. Cada um de seus excrementos formou um nó do bambu. Uyush vive agora debaixo da terra com Nunkui; assim foi que me contou minha mãe Yapan de antigamente.

Embora comece, em todas as suas variantes, com a fórmula *yaunchu*, "antigamente", este mito nem por isso instaura um corte irremediável entre o tempo presente e o tempo das origens. Os mitos são "discursos de antigamente" (*yaunchu aujmatsamu*), mas *yaunchu* designa aqui uma mera anterioridade impossível de especificar com exatidão no desenrolar do tempo, por causa da feliz amnésia em que se comprazem os Achuar. O universo dos mitos terminou quando muito há algumas gerações, na orla indistinta da lembrança desses antepassados próximos que a cadeia da memória ainda liga aos vivos. O tempo dos fundamentos da cultura, portanto, ainda não está distante a ponto de seus protagonistas não terem mais sua palavra a dizer no cotidiano, quando sua presença é percebida como um eco atenuado do papel heróico que cumpriram outrora. Um comércio diário com os espíritos contemporâneos dos homens despe-os de qualquer mistério e prolonga, num mundo imanente porém cognoscível, os princípios de igualdade que regem a sociedade. Nenhuma separação originária, nenhuma ascensão ao empíreo, nenhuma distinção das essências vêm aqui fundar a ordem humana por meio do afastamento dos deuses. Meus companheiros não agradecem a Nunkui por seu ato criador, não lhe rendem graças por seus presentes, não cumprem sacrifícios para serem amados por ela. Em suma, não contraíram em relação a ela essas dívidas morais inextinguíveis que tornam tão desagradáveis as religiões da transcendência.

Este espírito complacente reside no subsolo das roças, de onde vela pelo bem-estar dos seus filhos vegetais sem aparentemente guardar mágoa dos humanos pela ofensa que impingiram outrora a Uyush. As mulheres garantem a sua presença cantando-lhe alguns *anent*, e estabelecem com ela um contrato implícito pela tutela conjunta das plantas cultivadas. Graças a um trabalho assíduo, com efeito, os Achuar conseguiram contornar a maldição de Uyush e fazer com que voltassem a brotar as miniaturas vegetais que esta deixara para trás. Nunkui é, de certa forma, a metáfora da boa lavradora. Na maioria das invocações que lhe são dirigidas, a cantora se identifica explicitamente com ela, como se desejasse captar as virtudes do seu modelo. Assim, a autoridade materna exercida por Nunkui sobre sua prole vegetal é idealmente concedida às mulheres que sabem estabelecer boas relações com esse espírito. O cultivo da terra se apresenta, em suma, como a reiteração cotidiana do ato gerativo em que Nunkui deu à luz as plantas cultivadas, por intermédio de sua filha Uyush. Muito logicamente, as plantas são tratadas como filhos pelas mulheres que cuidam delas, e surgem nos *anent* como se fossem filhos adotivos de Nunkui.

Tal maternidade hortícola traduz decerto uma limitação técnica muito concreta: a maioria das plantas cultivadas pelos Achuar se reproduz por brotos e dependem, portanto, para sua existência e perpetuação, dos cuidados que as mulheres lhes dispensam. A mandioca não volta ao estado selvagem quando abandonada, mas morre rapidamente, sem deixar posteridade, sob o cerco da vegetação que avança da selva circundante. A horticultura procede então a uma negociação dialética em que a mandioca se deixa comer pelos homens à condição que estes tratem de assegurar a continuidade de sua descendência. Este canibalismo vegetal não é nem um pouco metafórico para os meus companheiros, que concebem a mandioca como um ser animado, dotado de uma alma *wakan*, e que leva nos terrenos roçados uma vida familiar absolutamente ortodoxa. Embora sempre se coloquem sob os auspícios de Nunkui, a maioria dos *anent* de cultivo é diretamente destinada ao pequeno povo da mandioca, para incitá-lo a crescer e se multiplicar em harmonia.

Esses filhos folhudos devorados por quem os cria sabem encontrar uma compensação para o seu fado: assim como as pedras de Nunkui, a mandioca tem fama de chupar o sangue dos humanos, e bem particularmente o de sua prole. A anemia dos bebês de colo lhe é freqüentemente atribuída, quando os morcegos vampiros não podem ser responsabilizados. Contrariamente a estes últimos, a mandioca não deixa marcas, pois se sacia com um simples toque de suas folhas onipresentes. Por isso os Achuar gostam de se deslocar pelas roças andando sobre os imensos troncos deitados que restam depois do abate, santuários erguidos acima do mar dissimulado da mandioca, que fazem as vezes de caminho para os visitantes. Obrigadas a um contato diário com a planta vampírica, as mulheres e crianças ficam, evidentemente, mais expostas. As crianças são atentamente vigiadas e recomenda-se que não se afastem demais de sua mãe, a qual vai tecendo à sua volta uma barreira de proteção invisível com *anent* apropriados. Tais encantações incitam a mandioca a se desviar das crianças e atacar preferencialmente os estranhos que penetram sub-repticiamente na roça.

> Transpassa-o imediatamente
> Dizendo isso, eu os ouvi se regenerarem
> O caos rochoso eu imaginei
> Nós, nós mesmos, vindo para pegar, eu os ouvi se regenerarem
> Eu rolo, eu rolo,
> Eu os ouvi se regenerarem, fazendo desabar o caos rochoso
> Minha pequena roça se regenerando, eu imaginei,
> Os escombros rochosos, eu imaginei.

A mandioca recebe aqui uma ordem inequívoca. Da boa execução dessa ordem depende um monstruoso destino: ao chupar o sangue dos intrusos a planta adquire uma força irrefreável, suas raízes se incham e se tornam inalteráveis feito um caos rochoso de que a cantora tivesse provocado o gigantesco desabamento. Essas injunções, porém, nem sempre são ouvidas. Alguns dias atrás, Entza desenterrou raízes estriadas de vermelho que ela imediatamente interpretou como vestígios de sangue que a planta teria tomado. Tal ameaça a deixa especialmente cautelosa, mesmo porque o perigo agora está acrescido pela presença do *nantar*, cujas propensões canibais ela ainda não domina muito bem.

O cultivo da terra apresenta um paradoxo curioso: de um empreendimento pacífico e destituído de acaso, os Achuar criaram uma espécie de guerrilha consangüínea regulada por um perigoso equilíbrio de sangrias. A mãe se alimenta dos filhos vegetais, os quais por sua vez tiram da prole humana dela o sangue necessário para o próprio crescimento. A fecundidade dos *nantar* é proporcional à sua nocividade vampírica e a própria Nunkui manifesta os seus atributos em todas as variações de vermelho. Primeiro, o vermelhão do urucum que as mulheres passam no rosto para agradar; o vermelho acastanhado do cuco da mandioca ou o vermelho alaranjado da jibóia *wapau*, dois animais considerados como auxiliares ou avatares de Nunkui, que as mulheres atraem para as suas roças com *anent* sedutores; o vermelho encarnado da flor selvagem *keaku cesa*, cujo bulbo é ralado numa infusão de urucum e derramado sobre os brotos de mandioca durante a primeira plantação.

Este discreto ritual, que Anne Christine teve a oportunidade de observar há pouco na nova roça de Suwitiar, a jovem esposa de Mukuimp, é geralmente orientado por uma velha experiente. Tinham pedido a Surutik que oficiasse: dobrada sobre o seu bastão de apoio, os seios lembrando penduricalhos e o nariz roído pela leishmaniose, ela apresentava uma triste encarnação da decrepitude e da esterilidade. No entanto, era ela quem esvaziava, sobre os feixes de ramos de mandioca, a cabaça contendo a água avermelhada, era ela quem exortava as jovens plantas a beber este substituto do sangue humano, a fim de pouparem no futuro as crianças distraídas que chegassem perto delas. A menopausa excluiu Surutik do ciclo da fertilidade e é decerto por isso que ela pode transmitir sem perigo para a mandioca a *ersatz* deste sangue que nela já secou. Uma mulher mais jovem teria ficado exposta a uma punção sub-reptícia, já que os brotos preferem o sangue fresco de sua dona ao pálido simulacro que lhe oferecem.

O sangue existe no mundo como fonte de energia limitada e é a sua diminuição progressiva que gera a velhice; mas o que se perde para uns só pode reverter para outros, por um sistema sutil de vasos comunicantes. A relação das roceiras com a mandioca é, portanto, do mesmo nível que a estranha associação que liga alguns insetos às suas "mães". Meus companheiros afirmam, com efeito, que os anófeles e bariguis vivem em miríades sobre uns animais-mãe, aparentemente grandes cães, com os quais vivem em simbiose, bombeando permanentemente o seu sangue e reinjetando neles o sangue que sugam dos outros. O vampirismo da mandioca e das pedras de Nunkui não passaria então de um restabelecimento dos equilíbrios naturais num grande circuito de troca fisiológica, unindo as mulheres e os seus rebentos humanos e vegetais para a necessária conservação do sangue em quantidade finita.

Felizmente, nem todas as plantas da roça manifestam as perigosas disposições da mandioca. No entanto, muitas são dotadas de uma alma *wakan*, único indício restante de sua humanidade anterior, quando os heróis míticos ainda não tinham fracionado o ser vivo nas diferentes ordens em que ele agora se encontra encarnado. É o caso, por exemplo, da pobre Wayus, a moça condenada por Colibri, por seu excesso de zelo, a se transformar no pequeno arbusto homônimo cujas folhas servem para fazer a infusão antes da aurora. É igualmente o caso das duas irmãs Ipiak (urucum) e Sua (jenipapo) que uma voracidade sexual impossível de satisfazer levou a metamorfosearem-se nesses cosméticos naturais com que os homens enfeitam o rosto. Sua edificante história me foi contada há pouco por Naanch.

> Os antigos diziam que existia outrora uma jovem mulher chamada Sua, que hoje conhecemos como planta para se pintar; ela tinha também uma irmã chamada Ipiak. Eram as duas solteiras e aconteceu com elas a mesma coisa que acontece conosco, homens, quando não temos esposa e estamos com muita vontade de uma mulher; com as mulheres sem marido é exatamente igual. Elas queriam muito possuir um homem e, juntas, se puseram à procura. Tinham ouvido falar em Nayap (um martim-pescador de cauda bifurcada) como de um verdadeiro macho e decidiram ir à sua procura para se casarem com ele. Elas o encontraram numa trilha da floresta, quando ele tinha saído para caçar passarinho com a zarabatana. Ele perguntou:

"Aonde vocês vão?", e elas responderam: "Estávamos indo para a sua casa". Então Nayap disse: "Está bem, minha mãe ficou em casa moendo o milho, vão ter com ela!". E acrescentou: "Um pouco mais adiante, a trilha vai se bifurcar; na que vai até a minha casa, há uma pluma caudal do papagaio *uysa* e, na trilha que vai até a casa do meu irmão Tsuna (sânie), há uma pluma caudal do cuco *ikianchim*; prestem bem atenção, para não errarem a direção!". "Combinado", elas disseram, e puseram-se a caminho. Mas Tsuna estava atrás delas e escutara tudo. Animado com aquelas duas moças bonitas, resolveu casar-se com elas e voltou a toda pressa para inverter as penas caudais; as jovens tomaram a direção errada. Nayap, sem desconfiar de nada, voltou para casa no final da tarde com muita caça para as duas irmãs; perguntou à sua mãe: "As mulheres ainda não chegaram?", e ela respondeu: "Não, não vi nenhuma mulher". Então Nayap exclamou: "O que aconteceu? Elas me disseram que vinham para cá e eu indiquei o caminho"; e acrescentou: "Talvez tenham ido à casa do meu irmão Tsuna"; ele estava muito descontente e decidiu esquecer o assunto. Enquanto isso, as duas mulheres tinham chegado à casa da mãe de Tsuna, que estava amassando argila para fazer cerâmica. Surpresas, elas perguntaram: "Você é a mãe de Nayap?". "Sou, sim, sou eu mesma", ela apressou-se em responder. As duas irmãs se acomodaram e esperaram pelo regresso de Nayap. Quando escureceu ele ainda não tinha voltado; perguntaram para a velha: "E o seu filho, onde está?", e ela respondeu que ele tinha saído para caçar passarinhos. Ficaram acordadas até tarde esperando, até que a velha lhes dissesse para irem se deitar no *peak*. Tsuna acabou chegando no meio da noite; seu aspecto era tão repugnante que ele tinha vergonha de se mostrar à luz do dia. Voltou da caça de mãos vazias, trazendo apenas alguns caranguejos de rio, o que não dava para se ver por causa da escuridão. Contou suas façanhas de caçador enquanto comiam os caranguejos e sua mãe dizia, resmungando: "Os passarinhos que você matou estão velhos e duros". Tsuna foi então se deitar entre as duas irmãs, e a noite inteira se passou em carícias e jogos eróticos. Esgotadas, Sua e Ipiak acabaram por mergulhar no sono pouco antes da aurora. Quando despertaram, era dia claro e seu parceiro tinha sumido; perceberam então que estavam cobertas de uma espécie de sânie gosmenta e fétida. As duas irmãs se perguntaram o que estava se passando e resolveram não dormir durante a noite seguinte. Quando mais uma vez estavam deitadas com Tsuna, conseguiram cansá-lo de tal modo com suas carícias que ele logo adormeceu; quando surgiu a aurora, descobriram o seu corpo repulsivo, coberto de sânie. Afastaram-se vivamente e se dissimularam para melhor observar. Quando Tsuna despertou, sua mãe lhe disse: "Meu filho, você está começando a perder a vergonha!". Perturbado, Tsuna se levantou de um salto, pegou sua zarabatana e saiu correndo para a floresta. Esquecera-se da aljava mas não ousou retornar e chamou a mãe para que ela a trouxesse; depois disso, desapareceu. As duas irmãs resolveram ir à casa de Nayap; mas este estava furioso, pois percebeu pelo cheiro nauseabundo que as irmãs tinham se deitado com Tsuna. Nayap ordenou que elas fossem tomar banho para lavar as sânies com que estavam cobertas. Depois do banho, elas se esfregaram com folhas perfumadas e voltaram para a casa; mas ainda emanavam exalações infectas e Nayap repeliu as suas tentativas. Sua e Ipiak puseram-se então em busca de um outro homem. Chegaram à casa de uma velha cujo filho era monstruoso; ele era de estatura minúscula, mas tinha um pênis gigantesco enrolado em volta do corpo como uma corda. A mãe o mantinha trancado num grande vaso *muits* colocado sobre uma grade de cana acima da cama. Ignorando isso tudo, as duas irmãs perguntaram onde ele estava e a velha respondeu: "Meu filho saiu para matar inimigos e ainda não voltou". "Está bem, disseram elas, vamos ficar aqui para tomá-lo como esposo." Todos os dias elas pediam notícias do filho, e a mãe respondia: "Não sei quando ele vai voltar". Ora, a cada noite, o homúnculo tirava o seu imenso pênis para fora do *muits*, desenrolava-o até a cama logo abaixo e copulava com as duas irmãs adormecidas. Pela manhã, elas percebiam que tinham sido penetradas, mas não entendiam como. Depois que a velha saiu para a roça, as duas mulheres puseram-se a revistar a casa e descobriram o *muits* com o filho monstruoso. Quando o encontraram, resolveram matá-lo; puseram água para ferver, verteram-na no vaso e o filho morreu escaldado. Sua e Ipiak recomeçaram a sua procura aos prantos; já não sabiam para onde ir, pois nenhum homem as queria. Enquanto caminhavam, iam dizendo: "No que é que poderíamos nos metamorfosear? Quem sabe em colina? Não, pois quando os homens andassem pelas colinas iriam rir de nós e sentiríamos vergonha. Ou quem sabe poderíamos virar rãs num grande pântano? Não, isso também seria uma vergonha! Por que não nos transformarmos numa grande planície fluvial? Isso não é conveniente, pois os homens zombariam de nós dizendo que uma pessoa se transformou em planície". Finalmente, Sua tomou uma decisão: "O melhor seria eu me tornar Sua, pois até os homens jovens poderiam dizer a suas esposas: – Me dê Sua para eu pintar o rosto, e o meu nome seria celebrado". Depois Sua perguntou à irmã: "E você, irmãzinha, no que você quer se transformar?". Ipiak respondeu: "Pois eu vou me tornar Ipiak, pois até os homens jovens dirão a suas esposas: – Me dê Ipiak para eu poder pintar o rosto, e o meu nome será celebrado". Sua se ergueu bem ereta e afastou as pernas; soltou um grande grito e se transformou na planta *sua* (jenipapo). Ipiak agachou-se no chão e se transformou na planta *ipiak* (urucum). Por isso é que o urucum é um arbusto baixo, enquanto o jenipapo tem um porte esbelto. Elas se confundiam tão bem com a mata de corte que até os passarinhos as sobrevoavam sem receio. Todo tipo de gente veio então visitá-las para se deixar pintar; Yakum ("guariba") foi untado de urucum por Ipiak, assim como Kunamp ("esquilo"); Chuu ("macaco-barrigudo") foi muito bem enfeitado por Sua, que lhe pôs jenipapo na cabeça, nas mãos e nos pés. E depois de estarem todos assim embelezados, se metamorfosearam. E é só isso.

Aviltadas por pretendentes hediondos que elas tinham solicitado sem pudor, repelidas por um belo homem de cauda bifurcada que sua devassidão enojava, desprezadas por todos aqueles cuja virilidade cobiçavam, Sua e Ipiak tiveram um duro aprendizado da modéstia. Ao tomarem elas próprias a iniciativa do casório, expunham-se à vergonha de um desejo demasiado manifesto e condenavam-se a vê-lo sempre ridicularizado e depreciado. Àquele amor excessivo pelos homens só restava então um exutório: unir-se o máximo possível ao rosto e ao corpo dos que se recusavam a tomá-las, e embelezar com a sua sujeira transfigurada todos aqueles amantes desdenhosos. E se esse mito confere certa grandeza trágica aos modestos arbustos de cosméticos que cercam a casa, enuncia igualmente uma moral puritana destinada às mulheres achuar. Os cânones das boas maneiras e as exigências dos bons costumes impõem-lhes uma conduta reservada que elas jamais devem ignorar, sob pena de serem apagadas da humanidade. Assim como o gato de Cheshire, que se esvanece lentamente na folhagem deixando subsistir apenas o seu sorriso enigmático, as duas mulheres ávidas de sexo desapareceram no reino vegetal deixando aos homens o legado de seus pigmentos, símbolos por excelência de uma domesticação da natureza para fins sociais.

Nem todas as plantas da roça tiveram destinos tão dramáticos: a batata-doce e a abóbora têm alma feminina e a bananeira tem alma masculina, sem que por isso tenham algum passado mítico conhecido. Seus atributos de gênero evocam igualmente a sexualidade, mas são mais prosaicamente derivados de homologias metonímicas com os órgãos de reprodução, ocasionalmente lembradas em jogos de palavras cheios de subentendidos. Essa humanização da maioria das plantas cultivadas significa que elas são receptivas às invocações *anent* que lhes dirigem. A alma *wakan* com que são dotadas é uma faculdade de entendimento; torna-as aptas a se comunicarem entre si dentro de uma mesma espécie e lhes permite compreender as mensagens das mulheres que cuidam delas maternalmente, como as injunções de Nunkui ou de seus animais familiares. No entanto, apenas nos sonhos e transes alucinatórios esses seres folhudos podem recobrar a sua aparência humana outrora perdida e dialogar com os Achuar em sua língua.

Essa animação dos vegetais não é exclusiva da roça. Assim como as graciosas hamadríades da Antigüidade ou os amieiros cabeludos das lendas germânicas, várias árvores da floresta disfarçam sob o porte frágil ou majestoso uma consciência à flor da casca. São as criaturas de Shakaim, irmão ou esposo de Nunkui segundo as interpretações, que cultiva a mata feito uma gigantesca plantação e indica aos homens os lugares mais apropriados para fazer derrubadas. Os limites da natureza são assim expandidos por essa socialização dos vegetais, a floresta aparentemente tão selvagem não passando de uma roça sobrenatural onde Shakaim exerce seus talentos de horticultor. Ao criar clareiras para instaurar as suas culturas, os homens não fazem mais que substituir as plantações de Shakaim pelas de Nunkui, sendo ambas domesticadas em seu benefício por espíritos prestativos.

Senur veio juntar-se a Entza ao pé do fogo que se apaga lentamente. Enquanto aponta com ar ameaçador seu facão para um grupo de bananeiras mirradas, esta última resmunga em voz gutural, como fazem as mulheres ofendidas pela indiferença ou caçoadas do marido.

– Minhas bananeiras estão doentes, irmãzinha; já faz uma lua que estão se ressecando e consumindo de calor; será que não estão morrendo por causa de inveja?

– Vamos ver, irmãzinha, talvez você não esteja errada.

– Minhas batatinhas-doces estão do tamanho dos mamões do Pastaza, minhas raízes de mandioca estão redondas feito a barriga de um tapir, o meu comestivelzinho todo está se multiplicando; sendo uma mulher Nunkui, irmãzinha, como é que os filhos da minha roça poderiam morrer? Será que não é a inveja de uma malvada que está matando minhas bananeirazinhas? Será que elas não estão morrendo de maldição?

A palavra foi lançada, *yuminkramu*, a maldição de uma mulher invejosa talvez tenha-se abatido sobre a roça de Entza, levada por *anent* tão secretos que nenhuma mulher admite conhecê-los. Senur, a irmã mais velha e confidente, oferece-lhe conselhos e consolo.

– Você talvez tenha razão, irmãzinha; assim sabem fazer as malvadas, porque o comestível delas é raquítico; elas pensam com inveja para dizer: "As plantações de minha irmã são belas e múltiplas, vamos ver se suas plantações não perecem!" Tem que pensar para conferir, irmãzinha; não seria alguma que esteve na tua roça? Não seria alguma que disse: "Irmãzinha, tuas bananeiras estão bonitas como as dos Kukam, do baixo rio, as minhas estão delicadas como as *winchu* silvestres da beira d'água; por piedade, me diga como é que você faz elas crescerem!". Uma malvada não usa uma fala direta, irmãzinha, e no seu coração está a inveja; lembra, irmãzinha, lembra de quem te visitou com palavras curvas; foi ela, certamente, quem te jogou a maldição.

Entza terá agora de passar em revista na memória todas as mulheres que estiveram na sua roça; entre elas se esconde aquela que, por elogios excessivos, deixou transparecer a própria inveja. Por meio de um *anent* destinado a esta circunstância, ela então terá de devolver para a roça da rogadora de feitiço a mesma maldição que está afetando as suas bananeiras. Essa justiça distributiva certamente erra o alvo vez ou outra, mas este é um efeito inevitável de toda feitiçaria doméstica.

A tarde já vai bem adiantada e as tarefas da roça vão chegando ao fim. Enquanto Senur volta para a casa, Entza desenterra meia-dúzia de pés de mandioca e replanta rapidamente os caules depois de empilhar as raízes no seu cesto. Acrescenta ali umas batatas-doces e dois inhames graúdos e então se dirige para o rio para descascar e lavar os tubérculos cobertos de terra. No caminho, cruza com um Wajari todo animado, de zarabatana no ombro e carregando às costas dois guaribas de grandes olhos vazios. A uma boa distância, rio abaixo, uma espessa fumaça se ergue preguiçosamente do novo desmatamento de Tseremp, espalhando até aqui seu cheiro de lenha verde queimada. Um casal de araras dirige-se piando para o poente, alto demais para que se possa atirar nelas; é sinal, dizem, de que uma mulher achuar foi seqüestrada por guerreiros shuar que a estão levando para casa. Um pequeno peixe-gato foi fisgado pela linha de Chiwian; ele viravolteia na água, os bigodes fremindo, e acaba sendo puxado para a margem onde uma paulada termina de matá-lo. As crianças brincam aos risos dentro do rio, a pele luzindo feito couro envernizado; sob os seus movimentos desordenados a areia sobe do fundo em turbilhões, feito nuvens aquáticas onde a luz viesse se refratar em mil estilhaços suspensos. Tecida de acontecimentos insignificantes, essa tranqüila agitação traz Entza de volta para o seio do ambiente doméstico e suspende o diálogo interior que ela mantém dentro da sua roça.

VII. SONHOS

Faz alguns dias que estamos instalados na casa de Pinchu, irmão de Mirunik. Situada um pouco adiante subindo o rio, na outra margem do Kapawi, sua casa fica muito próxima do nosso antigo abrigo e ouvimos dali as vociferações de Wajari durante os seus banhos matinais, assim como da casa dele escutávamos a flauta de Pinchu atravessando melancolicamente as brumas da aurora. Não foi, porém, o atrativo de uma alma musicista, nem foram as comodidades de uma casa mais espaçosa que fizeram com que nos mudássemos para junto de Pinchu, e sim a obrigação de diversificar nossos mentores e não ofender quem nos ofereceu hospitalidade com repetida insistência. Wajari acolheu nossa decisão com tranqüilidade, mesmo porque se entende bem com o seu cunhado. Ele certamente lamenta a nossa mudança, em parte por causa dos meus presentinhos, mas em parte também porque tínhamos nos tornado seus mascotes e nossa presença contínua em sua casa significava tanto uma excepcional oportunidade de distração como um sinal de distinção de que ele secretamente tirava partido na relação com os outros homens. Finalmente, é possível que a amizade crescente que sinto por ele seja recíproca e que as palavras afetuosas que ele me dirigiu antes da partida não tenham sido ditadas apenas pelo protocolo da hospitalidade.

Em contraste com Wajari, Pinchu é de frágil compleição e exuberante em seus movimentos. Membros delicados com articulações finas e um andar balançante lhe dão um ar meio dândi, acentuado por um sorriso encantador e grandes olhos cor de avelã, sempre com olheiras. Suas duas esposas também são opostas em todos os pontos. Enquanto Yatris ostenta com uma graça lânguida um rosto admirável de Gioconda, iluminado por misterioso sorriso, Santamik é cheia da vitalidade masculina das jovens robustas. As tiras que ela usa bem apertadas acima dos tornozelos realçam com muita graça o contorno das canelas, atraindo o olhar furtivo dos visitantes masculinos. A casa é um retrato desses amáveis anfitriões: embora seja semelhante às outras na arquitetura e no mobiliário, tudo nela parece mais elegante e mais bem acabado, decerto em razão de algum sutil equilíbrio das proporções. Numa sociedade onde o respeito da tradição torna inconcebível erigir-se uma casa fora do modelo canônico, a originalidade e o amor ao belo podem achar satisfação nas relações de dimensões harmoniosas entre elementos da estrutura de madeira, embora dispostos do jeito comum.

Pinchu se levanta um pouco mais tarde que Wajari, ou seja, raramente antes das quatro horas da manhã, mas dedica às libações de *wayus* o mesmo cuidado cerimonioso. Hoje foi Santamik quem preparou a infusão, claramente achando divertido ver seu "irmão" barbudo curvar-se a este costume. Adquiri esta germanidade fictícia graças às propriedades classificatórias do sistema de parentesco Jivaro, o qual permite deduzir a minha relação com qualquer interlocutor por derivação lógica, a partir de outra relação já conhecida. Ora, como Wajari me chamava de "irmão" herdei a sua parentela infinitamente elástica, tornando-me assim *ipso facto* "cunhado" de Pinchu e, por reversão, "irmão" de suas esposas. Este pequeno exercício de permutação comprova que acabamos adquirindo uma posição identificável no jogo das relações dos nossos anfitriões e, desta forma, o ponto de partida para uma existência socialmente aceita.

No momento, nosso anfitrião está pensativo e silencioso, bebendo em pequenos goles a infusão adocicada. Escuta com ar preocupado assobios misteriosos que atravessam a noite acima da casa. Não são gritos de aves de rapina ou ululações de coruja; mais parecem o estrondo muito agudo de um zunidor projetado no espaço a grande velocidade.

– Espere, cunhado, escute; você não está ouvindo lá em cima *juij, juij, juij*?

– Estou ouvindo sim, cunhado.

– Decerto que são umas *tsentsak* passando; essas flechinhas vêm de longe, do Kupatentza ou do Kunampentza; há muitos xamãs maus por lá, que querem nos comer; aqui nós não temos xamã; então eles nos liquidam com as *tsentsak*; *tsak!* Elas entram nos braços, *tsak!* Entram nas pernas, *tsak!* Entram na barriga, e nós morremos depressa.

– É mesmo verdade, cunhado, que não existe xamã por aqui?

– Ora, cunhado; Mukuimp, o genro do teu irmão Wajari, sabe um pouco; mas ele não é muito bom, não aprendeu muito; ele não pode lutar em pé de igualdade com Chalua ou Yuu; ele não tem as *tsentsak* dos Quíchua; ele só sabe chupar as flechinhas que se desprendem facilmente do corpo.

– É mesmo, cunhado? E as flechinhas dos xamãs são iguais às flechinhas das zarabatanas?

– São, são do mesmo tipo; mas só os xamãs podem enxergar elas depois de beber o *natem*; eles enxergam onde elas estão enfiadas no corpo, como o reflexo do peixe debaixo da água; nós, as pessoas comuns, não conseguimos enxergar, mas escutamos quando elas voam.

Também criei o hábito de começar as minhas frases com o termo de parentesco apropriado e enfeitar as minhas respostas com esta litania de interjeições indispensáveis sem as quais um diálogo perderia a sua razão de ser. Tenho nisso, confesso, um prazer um pouco satírico: esses acréscimos retóricos que atestam o tom pessoal da conversa e lhe imprimem sua marca de veracidade estão tão próximos do discurso estereotipado dos peles-vermelhas das histórias em quadrinhos que tenho por vezes a impressão de estar me curvando às convenções da ficção mais do que às regras de uma sociabilidade real.

É evidente que a passagem das flechinhas xamânicas perturbou bastante Pinchu, o qual mergulhou num silêncio sombrio. Yatris e Santamik cochicham em um canto, provavelmente comentando o ocorrido, mas não consigo distinguir o que elas dizem. Tento reanimar a conversa.

– O que você vai fazer hoje?

– Vou para a mata; vou levar os cachorros para passear; tive um sonho *kuntuknar*; eu estava numa trilha da floresta e ouvi uns homens se aproximando; me escondi e avistei uma tropa de Shuar com espingardas; estavam pintados para a guerra, mas avançavam em fila sem cautela, bancando os fanfarrões; iam repetindo: "Vou matar! Vou matar! Vou matar!". Estavam vindo nos atacar; esse, cunhado, é um bom sonho *kuntuknar* para se ir para a mata! Hoje eu também vou me avaliar!

Contrariamente ao que permitiria prever a sua mensagem explícita, este sonho não anuncia uma escaramuça com guerreiros, e sim o encontro com um bando de queixadas. Os *kuntuknar* constituem augúrios favoráveis à caça e seu significado latente se interpreta por uma inversão, termo por termo, do seu conteúdo manifesto. Um sonho é geralmente definido como *kuntuknar* quando põe em cena seres humanos agressivos ou particularmente inofensivos, enigmáticos ou muito numerosos, desesperados ou sedutores. Assim, sonhar com uma mulher de carnes fartas que convida para o coito exibindo o seu sexo, ou sonhar com uma multidão de gente tomando ruidosamente banho num rio, indica um encontro com queixadas, enquanto um sonho em que aparece um homem furioso vociferando ameaças deve ser considerado um sinal favorável para a caça dos caititus (porcos-do-mato de colar). A interpretação baseia-se em discretas homologias de comportamento ou aparência: a vulva bem aberta simboliza a carcaça estripada do porco-do-mato, uma atitude belicosa evoca o temperamento batalhador desses animais, enquanto as brincadeiras aquáticas de uma multidão lembram o tumulto provocado por um bando de animais ao atravessar um curso d'água.

Esse asselvajamento do mundo humano possui valor de presságio para diversas espécies de caça. Rostos de mulheres em prantos, por exemplo, suspensos nas árvores como frutos da estação, auguram uma boa caça de macacos-barrigudos, já que este espetáculo patético lembra o desespero manifestado pelas fêmeas de um bando quando um dos machos é morto. Sonhar com um bebê gorducho e rechonchudo se torna, por uma metáfora quase canibal, sinal de uma cutia de peso; um rosto descorado avistado em sonhos se converte na carinha pálida do guariba; o olhar de um guerreiro impassível pintado com urucum evoca um jaguar que se encolhe antes de saltar, enquanto um homem de barba ruiva pressagia um guariba. Esse último sonho se tornou menos improvável depois que minha presença lhe trouxe um suporte concreto, e me agrada pensar que, ao visitar as noites dos meus companheiros, estou pelo menos contribuindo para a sua esperança num despertar farto em caça.

A interpretação do *kuntuknar* através de um processo de naturalização metafórica da humanidade é apenas uma das formas possíveis de inversão que definem o seu conteúdo premonitório. Assim, sonhar que se está atirando em pássaros empoleirados é um sinal favorável para a pesca, assim como um sonho com captura de peixes anuncia sucesso na caça de emplumados. O cruzamento dos termos é sistemático: o animal aéreo, imóvel e visível morto à distância com um dardo converte-se num animal aquático, móvel e invisível apreendido diretamente com linha ou arpão. Outra forma de reversão joga com a capacidade que as mulheres têm de sonhar *kuntuknar* para os seus maridos: um sonho representando uma atividade tipicamente feminina se tornará presságio favorável para esta ação eminentemente masculina que é o abate de um animal. A interpretação também se funda em similitudes gestuais ou visuais muito tênues: quando uma esposa sonha que está enfiando contas, significa que em breve terá de limpar os intestinos de uma caça abatida, sonhar que está fiando algodão indica que logo estará depenando a barriga branca de um mutum, enquanto sonhar que se está carregando um cesto cheio de mandioca até a borda anuncia que ela terá de trazer às costas um porco-do-mato morto pelo esposo. As imagens de enfrentamento, sedução ou perigo que dominam os sonhos masculinos cedem passagem a visões domésticas mais pacíficas, de acordo com uma organização cotidiana das tarefas em que as mulheres reinam no universo da casa e só se aventuram na mata como auxiliares dos caçadores.

Ao transpor o conteúdo dos quadros oníricos para convertê-los em augúrios favoráveis à caça, os Achuar utilizam com muita imaginação as propriedades do inconsciente tais como se manifestam no sonho. Assim como outras sociedades amazônicas, por sinal, jogam com uma regra de conversão que supõe uma correspondência entre setores da prática, ou entre conjuntos de conceitos, aparentemente inconciliáveis: os humanos e os animais, o alto e o baixo, o aquático e o aéreo, os peixes e as aves, as atividades dos homens e as das mulheres. Os índios exploram assim, com fins pragmáticos, esse traço original dos sonhos de usar como matéria as diversas relações de um sujeito com o seu ambiente físico e social, mais do que os objetos específicos colocados em cena nessas relações. Cada sonho torna-se assim a expressão de uma das relações que o sonhador pode experimentar em seu estado consciente. Os Achuar não estão errados quando atribuem menos importância aos termos relacionados no sonho do que à relação que o sonho expressa, relação essa de caráter puramente lógico e que se presta com facilidade, portanto, às permutações por homologia, inversão ou simetria em que a mensagem augural se origina. Assim, quando uma mulher sonha que esta enfiando miçangas, não são esses enfeites altamente estimados que ela irá dotar de significação simbólica, e sim a operação bem prosaica em que ela sobrepõe pequenos objetos duros e ocos num suporte flexível e linear, operação idêntica, embora simetricamente inversa, à que ela faz quando esvazia tripas deixando escorregar objetos moles e cheios para fora de um suporte também oco e linear. Os gestos da mão são parecidos, mas se opõem na direção do movimento, como também se opõem a origem natural ou artificial dos objetos e a relação entre continente e conteúdo que eles mantêm.

Tal sistema de interpretação mostra-se bastante normativo ao mesmo tempo em que completamente aberto; seleciona, no material infinitamente variado dos sonhos, os sistemas relacionais que regras de conversão simples permitirão dotar de uma função premonitória. Deste modo, os exemplos de *kuntuknar* que recolho conscienciosamente toda manhã não devem ser considerados elementos de um vasto quadro de correspondências entre símbolos oníricos estereotipados e categorias de presságios, e sim como testemunhos da inventividade demonstrada por meus anfitriões no exercício de faculdades analíticas permanentemente solicitadas pelo desejo de garantir algum controle sobre o futuro. Não há nenhuma necessidade de se recorrer a equivalências exaustivamente repertoriadas pela tradição numa chave dos sonhos, já que todas as interpretações de sonhos de caça tornam-se válidas se estiverem conformes a essas leis de derivação que os Achuar não formulam explicitamente, mas que sabem explorar em benefício próprio.

Embora o dia já tenha raiado há algum tempo, Pinchu não dá sinal de sair para caçar. É verdade que uma chuva fina, daquelas que se instalam pelo resto do dia e encharcam a gente até a medula, pôs-se a cair com persistência. O ritmo das rodadas de cerveja de mandioca não parece esmorecer e Pinchu bebe em abundância, infringindo sem nenhum pudor a abstinência que todo caçador se impõe antes de ir para a mata. Ele pôs a sua cabacinha de curare para esquentar junto ao fogo e tirou da aljava uma dezena de flechinhas, que ele afina com a ponta do canivete que lhe dei de presente. Agindo com o cuidado tranqüilo de um homem sem pressa, ele em seguida molha as flechas no curare amolecido pelo calor e unta as pontas com uma fina camada da pasta preta e brilhante; depois, enfia as flechas na terra fofa à volta do fogo para deixá-las secar.

Sob uma aparência amorfa, o curare é uma substância viva que se alimenta do sangue dos animais; é preciso, portanto, tratá-lo com consideração se quisermos que ele cumpra o seu ofício. A força do curare se mede por sua amargura (*yapau*), testada pela sensação produzida quando o esfregamos ligeiramente na língua. Deve-se evitar seu contato com os animais que fedem mal, para que ele não adoeça, e cantar-lhe *anent* se ele se sentir fraco. Com efeito, a amargura do curare, e com ela a força do veneno, desaparece quando é acidentalmente combinada com outros sabores de origem natural, como o nauseabundo, *mejeaku*, ou cultural, como o salgado, *yapaku*, o doce, *yumin*, e o apimentado, *tara*. A essência volátil do veneno de caça impõe aos homens precauções complexas na sua preparação e manipulação: primeiro, a castidade, assimilada à retenção de energia vital em seu benefício, e a interdição de consumir os alimentos ou condimentos caracterizados por um sabor que lhe seja antitético. Assim, a estranha suscetibilidade do curare condena os caçadores a uma dieta de insipidez, que é para eles a única forma de não contrariá-lo com substâncias cujo gosto pronunciado possa debilitar o seu poder.

Depois de me servir, Yatris coloca aos pés de Pinchu pedaços de mandioca torrada, que ele aceita sem protestar; ela manifestamente interpretou a procrastinação do marido como um sinal de que ele estava renunciando, pelo resto do dia, aos seus planos de caça.

– Você vai para a mata hoje?

– Não! Você não vê que está chovendo? Por acaso eu sou igual a Amasank, a mãe da caça, que vive no meio dos seus familiares? Como é que eu posso achar os animais se o barulho da chuva me impede de ouvir o que eles dizem? Vamos ficar aqui conversando.

O sonho *kuntuknar* é, portanto, condição necessária para a caça, mas não suficiente. Necessária porque nenhum homem irá percorrer a mata se nem ele nem sua esposa receberem durante a noite o discreto augúrio que anuncia a caça, e cuja interpretação ao despertar comanda a rotina do dia. Nem mesmo os cães e os animais predadores saberiam capturar as suas presas sem antes serem advertidos por um sonho, esse estopim do imaginário que submete os moradores da floresta aos seus caprichos. Tal exigência prévia mais do que definir um resultado, torna possível uma ação; o *kuntuknar* não garante um sucesso automático, mas é indispensável para que ocorra o sucesso. Nesse sentido, uma caçada principia bem antes do mergulho na penumbra vaporosa da mata, já que a divagação pelos labirintos do sono é que lhe dá início. Todavia, pode-se decidir não satisfazer as incitações do sonho caso as circunstâncias sejam desfavoráveis: indisposição passageira, compromissos assumidos anteriormente, chuvas diluvianas... A caça não pode, portanto, reduzir-se ao cumprimento ordenado do presságio que a faz possível; como todas as atividades empreendidas pelos Achuar, ela exige um conhecimento complexo, qualidades físicas e o recurso a meios mágicos, sem contar com o quinhão de boa sorte que os ingredientes anteriores não conseguiriam compensar inteiramente.

Jorge Luis Borges costumava deplorar que a língua espanhola não fizesse distinção entre o sonho e o sono: ambos se dizem *sueño*. Na qualidade de cronista meticuloso dos universos oníricos, lamentava essa confusão entre a realidade fantástica dos sonhos e a pequena morte diária que eles animam. Tal imprecisão terminológica, no entanto, não dissimula necessariamente um privilégio concedido ao nada. Os Achuar, igualmente repreensíveis nesse aspecto, assinalam com isso, pelo contrário, que o sono não passa de um longo sonho (*kara* é o termo indistintamente empregado tanto para um como para o outro). Tão logo se apaga a consciência de vigília, a alma abandona o corpo inerte para ir vagar num mundo paralelo, de onde traz, ao despertar, ecos ainda vibrantes.

A memória onírica muito vívida que os índios possuem decerto resulta, em parte, de um sono descontinuado, fragmentado em curtos episódios interrompidos pelo choro de uma criança, um ruído suspeito, o latido de um cão ou alguma insistente sensação de desconforto quando o fogo moribundo já não consegue dissipar o frescor da noite. Ao término de cada uma dessas excursõezinhas da alma, o conteúdo dos sonhos é rapidamente rememorado, ou até mesmo comentado em voz baixa no leito fechado, de modo que o despertar definitivo oferece um rico material de imagens propícias à exegese. Esta ocupa as poucas horas antes do alvorecer e assume importância em razão de a maioria dos sonhos apresentar-se aos meus companheiros como presságios de acontecimentos futuros. Comum a muitas civilizações pré-modernas, essa sujeição do futuro a uma hermenêutica dos sonhos foi muito cedo observada entre os Jivaro. Um conquistador do século XVI já não escrevia que a religião deles se limitava a "uma enganação dos sonhos e alguns cantos de pássaros"? Sob a formulação lacônica do soldado esboça-se contudo um princípio de verdade: esse mundo invisível a que o sono dá acesso é aquele em que os espíritos tutelares, os seres da natureza e as personagens da mitologia se revelam aos homens em toda a sua imanência, na abolição dos limites do espaço e do tempo.

A ociosidade temporária de Pinchu e o seu humor comunicativo me incitam a explorar mais fundo os meandros dos presságios oníricos. De fato, as interpretações que recolho todo dia deixam transparecer mais duas categorias de sonhos, tão corriqueiros como os *kuntuknar*, e respectivamente chamados de *karamprar* e *mesekramprar*.

– *Mesekramprar* é quando sonhamos as coisas que anunciam desgraças, a doença talvez, ou a morte. A guerra também, quando os inimigos vêm para nos matar, ou quando nos deparamos de repente com eles num caminho, isso também nós sonhamos. Aqueles que nós combatemos são furiosos; e eles não são mesmo matadores feito o jaguar e a sucuri? Quando sonho com o jaguar rondando a casa rugindo, *juum, juum, juum*, para degolar os cachorros, sei que os inimigos do rio acima vão, do mesmo jeito, nos cercar para atirar. E agora a sucuri, sonho que ela se enrola em volta de mim para me sufocar; talvez eu vá morrer, por nada; Pujupat não vai me matar com a sua espingarda, escondido na beira do rio? Assim como os queixadas, antes de atacar em bando, fazem *taash, taash* batendo as suas presas; e o velho macho todo preto, o mais feroz, que ruge antes da investida; com isso também eu sonho, e é a guerra se anunciando; atiro nos queixadas, mas eles são muitos, como os nossos inimigos.

– Então, *mesekramprar* é sempre para anunciar a guerra?

– Não, escute-me bem! Eu sou forte, não tenho medo de morrer; os inimigos que venham, para ver só! Já matei outros; eu por acaso sou uma mulher para ter medo de ser morto? *Mesekramprar* é o mau agouro (*pasun*), a morte por malefício ou por doença. Ficamos tristes porque pensamos com compaixão nas nossas mulheres e crianças quando sofrem. O que nós podemos contra os maus xamãs? Os teus remédios, as tuas injeções, que poder isso tem contra as flechas *tsentsak*? Alguns sonhos nos fazem sofrer porque não podemos nada contra aquilo que eles pressagiam. Eu sonho que os meus filhos perdem o cabelo e que os dentes deles se descarnam, e eles talvez vão morrer; assim como quando eu sonho que estou comendo sopa de larvas de palmeira. Quando o meu pai foi morto no Kashpaentza, pouco antes eu sonhei que um jacu com cabeça humana levantava vôo, pesado; ouvi o grito dele por muito tempo, *wiaa, wiaa, wiaa*. Também quando eu era mais jovem, ainda não tinha me casado com Santamik, sonhei que copulava com uma mulher muito linda, de pele pálida, que me apertava com força entre as coxas. Depois desse sonho, fui picado por uma cobra ferro-de-lança durante uma derrubada, fiquei muito tempo como morto, minha perna ficou cheia de vermes, foi um xamã do Bobonaza quem me curou. E assim é, cunhado!

O sonho de mau augúrio se apresenta como uma espécie de *kuntuknar* invertido: anunciador de morte e calamidades, ele expressa a maldade dos homens através de imagens tiradas da natureza selvagem, enquanto o sonho de caça apresenta o seu catálogo de presas através da exibição de uma humanidade familiar. A transposição é reversível, aliás, nos raros casos em que os animais se apresentam na posição de agressores, já que a desgraça que eles podem causar sempre é revelada por um sonho que os exclui. Assim, a mordida de uma serpente se desenha na analogia transparente do coito, como no sonho de uma picada anódina causada pelo uso desajeitado de uma agulha, de um anzol ou de uma flechinha. Do mesmo modo, o ataque bastante improvável de uma sucuri surge num sonho de sufocamento com um mosquiteiro. Ao pressagiar um perigo natural a partir de um sonho irrigado por atividades especificamente humanas, a exegese achuar acaba restabelecendo a ordem das responsabilidades. Os jaguares, as sucuris ou as cobras venenosas são, com efeito, os auxiliares zelosos dos xamãs e a ameaça que fazem pairar sobre os índios não passa, afinal, da expressão de um perigo mais real de que são instrumentos aquiescentes. Os sonhos de mau agouro são prova de que a natureza é menos temível que a animosidade alheia. Nessa encenação onírica do infortúnio, os animais só aparecem como figurantes; servem como metáfora de inimigos humanos cujo nome é sabido, e quando às vezes o trabalho de interpretação revela perigos anônimos, são então metáfora de outra personagem assustadora, o xamã.

Com exceção da morte violenta, toda desgraça é atribuída a um xamã quando a sua gravidade, ou simples persistência, parece dissociá-la de uma causalidade mais comum. Doença, acidente, melancolia, azar ou falecimento não são caprichos do destino, e sim manifestações de um desígnio malévolo que os sonhos anunciam, nem sempre especificando a sua fonte. O xamã é, portanto, implicitamente designado pela maioria dos sonhos que pressagiam a adversidade, mesmo que a interpretação destes se limite a revelar a hostilidade daqueles animais que, como todos aqui sabem, o auxiliam. Essa atribuição automática de responsabilidade explica o porquê de certos *mesekramprar* serem simples metáforas descritivas de sintomas ou estados cuja origem xamânica ninguém desconhece. Assim, as inocentes larvas de palmeira que os Achuar adoram são a imagem monstruosamente ampliada dos vermes brancos que prosperam em toda carniça. O esfacelamento da integridade física gerado pela morte se expressa igualmente em visões de mutilação – perda de dentes ou cabelos – ou pela errância do sonhador num nevoeiro tão espesso que ele não distingue os limites do próprio corpo, desesperadamente diluído num ambiente uniforme.

As correspondências são, às vezes, mais estritas. O sonho com incontáveis peixes asfixiados à deriva na correnteza após uma pesca com timbó, por exemplo, pressagia uma epidemia. Essa exegese, da qual Wajari foi porta-voz tempos atrás, me encheu de alegria. Os venenos para pesca e as doenças epidêmicas possuem, com efeito, propriedades análogas: sua ação é repentina e os estragos que provocam entre os peixes ou os homens sobrepujam de modo espetacular outras formas mais corriqueiras de mortalidade. Ora, essa conexão lógica estabelecida por Wajari na interpretação de um sonho já fora sugerida por Lévi-Strauss, ao cabo de um raciocínio complexo, para solucionar os problemas levantados pela análise de um grupo de mitos amazônicos sobre a origem das doenças e dos venenos para pesca. Explicitada num presságio achuar, a relação estrutural isolada pela análise de um material mitológico estranho à cultura jivaro adquiria a densidade incontestável do vivenciado; eu me via então naquela situação, bem conhecida dos físicos, em que um experimentador "descobre" a existência empírica de um fenômeno que a teoria já predissera. Longe de prejudicar a pureza do olhar, certa erudição acaba dando ao etnógrafo uma oportunidade para essas pequenas demonstrações do real que animam o trabalho de campo com o prazer da descoberta.

– O sonho verdadeiro, *penke karamprar*, é uma visita da alma aos nossos familiares; vemos aqueles que conhecemos e falamos com eles, como estou falando com você agora. Em compensação, as pessoas que aparecem em nossos *kuntuknar* ou *mesekramprar* são desconhecidas, seus rostos são anônimos. Quando meu irmão sai para uma visita longe daqui, penso nele com afeto, mas fico preocupado porque tenho medo de ele ser morto. Ele vem me visitar em sonhos e eu fico feliz, pois assim sei que ele está bem. Quando acordo, estou cheio de saudade, pois o sonho me fez lembrar a ausência dele. Às vezes, sonhamos com os mortos pouco depois de seu falecimento; os defuntos vêm se queixar para nós: lamentam a sua solidão e pedem comida com insistência, pois estão sempre com fome. A gente então precisa encher as vasilhas de comida e cerveja de mandioca sobre os túmulos deles, ou não nos deixam em paz. Os mortos são infelizes e põem a culpa em nós.

– Os mortos podem causar mal a vocês?

– Podem, sim. Eles tentam nos atrair, querem que a gente fique que nem eles; é muito perigoso sonhar com os mortos, a gente enfraquece e pode morrer também; depois, com o passar do tempo, eles já não podem mais nada contra nós. Escute, vou te falar. Faz muito tempo, meu irmão Tseremp atirou num *iwianch japa* (veado vermelho parecido com um cabrito pequeno); ele atirou quatro vezes seguidas e o veado continuava avançando. Meu irmão era muito jovem e, por bravata, desrespeitava as injunções dos mais velhos. Nós não matamos os veados vermelhos porque é neles que a alma dos mortos às vezes vem se abrigar. Como é que a gente poderia comer a alma dos mortos? Além disso, só os desajeitados ferem a caça sem abatê-la; para que fazer sofrer os que têm uma alma igual a nós? Eles vão procurar o xamã deles para serem tratados, mas ficam magoados conosco e depois evitam aparecer na nossa frente. Por isso é que certos caçadores voltam muitas vezes para casa de mãos vazias. Depois de esgotar a provisão de pólvora, meu irmão voltou para a casa do sogro Tsukanka, pois ele acabava de se casar; eles moravam todos bem longe daqui, à margem do Chundaykiu. Tseremp pegou os cachorros e acabou forçando o veado a correr e o matou de cansaço. Quando trouxe o animal, perceberam que a carne não cozinhava: era um *Iwianch*, o espírito de um morto. Naquela mesma noite, Tsukanka foi visitado em sonho pelo morto, um tal de Tiriats; estava com a cabeça ensangüentada e o recriminava amargamente pela agressão de que tinha sido vítima. Tiriats já estava morto há algum tempo; morava às margens do Ishpinkiu e Tsukanka o conhecia, pois antigamente tinham guerreado juntos contra o pessoal da outra margem do Pastaza. Em compensação, Tseremp nunca tinha visto esse Tiriats. O morto disse para Tsukanka que ele tinha de educar o genro; que não se devia atirar em veados *Iwianch* onde se encarna a alma dos defuntos. Tsukanka, você sabe, fala alto; no dia seguinte, deu um sermão em Tseremp; ele estava furioso e a bronca durou um bom tempo. Meu irmão ficou ofendido e por pouco não abandonou a mulher.

– Os inimigos que você matou também vêm te visitar em sonho?

– Vêm, sim, e nós temos medo deles. Quando a gente mata o inimigo, a alma deles fica sedenta de vingança, ela vira *emesak*, "o nocivo". *Emesak* vem atormentar, assustar o matador em seu sono; ele sonha coisas horríveis. Às vezes, *emesak* assume a forma do morto para ameaçar e causar pânico, às vezes também *emesak* provoca acidentes. Aos poucos "o nocivo" vai enfraquecendo e desaparece dos sonhos. O que é feito dele então? Não sei.

À diferença dos presságios oníricos *kuntuknar* e *mesekramprar*, que apresentam cenas silenciosas, o sonho *karamprar* é de fato um diálogo das almas. Enquanto aqueles são interpretáveis a partir de índices visuais anonimamente oferecidos, esse último adquire o seu significado imediato nas mensagens verbais que são sua razão de ser. Esses sonhos conversados requerem uma identificação prévia do interlocutor e permitem prosseguir com ele, durante o sono, um comércio interrompido por uma ausência temporária ou definitiva. Os próprios mortos só visitam quem os conhece: assim, Tiriats veio importunar o seu companheiro de armas e não o jovem metido que o agredira em seu avatar animal. Fontes de tristeza, saudade e, principalmente, ansiedade, as incursões oníricas dos defuntos no mundo dos vivos são, para os Achuar, um mal necessário. Esse modesto exutório de uma condição pouco invejável constitui, em suma, a garantia de que os mortos atravessaram mesmo as fronteiras da existência humana, para além das quais só são perceptíveis os ecos longínquos de sua insatisfação. O próprio princípio de vingança *emesak* é em grande parte desarmado diante do matador vitorioso que provocou a sua aparição. É claro que o fantasma da vítima aplaca a sua desforra povoando as noites do seu assassino com pesadelos apavorantes, mas esses inconvenientes temporários têm pouco peso diante do glorioso feito de armas de que eles são conseqüência.

Cabe, portanto, aos defuntos a iniciativa de abolir pontualmente uma separação que eles decerto julgam mais dolorosa que os vivos, os quais esquecem rapidamente a dor da perda. Entretanto, essas visitas dos mortos nos sonhos nem sempre são encaradas com preocupação ou fatalismo; oferecem, às vezes, a oportunidade de voltar a unir brevemente destinos divergentes, sem com isso causar tribulações similares às de Orfeu. Entza relatava, há pouco, um sonho comovente em que um filho natimorto lhe aparecera na forma de um garoto cheio de ternura: surgindo na beira da roça onde ela estava trabalhando, jogara-se nos braços dela para um abraço demasiado fugaz. Esses sonhos se repetiam periodicamente, a criança apresentando a cada vez uma aparência ligeiramente modificada pelas etapas de um crescimento que a morte não interrompera. Esse feto sem nome, subtraído à vida social por um nascimento prematuro, prosseguia uma inútil maturação cadenciada por nostálgicos reencontros com a mãe que não conhecera. Para ele, assim como para Entza, o sonho se tornara o derradeiro recurso de uma impossível consolação.

Além de possibilitarem o diálogo com a alma errante dos vivos e dos mortos, os sonhos *karamprar* constituem também um meio de comunicação privilegiado com os seres díspares instalados na orla da humanidade: espíritos tutelares, representantes das espécies animais, gênios particulares, auxiliares mágicos etc. Essas entidades discretas habitualmente só são perceptíveis durante o estado singular de clarividência gerado pelo sono ou pelas drogas alucinógenas. Livre das limitações da sensibilidade corporal, a alma pode divagar à vontade e transportar-se para outros planos da realidade, comumente inacessíveis. Essa translação constitui menos um êxtase do que um refinamento da lucidez, uma depuração repentina das condições físicas de exercício da visão e da palavra. O sonho permite, com efeito, uma superação transitória dos limites da linguagem; instaura uma comunidade de línguas com todos aqueles seres desprovidos por natureza da capacidade de comunicação lingüística, e que podem assim, graças a ele, revestir sua essência com uma aparência permeável ao entendimento humano. É o caso, por exemplo, dos *nantar*, esses amuletos agrícolas perigosamente vampíricos que se materializam às vezes em sonho na forma de uma moça para virem se queixar à sua dona de que não estão ganhando urucum suficiente.

O sonho é uma demonstração prática da arbitrariedade das fronteiras ontológicas: receptivas aos *anent* que lhes são dirigidos, mas incapazes de responder na língua dos homens, as entidades da natureza escolhem a vida dos sonhos para afirmar que não são mudas. O que transparece, sob a ilusão das distinções de forma, é um continuum em que os sonhos são ordenados, nem tanto por suas modalidades de existência como por seus diferentes modos de se comunicar. Tal efeito de imanência se expressa otimamente nas relações com os espíritos tutelares, já que é através do sonho que se confirma regularmente o pressentimento de sua atuação benévola. Nunkui e Shakaim são, sem dúvida, os mais assíduos entre esses conselheiros noturnos que dispensam aos Achuar suas recomendações. Tais visitas são esperadas, ou mesmo buscadas: antes de empreender alguma tarefa importante ou delicada – desmatar uma nova roça, para um homem, ou semear uma planta difícil, para uma mulher – os esposos se abstêm, por exemplo, de todo contato sexual, por considerarem que os prazeres da carne afastam os sonhos e impedem os espíritos de oferecerem seus conselhos. Tanto quanto a caça, o cultivo da roça é uma atividade parcialmente onírica, cuja exigência prévia baseia-se paradoxalmente numa sublimação partilhada.

Se todos os sonhos constituem augúrios, nem todos prenunciam da mesma maneira. Alguns são a condição necessária para uma ação futura com desdobramento positivo (*kuntuknar*), outros são o indício de acontecimentos tristes ou conflituosos pela frente (*mesekramprar*). Sonhos de caça e sonhos de guerra ou morte têm em comum, contudo, o fato de adquirirem seu verdadeiro significado por meio de um trabalho de exegese matinal que reduz seu conteúdo imagético a uma fórmula lógica de inversão simétrica: os atributos dos seres naturais são traduzíveis por comportamentos humanos, enquanto atividades culturais fornecem o registro relativo aos animais. A interpretação é aqui estritamente metafórica. Em contrapartida, o sonho verdadeiro, *karamprar*, é compreensível sem mediação já que, ao contrário dos outros, define-se por um encontro dialogado. A mensagem que ele anuncia é então diretamente revelada por uma personagem conhecida, mesmo que afastada no espaço ou distante na escala dos seres. A interpretação já não é metafórica, e sim literal.

Em todos os casos, no entanto, os sonhos parecem forçar o destino introduzindo na vida cotidiana um determinismo detalhista, que um simples desmentido da realidade bastaria para pôr em dúvida. Como todas as técnicas mágicas, a oniromancia está condenada a apresentar um mínimo de eficácia para garantir a própria preservação. Os Achuar têm consciência desse elemento aleatório que coloca seus atos futuros na dependência dos caprichos de sua memória onírica; meticulosamente conduzido, no final da noite, o trabalho de interpretação permite então que se amolde o conteúdo dos sonhos às necessidades do momento. É o caso dos sonhos *kuntuknar* e *mesekramprar*, que se definem enquanto tais durante a exegese em função das amplas possibilidades de inversão que eles sugerem. Esses reservatórios de metáforas propõem imagens oníricas manipuláveis segundo regras elementares de permutação que lhes permitem receber um significado prático imediato. Ao recusar o recurso a uma chave dos sonhos em que cada símbolo repertoriado equivaleria a uma tradução constante, os Achuar concederam-se, na verdade, um amplo campo de manobra. Com efeito, qualquer elemento do sonho torna-se significante, desde que possa sofrer uma transformação regulada: inversão entre continente e conteúdo, transposição entre códigos naturais e culturais, homologias de forma ou comportamento etc.

A interpretação achuar dos sonhos apresenta, deste modo, curiosas analogias com o método de análise estrutural dos mitos empregado por Lévi-Strauss. Enquanto este último expõe os problemas intelectuais que o mito busca resolver, estudando as relações entre propriedades latentes reveladas em personagens, situações e encadeamentos de seqüências narrativas, os primeiros dissecam o material onírico para dali extrair relações elementares, que são por sua vez sugestivas, por homologia, de outras relações que um acontecimento desejável ou temido poderia materializar. O cientista decompõe o dado do mito para nele descobrir a fórmula de uma relação de idéias, e os índios decompõem as imagens noturnas em unidades lógicas mínimas para dali extrair indicações práticas. Essa afinidade paradoxal entre os métodos sugere uma afinidade entre os objetos: a conexão há muito pressentida entre mito e sonho funda-se provavelmente num mesmo percurso entre o sensível e o inteligível, entre o concreto e o abstrato. Inconsciente individual e inconsciente coletivo estariam menos ligados pela contigüidade ou pela derivação do que pelo uso de procedimentos idênticos de codificação da diversidade do real em sistemas elementares de relações.

Se a oniromancia achuar apresenta traços comuns com a análise estrutural dos mitos, difere, por outro lado, da interpretação psicanalítica dos sonhos. Tal divergência deve-se primeiramente ao fato de Freud não colocar em dúvida – e Jung menos ainda – a concepção realista dos símbolos oníricos. Baseando-se, além disso, no cabedal comum da mitografia e do folclore, o fundador da psicanálise acredita na possibilidade de constituir um léxico universal das equivalências entre determinados tipos de imagens e situações e determinados fenômenos de natureza geralmente sexual. A pulsões sempre idênticas corresponderia, termo a termo, um registro finito de produções imaginárias comuns a toda a humanidade; um dicionário transcultural dos símbolos, em suma, cientificamente sacramentado pelo divã. Os Achuar exploraram uma via diferente. Longe de atribuir aos símbolos que povoam seus sonhos um significado constante, eles, pelo contrário, se esforçam por ocultá-los por trás de operações lógicas que eles tornam bem manifestas: não é a qualidade metafórica dos objetos sonhados que assume um valor divinatório, mas os atributos metafóricos de suas relações. Ao dar à forma primazia sobre o fundo, ao atribuir à propriedade dos signos precedência sobre seus conteúdos figurativos, meus companheiros estão dando as costas a essa hermenêutica dos símbolos cuja paternidade Freud, por um viés do espírito próprio de sua época, simplesmente atribuía aos povos primitivos para não ter de considerar o seu caráter relativo.

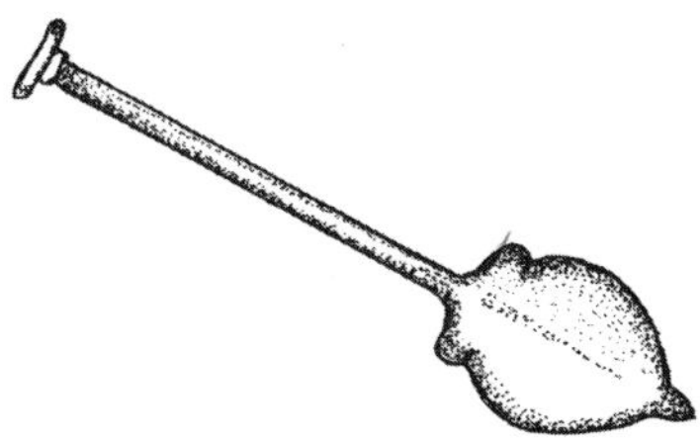

VIII. CAÇADA

A trilha serpenteia no topo da falésia, separada do abismo por uma estreita cortina de vegetação que mal deixa filtrar a luz exangue da aurora. Volta e meia, um rasgo aberto por algum desmoronamento permite que se aviste o vale lá embaixo, onde corre o Kapawi. No fundo da bacia delimitada pelas bordas abruptas do planalto, mal distinguem-se em meio às echarpes de névoa as manchas mais claras das roças e alguns telhados de palma de onde sobe, indolente, um fio de fumaça. Longe, subindo o rio, o som regular de uma machadinha ecoa com insólita clareza. À minha frente, Pinchu caminha na penumbra a passos pequenos e ligeiros, com sua grande zarabatana equilibrada no ombro e a aljava balançando-lhe no quadril. Santamik vem atrás de mim, armada de um facão pequeno, trazendo na coleira sua matilha de cinco cães que vêm fungando os meus calcanhares. Saímos de casa antes de raiar o dia, em busca de um bando de porcos-do-mato.

Pinchu acordou bastante cedo, contando-me que tivera um bom sonho *kuntuknar* com um caititu: durante uma festa de bebida, quando estavam todos já razoavelmente bêbados de cerveja de mandioca fermentada, uma briga violenta irrompera entre ele e Wajari. Os cunhados tinham-se ameaçado com armas e depois tinham trocado alguns socos. Essa cena o divertia muito, de tão improvável que era: além de os dois homens no geral apresentarem todos os sinais de uma tranqüila afinidade, jamais acertariam suas diferenças com socos. Os Achuar desprezam os seus vizinhos quíchua do Norte, que não ousam atirar nos inimigos e lutam com os próprios punhos, sem dignidade ou vergonha, feito crianças ou cães briguentos que a gente tem de apartar a pauladas. Esse tipo de familiaridade violenta provoca horror aqui, onde a inimizade mais extrema sempre se expressa à distância de um cano de espingarda. Os sonhos oferecem, evidentemente, exutórios confortáveis para todos esses pugilatos reprimidos, que um severo sangue-frio proíbe de eclodir: retratadas sem maquiagem na inocência do sonho, as mil tensões represadas da vida social tornam-se meros pretextos para caçadas.

Embora tenha desfiado a sua interpretação do *kuntuknar* sem reticências, Pinchu não disse realmente que ia sair para caçar: o sonho assinala a descoberta de um grupo de porcos-do-mato, mas não diz nada quanto ao destino que lhes cabe. Depois da cerveja de mandioca engolida às pressas na noite que findava, o dono da casa simplesmente se levantou e comunicou ao seu redor: "Vamos levar os cachorros para passear!". Santamik é quem devia acompanhá-lo, já que ele passara a noite com ela e que Yatris estivera com ele na mata três dias antes. O cuidado dos Achuar em não anunciar seus planos de caça é tal que a palavra sequer existe, sendo substituída por inúmeras perífrases das quais a idéia de morte é sistematicamente excluída. Essa tartufice semântica serve de precaução: assim não se corre nenhum risco de irritar os espíritos que velam pela caça.

Automatizados pelo costume, tanto o sonho divinatório como a censura das intenções são medidas propiciatórias que Pinchu poderia ter dispensado hoje. Essas prudências, com efeito, se alimentam de uma certeza: um bando de porcos-do-mato andou fuçando, ontem, não muito longe de Kusutka, à beira de um pantanozinho onde crescem os buritis. Ao voltar de uma colheita, no final da tarde, com o cesto cheio de pedaços de cipó *machap* para fazer curare, Pinchu viu o chão remexido a focinhadas e o limo ainda fresco esfacelado em raspas ao pé dos troncos. Seguiu durante algum tempo o rastro que subia, bem nítido, em direção ao Achuenza: uma bela tropa de uns vinte animais, contando alguns filhotes. Faltou-lhe tempo e ele voltou rapidamente para casa, mas tomou todas as providências para o dia seguinte. A primeira foi, ao pôr-do-sol, interpretar em sua longa flauta transversa um *anent* especialmente destinado a chamar um *kuntuknar*: admirável precaução que tenta reduzir duplamente o acaso, já que, ao suprimir o imprevisto do sonho, garante-se contra os imprevistos da caça. Os homens tentam assim garantir um sonho favorável que venha confirmar a decisão já tomada de ir caçar, quer porque a falta de carne está levando as mulheres a resmungarem, quer porque detectaram rastros recentes de animais. Pouco antes de dormir, essa técnica de auto-sugestão induz uma imagética mental e uma predisposição emocional muito propícias ao surgimento das visões noturnas que elas antecipam. Os sonhos que pressagiam caçadas – assim como os que anunciam conflitos – não são, portanto, eventos totalmente espontâneos ou fortuitos, mas antes confirmações previsíveis de uma intencionalidade prévia. São a qualidade de um ato voluntário que abole, em parte, o determinismo introduzido pela oniromancia no encaminhamento dos assuntos correntes.

Saindo bruscamente do cimo do morro, a trilha se embrenha a oeste e torna-se em pouco tempo uma picada indistinta, um rastro serpentino sobre a liteira de folhas mortas. O planalto é regularmente entalhado por pequenos vales escarpados onde correm riozinhos de águas claras, quase bucólicos no seu murmúrio cristalino. O calor que começa a se adensar e as moscas de suor que grudam aos cachos na pele afastam qualquer ilusão romântica. Mesmo porque a floresta parece agora eriçada como um espinheiro: por toda parte, são pontas afiadas, espinhos em abundância, ramos açoitando, raízes para se tropeçar, formigas hostis ou cipós enredantes. Esses obstáculos, que se evitam mais ou menos em terra plana, tornam-se inextricáveis nos declives abruptos das ravinas, onde uma fina camada de folhas encobre, traiçoeira, um tobogã de argila. E cuidado para não se segurar em nada ao tentar evitar a resvalada! O ramo solidário que agarramos ao acaso perfura-nos a mão com suas agulhas ou encerra uma colônia de formigas, o cipó que usamos como parapeito cede sob o nosso peso e joga uma chuva de coisinhas pinicantes no nosso pescoço, o belo tronco liso que fisgamos ao passar se desmancha com o choque, minado de podridão. Enquanto patino na lama, erguendo a cada passo enormes torrões de barro grudados nas minhas solas em relevo, Pinchu, à minha frente, galga os aclives com toda a leveza na ponta de seus artelhos firmes.

Essa paisagem caótica que percorremos com inúmeros desvios parece tão familiar para o meu guia como a de um passeio mil vezes recomeçado. Igual a um camponês desfiando as anedotas relacionadas a uma fonte, um calvário ou um cruzamento, Pinchu vai pontuando nosso caminho com pequenos relatos cômicos ou trágicos. Naquela ravina, muito tempo atrás, Tsukanka caiu numa emboscada: depois de escapar milagrosamente de uma salva de tiros de espingardas ruins, fugiu precipitadamente de bunda de fora pois seu *itip* ficou preso nuns espinhos. Ali, ao pé daquele cincho, Tayujin ficou vários dias esperando as visões *arutam*, ébrio de fumo verde e estramônio. Um pouco acima do Chirta, na confluência com aquele riachinho, Tarir escavou uma canoa de bom tamanho: precisou mandar vir muita gente para empurrá-la sobre os rolos até o Chirta.

Aparentemente deserto, esse território é varado por mil acontecimentos que, mais do que locais específicos, dão à floresta anônima a substância histórica dos seus pontos de referência. É verdade que, a duas penosas horas de caminhada da casa de Pinchu, ainda estamos quase que no seu quintal. Atravessamos há pouco o Chirta, que representa a fronteira do espaço doméstico onde se movimentam as mulheres e crianças: nesta área é que elas vão buscar o mel silvestre, colher frutas da estação ou pescar com timbó nos riachos. Além dali começa a verdadeira zona de caça, nos domínios do inabitado. Na direção do poente, são necessários dois dias para se chegar à casa mais próxima, a casa de Kawarunch, à margem do Pastaza. É preciso três dias rumo ao norte para alcançar a casa de Yaur, na foz do Kupatentza. A sudeste, é ainda pior: perdeu-se a trilha que levava, em uma semana, até a casa de Nayapi, na confluência do Kapawi com o Chundaykiu. Nessas imensidões vazias, o encontro com um homem nunca é fortuito.

Atravessamos o Kusutka lá pelo meio da manhã e inclinamos nossa rota para o sul, numa pista pouco perceptível. É uma senda de caça de Pinchu, só assinalada de longe em longe por um ramo quebrado cujas folhas destoam na folhagem circundante, um caminho sem lógica nem destino aparente. Meu mentor, cujo passo está bastante circunspecto há algum tempo, deteve-se ao pé de uma árvore, cheirando a casca dela.

– Mijaram aqui, ele diz em voz baixa.

– Quem, os porcos-do-mato?

– Não, não, os papagaios.

Fazendo um sinal para que eu o siga com cuidado, Pinchu galga uma pequena colina, interrompendo-se regularmente para me mostrar restos de cacau silvestre embaixo de certas árvores.

– Esses papagaios se banquetearam, ele murmura com voz hílare.

Santamik permaneceu ao pé do morro com os seus cães. Quando chegamos ao topo, avistamos ao longe movimentos desordenados na ramagem de uma árvore gigantesca: dezenas de formas avermelhadas, confusamente vislumbradas, se movimentam sem suspeitar de nada. Pinchu coloca uma flechinha na zarabatana, enfia mais duas na sua grossa cabeleira para ficar com elas bem à mão e avança cautelosamente até o pé da árvore onde estão os macacos-barrigudos. Chamá-los de "papagaio" foi um truque clássico para enganar a sua vigilância, pois eles têm, segundo dizem, um ouvido afiado para o próprio nome. Jogando a cabeça para trás, com a pesada zarabatana inteiramente na vertical, Pinchu soprou sem nenhum ruído o seu primeiro dardo, recarregando imediatamente. O projétil foi parar no tórax de um macho grande, o qual, surpreso, arranca-o com um gesto seco. Não faz mal, pois a ponta untada com curare ficou dentro da ferida: a ponta da flechinha tendo sido cuidadosamente entalhada com a mandíbula de piranha que Pinchu sempre traz presa à sua aljava.

Quando ele estava se posicionando para atirar num segundo animal, o latido distante de um cachorro causou uma comoção no bando; os macacos grandes se mandam para todo lado e aquele que Pinchu escolhera sai fora do seu alcance. Tentando despertar a sua curiosidade para atraí-lo, Pinchu, com uma voz doce mas gutural, dá o grito de ajuntamento da espécie: "*Chaar, chaar, chaar*". Um segundo latido arruína esses efeitos e a tropa toda foge brutalmente. Resta apenas a primeira vítima, presa numa forquilha e abraçando num tremor convulsivo um grosso galho secundário, com a cauda vigorosamente enrolada em volta de um ramo. A morte não tarda, mas não resolve o problema do caçador. Com os olhos esbugalhados, o animal continua obstinadamente agarrado ao seu poleiro, paralisado pela agonia num abraço definitivo. Por cima dos grandes contrafortes tabulares, a árvore oferece um largo caule retilíneo totalmente desprovido de pontos de apoio; subir até lá é manifestamente impossível sem um machado para ir abrindo entalhes. Mirando a sua presa fora de alcance, Pinchu cantarola entre dentes um *anent* resignado; a interpelação mágica, porém, fica sem efeito: o macaco-barrigudo não cai.

– *Tcha*! Assoprei por nada! Meu curarezinho chupou o sangue do macaco só para os urubus; os urubus é que vão se saciar com aquela gordura boa. Será que eu tive um *kuntuknar* para macacos-barrigudos afinal? É assim. Vem, cunhado! Não podemos demorar, senão *amana* acaba enxergando a gente.

O *amana* dos macacos-barrigudos é, de certa forma, o protótipo deles, um macho embranquecido de tão velho, porém gigantesco, hábil para se esquivar em qualquer circunstância dos olhares dos caçadores. Encarnando as aptidões da espécie em seu nível mais alto, constitui sua figuração emblemática, um pouco ao modo das essências nominais da filosofia platônica que se perpetuam no empíreo das idéias como perfeitos modelos dos elementos do mundo. O *amana* vela, complacente, sobre os seus congêneres: graças ao seu poder de ubiqüidade, espia as conversas dos caçadores fanfarrões e avisa os outros macacos da ameaça que pesa sobre eles. Não se opõe à caça, no entanto, pede apenas que ela se dê conforme certas regras: assim, abandonar aos abutres um cadáver preso nos galhos carece de dignidade, e a partida precipitada de Pinchu parece uma confissão do seu mal-estar, o reconhecimento explícito de uma infração à ética da caça.

A própria existência do *amana* se apóia em parte nessa necessidade de apresentar um espelho ao remorso do caçador. Embora cacem todo dia, tanto por prazer como pelo sustento, meus companheiros não são indiferentes ao fato de estarem matando seres de penas e pêlos aos quais atribuem uma afetividade muito humana. Ora, uma espécie animal não é mais que uma categoria abstrata por meio da qual o pensamento subordina pequenas diferenças aparentes entre determinados indivíduos a semelhanças genéricas mais essenciais que os distinguem coletivamente das outras formas de vida. Ao animar essa classe meramente nominal com um ser singular que a representa por inteiro, torna-se possível conferir uma expressão dinâmica aos sentimentos ambivalentes que a supressão de uma vida não pode deixar de suscitar. Diante da manifesta inocência de cada presa, faz mesmo sentido que tenham criado, todas juntas no seio de cada espécie, a imagem vingadora do censor.

Quando vamos ter com ela, Santamik está castigando um dos cachorros com uma vara, em meio a um tumulto de ganidos e imprecações: Wampuash, ainda jovem e inexperiente, não soube resistir ao prazer de latir para um rato-do-mato que corria pelas folhas mortas, provocando assim a fuga dos macacos assustados. Apesar de toda a frustração, Pinchu não disse nada, deixando à sua mulher toda a responsabilidade pelo controle da sua matilha.

À beira de um afluente pantanoso do Kusutka é que surgem os primeiros sinais dos caititus: depois de rolarem na lama preta, os animais

se esfregaram vigorosamente nos estipes de palmeira, deixando escorrer da sua glândula de almíscar o odor acre que os distingue. Sua passagem é recente: bolhas ainda fermentam no fundo das pocilgas iriadas e o cheiro forte de porco ainda paira no ar, exalado pelo limo pútrido. O rastro não é fácil de seguir, pois os caititus seguiram seu caminho no charco pouco fundo, decerto bem amontoados em volta do velho que conduz o bando. Os cachorros são agora bem úteis para farejar a presa nesse chafurdeiro sórdido que vai engolindo qualquer sinal de passagem. Empunhando energicamente o facão, e com os olhos brilhando de excitação debaixo de sua franja escura, Santamik é o retrato de uma Diana tropical; estimula a matilha repetindo numa voz baixa, mas imperativa: "*Sik! Sik!*", a injunção encorajadora que antecede a investida final. De quando em quando, ela pronuncia com entonação carinhosa o nome da cadela líder, a negra Shuwinia.

Ao abordar uma ilhota coberta de samambaias, Pinchu detém o pequeno grupo com um vasto movimento do braço e aponta com o queixo para um morrinho alongado que sobrepuja as águas escuras.

– Você não está ouvindo? Eles estão fazendo *tush, tush, tush.*

De fato, percebe-se distintamente o estalar das presas se entrechocando, feito um fundo abafado de matracas: os animais devem ter-se deparado com um monte de frutos de casca dura.

Pinchu dá as últimas instruções a Santamik antes da aproximação final:

– Você fica atrás com os cachorros; quando ouvir os animais correndo e fazendo *juu, juu, juu,* você solta a Shuwinia, e os outros um pouco depois dela; eles ainda não estão muito valentes; melhor cuidar para eles não serem estripados.

Reina no braço de pântano um silêncio absoluto, para alegria dos maruins que, aos enxames, aproveitam para nos chupar com toda a impunidade. Os porcos-do-mato estão muito dispersos, como sempre quando param para fuçar: assim é menor o perigo de ser atacado pelo bando todo.

O primeiro caititu que encontramos está sozinho numa pequena clareira, a uns trinta metros: a cabeça maciça bem sublinhada pelo colar acinzentado, o pêlo liso eriçado no lombo, o animal solta pequenos resmungos enquanto fuça as raízes de uma árvore deitada no chão. Dissimulado por um tronco, Pinchu ajusta sem pressa o seu dardo e sopra-o no flanco do animal, na junta do pernil, o mais perto possível do coração para que o curare atue rapidamente. O animal dispara no ato, soltando urros guturais e provocando uma confusão indescritível. Pinchu sai no seu encalço pelo mato, vociferando para chamar os cães, enquanto os outros porcos fogem à toa, vão e voltam cruzando-se em todos os sentidos, estimulados em seu pânico cego pelos latidos frenéticos da matilha. Seguindo Pinchu com dificuldade no emaranhado da mata, alcanço-o perto dali no momento em que, paralisado pelo veneno, o caititu desaba brutalmente de frente, com as patas traseiras sacudidas em coices violentos.

O tumulto, enquanto isso, se acalmou: ouve-se apenas, ao longe, o concerto furioso dos cães, manifestamente imóveis frente à presa em seu reduto. Abandonando o animal a seus derradeiros sobressaltos, vamos até a matilha. Com o pêlo eriçado e os dentes à mostra, os cães estão cercando, num semicírculo ameaçador, a entrada de uma cavidade que mal se avista entre as raízes de uma árvore imensa de onde jorram batidas de mandíbulas. A cabeça aponta para fora da toca cada vez que Shuwinia faz menção de se aproximar, cortando o ar com suas presas afiadas antes de logo voltar para o abrigo. Culpado de ter provocado a fuga dos macacos, o jovem Wampuash geme baixinho a um canto, o ombro aberto numa laceração profunda que ele limpa com pequenas e vagarosas lambidas. Aproveitando uma estocada do bicho, habilmente esquivada por Shuwinia, Pinchu lhe acerta uma flechinha no pescoço. A caçada se encerra com esse golpe de misericórdia, pois o bando já tomou uma boa dianteira e não esperamos alcançá-lo antes do cair da tarde.

Depois desse halali, o decepamento do animal parece um final bastante prosaico. Os dois porcos-do-mato são estripados no ato, Santamik mergulhando as mãos na cavidade fumegante para extrair pacotes de tripas azuladas. Os intestinos não são vistos, normalmente, como um prato desprezível, mas cada animal pesa mais de trinta quilos e é preciso aliviar a carga para o longo trajeto da volta. Em compensação, o fígado é cuidadosamente conservado: assado em espetinhos, recompensa o caçador por seu esforço.

Pinchu extrai a glândula de almíscar situada na base da cauda, e com ela esfrega energicamente o focinho dos cães, para impregná-los com aquele cheiro forte que é como que o epíteto do porco-do-mato. Depois, joga para eles esses miúdos malcheirosos, não mais para educar o seu faro para sentir a presença do animal selvagem, e sim para que, ao devorar o órgão de onde emana o seu fedor nativo, adquiram um pouco da sua ferocidade. Desde, pelo menos, Gaston Phoebus, que o evoca num antigo tratado de caça,* os caçadores da França meridional obedecem fielmente a esse costume quando caçam o javali. Em terras jivaro, como nas regiões de Comminges ou Foix, a incorporação dos humores do animal caçado serve para asselvajar periodicamente os cães demasiado domésticos e, porque faz de sua bestialidade reconquistada uma arma mais afiada, esse distanciamento os leva a melhor servir os homens, dos quais tinham se aproximado demais.

Um dos porcos é sumariamente decepado: a cabeça, o lombo, o peito e os pernis são, ainda sangrentos, enrolados em folhas grandes e acomodados no cesto de Santamik. Pinchu ata as quatro patas do outro animal com um cipó e amarra tudo às costas com uma tira de casca que lhe cinge o peito. Assim aparelhados, meus anfitriões voltam a passo rápido para casa, decerto pensando nostalgicamente nos doces embalos que minha curiosidade tornou impossível. As confidências que consegui arrancar dos homens jovens concordam, com efeito, neste aspecto: a caça permite que o casal se entregue aos prazeres da carne sem medo de precisar conter apetites cuja expressão um tanto vívida pudesse ser embaraçosa numa casa que abriga tanta gente. Quando um homem convida uma das suas esposas para acompanhá-lo na floresta, tomando o cuidado de respeitar a vez de cada uma para não se expor à fúria de todas, é também para satisfazer as obrigações conjugais. Essa sexualidade silvestre certamente não é puro conforto: numa imensa solidão, mas sob o olhar da natureza, às vezes ao lado da caça abatida, os esposos abraçados talvez busquem, com o seu prazer, redobrar a excitação da perseguição e do seu paroxismo mortal.

É com quase dez horas de caminhada nas pernas que chegamos finalmente de volta à casa. Relaxado pelo banho e mais jovial com o espetáculo dos porcos-do-mato amontoados no moquém, Pinchu está com um humor conversadeiro.

– Meu irmão, como é o *amana* dos caititus?

– O verdadeiro *amana* é Jurijri, a mãe dos porcos-do-mato. Jurijri, você sabe, é pálido que nem você; usa barba e cabelo comprido; e tam-

* *Livre de la chasse* [Livro da caça] de Gaston Phébus, conde de Foix, escrito entre 1387 e 1388. [N.T.]

bém fala todas as línguas, a nossa, o quíchua, o espanhol e também a sua língua, que você fala com Anchumir. Jurijri usa botas, um capacete de ferro e uma espada. Na nuca, tem uma boca com dentes enormes, que a gente não vê por causa do cabelo. Com essa boca, ele come as pessoas que zombam da caça, que matam os animais para nada, por prazer. Jurijri vive debaixo da terra; tem muitos lá embaixo, e eles saem pelas tocas e pelas árvores ocas. Os caititus vivem com eles; feito cachorros, pululam em volta das casas.

Compreendo melhor a insistência furtiva com que, no início, alguns adolescentes examinavam a minha nuca: estavam procurando os caninos! Eu, que vim preparado para ter de apaziguar caçadores de cabeças, fui confundido com um porcariço canibal que reside no fundo da terra, metáfora sinistra do Branco revestido com os farrapos de um conquistador. Mais ou menos em toda a Amazônia, os índios de fato imaginam os porcos-do-mato como porcos domésticos postos sob o jugo de ferozes mestres sobrenaturais, que às vezes os mantêm presos em amplos cercados, de onde são soltos um a um para enfrentar os projéteis dos caçadores. Nunca se mata um animal ao acaso, portanto é preciso o consentimento do guardião invisível, sempre pronto a reter os seus animais se achar que lhes faltaram com o respeito.

Curiosamente, esse exemplo dos espíritos protetores dos animais de caça não foi seguido pelos índios, que de fato não empreenderam a domesticação das espécies selvagens que se teriam prestado a isso. É claro que eles recolhem os filhotes dos animais que caçaram e os tratam geralmente com o afeto um pouco brusco reservado aos órfãos. Somente a prole do animal caçado é adotada, talvez como compensação pelo destino infligido aos pais pelos caçadores, e como que para dissipar um remorso que eles não ousam assumir. É bem raro que os ameríndios comam esses companheiros familiares, mesmo que sucumbam por morte natural. Poucas espécies se negam realmente a essa vida no universo dos homens, e certas casas do Capauari mais parecem uma arca de Noé onde convivem sem entusiasmo os mais díspares representantes da fauna amazônica: araras, sagüis, tucanos, micos, papagaios, pacas, jacamins, macacos-barrigudos etc. O próprio Pinchu se apaixonou por um filhote de porco-do-mato que, para prejuízo dos cães, brinca pela casa com a mesma liberdade do companheiro de Santo Antônio.

A experiência empírica do amansamento não levou os índios da floresta a tentar uma verdadeira domesticação, ou seja, a reprodução controlada pelo homem de certas espécies: a Amazônia não tem animais domésticos, com exceção daqueles trazidos pela Conquista. Os motivos para isso são decerto menos técnicos do que culturais. Algumas espécies autóctones ocasionalmente cativadas, como o porco-do-mato, o tapir ou a cutia, teriam provavelmente se prestado a uma criação semidoméstica, oferecendo assim o equivalente tropical do porco, da vaca e do coelho. Mas essa robinsonada seria utópica pois, enquanto a caça convida ao amansamento como seu prolongamento simbólico, a domesticação é a sua negação. A criação de animais implica uma relação de submissão recíproca com o animal, com cada qual enxergando no outro a fonte prosaica de seu alimento e bem-estar. Em parte baseada no reconhecimento do ventre, essa dependência mútua veste a máscara de um convívio sem surpresa, antípoda do fervor lúdico que anima o caçador índio em seu prazer diariamente renovado.

A ausência de animais localmente domesticados não parece passível de ser atribuída a alguma incompetência dos ameríndios, que são grandes experimentadores do ser vivo, atentos a suas propriedades múltiplas e mestres em obras práticas de genética vegetal. Há mais de cinco mil anos que o cultivo da mandioca surgiu na Amazônia, logo seguido pelo de centenas de espécies comportando inúmeras variedades adaptadas às mínimas variações do solo e do clima. Contrariamente, porém, ao que aconteceu no Oriente Próximo, essa domesticação muito antiga de uma ampla gama de plantas não teve aqui a domesticação de animais por corolário. É verdade que esta domesticação seria quase redundante já que, a exemplo dos Achuar, várias tribos amazônicas imaginam que os bichos da selva estão sujeitos a espíritos que os protegem e se acham, portanto, num estado de domesticidade insuperável. Os índios devem ter achado que submetê-los à criação seria um empreendimento inútil, perigoso até, em função dos conflitos de atribuição ou precedência que não deixariam de surgir, com os criadores naturais mostrando-se ciumentos de suas prerrogativas sobre a caça. Os animais domésticos não poderiam pertencer a vários donos simultaneamente e embora os espíritos aceitem, sob certas condições, que os homens venham se servir nos seus rebanhos silvestres em busca de alimento, decerto não suportariam ser totalmente espoliados. A caça procede assim de um direito de usufruto temporário que os guardiões da presa gostam de renegociar constantemente, e supõe uma ética de contrato, uma filosofia da troca que nada têm a ver com a moral edulcorada do estábulo e do galinheiro.

– Cunhado, que *anent* você estava cantando quando fomos atirar nos macacos-barrigudos?

– É assim, escute:

> Amanazinho, amanazinho, se nós dois somos amana, como vamos fazer?
> Eu escureço feito o Shaam, feito o Shaam
> Amanazinho, amanazinho, manda-me os teus filhos!
> Nesse próprio morro, que eles gritem chururui, chururui, chururui,
> que façam waanta, waanta, waanta chacoalhando os ramos.

Está aí uma súplica hábil, que joga integralmente com o equívoco das identificações! Identificação, primeiro, com o *amana* dos macacos-barrigudos, animal exemplar que representa os interesses da espécie e cuja conivência o caçador requer, como é de praxe entre cavalheiros. Identificação também com o Shaam, um dos espíritos que velam atentamente sobre o destino da presa. Desse invisível habitante dos pântanos ou matos sombrios que, dizem, traz o coração a tiracolo no peito feito medusa palpitante, só se conhecem os gemidos queixosos que ele faz ouvir ao crepúsculo.

– E quando o macaco-barrigudo ficou preso na ramagem, que *anent* você cantou?

> Cunhadinho, cunhadinho, cunhadinho, abaixa o galho até onde eu estou!
> Meu anzolzinho, minha flechinha, como, como, como é que não te atravessou?
> Cunhado meu, eu te matei em terras distantes.

Caça emblemática, tal como o tucano, o macaco-barrigudo é representado pelo caçador como um cunhado, ou seja, um tomador ou doador de mulheres. Essa relação de aliança cingindo os parceiros numa dívida mútua inextinguível não é, para os Achuar, isenta de preocupação: os inimigos potenciais se recrutam, com efeito, entre os parentes por aliança. O comportamento dos cunhados, fundado em dependência recíproca e amenidades indispensáveis, oferece assim um modelo de camaradagem ambígua, própria para definir a relação equívoca que liga o caçador à sua presa. Essa afinidade tortuosa contrasta com o espírito de acordo igualitário que marca a invocação do *amana*: este é um igual a quem se pede que entregue os seus dependentes.

– Mas o macaco-barrigudo morreu; como é que ele podia ouvir o seu *anent*?

– Ele morreu, você disse bem. Mas o *wakan* dele ainda estava ali por perto. Aqueles para quem a gente canta o *anent* não ouvem como você está ouvindo agora; não ouvem as palavras que nós dizemos. Os pensamentos que nós colocamos nos nossos *anent* entram no *wakan* daqueles que nós invocamos e ficam ali, como numa casa. Então, sem nem saber disso direito, aqueles para quem nós cantamos querem o que nós queremos; eles obedecem os nossos pensamentos, pois até os nossos desejos habitam neles.

Enquanto conversávamos, o porco-do-mato da casa chegou troteando e foi se deitar aos meus pés numa cavidade do chão de terra batida, amoldando-se à sua forma. Deitado de lado no lameiro arenoso, o animal chamava a minha atenção batendo o focinho nos meus tornozelos: queria, como sempre, que eu lhe coçasse as costas. O diálogo então prosseguiu enquanto eu ia passando a ponta da minha bota pelo lombo eriçado. Quando, às vezes, interrompo minha carícia, o animal se ergue e me fita com um olhar indignado, e seus resmungos de prazer dão lugar a uns rosnares não muito amenos. Cansado desse exercício, acabo parando. O porco-do-mato então se levanta e vem se esfregar pesadamente nas minhas canelas, com os olhinhos redondos fixos em mim com toda a tirania do animal familiar. Bem atrás de nós, uma moldura grande de madeira está apoiada nos pilares que sustentam a aba do telhado, expondo ao sol da tarde a pele do animal trazido por Pinchu. Grotescamente esticada pelos cipós que a prendem, ainda manchada aqui e ali com nódoas sangrentas onde se aglutinam moscas verdes, o despojo de seu congênere deixa o meu pestinha indiferente.

IX. O ESPELHO DAS ÁGUAS

Wajari e Mukuimp se movimentam sobre o escoadouro da pequena barragem, forçando a voz para suplantar o barulho contínuo da água caindo.

– Quem sabe eu capturo na minha nassa uma bela Tsunki de pele branca, peitos magníficos e cabelos pretos compridos, exclama Mukuimp num tom alegre.

– É, mas as mulheres Tsunki só sabem viver nos rios; você vai ter que ir com ela até onde mora o pai dela, na casa grande com portas que batem debaixo d'água; e isso eu não quero, porque você é meu genro e tem que ficar com a minha filha aqui comigo.

– Quem sabe? O sogro Tsunki pode ter várias filhas para me dar. Pelo que dizem, ele não é mesquinho.

– E o que é que você vai fazer com essas mulheres do rio quando estiver vivendo na água e as piranhas comerem o seu pau?

Amanheceu faz pouco, e os raios oblíquos do sol atravessam a folhagem do Kusutka para colocar, aqui e ali, grandes manchas de luz na água verde do açude, rio acima, misteriosa e imóvel sob a abóbada vegetal feito uma fonte romântica. Já normalmente bem estreito, o leito do rio se encolheu a ponto de não ter mais de cinco ou seis metros de largura entre as margens abruptas que são quase da altura de um homem. O lugar foi bem escolhido para a barragem provisória que Wajari e Mukuimp erigiram para a pesca com timbó. Plantados no meio do Kusutka, quatro cavaletes sustentam uma sólida trave horizontal, por sua vez amarrada pelas pontas às árvores das margens; sobre a trave apóia-se uma série regular de estacas fincadas no leito do rio que formam um plano oblíquo inclinado rio acima, um pouco como um pente gigante. A parte inferior desta cerca permanece estanque graças a camadas de folhas sobrepostas que a pressão da correnteza mantém no lugar. Entre os cavaletes centrais, uma grande plataforma fazendo as vezes de escoadouro jaz sobre uma armação tabular; sobrepujando em cerca de um metro a levada rio abaixo, ela conduz o excesso de água que escorre em cascata. Essa construção, tão elegante quanto engenhosa, funde-se na paisagem silvestre da qual parece ser um prolongamento natural, resultando menos num obstáculo à preguiçosa serenidade do curso d'água do que numa oportunidade de realçá-lo com um murmúrio prateado.

Quando chegamos no Kusutka, ontem pela manhã, a barragem já estava montada. Wajari e Mukuimp tinham trabalhado todo o dia anterior, e só faltava fechar hermeticamente a parte de baixo da cerca com folhas grandes de cana. Saímos ao nascer do sol da casa de Wajari, para onde nos mudamos recentemente, e chegamos aqui depois de umas três horas de caminhada tranqüila. No caminho, os cães mataram um mico, doente sem dúvida, ou velho demais para escapar, e o comemos à beira do rio. Durante a tarde, Mukuimp trançou um cesto grande com finos cipós *kaapi*, enquanto Mirunik e Senur iam juntar frutos da palmeira *kunkuk*, cuja época acaba de começar. Até o entardecer, conversamos enquanto chupávamos a polpa oleosa, fino invólucro adocicado de um imenso caroço. Para distrair a irmãzinha, Paantam colou, não sei como, uma mosca verde enorme e zumbidora na ponta de uma varinha que ele ficava agitando para o bebê admirado. Assim que caiu a tarde, deitamos lado a lado no chão, sobre umas palmas, apertados no pequeno abrigo de uma só aba rente ao rio.

A choça precária onde dormimos é uma espécie de cabana de caça que Wajari restaura ou reconstrói cada vez que vem passar uma temporada à beira do Kusutka. É cercado por uma roça pequena com mandioca, bananeiras e pés de batata-doce sufocados por ervas daninhas. Arbustos de timbó cercam esses legumes éticos, protegendo-os decerto de uma aniquilação definitiva entre os dentes das cutias, das pacas ou dos porcos-do-mato. A raiz do timbó contém, com efeito, um suco tóxico que os Achuar usam para asfixiar os peixes, e é com essa finalidade que a planta é cultivada em todas as roças. Já desenterramos grandes quantidades para a pesca de hoje, tomando o cuidado de sempre replantar uma parte da raiz.

A maioria dos homens de Capauari possui uma cabana de caça do mesmo tipo a poucas horas da sua residência principal. Miniaturas de uma casa normal, ou simples choças provisórias, esses abrigos se destinam a breves estadas e cumprem um pouco o papel da casa de campo ou da *palombière** na França meridional: são uma oportunidade de abrir, na rotina da vida rural, um pequeno parêntese recreativo, com o oportuno pretexto de um trabalho na natureza. Esses pavilhões de caça jivaro também possuem, evidentemente, uma função prática, pois estendem o raio de ação dos caçadores e lhes dão acesso imediato a regiões mais bem providas do que aquelas, batidas demais, que cercam suas residências principais; assim como agora, permitem pescar com timbó nos rios afastados sem precisar carregar por longas distâncias fardos de raiz da planta. Esses retiros discretos servem, além disso, como refúgio provisório durante as guerras já que, no mais das vezes, não são acessíveis por nenhuma trilha discernível. Entretanto, os Achuar consideram as cabanas de caça principalmente como locais de recreação. O ambiente de férias que reina aqui desde ontem é prova disso: cada qual trata de suas pequenas tarefas com uma indolência acentuada, em meio a gargalhadas e brincadeiras simples que contrastam com o formalismo, por vezes pomposo, da etiqueta doméstica habitual.

Também durante a tarde, em pouco mais de uma hora, Wajari e Mukuimp fabricaram os seus arpões. Com um facão bem afiado, que eles batiam com uma pedra, entalharam dois pregos grandes de marceneiro trazidos por Wajari da sua viagem para Montalvo, abrindo um esporão apontado de cada lado para formar as pontas farpadas. As hastes foram feitas em poucos minutos, com ramos bem retos de *taun* escavados numa das extremidades para ali se fincar a ponta móvel, enquanto o cordão que une a ponta à haste era trançado num piscar de olhos com fibra de palmeira tucumã. Esse talento dos meus companheiros para improvisar no ato muitas coisas de que precisam nunca deixa de me maravilhar: um arpão de pesca, uma jangada de pau-de-balsa para atravessar um rio grande, uma corda para amarrar uma canoa, uma vara comprida para empurrá-la, um cesto para transportar um carregamento imprevisto, um tear ou

* Área arborizada de lazer e camping para descanso e recreio, localizada em Sarlat, Périgord, França. [N.E.]

uma cama para visitas, isso tudo é confeccionado de imediato quando as circunstâncias o exigem, e abandonado tão logo o seu uso não se faça mais necessário. É verdade que o equipamento material dos índios pode parecer rudimentar a um observador desavisado; mas isso é porque eles preferem não se embaraçar com utensílios que a sua engenhosidade e um horário bastante flexível permitem recriar a qualquer momento. Essa sábia disposição foi mal interpretada por nossa civilização tecnológica: desde os primórdios da era colonial, vem alimentando as acusações de imprevidência que fazemos a todos os povos que se recusaram a acumular objetos que pudessem entravar sua liberdade de movimento.

Wajari e Mukuimp acabam por tapar o escoadouro com uma argila flexível que vai impedir a passagem dos peixes, embora deixando filtrar a água corrente. Os dois homens vão então subindo o rio, onde irão imergir uma parte do veneno de pesca, enquanto eu vou com as mulheres até um depósito intermediário a cerca de trezentos metros da barragem. As raízes de timbó estão empilhadas sobre um pedestal de toras à beira do rio e o meu trabalho – esta operação só podendo ser realizada por um homem – consiste em martelá-las com um tronco pequeno a fim de espremer o suco esbranquiçado. As mulheres, enquanto isso, abateram a machadadas duas palmeiras próximas; uma vez concluída a minha tarefa, nos instalamos confortavelmente na margem para comer os palmitos enquanto aguardamos a chegada da camada tóxica. Bem defronte, uma cigana grande, empoleirada acima do rio, insulta-nos com voz de matraca e sacode a crista chinfrim; sua carne nauseabunda a protege da panela, mas não das onomatopéias vexatórias que as mulheres lhe mandam em troca. Atraído decerto pela algazarra, um filhote depenado sai do ninho em plataforma, obsceno em sua desajeitada nudez rosada. Um pedregulho jogado por Mirunik lhe faz perder o equilíbrio e ele cai feito uma pedra no rio, onde se põe em seguida a nadar debaixo d'água com fantástica naturalidade, antes de recobrar pé nas aráceas da margem graças a umas garrinhas que ele possui nas asas, como os morcegos. Fruto da desocupação, a alegre animosidade das mulheres em relação à pequena cigana é menos cruel que experimental: a gente nunca se cansa de pedir à natureza uma confirmação de suas esquisitices.

Pouco depois, Wajari e Mukuimp vêm ter conosco, muito excitados; o veneno que puseram na água rio acima está quase chegando.

De fato, uma camada leitosa desemboca do último meandro, deixando opaca a água até então absolutamente transparente. Os dois homens põem então nos cestos as raízes que eu amassei, depois as mergulham no Kusutka remexendo em todos os sentidos para que o suco se espalhe completamente. Depois disso, todo o mundo entra no rio raso, os homens e adolescentes com arpões ou facões, as mulheres com cestos, e começamos a descer devagar em direção à barragem.

Denominado *barbasco* no espanhol do piemonte andino, o timbó e o seu primo clibádio causam asfixia nos peixes nas águas que contaminam, mas não têm efeito duradouro sobre os peixes que conseguem escapar; daí a necessidade de uma barragem e a obrigação de capturar rapidamente a presa antes que ela se restabeleça. De fato, o rio logo se põe a turbilhonar numa agitação prateada, dezenas de peixes pulando em todos os sentidos, dando saltos desesperados para escapar do sufocamento. Muitos são os que vão parar na densa vegetação das margens, onde as mulheres e crianças só precisam juntá-los. Junto à barragem, um enorme peixe-gato reviravolteia batendo o rabo, bem do lado de Mukuimp que exibe triunfantemente uma raia venenosa na ponta do seu arpão, aliviado decerto por ter escapado ao seu temível dardo farpado. Trazendo ao pescoço, feito colar, meia-dúzia de peixinhos enfiados pelas brânquias num cipó, Chiwian tenta abater a pauladas uma piranha que teima em resistir. Um gesto descuidado ao agarrá-la pode ser fatal: mesmo moribunda ela ainda pode secionar um dedo! Todos demonstram uma alegria exuberante, risos e gritos se cruzam, as brincadeiras se multiplicam. Só a pequena Nawir chora amargamente. Ela derrubou o cesto de peixes no rio ao tropeçar num galho imerso e seu butim vai-se embora ao sabor da correnteza, para grande benefício dos seus irmãos e irmãs postados mais abaixo no rio. Quer a pesca com timbó reúna várias casas, quer seja, como nesse caso, um assunto de família, o costume dita que cada um pegue todos os peixes que conseguir, eventuais desequilíbrios não sendo compensados por uma partilha. Esse empreendimento coletivo não suspende, portanto, o individualismo minucioso que governa todos os atos de nossos anfitriões.

De pé sobre a plataforma do escoadouro, mergulhado até as canelas num magma fremente, Wajari junta metodicamente os peixes aprisionados na barragem: peixes-machado *titim*, alguns *pushin* com aspecto e gosto de salmonete, e essa espécie de perca que os Achuar chamam de *yutui*. A pesca milagrosa terminou: algumas horas de brincadeira aquática rendeu-nos mais de duzentos peixes.

Estamos em meados de janeiro, ou seja, segundo os índios são os últimos dias de estiagem antes que comecem as chuvas fortes que irão durar até o mês de agosto e impossibilitarão qualquer pesca com timbó nos rios em cheia. O período que se encerra é chamado de "tempo das águas baixas" ou "tempo dos peixes", estação seca em que a chuva nunca falta de fato, sendo determinada pelo signo do rio. A corrente serena permite longas viagens de canoa, que a época das cheias às vezes torna difíceis, principalmente quando é preciso subir o rio com a força dos braços, penando dias a fio sobre varas compridas. Por toda parte, o peixe se torna facilmente acessível: nos braços mortos dos rios e nos charcos onde ele fica preso depois da descida das águas, nos riachos dos planaltos, como o Kusutka, cujo curso transparente torna-se fácil de barrar, nas fossas e nos *pongos* cujos turbilhões agora são menos perigosos. De agosto a outubro, as grandes tartarugas d'água também ficam mais fáceis de capturar, pois vêm pôr os ovos saborosos nos bancos de areia descobertos pela estiagem; além disso, atraídos por essa guloseima que eles apreciam tanto quanto os índios, os jacarés vêm em multidão para as praias, onde podem ser facilmente caçados.

Os mantimentos aquáticos somem ou diminuem durante a estação das chuvas fortes, que traz consigo recursos próprios. Primeiro, o "tempo das frutas silvestres", cujos benefícios já começamos a sentir, já que começa em meados de novembro e vai até final de abril. Dezenas de espécies esbanjam seus frutos simultaneamente e algumas delas, como a sapota, a mangueira ou o cacaueiro silvestre, o maracujazeiro, a árvore-do-pão e o ingá, as palmeiras *aguaje*, *llarina* ou tucumã, nos fazem lamentar que o espírito da domesticação não as tenha anexado. Conseqüentemente, e segundo essa lógica da predação generalizada que une todos os habitantes da selva numa grande cadeia de dependência alimentar, os animais que agora estão mais bem nutridos se tornam presas mais cobiçadas pelos caçadores. As presas, saindo de um período de escassez relativa, precisam de uns três a quatro meses para se recompor, e somente a partir de março tem início a estação que os Achuar, muito cuidadosos com a precisão anatômica, chamam de "tempo da gordura do macaco-barrigudo", em referência à bela camada de banha que o animal passa a acumular no torso.

Aqui, como em boa parte do mundo ameríndio tradicional, a gordura é escassa devido à falta de animais domésticos, e se torna muito cobiçada por serem poucas as oportunidades de comê-la. Este gosto pela gordura vai além das meras exigências do metabolismo, e traduz o valor que essas sociedades atribuem à corpulência e às carnes rechonchudas como sinais de saúde e beleza. Os índios acreditam, aliás, que essa atração é universal. Uma velha crença andina, partilhada por inúmeras tribos do piemonte, atribui assim a brancos perversos um apetite insaciável pela gordura dos indígenas, que eles obtêm cozinhando os infelizes que capturam em imensas panelas, ou esvaziando-os feito ostras. Alguns afirmam que essas práticas macabras servem, na realidade, para fazer provisão de lubrificante e combustível para as máquinas gigantescas com as quais os brancos estabeleceram o seu poder sobre o mundo, monstruoso Moloch de aço a ser alimentado por um sacrifício permanente. Denominados *pishtaco*, os demônios ávidos de gordura são ainda mais temidos e odiados pelo fato de não haver nada que os diferencie dos outros brancos, de modo que é muito perigoso, para um homem de pele pálida, aventurar-se em certas regiões onde o seu suposto canibalismo poderia lhe trazer má sorte. Alguns exploradores ingênuos passaram, nesses últimos anos, por essa triste experiência. Mal preparados para admitir a idéia de uma responsabilidade coletiva, sem dúvida ignoravam que todos os brancos são *pishtaco* em potencial, a exploração impiedosa a que os índios vêm sendo submetidos há vários séculos pelos colonizadores não podendo encontrar expressão mais justa do que essa metáfora de devoração que foi paulatinamente se tornando literal.

Acima dos fogos as mulheres fabricaram moquéns, grandes grelhas de madeira verde montadas sobre estacas, onde vão empilhando os peixes depois de limpá-los. Senur interrompe subitamente a sua tarefa para examinar uma pequena concreção colorida que ela tirou das entranhas de um peixe-gato graúdo. Chamado para consulta, Wajari se debruça um instante sobre o objeto e aprova com satisfação: "*Pai! Pai! namurkaiti!*". Trata-se mesmo de um *namur*, um amuleto de caça. Por uma dessas interversões sistemáticas caras ao pensamento achuar, os cálculos encontrados nos peixes servem como auxiliares mágicos para atrair a caça, enquanto os originários das aves e dos mamíferos são utilizados na pesca. Com ar peremptório e afinal bastante convincente, Wajari acrescenta para o meu governo que Amasank, um dos espíritos "mãe da caça", pouco tempo atrás o avisara em sonhos sobre esse achado, anunciando inclusive que aquele amuleto seria destinado à caça ao tucano. Cada *namur* possui, com efeito, poder de atração sobre um animal em particular, determinado em função de sua forma, cor, ou do animal em que foi encontrado, e é inútil tentar estender o seu uso ou substituí-lo por outro.

A inversão entre a origem do amuleto mágico e o uso que lhe destinam define a eficácia específica dos *namur* de acordo com um procedimento mental que lembra a interpretação dos presságios oníricos *kuntuknar*. Assim como em certos sonhos, o vínculo estabelecido entre pássaro e peixe tira a sua virtude de uma conjunção termo a termo dos contrários: o aéreo e o aquático, o visível e o invisível, o alto e o baixo, o estático e o móvel, o tagarela e o mudo. Sob aparências de espontaneidade arbitrária, o pensamento mágico que atua nessas associações é regido por um estrito determinismo. A relação de causalidade que ele estabelece entre objetos ou fenômenos específicos, por ser inteiramente em função de suas características singulares, não pode se estender a domínios diferentes onde os termos presentes exibissem propriedades de outra natureza. Longe de refletir uma vaga filosofia participativa que conecta indiferentemente todos os níveis do cosmo numa grande indistinção original, objetos mágicos e práticas divinatórias revelam o cuidado minucioso dado pelos índios a uma classificação dos fenômenos onde cada efeito requer uma causa que lhe seja própria. A exemplo do positivismo triunfante do século passado, e contrariamente à ciência moderna, essa física do particular não tolera o acaso.

Aproveitando os últimos raios de sol vamos, os homens, tomar banho um pouco acima da barragem já desmantelada. Mukuimp está, essa tarde, com um humor debochado: finge que está copulando na água, resfolegando com força, para grande diversão dos seus jovens cunhados.

– Então, sogro, ele me diz com um sorriso irônico, você viu o que eu fiz de manhã? Comi o rio; ele ficou branco com o meu esperma! Foi a mulher Tsunki que esfregou o meu pau com ervas *piripiri*; ela me fez uma vara enorme para eu poder comê-la, porque na vulva dela, sabe, cabe uma cabeça inteira.

– E quem é essa mulher Tsunki de que você fala sempre? Suwitiar não basta para você, por isso você quer mais uma mulher?

– Nunca vi a mulher Tsunki, mas Nayapi, aquele que mora na foz do Chundaykiu, nas terras baixas, me contou. Uma noite ele viu em sonhos um velho simpático, com cabelo muito comprido, que disse para ele: "Me dá a tua filha, em troca eu te dou a minha e você pode casar com ela". O velho voltou várias vezes nos sonhos para fazer o mesmo pedido. Era Tsunki. Uma manhã, depois de um desses sonhos, Nayapi foi caçar subindo o Dhundaykiu. Lá, ele avistou uma mulher nua de extraordinária beleza tomando banho numa cascata; a pele dela era muito branca e a longa cabeleira era de um negro perfeito. Ela se ofereceu, dizendo que seria dele em troca da filha. Ela não tinha vergonha, abria as coxas para mostrar a batata-doce e dardando a língua como fazem as mulheres que querem o pau da gente; mas era uma Tsunki, um ser das águas; Nayapi ficou com medo e foi embora. Ele a viu de novo várias vezes, em sonho, e ela o perseguia com o seu assédio. Uma vez, ela apareceu para ele numa praia do baixo Kapawi, não muito longe de onde mora Aish; estava saindo do banho e brincava com uma ninhada de lindos cachorrinhos pretos. Ela se aproximou dele e eles esfregaram o nariz; então Nayapi fez amor com ela. Desde então, ela o segue por todo lado, pede para ele ir visitá-la mais vezes, porque ela está com saudade. Ela tem um filho de Nayapi, e os cachorrinhos cresceram; eles são agora jaguares grandes, pretos. Ela mora no Chundaykiu, ao pé da colina, bem embaixo da casa. Quando uma das mulheres de Nayapi não quer ir caçar com ele, ele diz: "Não faz mal, tenho uma mulher Tsunki para me acompanhar com os cachorros dela".

Já é quase noite quando voltamos para nos secar junto aos fogos dos moquéns. Um cheiro delicioso de peixe defumado exala do acampamento. Os cães guincham lamentavelmente diante desse banquete para o qual não são convidados, enquanto as crianças, pelo contrário, tomadas por um mutismo estático, olham a gordura escorrer lentamente sobre as chamas, crepitando.

– Meu irmão, me diga, existem Tsunki aqui também, e em Capauari?

– Existem muito poucas, responde Wajari, pois os rios são rápidos e pouco fundos; antigamente eu morava longe daqui, nas terras do baixo rio, perto da atual casa de Nayapi. Quando ia tomar banho antes do amanhecer eu ouvia gente conversando debaixo d'água, igual a nós na hora do *wayus*; também dava para ouvir o martelar do tambor *tuntui*. Quando construí a minha casa lá, tinha uma sucuri gigantesca que vivia num laguinho um pouco mais abaixo; era feroz e ficava o tempo todo fazendo a terra tremer. Uma noite, uma lontra gigante me apareceu em sonhos, e então se transformou num homem com cabelos muito compridos, até a cintura. A lontra me pediu para ser meu *amik*, meu amigo cerimonial, e prometeu que me ajudaria a lutar contra a sucuri. "Se você não quiser ser meu *amik*, dizia ela, a sucuri vai comer a sua mulher e os seus filhos." Então eu aceitei; como é que eu podia colocar toda a minha família em perigo? Tsunki manteve a sua palavra e nós nunca mais vimos a sucuri. Em sonhos, Tsunki vinha seguidamente me visitar e eu jurei nunca mais caçar nenhuma lontra, para não correr o risco de matar o meu *amik*. Ele me dizia: "Se eu morrer, você vai morrer em seguida". Então Tii veio me visitar e me contou que tinha matado duas lontras gigantes pouco antes de chegar na minha casa, mas não conseguiu recuperá-las pois elas afundaram na água. Depois disso, minha amiga lontra nunca mais veio me ver; Tii decerto a matou.

– Então Tsunki também pode se transformar em sucuri?

– Não, acho que não. Sucuri é uma criatura doméstica de Tsunki, ela a obedece feito um cachorrinho. Yuu – você não conhece, ele mora à beira do Kunampentza – visitou Tsunki na casa dela uns anos atrás, e tinha lá muitas sucuris, ele ficou com muito medo. Esse Yuu encontrou com Tsunki porque ele é um xamã muito poderoso, um *uwishin*; ele enxerga aquilo que nós não enxergamos. Ele tinha construído um pequeno "sonhatório" na margem do rio e retirava-se ali seguidamente a fim de ter visões; ele se embriagava com suco de tabaco e também com *natem*. Ele me contou que, certa noite, uma jovem Tsunki foi ter com ele nas suas visões, mas não era uma "freqüentadora" como a de Nayapi. Ela disse que o pai dela queria conversar com ele e o levou, enrolado em seus cabelos, até o fundo do rio, lá onde tem um turbilhão enorme. Yuu disse que, na água, os Tsunki têm casas iguais às nossas, e são bem parecidos com os humanos; eles também têm roças. O velho Tsunki estava acomodado sobre uma sucuri enrolada, e mandou que Yuu se sentasse em cima de uma tartaruga grande que punha a cabeça para fora e olhava para ele com os seus olhos redondos; outros Tsunki estavam sentados em cima de um jacaré junto às paredes e imensos jaguares pretos o rodeavam, latindo feito cachorros. Yuu viu isso tudo.

Eureca! Está, em parte, solucionado o enigma da cabeça de jacaré esculpida no *chimpui* de Wajari, o enigma que me deu, alguns meses atrás, a dolorosa medida da minha incapacidade em compreender o significado de um detalhe tão trivial como a forma de um objeto. Solucionado em parte, pois se ficou claro que os bancos e banquinhos utilizados por meus companheiros são figurações simbólicas dos animais que servem de assento aos Tsunki em suas residências aquáticas, o motivo desse paralelismo entre os dois universos não aparece de imediato. É que tocamos aqui nos limites explicativos da etnografia, ou seja, nos limites daquilo que um informante complacente é capaz de apresentar de maneira sintética e explícita a partir das normas de coerência geralmente usadas em sua cultura para dar sentido aos comportamentos.

Aquilo que os etnólogos chamam de sistema de representação geralmente só é sistemático para o observador que o reconstrói e extrai suas estruturas. Com efeito, a lógica subjacente, isolada pela análise científica, raramente aflora na consciência dos membros da cultura estudada, que têm tantas condições de formulá-la quanto uma criança teria de traduzir por meio de regras a gramática de uma língua, embora a domine. O exercício de formalização a que me dediquei para tentar compreender a oniromancia achuar pertence a esse empreendimento de explicação do implícito que caracteriza de fato a atuação etnológica. Diferentemente da etnografia que registra e interpreta, a etnologia se esforça em trazer à luz os princípios que regem o funcionamento dos diferentes sistemas identificáveis por hipótese no seio de cada sociedade – sistema político, sistema econômico, sistema simbólico ou sistema de parentesco –, abrindo assim o caminho para a comparação com outras culturas. É claro que cada sociedade é irredutível às outras, constituindo uma totalidade cuja compreensão empobrece quando decomposta, para fins de análise, em subsistemas relativamente autônomos, justaposição de junções formais que certamente contrasta com o olhar global e subjetivo de um observador sobre a natureza de um povo. Tal perda de sentido é o preço a pagar por um melhor entendimento do fato social. Com efeito, se os fenômenos sociais e culturais parecem dotados de uma singularidade teimosa que os torna, à primeira vista, incomensuráveis entre si, as lógicas que organizam a sua diversidade talvez pertençam a uma ordem menos caótica, pois possuem propriedades comparáveis cujos princípios de combinação podemos ter esperança de conseguir formular um dia. Pelo menos é essa a utopia fundadora da nossa vocação.

A obsessão de oferecer explicação, para empregar uma velha fórmula platônica, causou inúmeras censuras aos etnólogos. Quantas vezes não se riu abertamente de suas pretensões em realçar, melhor que os homens e mulheres que tinham estudado, os móbeis fundamentais de uma cultura com a qual só tinham tido um contato bastante breve? Quiseram ver nessa ambição uma prova do desprezo que esses profissionais da alteridade sentiam pelo saber reflexivo das sociedades que pretendiam explicar. A vontade de ultrapassar o senso comum não é, contudo, exclusiva dos etnólogos. Ninguém se escandaliza quando um sociólogo explica os mecanismos de reprodução de nossas elites ou quando um lingüista mostra as distinções implícitas que regem a organização dos tempos verbais franceses. Admitimos que esses cientistas, cada qual em sua área, dominam um saber especializado, suscetível de lançar sobre a nossa realidade cotidiana uma luz inteiramente original, que nosso conhecimento intuitivo, sozinho, seria incapaz de dar. Por que então se chocar quando alguns de nós escolhemos elucidar o desconhecido no além-mar e em idiomas de consonâncias estranhas, ao invés de ali na esquina e na nossa própria língua? Afirma-se às vezes que as sociedades sem escrita gozam do privilégio de serem inteiramente transparentes para si mesmas, mas que, sendo demasiado alheias à nossa maneira de ver, só podem permanecer para nós eternamente opacas. Longe de combater com eficácia o etnocentrismo, essa idéia romântica leva à reconstituição do antigo corte entre Nós e os Outros. Sob uma aparência de respeito para com uma diferença cultural considerada demasiado ampla para ser realmente compreendida, ressurgem essas incompatibilidades que se acreditavam ultrapassadas entre o conhecimento sensível e o conhecimento científico, entre mentalidade pré-lógica e pensamento racional, entre selvagens e civilizados. São essas distinções de natureza demasiado cômodas que um racismo sempre disposto gostaria de ver novamente em voga.

A descrição feita por Wajari e Mukuimp do universo dos Tsunki é representativa da matéria-prima de que em geral dependemos para edificar nossas interpretações: confidências colhidas ao sabor das circunstâncias, recheadas de anedotas e relatos indiretos, mescladas de fanfarronadas pitorescas e confissões de ignorância, entrecortadas de reminiscências míticas e suputações filosóficas, esses "dados etnográficos" são qualquer coisa menos um saber constituído. Antes figuração recomposta por um observador individual do que cópia fiel de um irreal inapreensível, constituem a paleta um pouco confusa de onde surge, por meio de toques sucessivos, uma cosmologia impressionista. Os espíritos aquáticos cumprem um papel importante nessa teoria de mundo pouco explícita, já que evidentemente encarnam, aos olhos de meus companheiros, todos os preceitos de uma sociabilidade ideal. O casamento por amor, a esposa perfeita como amante e como parceira no trabalho, a deferência afetuosa em relação ao sogro, são aspectos invejáveis da felicidade familiar e da afinidade bem-sucedida de que os Tsunki oferecem um modelo sem falha. No seio do panteão dos espíritos, esses seres caseiros são, aliás, os únicos que moram numa casa de verdade. Contrariamente a Shaam, Amasank, Jurijri, Titipiur ou outros Iwianch – escória disforme e maleva do pátio dos milagres, condenada a viver no subsolo ou vagueando nos matos e nos pântanos –, os espíritos das águas respeitam a etiqueta da vida social; mostram aos homens sempre prontos a se deixarem enfeitiçar uma aparência sedutora que é como que seu sinal distintivo. Ao sentarem-se sobre simulacros de tartarugas ou jacarés, os índios decerto estão apenas evocando, no seio de sua vida doméstica, a proteção desses espíritos benévolos que perpetuam, no fundo dos rios, a invenção da civilidade. Seja calma ou tumultuosa, transparente ou branqueada de aluvião, a superfície dos rios ocupa na cosmologia achuar uma função idêntica à do espelho de Alice, plano familiar e transposto quase que por acaso, mas que dá acesso a um universo de transposições fantasmagóricas tamanhas que a precedência do original sobre o reflexo acaba por se embaralhar.

Na floresta, como na sociedade, a felicidade de um indivíduo pode ser maior ou menor que a de outro indivíduo; mas suspeito que a natureza tenha colocado limites à felicidade de toda porção considerável da natureza humana, além dos quais há quase tanto a perder quanto a ganhar.

Abade Raynal. *História filosófica das Índias*

segunda parte

HISTÓRIAS DE AFINIDADE

X. AMIZADES SELETIVAS

Taish chegou anteontem em Capauari para visitar Tarir, seu amigo cerimonial. Levou cinco dias para subir o Kapawi numa canoa ruim que vinha fazendo água, com sua mulher Mamati e dois cachorros. É um homem franzino, de membros surpreendentemente magros, rosto vivaz sob uma franja aveludada, caminhando sempre com um jeito cauteloso como se temesse sujar os pés miúdos. Todo o mundo já sabe que Taish trouxe para Tarir uma magnífica *mayn akaru*, uma dessas espingardas de retrocarga cobiçadas por todos os homens de Capauari. Provenientes do Peru, mas de fabricação norte-americana, essas armas atiram cartuchos de dezesseis e são incomparavelmente superiores às espingardas de antecarga equatorianas, de má qualidade. São, tanto umas como outras, chamadas de *akaru*, um termo que provavelmente deriva do *arcabuz* espanhol. No mais, os dois tipos de arma se diferenciam mais por sua origem imediata do que por seu funcionamento: os Mayn Shuar, índios jivaro do Peru, é que conseguem para os Achuar as espingardas de cartuchos, donde seu nome, *mayn akaru*, enquanto que as espingardas pica-pau trazidas dos Andes por intermédio de um grupo jivaro do piemonte são conhecidas como *shiwiar akaru*, segundo o nome dado pelos Achuar a essa tribo.

Assim que Taish chegou, Tarir o arrastou num turbilhão de visitas mundanas, satisfazendo a curiosidade natural por notícias do baixo rio, todos querendo fofocar até cansar sobre os casos e descasos de uns e de outros. Faz mais de um ano que ninguém vai até o baixo Kapawi ou vem de lá, de modo que Taish se submete com uma espécie de triste deleite ao papel de noticiarista, que lhe permite passar o dia em repetidas libações embora o seu talento de contador seja medíocre.

Acompanhado de Tarir, que não se cansa de exibir com um orgulho comovente o cano reluzente de sua bela *akaru*, o viajante se encontra nesse momento na casa de Titiar, a quem Wajari e eu estávamos justamente visitando. Ele nos oferece, como quitute seleto, o último capítulo da novela Ikiam, o homem do Copataza cujo sumiço misterioso alimenta, já faz algum tempo, os rumores mais contraditórios. Yaur, o irmão de Ikiam, parecia convencido da culpa de Sumpaish, o homem do baixo Kapawi em cuja casa Pinik, a mulher fugitiva da vítima, encontrou um novo lar. Na falta de provas, já que o cadáver ainda não foi encontrado, Yaur supunha que seu irmão cometera alguma imprudência ao tentar se vingar de sua mulher e do homem que a roubara, e esse então matara Ikiam por medida de proteção. Yaur aparentemente cogitou, de início, vingar-se dando cabo de Sumpaish – era a sua obrigação imperativa, na qualidade de parente mais próximo de Ikiam – mas preferiu pedir uma compensação material, cônscio de que Sumpaish provavelmente matara o seu irmão em legítima defesa.

Matar Sumpaish agora era um empreendimento arriscado, já que o homem estava de sobreaviso; significava, além disso, expor-se às represálias dos seus parentes, que não admitiriam a legitimidade da vingança. Em casos assim, a parte lesada pode pedir ao assassino que salde, mediante a doação de uma espingarda, aquilo que os Achuar chamam, literalmente, de "dívida de sangue", *numpa tumash*. Com efeito, o escambo dos bens e a vendeta, ou seja, o escambo dos mortos, são ambos regidos por princípios idênticos; o mesmo termo, *tumash*, é empregado na troca para designar a obrigação de entregar um objeto de valor equivalente ao objeto recebido e, nos conflitos, para caracterizar a situação em que se encontra o assassino de ter de pagar a vida que ele tomou com a sua própria vida ou com uma espingarda, também chamada *tumash*. Yaur tinha então encarregado o seu cunhado Kawarunch de ir exigir da gente do Kapawi, em seu nome, a entrega de uma espingarda compensatória.

Ao escolher Kawarunch como intermediário, Yaur talvez quisesse acabar ostensivamente com os boatos que acusavam esse personagem controvertido de ser o assassino de Ikiam, boatos espalhados pelos próprios vizinhos de Kawarunch, seus cunhados Tukupi e Washikta, homens de renome nos quais muita gente em Capauari acreditava. Acompanhado de Narankas, um irmão do Tayujn de Capauari, Kawarunch tinha então descido o Pastaza até a foz do Kapawi para ir, primeiro, até a casa de Tii, seu amigo cerimonial, que em seguida o escoltara até a casa de Nayapi, que por sua vez atuava como representante de Sumpaish. Este último estava aparentemente bem escondido em sua casa, não muito longe dali. Ora, de acordo com Taish, que mora a poucas horas de canoa de Sumpaish e de Nayapi e afirma ter estado presente durante o grande confronto, é absolutamente impossível Ikiam ter sido morto por Sumpaish já que, no momento em que se deram os fatos, esse último tinha justamente ido embora com a bela Pinik para se esconder de um possível ataque do corno vingativo na casa de um parente que morava bem longe dali, no baixo Kurientza. Esse álibi foi confirmado por várias testemunhas, para satisfação aparente de Kawarunch, que fez todo o longo trajeto de volta para avisar Yaur dos resultados de suas transações. De modo que por enquanto o mistério de Ikiam permanece de pé.

A estada de Taish em Capauari nos oferece uma boa oportunidade de colher informações sobre a sua região de origem, que gostaríamos de explorar em breve com o auxílio do motor externo que trouxemos em nossa rápida viagem a Puyo. Ainda precisamos de uma embarcação, mas tenho a esperança de recuperar, para nosso uso, uma canoa grande fabricada pelos homens de Capauari no ano passado, por instigação dos evangelistas norte-americanos, a fim de levar a boa nova aos irmãos do baixo rio ainda mergulhados nas trevas do paganismo. O projeto, abandonado, teria de fato permitido que os membros da comunidade fossem, sem se cansar demais, realizar trocas nas terras baixas, já que os *gringos* iam gentilmente ceder um motor. Tudo indica que o empreendimento fracassou porque os Achuar do baixo Kapawi mantêm redes de escambo com os Achuar e os Mayn do Peru, não dependendo dos missionários para se abastecerem de bens manufaturados. Dessa cruzada abortada restaram a canoa e a vocação, a essa altura sobretudo comercial, de estabelecer laços com o baixo rio, vocação que nosso motor externo recolocou oportunamente na ordem do dia.

Nosso interesse pelos índios do baixo rio surgiu do fato de sua região constituir, aparentemente, uma espécie de isolado cultural, protegido até o momento das incursões missionárias por um acesso particularmente difícil. O habitat é ali muito disperso: descendo o Kapawi, nos deparamos primeiro com a casa de Taish, a cerca de três dias daqui, e depois uma sucessão descontinuada de habitações ao longo do rio até a foz, assim como às margens do Pastaza e dos seus afluentes. Há, portanto, uma população bem numerosa, mas espalhada numa floresta em parte pantanosa, afastada das vias navegáveis e inacessível por avião devido à falta de pistas de aterrissagem. Segundo Taish, o baixo Kapawi encontra-se em paz no momento; uma guerra, porém, teria se desencadeado um pouco mais a leste, entre os povos do Apupentza e a do Kurientza, já contando várias vítimas.

Nossa curiosidade é superada pela dos homens do Capauari, muito atentos a tudo o que Taish relata sobre a situação reinante rio abaixo. A perspectiva de reatar, graças ao nosso motor, relações de troca com o baixo Kapawi depois de um longo período de interrupção, incita-os a se informar tanto quanto possível sobre a atual realidade de indivíduos que eles conhecem, pessoalmente ou de ouvir falar, que muitas vezes são seus parentes distantes mas dos quais ignoram as atuais condições, a situação de suas alianças ou mesmo o local preciso onde residem. Muitos habitantes do Capauari moravam antigamente bem mais perto da foz e o afrouxamento dos laços com o povo do baixo rio é menos resultado de uma hostilidade declarada ou latente do que de uma preguiça relativa: sem motor, o regresso com a canoa é particularmente difícil, quase impossível em períodos de cheia. O estabelecimento em Capauari causou a reorientação das redes de troca para com vizinhos menos inacessíveis. Com efeito, os homens daqui têm amigos cerimoniais entre os Achuar de Sasaima, a dois dias de caminhada, alguns no baixo Copataza, mais afastado, e também alguns entre os Achuar do Bobonaza, em Tawaynambi ou em Montalvo; em compensação, são poucos os que, como Tarir, têm parceiros comerciais rio abaixo.

Aproveitando a presença de Taish, questiono-o sobre a identidade dos seus amigos cerimoniais, a fim de reconstituir o tecido sociológico de que ele é o centro e que o vincula, por um lado, ao povo de Capauari e, do outro, a índios muito distantes como os Mayn do alto Makusar ou os Achuar do Wampuik. Wajari, que esta conversa parece excitar muitíssimo, faz discretos sinais para o seu irmão Titiar, incitando-o a falar. Aproveitando-se de um silêncio, esse último então se volta para mim e, depois de pigarrear várias vezes e concluir com uma cuspida, acaba se declarando.

– Meu irmão Wajari, em cuja casa você mora há muito tempo com a sua mulher, me pediu para lhe dizer que ele gostaria de ser o seu *amik*. Nós, os Achuar, quando pensamos numa pessoa com afeto e queremos ser como irmão dela, nos tornamos *amik*. Agora que vai ficar conosco, você precisa ter um *amik* para lhe proteger e alimentar; pois você não sabe caçar de verdade como a gente, e se não tiver um *amik* para lhe dar a caça, o que é que a sua pobre Anchumir vai comer? Ela vai ficar muito infeliz e talvez acabe deixando você.

A manobra deve ter sido combinada durante muito tempo entre os dois irmãos. Com essa iniciativa, Wajari torna patente aos olhos da comunidade uma espécie de direito de prioridade que ele foi paulatinamente adquirindo sobre tudo o que diz respeito a nossas pessoas, direito cujas vantagens ele avaliou nos últimos dias – entendo agora por quê – questionando-me discretamente sobre a extensão das minhas riquezas e se assegurando, por meio de comentários floridos e anedotas detalhadas, que eu conhecia os deveres de generosidade e assistência característicos de uma relação de *amik*. Afora o fato de que seria difícil para mim recusar ostensivamente uma proposta dessas sem humilhar Wajari, a idéia de reforçar meus laços com ele através de um vínculo formal me parece bastante boa. A amizade cerimonial permite perenizar numa relação socialmente reconhecida um comércio que até o momento se baseava tanto na simpatia mútua como numa conjunção de conveniências pessoais, combinação instável que um sistema de obrigações recíprocas claramente codificadas tornaria menos aleatória.

Tão logo obtém meu consentimento, Titiar vai buscar um cobertor sujo que ele põe no chão do *tankamash*, e então nos convida, a Wajari e a mim, a nos ajoelharmos frente a frente. Nessa postura incômoda, trocamos tapinhas do lado direito e esquerdo, repetindo com convicção: "Meu *amik*! Meu *amik*!" Depois é a vez de Anne Christine e Entza, a terceira mulher de Wajari, entregarem-se aos abraços rituais que elas pontuam com "Minha *yanas*! Minha *yanas*!". A partir de agora Wajari e Entza irão me chamar por "meu *amik*", fórmula que eu também vou usar para me dirigir a Wajari, enquanto que para Entza vou dizer "minha *yanas*", expressão que também será usada, reciprocamente, na sua relação com Anne Christine. Substituindo os termos de parentesco clássicos empregados anteriormente, essa rede de novas apelações significa que as antigas relações de consangüinidade ou afinidade devem ceder lugar a uma ordem própria, às vezes contraditória em relação aos princípios sociológicos que regem os relacionamentos comuns: jogando com a equiparação de dois casais, por exemplo, rompe com a igualdade de status entre as diversas esposas de um mesmo homem, pois apenas uma delas pode usufruir dos benefícios do vínculo assumido pelo marido. Por sumária que seja, a cerimônia que instaurou nosso novo status me encheu de alegria: sempre sinto certa emoção ao constatar que costumes de que eu até o momento tinha um conhecimento apenas livresco estão suficientemente vívidos para que eu possa me tornar ator de um deles. Talvez seja essa confirmação repetida por todas as experiências etnográficas que dê uma garantia de veracidade às abstrações sociais descritas na literatura antropológica e, no fim das contas, torne possível a sua comparação.

O termo *amik* parece derivar do espanhol *amigo*, e o breve ritual que acabamos de cumprir é, por sua vez, semelhante à cerimônia de inspiração feudal durante a qual os conquistadores do século XVI conferiam aos seus soldados merecedores uma *encomienda*, ou seja, a missão de "civilizar" e evangelizar uma aldeia ou grupo de aldeias indígenas, missão pela qual pagavam a si próprios sem escrúpulos exigindo um tributo dos habitantes. Não obstante esse colorido hispânico, a instituição possivelmente tenha origem autóctone. Para começar, é significativo que o laço de amizade cerimonial exclua os estrangeiros, já que em geral só é estabelecido entre parceiros que falem um dialeto jivaro. A palavra *amik* é eventualmente empregada, é claro, em sinal de respeito para se dirigir a certos brancos, missionários ou *regatones*, sem que isso implique adesão, por parte de um ou de outro, ao sistema das obrigações que caracteriza a relação. Além disso, alguns Achuar setentrionais optam por formalizar as relações comerciais regulares que mantêm com os Quíchua cristianizados, ou com os poucos mestiços de Montalvo, pelo viés do *compadrazgo*. Do modo como são concebidos pelos Achuar, os compromissos recíprocos dos *kumpa* (*compadres*) na verdade se resumem à observância de um código mínimo de boa conduta na prática do escambo.

Em contraste com o "apadrinhamento", a relação de amizade cerimonial só assume seu sentido pleno no seio da cultura jivaro, ou seja, entre pessoas que falam a mesma língua e partilham os mesmos valores, pessoas cujos princípios de conduta e sutilezas de comportamento remetem ao mesmo código social, pessoas que, finalmente, aderem a uma mesma ética de honra pessoal. Pois os *amik* não são apenas parceiros comerciais, mesmo que essa função tenda a prevalecer na definição que os índios oferecem espontaneamente; são também ligados por obrigações mais sérias: proverem-se assistência mútua e abrigo em caso de guerra, fazer papel de intermediário junto aos seus inimigos recíprocos, e garantir salvaguarda um ao outro quando em visita a territórios hostis, obrigações cujo cumprimento pressupõe evidentemente certa proximidade geográfica, social e cultural. Por surpreendente que possa parecer, minha cooptação a um sistema tão fechado não é totalmente inesperada: tem origem no desejo de partilhar de algum modo o gozo de minhas supostas riquezas, e no hábito que Anne Christine e eu tomamos de respeitar a etiqueta achuar de vida social. Esse hábito não se parece muito com o dos raros brancos que nossos anfitriões tiveram oportunidade de observar e deve tê-los convencido de que eu não me furtaria a compromissos mais sérios.

A amizade cerimonial é muito comum no mundo amazônico, sendo esse mais um motivo para acreditar que a variante jivaro desse fenômeno não deve nada aos conquistadores ibéricos. O conteúdo dessa instituição varia bastante de acordo com as culturas. No mais dos casos, funciona como instrumento de comércio a distância e como mecanismo de redistribuição econômica, a formalização de um vínculo de amizade garantindo a segurança nas trocas entre parceiros muitas vezes pertencentes a tribos hostis. Muito mais raros são os casos em que, como entre os Jivaro, os amigos cerimoniais garantem-se proteção e assistência mútua durante as guerras, sistema sensato em sociedades altamente conflituosas já que propicia a cada indivíduo zonas de neutralidade ativa ou de aliança potencial. Em compensação, entre os povos do Brasil Central, onde cada membro da aldeia é encerrado, desde o instante em que nasce, numa rede intrincada de agrupamentos sociais em oposição complementar – clãs, metades cerimoniais, classes etárias, sociedades de guerreiros –, a amizade formal perde seu caráter de afinidade eletiva para se tornar uma relação coletiva igual às outras, também herdada dos pais. Resume-se então a uma série de deveres estritamente codificados em relação a certos indivíduos: fabricar os seus adereços, enfeitálos para as cerimônias ou organizar o seu enterro. Finalmente, algumas tribos tupi levaram a instituição para uma direção totalmente oposta já que, longe de tê-la como suporte para obrigações quase que litúrgicas, concebem-na como uma alegre comunidade de corpo e espírito que se estende naturalmente às esposas: as amizades se selam entre casais e acarretam o livre acesso noturno à rede do parceiro do sexo oposto.

A mutualidade sexual de certas sociedades tupi enfatiza espetacularmente um traço presente também na maioria das formas de amizade cerimonial amazônicas: essas se desenvolvem à margem das relações sociais comuns, como uma alternativa ou, quem sabe, um antídoto. Nessa região do mundo, com efeito, a vida pública e privada tende a se organizar a partir de uma divisão fundamental entre duas classes de pessoas: os parentes consangüíneos e os parentes por aliança, as pessoas que são para mim como irmão e irmã, e aquelas em meio às quais me é permitido encontrar um cônjuge. As propriedades do parentesco classificatório deste tipo de sociedade são tais que, pelo jogo de derivações lógicas efetuadas a partir de um pequeno núcleo de relações genealogicamente comprovadas, qualquer membro da tribo será necessariamente, para mim, um parente ou um afim. Graças à sua relativa abstração, essas duas categorias mutuamente exclusivas encontram um campo de aplicação potencial que ultrapassa amplamente a esfera social e abarca idealmente a totalidade do universo: assim, meus companheiros concebem o cultivo da roça nos moldes de uma relação de consangüinidade entre as mulheres e as plantas que elas criam, enquanto a caça passa pelo estabelecimento de um vínculo de aliança entre os homens e a presa. A amizade cerimonial rompe essa simetria um tanto limitadora ao introduzir um terceiro tipo de relação, que combina algumas propriedades dos outros dois. Comparável com a afinidade, pela distância relativa que supõe entre os parceiros que concluem um pacto, mas maravilhosamente imune às obrigações assumidas para todo o sempre junto às pessoas que nos dão nossas mulheres, o vínculo *amik* tira sua inspiração efetiva da confiança íntima e mútua própria das relações entre irmãos de sangue. É sempre em referência à conduta prescrita entre germanos que os Achuar descrevem as obrigações da amizade cerimonial, no primeiro plano situando-se, evidentemente, a vingança. É, portanto, compreensível que Wajari quisesse criar comigo um vínculo *amik*: a meio caminho entre um parentesco demasiado inverossímil e uma afinidade meio embaraçosa, essa amizade codificada, que garante nossa mútua tranqüilidade e propicia um acesso privilegiado às minhas quinquilharias constitui, sem dúvida, o nicho sociológico ideal para encaixar o barbudo esquisito e a sua alva companheira.

Ao escolher seus *amik*, a gente de Capauari é levada por duas considerações aparentemente contraditórias: reforçar os laços com parentes muito próximos, irmãos ou cunhados, por exemplo, e criar relações com indivíduos muito distantes, tanto social como geograficamente. Em graus diversos, as duas estratégias respondem a uma mesma necessidade de garantir apoios fiéis e diversificados em todos os níveis onde se façam necessários.

É fato que a amizade ritual entre irmãos, mesmo uterinos, constitui uma certa perversão do sistema, tendo, decerto, menos a função de fortalecer uma germanidade fragilizada do que apresentar aos adversários potenciais a imagem dissuasiva de uma coalizão sem falha. É o caso de Tarir e Pinchu, inseparável dueto fraterno que faz pomposamente uso do "meu *amik*" em todas as oportunidades. As relações cruzadas são tão estreitas que quando Santamik, a mulher de Pinchu, o acompanha numa viagem de alguns dias, confia a guarda dos seus filhos a sua *yanas* Nampirach, mulher de Tarir, e não a Yatris, segunda esposa do seu próprio marido. A dimensão econômica de um relacionamento desses é evidentemente secundária, já que os dois irmãos almejam sobretudo uma vantagem política e já dispõem de toda uma rede de *amik* longínquos com quem praticar o escambo a distância. Ainda assim, interesse comercial e benefício social são muitas vezes difíceis de se dissociar. Pinchu, por exemplo, andava se queixando amargamente uns dias atrás porque Tarir não queria lhe dar um pouco de curare; o caso é que Taish trouxera o curare para o seu *amik* Tarir em troca de uma espingarda pica-pau que este lhe dera, e Tarir queria guardar o veneno para dá-lo a seu *amik* Washikta, de Sasaima, com quem ele espera conseguir uma espingarda de retrocarga. A "amizade fraterna" tinha aqui um peso mínimo, se comparada aos *amik* distantes, porém fornecedores de bens raros e preciosos.

Os amigos afastados, contudo, não são todos do mesmo tipo. Primeiro, existem os parceiros de negócios que são escolhidos mesmo bem longe, numa tribo vizinha, porque situam-se num local estratégico para o controle de determinados recursos que se tornaram indispensáveis para os Achuar. Assim, o povo do Kapawi mantém, há muito tempo, seus *amik* shuar na região do alto Makuma, graças aos quais consegue bens manufaturados que aqueles índios, já aculturados, obtêm diretamente, mais a leste, com outros Shuar que vivem em contato direto com a frente de colonização. Por essa via é que chegam, não só as espingardas pica-pau como boa parte das facas, dos facões, dos cobertores, dos cortes de tecido e outros artigos de escambo consumidos aqui. Os *amik* do Makuma também servem de intermediários para o abastecimento de sal, tradicionalmente produzido a partir de fontes salinas pelos Shuar de Mangosiza, e que circula por longuíssimas distâncias na forma de grandes pães compactos. Com exceção do sal, as trocas com os *amik* achuar e os *kumpa* quíchua do Bobonaza se dão para um mesmo tipo de objeto já que, assim como os Shuar, esses índios aproveitam a sua proximidade dos *regatones* de Montalvo para controlar a difusão dos bens ocidentais para os lados do Kapawi. Os Quíchua exercem, além disso, um monopólio sobre os colorantes minerais indispensáveis para a decoração das cerâmicas, pequenas concreções enroladas em argila, preta para o *kitiun*, vermelha para o *pura* e branca para o *pushan*. Já os índios do Sul, Mayn ou Achuar do Peru, são provedores dos três tipos de bens mais valorizados pela gente do Capauari: as espingardas de cartucho, as *shauk* e o curare.

As *shauk* são simples miçangas, de preferência cor vermelho coral, branco, amarelo ou azul ultramarino, enfiadas num simples cordão ou num colar, às vezes tecidas em forma de bracelete ou cinto. Tradicionalmente fabricadas na Boêmia, essas contas foram aos poucos substituindo os *mullu*, grãos rosa-nácar produzidos desde tempos imemoriais a partir de uma concha muito abundante no golfo de Guayas, e cuja difusão centralizada durante o império inca já cobria boa parte dos Andes e do piemonte amazônico. Ainda hoje, os Achuar afirmam que as *shauk* têm origem no "povo do Sol" e é possível que essa gênese misteriosa seja uma referência à origem inca dos adereços pré-colombianos hoje substituídos pelas miçangas. Embora essas contas estejam entre os mais antigos artefatos de troca introduzidos pelos europeus na Amazônia, são inencontráveis no Equador e percorrem um trajeto interminável até chegar aos Achuar desde longínquos balcões peruanos. É o que acontece também com o curare de boa qualidade, fabricado em quantidade quase industrial por grupos indígenas muito afastados, como os Lamista ou Cocama, e depois centralizado em cidades como Tarapoto ou Iquitos por *regatones* que asseguram posteriormente a sua distribuição entre os índios da fronteira.

Em troca de produtos tão diversos, os Achuar geralmente oferecem aos seus amigos distantes dois tipos de objetos pelos quais são conhecidos em boa parte da Alta Amazônia: zarabatanas e coroas de penas *tawasap*. Trata-se, em ambos os casos, de uma legítima produção comercial, integralmente destinada ao tráfico intertribal. Cada homem de Capauari fabrica pelo menos meia dúzia de zarabatanas por ano, e todas as casas geralmente contêm várias, em diferentes estágios de acabamento, desde a matéria-prima recém-aplainada – compridas ripas de madeira de palmeira que devem ficar secando mais de um ano antes que se comece a moldá-las em forma de semicilindro – até o tubo completo a que só fica faltando a ponteira de fêmur de jaguar. Os *tawasap* não podem ser produzidos nesse mesmo ritmo, pois suas sedosas penas amarelas e vermelhas se originam exclusivamente de um pequeno tufo situado na base da cauda do tucano, sendo necessárias, portanto, várias dezenas das pobres aves para a confecção desse adereço masculino. É verdade que o valor de um *tawasap* é muito superior ao de uma zarabatana: pode ser trocado por uma espingarda de cartucho novinha em folha ou por uma boa canoa, enquanto a zarabatana vale apenas um medíocre cobertor de náilon ou um par de camisas. Meus companheiros também conseguem para os seus *amik* shuar e os seus *kumpa* quíchua alguns recursos naturais que se tornaram raros no território daquelas tribos: toras de determinadas espécies de árvores apropriadas para a fabricação de flautas e zarabatanas, pedaços de palmeira *iniayua* para a confecção de flechinhas e fibra de sumaúma para empená-las, dentes de boto usados como amuleto para a caça e a pesca etc. Finalmente, e porque ele próprio está em situação de monopólio nas redes de difusão dos produtos vindos do Peru, o povo do Capauari é o fornecedor obrigatório, para os Shuar e para os Quíchua, da célebre tríade das riquezas: curare, *shauk* e *mayn akaru*.

Embora pareça obedecer à sensata racionalidade dos manuais de economia, essa divisão regional do escambo, segundo a qual cada um exporta os seus produtos e recursos especializados para compensar as desigualdades da natureza e da indústria, é na realidade mais comparável a um artifício destinado a perpetuar relações diplomáticas entre Estados beligerantes. Com exceção do sal – que não possui, claro, equivalente, mas do qual existem no Peru fontes alternativas exploradas há milênios – todos os produtos indígenas trocados entre *amik* distantes poderiam, com efeito, ser produzidos por aqueles que procuram adquiri-los, ou ser substituídos por equivalentes bastante adequados. Nada impede, por exemplo, que os Shuar ou os Quíchua fabriquem zarabatanas, curare ou *tawasap*, já que tudo indica que os fabricavam num passado ainda recente: a matéria-prima rareou, mas não se extinguiu, e a técnica de confecção poderia ser facilmente reavivada. Se não o fazem é porque, primeiro, acham vantajoso obter esses produtos de fabricação difícil e demorada em troca de uma quinquilharia relativamente barata e, para eles, de fácil acesso. Afora esse motivo simples, a divisão das especializações artesanais e comerciais entre as tribos tem também como conseqüência transformar o escambo num instrumento forçado de interação regional: através dele se tecem relações duradouras de dependência recíproca entre grupos de homens que poderiam perfeitamente viver em autarcia. Fundado sobre uma escassez artificialmente mantida, codificado nas obrigações recíprocas entre *amik*, alimentado pelos desvios erráticos do capitalismo mercantil, o escambo a longa distância responde, portanto, tanto a uma necessidade econômica quanto à vontade política de manter uma forma de ligação entre povos que pouco se apreciam.

O comércio entre amigos nem por isso acaba com os enfrentamentos intertribais; precede-os e prolonga-os, orienta-os em alguns casos e às vezes até contribui para suspendê-los. Desde tempos imemoriais os Shuar do alto Makuma são, ao mesmo tempo, inimigos tradicionais dos Achuar do Kapawi e seus parceiros de escambo: no Kapawi é que os Shuar vinham, ainda uns dez anos atrás, buscar cabeças para reduzir e era naturalmente para o Makuma que o povo de Capauari lançava suas expedições de represália. Esse relacionamento hostil não impedia, aparentemente, que os *amik* de ambas as tribos se visitassem com toda a confiança, o anfitrião garantindo pessoalmente a segurança do seu convidado durante sua estada, e mesmo escoltando-o, na volta, até o limite onde a segurança de um punha em risco a segurança do outro. Os amigos cerimoniais gozam assim das garantias de imunidade geralmente concedidas aos diplomatas. Sabe-se que se trata de um status bastante prático para ir espionar os inimigos, discutir com eles a suspensão temporária das hostilidades ou estabelecer uma mudança de alianças. Foi por esse tipo de intermédio que se estabeleceram, não faz muito tempo, os primeiros contatos entre os missionários evangelistas do Makuma e os Achuar do Kapawi, iniciativa que esses últimos acabaram por aceitar justamente a fim de preservar seu abastecimento em bens manufaturados que uma permeabilidade menor da fronteira com o Peru vinha tornando incerto. Se, por um lado, dívidas de morte e dívidas de riqueza se unem para tecer a trama do relacionamento geral entre as tribos, por outro, elas nunca coexistem num relacionamento singular de amizade entre um Shuar e um Achuar, o compromisso de trocar objetos excluindo todo e qualquer recurso à vingança. Comprovada em toda a Amazônia, essa associação paradoxal entre guerra e comércio talvez seja o único meio de resolver uma contradição, comum a todos os povos da região, entre o irrefreável desejo de autonomia experimentado por vizinhos demasiado parecidos e a necessidade, característica de todo agrupamento humano, de definir a própria identidade colocando-se como termo de relação de troca com o outro.

Tal contradição rege igualmente a escolha de um *amik* achuar "a uma boa distância", ou seja, fora do círculo dos familiares, mas ainda suficientemente próximo para que se espere contar com o seu apoio ativo numa vendeta. É o caso, para Tarir, de Taish ou Washikta: como pertencem a redes de parentes e afins distintas da dele, sem estarem, contudo completamente apartados, como vivem a alguns dias de caminhada no máximo, ou seja, numa vizinhança relativa na escala do território achuar, seriam inimigos perfeitos nas guerras intestinas da tribo se a amizade cerimonial não os tivesse transformado em aliados potenciais. Ainda mais que nas relações intertribais, esse tipo de laço *amik* reveste o desejo de diversificar alianças com as aparências de uma troca econômica; permite, além disso, realçar os contornos de uma posição social através das relações de antagonismo e troca, criadoras de alteridade. Assim, a cada tipo de inimigo corresponde um tipo de amigo, disposição sutil que dá sabor à vida social e a anima diariamente com as picantes incertezas de uma política à florentina.

A relação *amik* é tão cerimoniosa quanto cerimonial. Ostenta no mais alto grau o formalismo que rege toda a sociabilidade masculina, combinação de retórica empolada com poses ensaiadas que lembra irresistivelmente os piores clichês da literatura de exploração. Vou precisar, portanto, ficar atento para empregar com Wajari as fórmulas apropriadas de cortesia e, de modo mais genérico, exercitar sempre que possível o meu manejo da linguagem florida adequada às conversas entre homens.

Titiar, decerto o Achuar mais pomposo de Capauari, está no momento oferecendo um exemplo. Aproveitando que quase todos deixaram sua residência, ele profere uma arenga ao seu genro Chumapi, um rapaz de dezessete, dezoito anos.

– Meu genro, agora que te dei a minha filha, você vive na minha casa e estamos todos muito bem juntos, como deve ser. Nossos antepassados não falavam que o genro deve morar com o sogro e lhe prestar assistência, por acaso eles não estavam certos? Nós, os Achuar, fazemos tudo o que falavam os antigos.

– É verdade, é verdade, meu sogro!

– O *amik* do meu irmão Wajari também está aprendendo o modo de se comportar prescrito pelos antigos; ele sabe ler e escrever, sabe tudo o que sabem os brancos e talvez ele também tenha viajado até a lua; mas também quer conhecer o que os antigos falavam que se deve fazer, porque é correto se comportar assim.

– Assim é que é, meu sogro. Perfeitamente!

– Um genro por acaso não deve ajudar o sogro? Por acaso deve falar palavras ruins sobre a sogra? Por acaso deve virar as costas quando os inimigos do sogro o ameaçam? Não, um genro que não se ponha a serviço do sogro é como um camundongo que vem roubar amendoim, um ladrão de mulher, um homem sem palavra.

– Exatamente, meu sogro! Um ladrão de mulher, um homem sem palavra.

– Os jovens hoje em dia não respeitam mais o que falam os antigos; bancam o beija-flor com as moças, só querem se deitar com elas; *tsak*! aqui, *tsak*! lá; não é vergonhoso se comportar assim? Eles não querem assumir uma mulher porque não querem trabalhar. Por acaso não se deve desmatar uma roça para a esposa? Por acaso não se deve caçar para ela? Por acaso não se deve dar *shauk* para ela?

– Você disse bem, meu sogro.

– Meu genro, você não reparou que o galinheiro está em ruínas?

– Totalmente em ruínas.

– Fazer o que com as galinhas, agora? À noite, as jaguatiricas e as iraras vêm comer as galinhas; você talvez lembre que eu fiz uma armadilha, uma lua atrás, mas eles conseguiram escapar; só Inchi, o cachorro do cunhado Tsukanka, é que se deixou prender, pobre pateta! Nossas galinhas estão acabando; e agora, o que é que nós vamos dar para os Quíchua? Nós não estamos precisando de camisas e cobertores?

– É verdade, meu sogro.

– Os antigos nos ensinaram que era preciso construir galinheiros para proteger as galinhas; por acaso os antigos estavam enganados? O *amik* do meu irmão Wajari também fala que os brancos fazem galinheiros para colocar galinhas imensas, do tamanho de um urubu.

– Exatamente, meu sogro, do tamanho de um urubu! Tem umas até do tamanho de uma águia!

– Ora, ora, meu genro; convido você amanhã, se você aceitar, para ir comigo reconstruir o galinheiro.

– Combinado, combinado!

Depois dessa aula de moral doméstica, precisamos nos despedir rapidamente de Titiar, cujo humor sentencioso parece prestes a se manifestar novamente. E eu que, não faz tanto tempo, ficava desesperado por não entender nada durante as conversas!

De volta à casa de Wajari ao cair da tarde, deparamos com Chiwian e Paantam de tocaia no terreiro, caçando passarinho com umas mini zarabatanas que o pai confeccionou para eles. Estão postados próximos a uma *yakuch*, arvorezinha silvestre poupada durante os desmatamentos, pois seus frutos, apreciados pelos tucanos, servem ocasionalmente de isca. Não muito longe dali, Nawir está sentada no chão com um ar tristonho. Senur nos conta que ela está emburrada assim desde o meio da tarde por algum motivo que ninguém mais lembra, embora todo o mundo tenha tentado, em vão, consolá-la. Preocupado, Wajari conversa longamente com a menina numa voz carinhosa. Nessa sociedade particularmente dada a conflitos, leva-se muito a sério os amuos das crianças, como se fosse imperativo espantar qualquer ressentimento duradouro do seio da família para melhor dirigir a agressividade a objetos externos.

Da casa, avistamos Naanch passando para a outra margem com uma jaguatirica de bom tamanho nas costas; é pelo menos a terceira que ele mata em poucos dias. Wajari está meio despeitado, pois um dos seus cães foi morto, há pouco tempo, por uma fêmea de jaguar que conseguiu fugir, enquanto os cães de Naanch escapam todos ilesos dos seus enfrentamentos com os felinos.

– Eu tenho um *amik* branco, ele diz, rindo, mas Naanch ficou *amik* das jaguatiricas. Por isso é que nunca acontece nada com os cachorros dele; eu devia ter pedido para ele interceder com a *yana* jaguar dele para ela poupar o meu cachorro. Você vê, um verdadeiro homem tem de ter *amik* de tudo que é tipo!

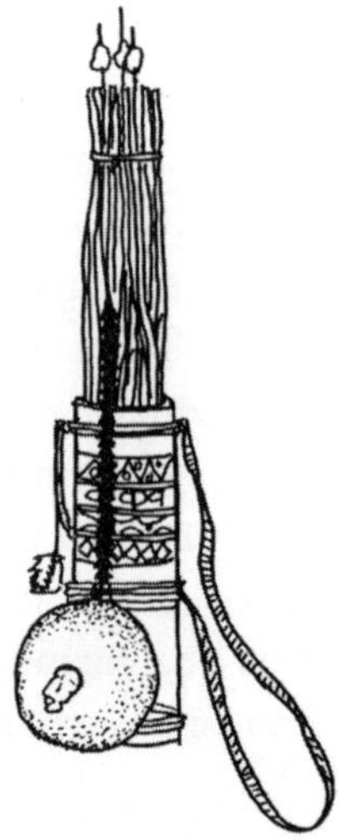

XI. VISITA AO POVO DO RIO

Uma alta fortificação de troncos de palmeira protege a casa, mas a porta aberta, talhada numa só peça de madeira, convida a entrar. O pequeno cercado delimitado pela sebe está deserto, encharcado de chuva e repleto de detritos domésticos: cerâmica rachada, montes de palmas, cestos fora de uso, lenha para aquecimento desordenadamente empilhada. A casa também é cercada por um muro de ripas de palmeira, interrompido do lado do *tankamash* por uma porta baixa, estreitada pelas tábuas móveis pouco afastadas que normalmente a condenam. Tsukanka, Wajari e Mukuimp entram à minha frente no buraco escuro, enquanto Auju, Senur e Entza ficam do lado de fora junto com Anne Christine. Em meio aos latidos furiosos dos cachorros presos e das imprecações das mulheres castigando-os, tomamos lugar nos *kutank* das visitas. Ao entrar, cada um de nós proferiu a fórmula costumeira: *Winiajai!* "estou indo". Sentado no seu *chimpui*, mas evitando cuidadosamente olhar para nós, Kawarunch respondeu a cada vez: *Winitia!* "venha".

O rosto anguloso do dono da casa está coberto por um listrado sangrento de urucum. Com a espingarda negligentemente colocada entre as pernas, ligeiramente virado de modo a não nos ver, ele manda as mulheres trazerem cerveja de mandioca. Um longo silêncio se instaura, interrompido por estalos de língua aprovadores, enquanto degustamos o *nijiamanch*. Imitando os outros visitantes do Capauari, estendo num gesto amplo minha tigela pela porta para que Anne Christine, agachada do lado de fora com as outras mulheres, também possa matar a sede; por trás do seu olhar impassível adivinho o esboço de um sorriso irônico.

Virando-se de uma só vez para ficar de frente para nós, Kawarunch subitamente fita Tsukanka nos olhos. Tem então início o extraordinário momento antológico da retórica achuar que é o grande diálogo de visita, a *aujmatin* ou "conversação".

– Cunhado, você veio?

– *Aih!*

– *Haa!*

– *Aih!* Cunhado, eu vim!

– *Aih!*

– *Haa!*

Em meio a uma confusão bem difícil de entender, mesmo porque ambos se expressam com uma voz de estentor, os dois homens se põem então a pronunciar simultaneamente fórmulas quase idênticas, Tsukanka com um leve tempo de atraso em relação a Kawarunch, como num canto em cânone.

– *Aih! Aih!* Cunhado! Nós, os Achuar, estando onde estamos. *Aih!* Cunhado! Ficando em nossa casinha, nós, os legítimos Achuar, não estamos presentes? Assim ficamos. *Maah!* Assim mesmo, estando sentado, você vem a mim, assim mesmo, nós não fazemos assim? Ficando assim mesmo em casa para esperar pelo que vem, do mesmo jeito dos antigos, fazemos assim, não é assim que tem de ser feito? *Aih!*

Na seqüência dessa balbúrdia introdutória, tem início o diálogo propriamente dito; ele assume a forma de uma ladainha salmodiada num ritmo muito animado, cada frase curta se desenvolvendo num crescendo contínuo, então tornando a descer bruscamente, e com forte acentuação, para uma nota levemente inferior à do começo. O interlocutor pontua o final de cada decrescendo com uma vigorosa interjeição de assentimento; pode também acrescentar um breve comentário, enunciado na mesma escala melódica, porém mais curta. Depois de se encararem rapidamente no início da *aujmatin*, Kawarunch e Tsukanka agora evitam se olhar nos olhos. Com o cotovelo sobre o joelho e a mão em concha diante da boca, cada qual só está ligado ao outro pelo contraponto de vozes potentes destituídas de qualquer origem visível. Tem-se a impressão de uma contenda bem codificada; depois do caráter repentino do primeiro contato visual, convém ocultar a origem física do discurso e dos olhares, para deixar a palavras tornadas imateriais o cuidado de expressar as verdadeiras intenções dos dois rivais em eloqüência. Única exceção nessa dissimulação de todos os componentes corpóreos do diálogo: os jatos de saliva que Kawarunch e Tsukanka emitem a intervalos regulares, prendendo os lábios entre os dedos. Esses projéteis acompanham as palavras em suas trajetórias e afirmam a sua veracidade.

– E você veio para agir como convém, assim eu permaneço!

– É verdade!

– Para começar a fazer o que devo, assim estou presente!

– Cunhado, você está presente para mim!

– *Haa!* Nós que sabemos fazer assim. E ele! E ele!

– *Tsa, tsa, tsa, tsaa!*

– *Haa!* Sem saber das novidades, eu fico em casa!

– *Aih!*

– Para me dar essas informações que você me traz, assim você vem para mim!

– *Haa!* É verdade!

Quase idênticos no significado, porém variando levemente na expressão, os clichês se encadeiam em ritmo acelerado até que Kawarunch interrompe subitamente o balanço harmonioso de suas frases para soltar uma fórmula muito parecida com as outras, mas proferida num tom perfeitamente monocórdio. É sinal de que é a vez de Tsukanka. Com um virtuosismo emparelhado com a convicção, esse último começa a todo volume com igual energia, enquanto Kawarunch sublinha por sua vez as banalidades do visitante com aprovações entusiásticas. E o diálogo prossegue nessa alternância combinada sem que transpareça o motivo da nossa presença, a não ser de modo bastante alusivo. Perdida em meio a uma avalanche de afirmações estereotipadas acerca da conveniência das visitas e das regras imemoriais da hospitalidade, a informação de fato trocada entre os dois homens é mínima: Tsukanka está indo visitar o seu amigo Washikta, que ele espera encontrar em casa; sim, ele está em casa; a região do Capauari está atualmente sem conflitos; boa notícia, a região do Sasaima, idem. Quase vinte minutos depois do início da *aujmatin*, a conclusão chega afinal pela boca de Tsukanka, numa gama constantemente ascendente.

– Depois de conversar bastante, como convém aos homens de verdade, *haa!* Vejamos! Tendo de partir depois de te visitar, vamos nos ver outra vez; agora preciso te deixar!

– Certo! Certo!

– *Aih!*

Instaura-se então uma pausa; Kawarunch conversa com as suas esposas, enquanto os homens do Capauari trocam banalidades num tom de alegria forçada, anfitrião e visitas ignorando-se deliberadamente outra vez. A seguir, o dono da casa volta-se para Wajari e tem início mais uma *aujmatin*. O conteúdo é tão pobre quanto o do primeiro: Wajari declara que vai visitar o seu sogro Tukupi na companhia do seu genro Mukuimp, do seu *amik* Yakum – integrante da misteriosa tribo dos *Pransi* que veio aprender a língua dos homens de verdade – e da sua *yanas* Anchumir. Nossa presença não parece surpreender Kawarunch, que educadamente se abstém de fazer qualquer pergunta a respeito.

Enquanto o diálogo desenrola suas alternâncias escandidas, minha mente ainda atordoada pelo cansaço da caminhada se põe a vagar pelas impressões causadas pela viagem. Saímos de Capauari ontem ao amanhecer, e caminhamos quase sem parar até o crepúsculo, numa mata densa, extremamente acidentada e desesperadoramente vazia. Não obstante a minha recente experiência em andar pela selva, eu ainda era incapaz de distinguir o rastro serpenteado que percorríamos em fila indiana, os homens na frente e em cerra-fila para proteger as mulheres de um eventual rapto por um mau espírito Iwianch. Para minha tristeza, os índios perderam várias vezes o caminho, detendo-se para discutir sobre a direção a tomar. À noitinha, cruzamos com uma ruidosa tropa de guaribas e, milagrosamente, acertei um de primeira para o jantar. Sob um rudimentar abrigo de palmas, a noite foi fria, chuvosa e pouco reparadora. Nossos calçados e roupas, encharcados pela travessia a pé de vários rios, exalavam um cheiro de podridão; vesti-los, como a uma mortalha gelada, na névoa do nascer do dia não contribuiu para fortalecer a vocação que nos conduzira até ali.

Por volta do meio da manhã, entramos no grande pântano do Mente Kusutka, que atravessamos chafurdando com água até as coxas durante mais de uma hora, molengamente sugados a cada passo nas deglutições do fundo lamacento, tropeçando sem cessar em raízes ou galhos mortos invisíveis na água escura. Sob as raízes elevadas dos mangues, ao pé dos buritis e de gigantescas samambaias, a superfície imóvel era agitada vez ou outra por uma preocupante vida animal que nos mantinha em estado de alerta. Por sua desumanidade primordial, o charco ia aos poucos se confundindo com as figuras das enciclopédias da minha infância, onde ilustradores criativos punham a conviver, num cenário antediluviano, os espécimes mais inquietantes da megafauna do Cretáceo; atordoado pelo extremo cansaço da caminhada, eu decerto não teria me surpreendido se visse tiranossauros e pteranodontes surgindo detrás de um tronco musguento.

Saindo do charco, ainda tivemos de galgar um cerro íngreme cuja aresta seguimos durante algum tempo antes de chegar ao outro lado da falésia por uma trilha escorregadia. E, de súbito, uma iluminação: através de uma fenda de luz descortinamos uma paisagem sem fim, horizontal e serena. Era a planície do Pastaza, recortada pelos entrelaços dos braços mortos e dos canais, num rosário de ilhas baixas beirando praias de seixos cinzentos. Nas mais amplas das faixas de terra arenosa isoladas pelos caprichos do rio cresciam matos de bambus gigantes e pequenos bosques de canas, refúgios cacarejantes de milhares de tarambolas; do alto de suas finas patas, garças brancas deambulavam na orla das águas calmas, indiferentes à nossa presença. Deliciado com essa cena edênica que tanto contrastava com a atmosfera abafada, darwiniana, do charco, eu não sabia onde pôr os olhos, subitamente transbordados por um céu imenso atravessado por uma caravana de nuvens fofas. O estrondo longínquo do rio se somava à grandeza do espetáculo, ampliando o horizonte com sua respiração potente.

Para avaliar a minha emoção, é preciso compreender que nosso universo estava confinado há vários meses a clareiras implacavelmente cerradas por uma vegetação vertical, sem aberturas nem linhas de fuga, o firmamento reduzido a uma janela minúscula, ocultada muito cedo pelo cair da tarde. Depois de uns poucos passos pelas roças já éramos engolidos por uma penumbra submarina, ininterrupta como um castigo eterno. Até os índios pareciam felizes por emergir do interminável túnel esverdeado em que vínhamos avançando há dois dias: sentaram-se por um tempo sobre os seixos para contemplar silenciosamente a visão majestosa do grande rio. Fixando um olhar sonhador na fraca linha verde que assinalava o recomeço da floresta na outra margem, Wajari proferiu um lacônico "Que bonito!", único julgamento estético que eu tinha escutado ele expressar sobre a paisagem. Alguns minutos depois chegávamos à casa de Kawarunch.

Ele agora está conversando com Mukuimp, manifestamente menos à vontade no exercício retórico que seus parentes mais velhos: suas tiradas são menos longas, vez ou outra prejudicadas por um breve gaguejo e expressas num tom não muito firme. A *aujmatin* é uma prova temível para os jovens, embora se preparem para ela desde a adolescência, treinando com os irmãos e primos na intimidade da floresta, protegidos de eventuais observações irônicas dos homens adultos. À diferença do *yaitias chicham*, ou discurso lento, modo de diálogo quase natural para todos os homens, a conversação só é de praxe nas visitas a casas distantes, quer pela geografia, quer pela genealogia, quer pela suspeita de inimizade. Esses três critérios de desconfiança são em geral conjugados, pois um parente afastado nunca é seguro, principalmente quando as alianças políticas são tramadas numa região onde se tem pessoalmente poucos contatos. É o caso de Kawarunch, com quem Tsukanka e Wajari só possuem laços de afinidade remotos, mas que a gente do Capauari suspeita ter matado Ikiam, que por sua vez era tio materno de Auju, esposa de Tsukanka. Se essa acusação fosse comprovada, Tsukanka estaria na obrigação de ajudar os parentes de sua mulher a se vingarem de nosso anfitrião, o que eles não parecem dispostos a fazer de imediato já que por outro lado Yaur, irmão de Ikiam, é *amik* de Kawarunch, tendo-o inclusive encarregado recentemente de cobrar o *tumash* de Sumpaish, o outro acusado presumido.

As circunstâncias desse caso tenebroso estão presentes na mente de todos, mas nada transparece nas sucessivas *aujmatin* que presencio. Com efeito, a "conversação" possui a particularidade de excluir qualquer conversação de fato: o encadeamento das fórmulas estereotipadas, muitas delas sem nenhum sentido, a anáfora sistemática, a repetição de um mesmo verbo em diversos modos, o emprego de sinônimos e uso de paráfrase contribuem para uma extrema redundância do discurso, onde flutuam uns poucos fragmentos de significado. Estes se resumem à afirmação infinitamente repetida desses poucos valores cardinais da cultura achuar que são a necessidade das visitas, as regras de hospitalidade, o dever de assistência entre parentes e a obrigação de valentia que cabe aos homens. Por ser o tempo de fala de cada interlocutor também limitado pela prosódia da alternância, é impossível fazer uma pergunta ou desenvolver um assunto que saia fora desses lugares-comuns: contrariamente a um colóquio normal, não se pode aqui orientar o diálogo para um tema que se queira ou deixá-lo derivar para um rumo inesperado. É que o *aujmatin* é uma forma de troca verbal em que a semântica tem um papel bem pequeno. As mensagens que circulam estão menos contidas nas palavras do que na interação que elas propiciam, na encenação minuciosamente codificada que leva a se confrontarem dois personagens que têm algum motivo para desconfiar um do outro e encontram nesse preâmbulo uma oportunidade para se observarem mutuamente. Donde a importância das atitudes, da entonação, da ordem das interpelações, da sucessão regulada dos episódios, da exibição dos adereços e das armas, em suma, de tudo o que constitui as imediações do diálogo. A conversação é tanto um combate retórico como um instrumento de mediação por meio do qual indivíduos que ostentam, de início, uma posição de afastamento máximo são paulatinamente conduzidos, pela reiteração conjunta de um credo partilhado, a reduzir a distância social que os separa. No final, a hierarquia dos protagonistas está estabelecida e uma sociabilidade normal pode então renascer.

Nosso anfitrião terminou de submeter o pobre Mukuimp à tortura e, como tomei o maior cuidado de não cruzar o seu olhar para evitar ser interpelado também, Tsukanka pôde expor o prosaico objeto de nossa visita: precisamos que Kawarunch nos faça atravessar o Pastaza na sua canoa para irmos visitar Tukupi e Washikta na outra margem.

Partimos pouco depois, andando por um labirinto de praias e ilhotas até o braço principal do rio que vai arrastando, no maior estardalhaço, pedaços de mata nos turbilhões de suas águas escuras. São necessárias duas viagens para que todos transponham o formidável obstáculo, com a frágil embarcação chacoalhando feito uma palhinha na corrente irresistível e só não virando, mais de uma vez, nos turbilhões dos altos-fundos graças a uma providencial remada de Kawarunch. Ao desembarcar numa pequena enseada coberta de sumaúmas, Wajari me conta, num tom indiferente, que durante uma travessia anterior a canoa manobrada por seu *amik* Picham cortou a correnteza e acabou virando. O rio os arrastou por várias centenas de metros até que conseguissem retomar pé num afloramento pedregoso e a pequena Nawir, jogada mais adiante pelas águas, ficou muito tempo inconsciente.

Deixando a canoa firmemente amarrada, retomamos nossa caminhada pelos braços mortos forrados de seixos até chegar, uma hora depois, numa praia tranqüila onde desemboca uma trilha. Os homens então tratam de fazer uma meticulosa toalete: depois de se pentearem, dividem o cabelo em três rabos enrolados em cordõezinhos, depois põem as coroas *tawasap* e vestem as camisas estampadas que trouxeram apertadas nas sacolas de rede. Espetando em seguida, um de cada vez, um bastãozinho numa minúscula cuia de cosmético cheia de um pó a base de urucum pilado, pintamos o rosto. Acabei adotando o motivo chamado "sucuri", composto de um duplo braço de cruz no nariz, tracinhos contornados por uma tira larga nas bochechas e uma elegante rede de linhas que sai dos cantos da boca e da base das narinas e vai até o lobo das orelhas. Anne Christine não tem essa sorte e deve, como as outras mulheres, se contentar com uma ornamentação mais modesta, no caso um crescente contornando um ponto em cada maçã do rosto. Para se mostrar em melhor condição, Wajari toma a minha espingarda emprestada, já que presenteou a sua a um *amik* pouco tempo atrás. Nesse esplêndido aparato é que chegamos finalmente à casa de Tukupi.

A roça parece imensa e beira um riacho grande de águas claras, o Sasaima. Visível de longe, a casa é maior que todas as que vi até agora. Embora os cachorros já nos tenham ouvido chegar há algum tempo, Wajari assinala a nossa presença como se deve, embocando o cano da espingarda para emitir um mugido de buzina de caça. O dono da casa trona majestosamente em seu *chimpui*: atarracado e musculoso, entre quarenta e cinqüenta anos de idade, emana dele uma impressão de força contida, acentuada por um rosto quadrado com queixo voluntarioso. Curiosamente, sua cabeleira tem reflexos de um loiro acobreado, quase ruivo. Um homem jovem está sentado a poucos passos dali, num *chimpui* mais modesto; é Naychap, o filho mais velho. Sua parecença com Tukupi é patente, mas como que esquematizada numa cópia apressada, a força do caráter do pai só transparece em seu rebento na forma de brutalidade rabugenta. Mais dois visitantes estão presentes: Asamat, único irmão sobrevivente de Tukupi que, percebo em seguida por seus resmungos guturais, é surdo-mudo, e Washikta, imenso varapau com um rosto seco e impassível de *condottiere*, que conversa aos gritos com o dono da casa. Interrompendo-se logo depois de nossa chegada, este manda servir a cerveja de mandioca, interpelando Tsukanka logo em seguida para um *aujmatin* particularmente impetuoso.

Aplicadas fartamente por todo o rosto em grandes traços pastosos, as pinturas desses Achuar do rio são mais grosseiras que as do Capauari; a cerâmica também é menos fina, enfeitada apenas com uns poucos desenhos desajeitados. Essa estética primitiva que recusa toda complexidade de ornamentação está bem de acordo com a elocução feroz e sacudida dos homens do lugar e com a vigilância de sua atitude. O conjunto sugere um estilo distintivo novo para mim e mais conforme àquilo que a literatura relata sobre os Jivaro, misto de violência contida e orgulho sem igual. Com exceção de Tsukanka, meus companheiros de viagem parecem, aliás, meio intimidados por Tukupi, principalmente Wajari cuja habitual bonomia quase se dissolveu ante um sogro tão formidável.

Meu *amik* adquiriu essa relação de aliança em circunstâncias bastante marciais. Sete ou oito anos atrás, Tukupi e Washikta empenharam-se numa vendeta sem trégua contra dois irmãos, Jimpikit e Tiriruk, que viviam a um dia de caminhada para leste. Por terem as parentelas, mobilizadas de um lado e de outro, força mais ou menos semelhante, nenhuma vantagem decisiva fazia pender a balança dos combates. Tukupi e Washikta decidiram então pedir reforço aos aliados do Kapawi, incluindo Tsukanka, Wajari, e o seu irmão Titiar. Alguns vieram também do Surikentza, bem mais ao sul. Após várias mortes de cada lado, os de Sasaima acabaram vencendo: Tiriruk e Jimpikit foram mortos, assim como Yurank, genro desse último, abatido por Chumpi, um homem do Surikentza cujo irmão ele matara. Ao voltar de um ataque, o partido vitorioso deparou por acaso com mulheres da facção vencida pescando com timbó; foram todas raptadas. Kawarunch ficou com Atinia, Kayuye com Nuis e Tukupi com Tsitsink, a viúva de Jimpikit. Ela vinha acompanhada das filhas, duas das quais, Entza e Chawir, eram muito jovens e foram com a mãe para a casa de Tukupi. A terceira, Senur, era esposa de Yurank. Para recompensar Wajari por um ato valoroso, e porque Chumpi não estava pedindo Senur para si, Tukupi entregou a viúva ao seu *amik*, que a levou para o Kapawi fazendo dela sua segunda esposa. Junto com Senur vinha também sua filha Suwitiar – que Wajari mais tarde daria em casamento a Mukuimp –, seu filho Sumpa e a mãe de Yurank, Awasant, que mora atualmente na casa de Mukuimp. Com o rapto de Tsitsink, Tukupi tornara-se automaticamente "pai" de Senur, Entza e Chawir, as filhas que ela tivera num primeiro casamento. Assim, quando Wajari, em visita ao seu "sogro" com Senur, deparou com a jovem Entza, não teve dificuldade em obtê-la como terceira esposa. Esses acontecimentos trágicos parecem, no entanto, muito distantes e a harmonia existente nas casas de Wajari e Mukuimp não dá a perceber que quatro das cinco mulheres que ali vivem são, na origem, presas de guerra, concedidas sem nenhuma complacência a um dos homens que contribuíram para assassinar os seus pais, filhos e esposos. A desagregação gerada pela vendeta na vida cotidiana das famílias, os assassinatos, as separações e os raptos que periodicamente as enlutam são assim, em parte, atenuados pelo tratamento carinhoso dado aos cativos: atos iniciais de violência, raptos e adoções forçadas acabam por abrandar inimizades passadas, dissolvendo-as com o tempo numa intimidade doméstica talvez mais ajustada do que se fosse oriunda do livre consentimento.

A gente do Capauari considera Tukupi o "grande homem" (*juunt*) de toda a região do Sasaima. Esse termo de respeito designa um homem valoroso (*kakaram*), reconhecido por seus pares como o líder de uma facção de guerreiros em razão de sua inteligência tática e do carisma que emana de sua pessoa. Numa sociedade em que todos os homens adultos são iguais e dependem apenas de si próprios, em que o supremo valor masculino é a bravura em combate e os riscos de repentinamente levar uma rajada de chumbo são grandes, não é fácil conseguir e conservar essa preeminência. Além de uma coragem sem falha, atestada por inúmeras proezas individuais, é preciso ter certo pendor para a expressividade teatral e um incontestável talento de orador. O domínio da palavra dialogada serve, de fato, para convencer, seduzir e ser respeitado, para intimidar aliados reticentes e inimigos potenciais pela manifestação de uma força d'alma incomum. A eloqüência ardente do grande homem não visa a promoção do bem comum, da harmonia ou da virtude, como é o caso em outras tribos sul-americanas, onde chefes sem nenhuma autoridade efetiva desfiam sem cessar discursos edificantes que ninguém escuta. À diferença desses pregoeiros impotentes, o *juunt* sempre usa de seu poder de convicção com determinado interlocutor, do qual pode medir a adesão ou a desconfiança. Hábil manipulador, que sabe recorrer à mentira quando necessário, profundamente apegado à glória e ao prestígio de sua facção, ele é um fautor de guerra e não um fazedor de paz.

Uma carreira assim só pode ser alcançada com a ativa cumplicidade de diversas esposas. A capacidade de coligar à sua volta um grupo de parentes e aliados passíveis de se envolverem num ataque supõe que se dê mostras de uma hospitalidade constante. O suporte das mulheres se revela indispensável na matéria, já que são elas que cuidam das refeições e distribuem a inesgotável cerveja de mandioca. Também é preciso ser um bom caçador e sempre ter guardada alguma carne fresca ou defumada, pois não servir caça a um convidado seria desonroso. O grau de magnificência de um grande homem se mede muito concretamente pelo tamanho de suas roças, a dimensão de sua casa, o zelo de suas esposas e a fartura da carne, elementos que contribuem para a sua capacidade de acolher, em qualquer circunstância, muitos visitantes.

A obtenção de mulheres é tanto o resultado da estratégia política do líder como um meio para executar os próprios empreendimentos. A vendeta propicia, é claro, a oportunidade de se apropriar das esposas alheias sem dever nada a ninguém, já que as obrigações de assistência normalmente contraídas em relação aos parentes ficam suspensas aqui pelo próprio estado de hostilidade que tornou o rapto possível. A prática sistemática do levirato, que permite que um indivíduo se case com as viúvas de seus irmãos, também constitui uma forma prática de aumentar a família numa sociedade em que muitos homens morrem antes de atingir a maturidade. Graças a essa instituição, que a Bíblia tornou familiar para nós, o mais valente, ou o mais sortudo, de um grupo de irmãos vai progressivamente angariando a fertilidade e o trabalho de suas cunhadas, além de determinadas condições sociais para se tornar um *juunt*. No entanto, como um jovem Achuar só vai para a guerra depois de casado, e geralmente sob a regência do sogro, o ciclo dos casamentos costuma ter início em circunstâncias menos dramáticas. A escolha de uma primeira esposa obedece a uma regra muito simples: um homem deve ficar com uma filha, quer dos seus tios maternos quer das suas tias paternas, as moças dessa categoria sendo por ele chamadas de *waje*. Quando o casamento com uma verdadeira *waje* revela-se impossível, precisa apelar para "primas" mais afastadas, nascidas dos irmãos e irmãs dos cônjuges dos germanos de sexo oposto aos seus pais. Assim, Tukupi primeiro se casou com sua *waje* Yapan, filha da irmã do pai dele, depois com Shamich, igualmente *waje*, embora mais distante, já que é filha do irmão do pai de Yapan. Posteriormente desposou Yamanoch, viúva do irmão de Yapan – casamento um tanto irregular –, Tsitsink, que ele tirou de Jimpikit, Pirisant, viúva do seu irmão Wampush morto numa vendeta e, finalmente, Ishkui, que ele roubou de Tiriruk, mas que este lhe tomou de volta.

O casamento entre primos cruzados – segundo a terminologia usada pelos etnólogos – é comum em vários povos sob todas as latitudes. Contrariamente ao que nossos próprios costumes nos levariam a pensar, não se trata de uma união entre consangüíneos já que, em tal sistema, os irmãos da minha mãe, as irmãs do meu pai, e os filhos deles são considerados meus parentes por aliança, enquanto os irmãos do meu pai, as irmãs da minha mãe e os filhos deles são considerados meus parentes de sangue. Entre os Achuar, o casamento com a *waje* contribui para estreitar periodicamente relações já bastante próximas entre parentelas vizinhas, que podem se reproduzir e perpetuar suas alianças num círculo de endogamia muito restrito. O encadeamento dos casamentos, dentro de uma rede social onde todos os membros são ligados por um ou vários laços genealógicos, tende a fixar uma malha de solidariedades familiares sempre renovada pelas obrigações de assistência mútua que se devem parentes e aliados num grau próximo. A indefectível cumplicidade que une Washikta e Tukupi nas guerras de vendeta é baseada, desse modo, numa extrema intricação de suas relações de afinidade, já que a mãe do primeiro era irmã do pai do segundo, já que eles se deram reciprocamente as irmãs em casamento, já que o filho do irmão de Tukupi, adotado por esse último quando da morte do pai, casou-se com a filha de Washikta, cujo filho casou-se com a filha de Chawir, que Tukupi raptara junto com sua mãe Tsitsink.

Tornar-se o pivô de uma facção minimamente duradoura exige do grande homem que ele constitua com o decorrer do tempo uma parentela mais ampla do que aquela herdada dos seus pais. Seus irmãos, mais um ou dois afins – como Washikta para Tukupi – formam o núcleo inicial a que vêm somar-se paulatinamente alianças mais diversificadas. Para ter acesso a um amplo grupo de cunhados que possam auxiliá-lo ele tem, em primeiro lugar, de escolher esposas em várias famílias diferentes e nelas criar devedores entregando as suas irmãs em casamento. Os afins dos seus irmãos e os consangüíneos dos seus aliados privilegiados virão igualmente engrossar as fileiras daqueles a quem poderá solicitar auxílio, embora a adesão deles aos seus projetos não seja, nesse caso, automaticamente garantida. Finalmente, à medida que vai avançando em anos, o *juunt* acaba por dispor de um pequeno grupo de dependentes que têm com ele um vínculo de obrigação pessoal: em primeiro lugar, seus filhos, mas também seus genros, forçados pelo costume a viverem vários anos na casa do sogro ou à proximidade imediata. Os filhos do grande homem não são sujeitos a essa regra de residência, e nessa exceção à norma é que talvez se manifeste mais de imediato a singularidade do status de líder: a fim de manter pelo maior tempo possível o apoio de seus filhos homens, ele dará um jeito para que eles se casem com órfãs ou filhas de um homem distante e marginal, incapaz de resistir às pressões de um aliado tão temível. Mais uma vez, Tukupi oferece o exemplo de uma trajetória sem falhas pois, entre sua parentela e a do seu cunhado Washikta, ele pode atualmente contar com o apoio ativo de meia-dúzia de homens de sua geração e uma dúzia de jovens guerreiros, quer sejam filhos, genros ou sobrinhos.

A construção das redes de alianças e sua mobilização durante as vendetas são facilitadas pelo fato de que os pais e aliados mais próximos não vivem a mais de um dia de caminhada, ou de canoa, uns dos outros. O ideal é se casar o mais perto possível, genealógica e geograficamente, ou seja, numa zona de vizinhança cuja configuração e cujos habitantes são familiares desde a infância. É o que já sugeriam as biografias dos meus companheiros de Capauari, e vem se confirmando com tudo o que aprendemos sobre a região do Sasaima. A novidade, aqui, está na evidente dimensão política do papel de Tukupi, reconhecido como chefe de guerra por boa parte dos homens de sua parentela e, portanto, em melhores condições que qualquer outro para encarnar, perante o exterior, a identidade social do território que ele anima com sua presença. Naanch e Tsukanka preenchem um pouco, sem dúvida, essa função de grande homem em Capauari, mas de modo bastante atenuado já que, depois que a influência missionária começou a se fazer sentir na região, nenhum conflito de monta permitiu que eles confirmassem seu prestígio com um papel efetivo de líderes de facção.

Aproveitando uma pausa na série de conversações entre Tukupi e os homens de Capauari, Washikta se volta para Kawarunch e o interpela violentamente no modo de discurso lento. Pergunta-lhe se os boatos que o apontam como assassino de Ikiam têm fundamento, censura-o amargamente por perturbar a paz da região, acusa-o de enganar Yaur, o irmão da vítima, com discursos malévolos que incriminam a ele, Washikta, e cita Tsukanka como testemunha da gravidade dessas alegações. Essa virulência espetacular é manifestamente exibida em nossa intenção: como Washikta não mora muito longe de Kawarunch, é pouco provável que ele tenha esperado até agora para debater com ele um assunto que data de vários meses. Sob o olhar zombeteiro de Tukupi, Kawarunch se desculpa com veemência, invocando o laço sagrado que o une ao seu amigo Yaur e imputando a Washikta a responsabilidade pelas perturbações capazes de surgir depois de calúnias tão exorbitantes. Com a fúria crescente dos dois homens, Tsukanka acaba por intervir para acalmar os espíritos, à base de abundantes sentenças lenificantes sobre a necessidade de se evitar a discórdia entre parentes e sobre a polidez que é conveniente observar durante os diálogos.

Kawarunch, evidentemente, é a ovelha negra da região do Sasaima. Cunhado de Tukupi, assim como de Washikta, foi antigamente seu aliado nas vendetas, mas hoje se mantém reservado, isolado na outra margem do Pastaza por uma névoa de maledicências. Dizem que um certo Tuntuam o acompanha em sua desgraça; embora seja primo de Tukupi e irmão "ramificado" de Washikta, também se mantém distante em relação a eles e visita freqüentemente Kawarunch, com cuja irmã é casado. A facção que um grande homem como Tukupi é capaz de mobilizar por ocasião de um conflito não integra todos os homens da área em que sua influência se exerce; sempre haverá membros de sua parentela que um ressentimento recíproco irá afastar e que, conseqüentemente, não se prestarão a seu jogo. Os acasos da antipatia e a total liberdade de ação reservada a cada indivíduo contribuem, sem dúvida nenhuma, para evitar a efetivação de um verdadeiro poder local, impedindo quem quer que seja de exercer alguma autoridade duradoura sobre parentes sempre prontos a se desunirem. Não obstante o temor respeitoso que suscita, o prestígio que o cerca, o número de guerreiros a quem pode pedir assistência, Tukupi não é um chefe porque ninguém é obrigado a suportar a sua ascendência.

Washikta nos convida a visitá-lo. Despedimos-nos demoradamente e partimos, com exceção de Kawarunch que retorna à sua casa com raiva no rosto. Com o olhar alerta e a espingarda carregada, Washikta nos conduz durante algum tempo por uma mata aluvial de cerca de cem a duzentos anos, até penetrar em outra roça grande. Meus companheiros de viagem comentam entusiasticamente a exuberância e variedade das plantas cultivadas, enfatizando o vigor do amendoim e da vagem, o tamanho dos cacaueiros, a diversidade de espécies de pimenta e mandioca, a ramificação luxuriante das bananeiras. Contrariamente à terra compacta e pesada de Capauari, o solo aqui é preto e leve, com sua fertilidade regenerada pelo limo do rio. Depois de tanto chafurdar na argila das colinas e na lama dos pântanos, ele oferece aos meus pés, finalmente descalços e martirizados pelas bolhas, um maravilhoso tapete, quente e macio.

Uma suculenta refeição nos espera na casa de Washikta, a primeira desde anteontem: porco-do-mato defumado no ponto e uma sopa de amendoim com folhas de mandioca cozidas à guisa de espinafre. Auju, porém, recusa a comida, apesar das discretas injunções de Tsukanka. Mukuimp irá me explicar pouco depois que, desconfiada de que Washikta teria matado Ikiam, ela tem medo de ser envenenada se comer carne de caça abatida com a mesma espingarda que serviu para assassinar o seu tio. O apetite dos outros convivas não é refreado por esse contágio instrumental que afeta exclusivamente os consangüíneos da vítima. Com efeito, acredita-se que a arma se alimenta do sangue dos seres que mata, sendo esses parcialmente contaminados por ele. Ora, como dizem que parentes partilham o mesmo sangue, esse sangue não pode se juntar com ele próprio por intermédio de um animal sem ocasionar sérios problemas fisiológicos. Nessa imunologia ao avesso o idêntico é que é patogênico, donde o tabu sobre a espingarda, que os Achuar chamam de *kinchimiartin*.

Muitas mulheres trabalham na casa. Das sete esposas que Washikta teve, duas foram mortas nas guerras e outras duas morreram durante uma epidemia de sarampo; a última, uma mocinha particularmente graciosa, decerto contribui para consolar a sua velhice. À diferença das outras crianças, que ficam confinadas no *ekent*, uma menina de seis ou sete anos serve a cerveja de mandioca, enfeitada como uma adulta: pintura de urucum, colar de *shauk*, várias tiras tecidas nos pulsos e nas canelas. É a mulher de Samiruk, genro do dono da casa, um meninão forte cuja jovialidade não parece abalada pela abstinência a que tem de submeter-se até as primeiras regras da sua jovem esposa. O casamento com meninas impúberes é apreciado por meus companheiros pois suscita, segundo eles, uma ligação duradoura para com o esposo, construída num período da vida em que o aprendizado do papel conjugal ainda se confunde com um jogo. Por não serem as competências domésticas da menina ainda muito sólidas, Pirisant, a mãe de Samiruk, é que assume a coordenação. Essa velha gorda, sempre sorridente, é a viúva de Wampush, irmão de Tukupi, que a tomou por esposa depois do assassinato do seu primeiro marido; ela não foi certamente repudiada, mas parece mais feliz exercendo a sua solicitude maternal na casa de Washikta do que vivendo com um esposo já muito bem servido.

Veio a noite e apenas uma tocha de resina ilumina o *tankamash*; a luz vacilante parece fazer reviver o despojo de uma águia-harpia pregada na parede com espinhos de pupunheira, as asas brancas estendidas por quase dois metros feito uma efígie fantástica. Depois da tensão das primeiras visitas, a escuridão cúmplice e a satisfação dos estômagos saciados visivelmente relaxaram o ambiente. Washikta escolhe esse momento para entregar sua espingarda a Tsukanka.

– Tome, meu *amik*, pegue isso por mim!

– Está bem, está bem!, retruca o presenteado simplesmente.

Ele não parece especialmente perturbado pela suspeita de que Washikta poderia ter matado Ikiam com aquela arma. Apesar da grave insinuação que a sua recusa em comer implica, Auju, por sua vez, não se curva: agachada na beira do *ekent*, fita o cano reluzente com um olhar indecifrável.

XII. O AMOR NO PLURAL

Wajari parece muito satisfeito com o banho vespertino que tomou com Entza; da casa de Picham, onde estamos instalados, vejo-os brincar como dois pombinhos pela trilha arenosa que vem do Pastaza, ali do lado. Se Wajari pediu a hospitalidade de Picham durante a nossa estada em Sasaima, é porque Picham é seu *amik* e ambos partilham do temível privilégio de serem genros de Tukupi: Chawir, a mulher do nosso anfitrião, é irmã de Senur e Entza, as três Graças outrora raptadas por Tukupi junto com a mãe, Tsitsink. Esta vive atualmente com Chawir, e a evidente felicidade que essas mulheres, levadas para lá e para cá pelo destino, experimentam por estarem juntas infunde também uma amigável cumplicidade no relacionamento de Wajari e Picham. No mais, o dono da casa é de natureza jovial; trata-se de um homem robusto de uns trinta anos, que usa vaidosamente a sua tanga em todas as circunstâncias: com seu rosto regular, porém maciço, cercado de uma longa cabeleira, ele me lembra irresistivelmente um jogador de rúgbi travestido de mulher.

Segurando pela orelha uma Entza sorridente, Wajari entra em casa com passo triunfante.

– Olhe só, meu *amik*, o peixe graúdo que eu pesquei; ela não resistiu ao meu anzol grandão!

Senur intervém com ar zombeteiro.

– Mas esse seu anzol não tem lá muita carne para servir de isca; talvez fosse melhor você ir caçar quati!

Todo o mundo cai na gargalhada, principalmente Picham, que pontua as suas risadas com repetidos *hey ya*!, sinal de absoluto divertimento. A piada é adequada: o membro do quati é dotado de um osso comprido e fino que lhe garante uma rigidez constante. Como essa particularidade anatômica mexeu com a imaginação dos índios, os homens aproveitam-na para fabricar um filtro, raspando o osso numa decocção de fumo verde; bebida no momento oportuno, a mistura tem fama de prevenir, ou paliar, qualquer deficiência masculina.

A brincadeira de Senur me surpreendeu por sua audácia; ela reflete, ao mesmo tempo, a harmonia que reina na família de Wajari e certa liberdade de tom perceptível entre os meus amigos desde nossa chegada em Sasaima. Essa escapulida de poucos dias bastou para atenuar a pudica discrição que normalmente modera as relações entre os sexos. Em público, marido e mulher ficam apartados, falam pouco um com o outro e raramente usam palavras de afeto; o que significa que mesmo os cônjuges mais ajustados se abstêm de brincar diante dos outros. Não se trata de puritanice, é antes a autocensura de uma sexualidade vigorosa de que se teme uma manifestação muito desenfreada: de fato, a mínima ironia um pouco ousada entre um homem e uma mulher é imediatamente interpretada como convite para fazer amor.

Entre homens os ditos picantes também são mal recebidos, pois sugerem uma derrisão ofensiva da virilidade. "Eu por acaso sou alguma mulher para você falar assim comigo?", dizia severamente Tarir, outro dia, ao seu irmãozinho Tseremp que, brincando, lhe oferecia o pênis em troca de um pouco de curare. Esse medo de ver desaparecer as diferenças entre os sexos explica, sem dúvida, por que a homossexualidade assumida, ou mesmo clandestina, parece ser desconhecida aqui. É claro que, como em todo lugar, os adolescentes às vezes despertam para o desejo pelo corpo já familiar de seus companheiros. Quando dois meninos de Tsukanka, um tempo atrás, foram surpreendidos tentando sodomizar-se, todo o mundo vociferou, mas num tom divertido que desmentia a suposta gravidade daquela torpeza. Já o pai deles não gostou nem um pouco e a tremenda surra que lhes infligiu talvez seja o motivo por que esse tipo de inclinação permaneça profundamente reprimido posteriormente. Os Achuar, aliás, comentaram várias vezes comigo, com verdadeiro horror, sobre a existência de "homens-mulheres" entre os Quíchua do Bobonaza, homossexuais que fazem cerâmica, trabalham na roça, preparam a comida e se comportam em tudo feito legítimas mulheres. O repúdio que esse comportamento suscita entre os meus companheiros expressa menos uma moral da conformidade do que repulsa diante de uma confusão entre domínios e categorias cuja separação absoluta é considerada necessária para o bom andamento do mundo.

O chiste de Senur atesta também o bom relacionamento que ela mantém com a irmã. Wajari e Entza evidentemente acabavam de fazer amor numa praia isolada, e sua alegria de amantes saciados levara Senur a lembrar ironicamente seus próprios direitos sobre a virilidade do homem que ambas mulheres dividem. Nenhum despeito nesse caso, mas antes uma afirmação de cumplicidade entre esposas de sexualidade exigente. Nos casamentos polígamos, cuja concórdia é sempre ameaçada pelo ciúme, o cumprimento do dever conjugal exige algumas precauções, notadamente evitar arroubos amorosos no recinto superpovoado da casa. De modo que quando um homem leva uma de suas esposas para a caça, ou para um banho em local afastado, suas outras mulheres não ignoram os prazeres que eles se permitem. Se o marido respeitar escrupulosamente a vez de cada uma, e se o seu vigor permitir que contemple todas elas com razoável regularidade, essa sexualidade cíclica costuma ser bem tolerada. Segundo Mukuimp me confidenciou, uma esposa desatendida não hesita em fazer valer explicitamente seus desejos empunhando o sexo do esposo quando uma ocasião de intimidade se apresenta. Tais liberdades são raras e pressupõem um grande ressentimento. A modéstia pede, na verdade, que as mulheres sejam mais passivas no ato sexual, cujo gozo pleno e rápido não exige, aparentemente, essas sutilezas eróticas que Mukuimp ia descobrindo com assombro crescente à medida que minhas perguntas sistemáticas lhe revelavam a inventividade de outras culturas nessa matéria. É verdade que, com sua alta concentração de insetos desagradáveis e plantas hostis, a natureza nessas latitudes não incita à prolongação exagerada do amor ao ar livre.

Satisfazer os desejos carnais de uma esposa também significa contribuir para a sua domesticação: os homens dizem que é literalmente preciso trabalhar o corpo das mulheres para dominar a sua selvageria nativa e domá-las para a convivência conjugal. Desposando meninas recém-púberes, os Achuar podem dar início bastante cedo ao trabalho de familiarização dito necessário para o sucesso do casamento. É igualmente com uma combinação de sexo e coerção que são treinadas para a sua nova condição as mulheres capturadas pelos inimigos. Diante do meu espanto discreto pelo fato de Senur não ter procurado fugir depois de ser raptada, Wajari me contou como procedeu.

– Primeiro, tem que ficar bem bravo. Eu disse: "Se você não vier comigo, te mato agora mesmo!" Ela ficou com medo e me seguiu. Nos primeiros tempos, eu vigiava ela o tempo todo, ia junto quando ela ia fazer xixi ou defecar. Ia junto quando ela ia buscar mandioca na roça, não saía de perto dela. Ela chorava muito, não falava e queria fugir para a casa do irmão; então eu ameacei matá-la e ela ficou quieta. Eu queria que ela esquecesse Yurank, então logo fiz amor com ela. Ela não queria, choramingava e me dava socos; mas as mulheres são igual à gente, não sabem viver sem fornicar. Então, como eu "trabalhava" nela bastante, ela se acostumou depressa comigo.

A idéia de que a sexualidade contribui para cativar as mulheres não reflete apenas uma ilusão dos homens, sempre prontos, como se sabe, a mascarar a dominação que exercem sobre suas companheiras com fantasias que pensam ser partilhadas. As mulheres consentem a essa visão naturalista das relações conjugais até um certo ponto; elas gostam de se imaginar assim, como animaizinhos familiares, impotentes para sobreviver sozinhas nesse vasto mundo e dependentes da paciência e do carinho de seu amo para florescerem plenamente. A desarmante poesia dessa identificação pode ser avaliada escutando os *anent* que as esposas cantam na solidão de suas roças para tentar influenciar os sentimentos do seu marido sem que ele tenha consciência disso. Por exemplo, este em que Mamati se compara implicitamente a um tamari ou a um saimiri, esses macaquinhos que os Achuar de todas as idades trazem pendurados nas pernas ou nos cabelos.

Meu paizinho, meu pai querido, meu paizinho, gosto das tuas coxas
Meu paizinho, tuas coxinhas me atraem
Meu paizinho querido, eu converso com teus testículos bronzeados
Meu paizinho, eu me retiro das tuas coxinhas, falo com elas e tenho o maior carinho por elas
Meu paizinho, gosto do teu cuspezinho
Meu pai querido, tuas coxinhas me atraem
Gosto do teu peitinho, ele me faz falta quando o abandono.

Convenção comum a todos os *anent* femininos, o emprego do termo "pai" para designar o esposo corresponde a um sinal de respeito; também sugere que a submissão à autoridade do marido é um prolongamento da tutela paterna sobre as filhas. Mesmo no contexto ternamente erótico de um *anent* que a princípio permanece secreto, a consideração para com o chefe da família condena o uso de qualquer apelido carinhoso. Por outro lado, pais e maridos não hesitam em chamar as suas filhas e esposas com nomes divertidos: as primeiras por "mosquito" ou "coxinha", as segundas por "migalha" ou "camundonguinha".

A dominação masculina não é tão completa como os homens gostam de imaginar ou como as mulheres consentem que eles acreditem. As esposas usufruem, para começar, da independência episódica de certos ambientes. A roça, é claro, espaço de realização banhado pela benevolente proteção de Nunkui, palco de uma franca sociabilidade que reúne as crianças, as amigas íntimas e o povo das plantas, refúgio onde se dá vazão às tristezas durante as crises conjugais e os lutos. Também o *ekent*, sede da vida doméstica por excelência, onde as mulheres ficam menos confinadas do que entrincheiradas, do qual excluem todos os homens com exceção do esposo, discreto visitante noturno num gineceu que sabe, por vezes, torná-lo uma ostra com eficiência. Únicas donas da cozinha e da cerveja de mandioca, as mulheres detêm, no seu zelo em servir o marido, um instrumento de pressão absolutamente temível pois, encouraçado em sua soberba virilidade o pobre homem não pode, sem faltar à dignidade, cuidar da própria alimentação. Expressão clássica do mau humor das esposas, a reticência ou recusa em preparar as refeições geralmente levam o marido infiel ou demasiado brutal a um rápido arrependimento. Existem, é claro, *anent* masculinos apropriados para essa situação corriqueira, como este com que Titiar tenta despertar a compaixão da sua mulher comparando-se a um filhote de passarinho abandonado.

> Tua raiva, tua raiva dolorosa fez isso comigo
> Sem nada para comer, fico sentado, abandonado, invocando a divindade
> Secando as minhas penas desgrenhadas, fico encolhido
> Por causa da tua raiva, tua raiva dolorosa, por causa da tua raiva, da tua recusa em me alimentar,

Fico sentado, sozinho e cheio de vergonha, invocando a divindade
Numa árvore desfolhada, secando as minhas penas desgrenhadas, fico encolhido, inconsolado.

Uma mulher maltratada não está sozinha em seu ressentimento. A obrigação que têm os rapazes de viver vários anos na casa dos sogros, forçados a uma deferência sem trégua para com eles, observados a cada instante por uma família atenta, tece à sua volta uma rede tal de pressões morais que muito poucos se atrevem, nessas condições, a brutalizar suas esposas. Era, no entanto, o caso de Antunish, um belo rapaz de olhar langoroso recém-chegado em Capauari, vindo do alto Copataza para fugir do sogro que lhe infernizava a vida porque ele batia na mulher; irascível, porém sedutor, escapou com uma moça muito bonita que ele podia finalmente dominar à vontade. Nem mesmo ao alcançar a tão esperada independência, fundando a sua própria casa, o jovem esposo consegue escapar da vigilância discreta dos parentes de sua mulher, principalmente dos irmãos, que demonstram claramente seu descontentamento caso venham a saber que a sua irmã está infeliz. O pai de Tseremp passou por essa fatal experiência: apesar das admoestações de seus afins, batia tanto numa de suas mulheres que ela acabou ficando doente e morreu, provocando então a fúria de um parente que o matou pouco tempo depois. É que uma mulher nunca pertence inteiramente ao seu marido. Este precisa pactuar constantemente com os que lhe entregaram essa mulher, sobre a qual conservam direitos inextinguíveis. A única maneira de não incorrer nessa dívida perpétua é se casar com moças órfãs, recurso inglório e próprio dos "mesquinhos" (*suri*), homens de coração seco que podem reinar sem partilha e sem freio sobre as deserdadas da sorte. As infelizes que nenhum parente pode defender dependem particularmente dos *anent* para conciliar um marido pouco ameno, ou até provocar o medo dele, como neste canto desolado em que Manati dá a entender que ela é uma Jurijri, espírito subterrâneo e dono da caça que devora os caçadores demasiado ávidos.

Meu esposo, você me enfurece tanto
Fazendo a terra tremer, desaparecendo sob o solo, eu partirei, reunida com meus filhinhos

Fazendo a terra tremer, irei embora
"E olhe que eu sabia que isso ia acabar assim de tanto que eu me irritava com a minha mulher"
É isso que você vai dizer, meu paizinho
Sempre ficando bravo comigo
Não provoque a minha fúria
Reunida com os meus filhinhos, eu partirei fazendo a terra tremer
Meu pai que irá sentir a minha falta, passando de repente do ressentimento à saudade dos meus filhinhos.

Algumas mulheres também têm lá o seu temperamento: não se trata, evidentemente, de megeras, mas de personalidades fortes com aprumo infalível e língua bem afiada. É o caso de nossa amiga Senur, é claro, que ao ver outro dia Wajari se preparando para ir caçar sozinho, passa a mão num facão e num cesto e declara sem cerimônia, enquanto solta os seus cachorros: "Espera aí, Wajari, eu também vou!", gesto de autoridade que poucas mulheres ousariam se permitir. Sua filha Suwitiar não fica atrás, talvez em virtude da educação; é uma florzinha de vinte e cinco anos, firmemente estruturada como a mãe, com um rosto redondo e malicioso enquadrado por uma imensa e sensual cabeleira. Ao ser informada sobre o plano do seu marido de pedir em casamento uma outra filha de Wajari, ouvi que ela anunciava a Mukuimp, em tom ambíguo: "Se você se casar com uma das minhas irmãs, eu pego o seu irmão para amante!" Uma esposa difícil poderá se aproveitar da presença de estranhos na casa para manifestar publicamente uma independência por vezes embaraçosa para o marido. Assim, uma mulher descansando no *ekent* irá fingir não ter escutado o marido pedir que ela trouxesse cerveja de mandioca para a visita. Se o dono da casa se enfurecer, o que é geralmente pura perda de energia, passa por carecer dessa segurança serena que distingue os homens de verdade; não reagir, pelo contrário, o faz parecer fraco, incapaz de reger a sua família, e quando a esposa finalmente se digna a levantar-se para cumprir de má vontade o serviço solicitado, só resta ao marido mortificado lançar-lhe um rápido olhar assassino. As mulheres, decerto porque bem poucas se arriscam a ir além disso, são muito hábeis em infligir humilhações silenciosas. A vida de um caçador azarado ou inapto, por exemplo, se torna muito difícil: nunca se comenta seu retorno, tenha ele trazido alguma caça ou não; mas quando ele aparece mais uma vez de mãos vazias, que silêncio pesado se faz de repente na casa! Que rostos fechados, bruscamente, por uma desilusão! E, em seguida, que mexe e remexe de louça para abafar os suspiros!

A idade e o status social contribuem para o temperamento de certas mulheres de personalidade forte que os homens consideram quase que suas iguais. É geralmente o caso das esposas que alcançam a maturidade, patroas despóticas de um bando de meninas e terror dos seus genros, senhoras sem papas na língua que não hesitam em se meter na conversa dos homens enquanto servem a cerveja de mandioca, nem em comentálas com voz de falsete lá das profundezas do *ekent*. Quer finjam ignorálas, quer respondam na brincadeira, os maridos e seus convidados não fazem pouco dessas intervenções do gineceu. A mulher de caráter é freqüentemente uma primeira esposa, ou *tarimiat*, e esse acaso cronológico lhe confere certa preeminência no ambiente doméstico. Acontece, claro, de uma segunda esposa, mais velha que a *tarimiat*, acabar exercendo uma ascendência que não se reconhece na outra; é o que ocorre na casa de Wajari onde, não obstante sua antecedência no casamento, Mirunik ocupa uma posição mais apagada que a de Senur e sofre com a cumplicidade exclusiva que une essa última à sua irmã Entza. Em geral, porém, a *tarimiat* se esforça para manter sua posição: as outras mulheres se dirigem a ela com respeito, sobretudo se são muito mais jovens, e ela goza de certas prerrogativas formais, como distribuir a carne quando o homem foi caçar sozinho, ou fazer prevalecer o seu ponto de vista durante a repartição dos lotes numa roça nova.

À medida que outras mulheres vão aumentando a unidade doméstica, as mais antigas ganham em autoridade o que perdem em manifestações de afeto. A justificativa da poligamia por parte dos homens não tem, com efeito, muitos meandros: por mais atraente e carinhosa que seja uma jovem esposa, ela acaba cansando os ardores eróticos deles, que precisam ser reavivados com novas atrações. Como essa habituação sexual ocorre a intervalos regulares, o ciclo das núpcias é regido apenas pelo vigor do marido e sua capacidade de obter e de manter novas mulheres. Tseremp, que teve contato com o vasto mundo nos acampamentos petrolíferos, resume bem a filosofia dessa nupcialidade repetitiva:

"Por que é que os brancos falam que não se deve ter muitas esposas? Eles têm amantes, e pagam para se deitar com as putas; nós, Achuar, não trocamos de mulher, só vamos acrescentando mais uma". E prossegue, referindo-se evidentemente à sua própria sorte: "É muito duro ter apenas uma esposa; tem horas em que não dá para fazer amor com ela; quando ela teve um parto e ainda não está "seca", quando está com o "sangue da lua" ou quando está doente; tendo muitas mulheres a gente deixa de sofrer".

"Acrescentar mulheres", como é designado o casamento poligâmico, também permite que o marido supere uma primeira união malsucedida evitando o repúdio, o que o poupa da ira do sogro. A iniciativa às vezes parte da jovem esposa: Chumapi, o genro de Titiar que dormia discretamente com a irmã menor de sua esposa Pincian, afirma que esta, provavelmente instigada pela mãe, teria empurrado a menina para os seus braços de modo a obrigá-lo a se casar com ela. Ao tomar assim a dianteira, a *tarimiat* está preparando o futuro: obtém a garantia de não ser abandonada se o marido se cansar dela e, ao invés de se deparar um dia com alguma estranha, escolhe ela mesma uma parente próxima com quem sabe que pode se entender. A manobra de Pincian acabou abortada, pois a irmãzinha morre de amores platônicos pelo belo Antunish, ainda que dispensando favores a Chumapi; este, despeitado, não quis mais saber dela.

Nem mesmo as uniões cumulativas com irmãs garantem a harmonia no ambiente doméstico. Apesar da ascendência de que desfrutam, as mulheres mais velhas às vezes toleram mal o entusiasmo do marido em sumir regularmente com a esposa mais recente e não perdem uma oportunidade de se vingar criticando a beldade por negligenciar seus afazeres domésticos. Por outro lado, como os homens tendem a compensar sua frieza com distribuições mais generosas de *shauk*, panelas ou cortes de tecido, as recém-casadas se queixam de que a *tarimiat* recebe um tratamento diferenciado. O desentendimento entre as esposas raramente degenera em guerrilha escancarada – o marido toma esse cuidado –, mas gera uma atmosfera ranzinza rapidamente percebida por um observador. Assim, na casa de Titiar suas duas mulheres, Wawar e Wirisam, se entendem notoriamente mal; a primeira, baixinha e magricela, com rosto bilioso e enrugado de amargura, contrasta em tudo com a segunda, uma robusta matrona de modos falsamente benévolos, sempre pronta para o escândalo. Nessa casa em que reina a discórdia, os cachorros brigam o dia inteiro, sensíveis decerto à antipatia entre suas respectivas donas; os filhos dos dois casamentos se engalfinham por qualquer ninharia, sendo defendidos aos gritos por suas mães, que criticam a falta de educação dos outros moleques; a mãe de Wawar fica resmungando no seu canto enquanto a mãe de Titiar, mais favorável a Wirisam, fica recriminando no seu. Igualmente desdentadas, as duas velhas não se dirigem a palavra há um bocado de tempo. Embora nunca irrompa uma verdadeira tempestade, também nunca cessam as reclamações e observações azedas, as caras amarradas e as mesquinharias constantes.

Já na casa de Tsukanka nunca seriam notadas discórdias desse tipo: ao longo de toda a sua vida conjugal, o homem fez reinar a ordem doméstica pela violência. Primeiro, casou-se com Masuk, irmã de Wajari e Titiar, depois com Tsapak, irmã "ramificada" da primeira, e Inkis, uma prima afastada. Quando os Shuar levaram a cabeça do seu irmão Arias, Tsukanka recuperou as suas três viúvas, sem levar em consideração os protestos de seu outro irmão, que ingenuamente tencionava reparti-las. Dessas três mulheres, uma ele matou por suspeita de adultério, a outra fugiu para escapar aos seus maus-tratos e a terceira, Auju, tentou se suicidar pouco tempo atrás, ingerindo veneno de pesca. A coitada estava desesperada – imagina-se que ela o ame – porque o insaciável bruto acabava de obter a irmã mais nova de Inkis, que ele vinha fazia tempo pedindo ao seu pai Uwejint, nobre idoso que se refugiou com a filha a um dia de caminhada de Capauari por medo das ameaças de represália que uma primeira recusa provocara.

Tsukanka é seletivamente violento, ou seja, ele poupa as esposas cujos irmãos ele teme que se zanguem. Assim, a infeliz que ele matou com um tiro de espingarda – enquanto ela atravessava o Kapawi a nado para fugir das suas pancadas – não foi vingada por falta de parentes próximos. O rumor público, sobretudo entre as mulheres, não perdoou Tsukanka por esse crime considerado gratuito, já que a infidelidade de que ele acusava a falecida seria, segundo dizem, imaginária. E, embora nada possa proteger a mulher adúltera de uma descarga de chumbo grosso quando surpreendida em flagrante delito, a simples suspeita – às vezes fundada, mas dificilmente sustentável em razão das precauções tomadas pelos amantes – normalmente acarreta apenas uma surra. A violência de Tsukanka, portanto, é menos excepcional que reconhecidamente excessiva, já que todos os homens se dão o direito de bater em suas esposas caso incorram em seu desagrado.

Afora a vigilância de seus consangüíneos, a mulher tem poucos recursos individuais diante dessas brutalidades: por comovente que seja, o *anent* nem sempre dá frutos; embora seja comum, a fuga é uma solução arriscada; a greve de cozinha se revela ineficaz se a casa contar com diversas esposas pouco solidárias; finalmente, mais raro, o suicídio não convém a qualquer temperamento. Em contrapartida, um bom entendimento entre as esposas, construído na partilha das mesmas provações, pode levá-las eventualmente a se unirem contra um marido brutal. Foi o que aconteceu recentemente com Tsukanka: tendo planejado uma viagem de vários dias com alguns homens de Capauari para fazer o reconhecimento de um possível local para uma nova aldeia, na hora da partida viu-se exposto ao escárnio público já que as suas mulheres, ignorando as suas instruções, deixaram de preparar os pacotes de pasta de mandioca indispensáveis para se alimentar durante a expedição. Emudecido de raiva, teve de adiar a partida sob o olhar divertido dos outros homens.

A violência marital está tão ancorada nos costumes que até já constitui um tema de jogo entre as crianças. Vi ontem, na casa de Washikta, um menino que perseguia a irmã aos gritos, brandindo um facão, enquanto ela fugia, com as mãos na cabeça para se proteger e mesclando apelos de clemência conjugal a suas risadas. O realismo da cena era impressionante: os homens batem na cabeça das mulheres com as costas do facão. Porém, em raros acessos de raiva mais descontrolados, chegam a bater com o gume da lâmina, que entalha profundamente o couro cabeludo e encharca de sangue o rosto da infeliz.

A cena de uma mulher apanhando é dessas que põem à prova o dever de neutralidade que se impõem os etnólogos, respeitosos por princípio das culturas cuja lógica se esforçam por compreender, e pouco inclinados a exportar sua própria moral para pessoas que não precisam dela. Depois que ficaram sabendo, pelos missionários, que essas brutalidades suscitam a reprovação dos brancos, os Achuar de Capauari se abstêm de maltratar as esposas na nossa presença, mesmo porque não fica bem um homem perder o controle diante de um estranho ao ambiente doméstico. De modo que fazendo curativos nas feridas e contusões de umas e outras é que somos informados dos seus dissabores conjugais. Algum tempo atrás tentei argumentar com Naanch, que acabava de quebrar o braço de uma das suas esposas num acesso de raiva. O homem, aliás, não tem jeito de tirano doméstico; quarentão sedutor, com a fisionomia ao mesmo tempo distinta e irônica de alguns atores do cinema italiano, parecia se entender muito bem com as suas esposas, aliás apaixonadas por ele, a julgar por seu comportamento. Com sua voz melodiosa e pausada, Naanch retrucou que o caso era sem importância, que ele tinha de pôr ordem na casa quando estourava uma briga entre as suas seis mulheres, que os Achuar sempre tinham feito assim e ninguém nunca tinha se queixado, e que ele estava surpreso de eu falar igual aos missionários evangelistas, quando em geral eu costumava fazer troça dos preceitos absurdos deles.

Essa aula de relativismo cultural me desconcertou e, para tentar superar uma indignação que a repetitividade, aliás, acaba diluindo, cheguei a interpretar a violência conjugal dos Achuar nem tanto como expressão de uma brutalidade natural, mas como forma de socializar as mulheres pelas pancadas, análoga, quanto à intenção, à sua conquista simbólica com a sexualidade. A idéia, por sinal bastante comum, de que elas estão mais próximas da natureza pressupõe, com efeito, que os homens não só devem educar as mulheres no cotidiano – a boa esposa deve ser *unuim*, "receptiva ao aprendizado" – como também marcá-las com o ferro de uma lei masculina considerada como encarnação da cultura. Assim como em muitas sociedades as tatuagens e escarificações atestam, num corpo visto como demasiado nu, natural e invisível, as dimensões sociais da pessoa e os limites coletivos que as moldam, também as cicatrizes com que os maridos estriam os crânios de suas companheiras seriam a marca indelével de uma domesticação bem sucedida.

Meus companheiros de ambos os sexos afirmam, além disso, que todos os homens são *kajen*, "predispostos à ira", por temperamento. Não há nada de natural nessa propensão: desde muito cedo as crises de raiva dos meninos são recebidas com divertida indulgência, ou até discretamente aprovadas enquanto indício de sua força de caráter, enquanto as meninas são severamente censuradas quando se esquivam à reserva supostamente adequada ao seu estado. A fúria seria, portanto, uma espécie de fatalidade própria da condição masculina: não exatamente um motivo de orgulho, já que demonstra falta de autocontrole, mas tampouco uma deficiência de fato, já que é o que alimenta a valentia do guerreiro. E de fato, os homens cultivam a sua raiva como quem cultiva um talento, procurando, com a idade, adaptá-la às circunstâncias e controlar sua expressão teatral, sem tentar evitar suas explosões. Ora, nem sempre é possível canalizar a violência para uma hostilidade conveniente: a ritualização da guerra e inevitáveis considerações estratégicas geralmente impõem um intervalo bastante longo entre o acesso de fúria de um homem ofendido e seu exutório nos combates. Numa sociedade em que a dominação masculina é muito acentuada, as mulheres se tornam então, por proximidade, as vítimas desse aspecto do caráter supostamente inato de seus companheiros quando eles não têm como empregá-lo em finalidades mais gloriosas. Satisfatórias, talvez, para o espírito, essas explicações não me trazem, a bem da verdade, nenhum conforto moral. Procurar aplacar com interpretações sensatas o sentimento de revolta causado por práticas que se chocam com suas convicções é, contudo, o único recurso de que dispõem os etnólogos, condenados pela própria natureza de sua tarefa a não bancarem os censores daqueles que lhes deram a prova de sua confiança.

Evidente e detestável, a violência corriqueira dos casais não exclui a delicadeza de sentimentos ou mesmo uma concepção quase romântica da sensibilidade amorosa. Assim, a despeito da atitude fanfarrona que tendem a adotar, os rapazes são sujeitos a acessos de languidez causados pelo desejo insatisfeito de um carinho feminino. Como o jovem Chateaubriand vagando pelos bosques de Combourg em busca de sua inatingível Sílfide, eles passeiam sua melancolia pela mata sonhando encontrar um amor correspondido para nele despejar o excesso de uma afeição sem objeto. Sua sentimentalidade confusa pode aceitar namoros efêmeros e clandestinos com moças da sua idade ou com mulheres mais maduras, sem que esses casos constituam um exutório para um tormento mais abstrato. "Dar uma de beija-flor", como é chamado esse donjuanismo juvenil, não deixa de ser excitante em razão dos riscos envolvidos: pode-se levar um tiro de um marido ciumento, sem contar que vencer a virtude de uma virgem se paga muitas vezes com a vida caso os irmãos dela já tenham algum motivo de birra. Essa sexualidade adolescente, contudo, não livra os rapazes do seu mal-estar, pois pertence a outro registro: iniciação aos prazeres eróticos, ela mais se parece a uma brincadeira e raramente resulta em vínculos duradouros.

Em sua forma mais radical a aflição amorosa se torna uma melancolia patológica, reconhecida como distúrbio da personalidade causada, como se espera, por um xamã malvado. Acomete sobretudo os jovens, tanto homens como mulheres, casados ou não. Mergulhando no abatimento e na autodepreciação, principalmente ao crepúsculo, a vítima é tomada por pulsões suicidas e desesperos incontroláveis. Shakaim, um genro ainda quase adolescente de Naanch, confidenciou-me a sua dor em Capauari: com o coração pesado por uma insatisfação indefinível, todo dia ele contempla o nascer e o pôr-do-sol chorando silenciosamente, convencido, contra todas as evidências, de que sua jovem e doce esposa não o ama mais. Com uma voz entrecortada pelos soluços, ele me contou da irresistível vontade de deixar a família de sua mulher, tomando a visão do sol pousado no horizonte como a promessa de um outro mundo radiante que tornaria mais sofrida a sua condição presente. Preocupado com o estado lamentável de Shakaim, Naanch resolveu levar o genro até Montalvo para que um xamã o livrasse da sua neurastenia.

Que o amor é mais uma tensão para uma plenitude inacessível do que um estado de felicidade satisfeita está bem expresso na semântica do termo *aneamu*, que é o seu mais próximo equivalente em achuar: este combina estreitamente afeto, vontade, ternura, lembrança e desejo da presença do ente querido. Seu órgão é o coração, *ininti*, sede do pensamento, das emoções e da intencionalidade, também raiz de uma constelação de palavras aparentadas: *aneajai*, "eu gosto", "eu suspiro por", "tenho saudade de"; *anearjai*, "estou atento a"; *anent*, a encantação mágica; *inintaimprajai*, "eu me lembro de"; *inintaimsajai*, "eu penso em", "eu ajo pensando em" etc. O desejo carnal, *kunkatmamu*, e a copulação, *nijirmamu*, não pertencem a essa configuração terminológica, dando provas de que, pelo menos no que toca o sentido, os campos da afetividade e da sexualidade estão relativamente separados. O amor se alimenta, é claro, de uma atração recíproca pelo corpo do outro e das qualidades físicas que o tornam desejável, mas também é fruto do gosto por virtudes morais e sociais precisamente definidas. No homem, as mulheres apreciam a eloqüência, a coragem, a energia, um temperamento alegre, o talento musical, a excelência na caça e o domínio técnico, enquanto na mulher são valorizados a modéstia sorridente, a disponibilidade, a doçura, a aptidão em cumprir as tarefas domésticas, os méritos como agricultora e o virtuosismo na tecelagem e na cerâmica; finalmente, tantos os homens como as mulheres têm a obrigação de possuir um extenso repertório de cantigas *anent*. Por prosaicas que algumas dessas virtudes possam parecer, elas compõem, somadas, a imagem desejável que alimenta o ideal amoroso.

São mais uma vez os *anent*, legítimas glosas poéticas do cotidiano, que melhor revelam essa idéia de que o amor é antes de tudo uma exaltação da esperança, um impulso nostálgico alimentado pela distância. Essa, por exemplo, cantada por Chawir a fim de apressar o regresso do marido, que saiu para uma visita distante ou para a guerra, estimula o afeto do esposo ausente evocando uma separação definitiva.

> Meu paizinho, meu paizinho querido, meu pai, meu paizinho,
> Me esperando sem cessar no caminho, meu pai querido, me esperando sem cessar no caminho
> "Eu realmente estava ao seu lado, eu realmente estava nos seus braços, eu vi perfeitamente, eu perdi a minha mulher" diz ele, postado no caminho
> Meu paizinho, todo impaciente, parado, ardendo por mim
> Mas eu sumi, meu paizinho, deixei o meu pai querido, sumi na fumaça
> "Ora essa! Estou chegando!
> Minha própria mulher, desmaiada!", lamenta-se ele, assim parado
> "Ora essa!" subitamente alerta
> "Ora essa! O que é que está me acontecendo?"
> Você fica aí, o espírito perdido, meu pai, meu pai querido, parado aí, querendo loucamente estar ao meu lado
> "Minha mulher querida", você imagina, guardando meus penduricalhos num cesto
> "Ela morta, o que me tornarei? Eis-me sozinho com minhas lembranças num cesto"
> "Ora essa!" Mesmo assim eu me irritava com a minha mulher

> Depois de esconder os pequenos tesouros de minha mulher no fundo do cesto, vou ficar sozinho
> A roça dela vai virar mato e eu, como um homem, irei errar em terras distantes
> Minha morte será solitária
> Ora essa! Sem a minha mulher, mais vale morrer, direi eu
> Minha mulher, em verdade, morreu por minha causa
> Na roça da minha esposa, nessa roça que era dela, na roça de mandioca onde ela não vai mais estar, assim eu a tratei"
> Com essas palavras ele ficava no caminho, de pé à minha espera, de pé à minha espera
> Oh! Meu serzinho, imóvel aí por mim, meu paizinho, solitário em seu desejo ardente.

Que narcisismo pungente há nesse deleite pela dor imaginada de um esposo subitamente defrontado com sua felicidade passada e com uma solidão tão insuportável que o leva ao suicídio, "a errância em terras distantes" evocando a busca da morte num enfrentamento temerário com os inimigos. Os homens, para quem a ausência é antes um estimulante, não são menos Narciso que suas companheiras, mas o são num registro bem diferente. Prova disso é esse *anent* cantado por Jempe para a sua esposa que ficou em casa.

> Você, você, feito revoada de tucanos no crepúsculo, e você minha mulher
> "É mesmo o final do dia", você talvez pense
> Mas sou eu! Sou eu!
> É minha cabeça flamejante se aproximando, eu chego radiante
> Amarelo incandescente, venho para você
> Cantando kirua, kirua, mergulho no sol declinante
> Fiquei então a contemplar-me, minha mulher, minha mulher, você, só você
> "É mesmo o crepúsculo", você talvez pense
> Mas sou eu vindo para você
> Minha cabeça rola até você
> Eu chego todo radiante, chego
> Mire-me com seus olhos impassíveis
> Sob o seu olhar intenso, eu mergulho no sol declinante.

A melancolia e o desejo que a esposa solitária experimenta não são causados pelo sol, cujo ocaso ela contempla, mas pelos ternos pensamentos do marido distante juntando-se no céu na forma de uma revoada de tucanos. A imagem condensa dois temas característicos da linguagem da afetividade: o crepúsculo é o momento nostálgico por excelência, breve interlúdio em que o pensamento se transporta mais facilmente para aqueles que estão longe, momento diário de encontro com os ausentes de corpo ou coração para esse diálogo sem eco que é o *anent*. Quanto ao tucano, simboliza de maneira flamejante a beleza viril, a potência sexual e a harmonia conjugal. Segundo Wajari, essa ave era outrora um homem comum e foi a linda Sua que, depois de carinhosamente enfeitá-lo com jenipapo, urucum e algodão, deu-lhe a sua aparência atual; quando o pássaro vaidoso canta, é para agradecer a Sua pelo adereço.

Essas cantilenas são tocantes, dirão alguns, mas como é que os Achuar podem sentir um amor verdadeiro sem ter sido consultados para uniões determinadas principalmente pelas regras costumeiras e pela lei do mais forte? Na verdade, o hábito que criamos no Ocidente de só ver na escolha do cônjuge inclinações individuais livremente expressas torna pouco aceitável para muitos que um amor conjugal possa florescer no quadro de um casamento arranjado. Essa situação, que não há tanto tempo ainda vigorava na Europa entre as famílias nobres e inúmeras sociedades camponesas, é contudo menos terrível do que parece.

A obrigação de desposar pessoas que se encaixem na categoria *waje* ou, em outras palavras, os filhos dos tios maternos e das tias paternas, não é, para começar, absoluta: muitos Achuar se esquivam a ela. Além disso, dado o tamanho das famílias todo o mundo tem, nesta categoria, a escolha garantida de pelo menos uns dez cônjuges potenciais, o que é bastante se se levar em conta os *waje* "classificatórios", ou seja, oriundos dos irmãos e irmãs dos germanos de sexo oposto dos pais. Esse cortejo de "primos" e "primas" se freqüenta desde a infância ao sabor das visitas e desenvolve afinidades e inimizades que, com a chegada da adolescência, resultam em sentimentos de afeto e antipatia mais duradouros. Confidenciada ao pai, no caso do menino, e à mãe, no caso da menina, a terna afeição que aproxima os dois primos eleitos resultará sem problema num casamento por amor. O leque das relações que se apresenta aos jovens Achuar é, além disso, bem pequeno: a grande dispersão do habitat, a hostilidade reinante entre os diferentes grupos de vizinhança e a conseqüente insegurança, a falta de oportunidade para reunir um grande número de rapazes e moças da mesma idade, tudo concorre para limitar as opções do coração sem que os interessados tenham consciência dessa restrição, experimentada como algo tão natural como é para nós a diversidade de pessoas conhecidas. Acrescente-se a isso que a poligamia ou o repúdio permitem aos homens escapar a uma primeira união malsucedida, enquanto as mulheres têm o recurso mais circunspecto do divórcio ou do adultério. Nada, no fundo, diferencia a vida amorosa dos Achuar e a de uma humanidade aparentemente mais liberada.

O casal que Anne Christine e eu formamos contribui certamente para nos tornar menos exóticos aos olhos dos índios: dia após dia, devolve-lhes a imagem de um laço afetivo e social, tanto mais fácil de identificar pelo esforço que fazemos por seguir, em público, as regras de comportamento matrimonial prescritas pela etiqueta. Têm um pouco de pena de mim por eu só ter uma esposa, e alguns homens me deram a entender que gostariam de me dar uma de suas filhas, situação bastante vantajosa para eles em razão de minhas pretensas riquezas, já que, como todos os genros, eu ficaria sob a tutela de meu sogro e estaria obrigado a morar na casa dele. Até agora, sempre me esquivei a essa saia justa evocando a temível figura do pai de Anne Christine e sua ira se ele descobrisse que eu estava fugindo das minhas obrigações para com ele passando para a dependência de outro homem. A condição da minha companheira é, segundo as mulheres, menos invejável: enquanto ela rapidamente conquistou a estima de todas ao dominar a maioria das habilidades próprias ao seu sexo, minha persistente incapacidade em abastecê-la de caça e meu aspecto magricela parecem fazer de mim um partido pouco apetecível.

Evidentemente destituída de muitos dos atrativos que os Achuar associam ao casamento, nossa monogamia, por outro lado, nos humaniza e torna nossa domesticação menos problemática. O celibato constitui, de fato, uma incongruência; objeto de comiseração irônica quando, no caso dos salesianos por exemplo, é atribuído a uma enfermidade psíquica, pode também despertar suspeitas quando resultante de circunstâncias temporárias. Esse estado, que é o de vários etnólogos no campo, às vezes dificulta a sua inserção social. Um colega italiano em visita aos Achuar do Sul me contou da desconfiança com que era cercado assim que chegava em alguma casa e as extremas precauções que tinha de tomar para falar com uma mulher sem que lhe atribuíssem segundas intenções de sedução. Uma conjugalidade ostensiva, em contrapartida, oferece aos índios a oportunidade de responder pela observação às perguntas que eles próprios se fazem sobre nossos costumes, e atenua um pouco as preocupações deles com nossa estranheza. Uma verificação experimental um tanto cômica nos foi possibilitada ainda há pouco. Enquanto Anne Christine e eu lavávamos nossas roupas na água lamacenta do Pastaza, cercados por enxames de mosquitos, cansados da caminhada dos dias anteriores e fisicamente debilitados por vários meses vivendo na mata, deixei cair na correnteza nosso último sabão; resultou uma azeda discussão, exutório previsível de uma moral meio baixa. Nisso, aproximou-se uma canoa com uma família achuar para nós desconhecida: contemplaram, de início com evidente apreensão, o espetáculo inédito daquela querela entre brancos, talvez os primeiros que eles já tivessem visto. Quando compreenderam que se tratava de uma briga de casal, os visitantes caíram numa risada aliviada, porém discreta, que acabamos por partilhar. O incidente se espalhou rapidamente e alimentou, durante alguns dias, a indulgente ironia da gente do Sasaima.

Para os índios, existir na forma tranqüilizadora de um casal, mesmo sem filhos, contribui para tornar menos visíveis nossas duas personalidades respectivas, ocultas por trás da figura sem surpresas de uma relação repertoriada. Essa aparente indiferenciação decorre também da identidade do nosso comportamento, consciente e inconsciente, dentro da excepcional situação de solidão a dois em que nos encontramos. A forte convivência afetiva e cultural que nos une, Anne Christine e eu, e nos leva a reagir aos acontecimentos de modo aparentemente similar, o uso entre nós de uma língua que nenhum outro ser conhecido fala, o domínio conjugado de algumas habilidades específicas – a escrita, a fotografia ou a medição –, a posse, enfim, de idênticos objetos usuais, porém incomuns, dos sacos de dormir às botas, tudo concorre para que os Achuar nos vejam antes como uma categoria genérica de humanidade do que como individualidades claramente separáveis. A quem se surpreende por não ver mais seguidamente minha companheira nestas páginas, devo confessar que esse olhar alheio sobre nós deve ter se misturado em minha escrita e que, embora eu seja o único a redigir esta crônica, estamos de fato os dois nos expressando, de tal modo as emoções, experiências e conhecimentos foram indissoluvelmente compartilhados.

XIII. IMAGENS DE FORA, IMAGENS DE DENTRO

Grande acontecimento, ontem pela manhã: o aviãozinho do Missionary Aviation Fellowship pousou em Capauari para desembarcar um predicador norte-americano. Don Jaime, como é chamado, é um loiro alto, ombros largos, com fantásticas costeletas à Elvis Presley, um aperto de mão enérgico e o olhar intenso, um pouco vago, dos grandes convertidos. Além das geladeiras, da cama de armar e de toda a tralha reluzente que ele julgou necessária para o seu conforto durante os dois dias de sua visita, trouxe também um gerador e um projetor para ilustrar seus ensinamentos bíblicos com seções de cinema. Chunji, que tem se sentido mal há várias semanas, queria aproveitar o vôo de volta para ir ao hospital evangelista de Puyo se tratar; mas quando soube que o pequeno Cessna ia fazer primeiro uma parada na pista de Kunampentza, achou melhor ir para lá mesmo já que vários xamãs de excelente reputação vivem naquela localidade. À revelia dos gringos bem-pensantes, que vêem no xamanismo uma manifestação satânica particularmente abominável, o avião da missão serve assim de ambulância para levar regularmente clientes aos xamãs indígenas, que se tornaram os primeiros beneficiários do sistema de transporte aéreo organizado por aqueles que militam pelo seu desaparecimento.

A vinda do predicador representa para todos nós uma oportunidade inesperada de distração. É difícil imaginar o tédio imensurável que por vezes toma conta de nós em Capauari, pequena aldeia sem nenhuma abertura para o mundo, onde as mesmas caras passam por nós dia após dia, contando as mesmas histórias. A rotina do nosso trabalho de pesquisa nos permite dissipar um pouco a monotonia da nossa existência com uma ocupação sistemática, mas não há nada nela de muito excitante: em meio à barafunda de informações que acumulamos metodicamente, muito poucas nos propiciam a satisfação intelectual de uma verdadeira descoberta. Não fossem alguns incidentes a nos lembrarem nossa situação um tanto excepcional – a picada que Anne Christine levou de um escorpião calmamente escondido no seu saco de dormir ou a minha angústia no dia em que, com a péssima idéia de ir caçar sozinho, fiquei andando em círculos pela mata até Wajari me encontrar ao entardecer – até poderíamos nos sentir empregados num cartoriozinho de província. Os índios parecem sofrer com o tédio tanto quanto nós – talvez um pouco menos, graças ao entretenimento que representamos para eles – e chego a me perguntar se as vendetas que pontuam sua vida não são um modo de escapar, vez ou outra, ao fastio do cotidiano.

O serviço do pastor infelizmente não correspondeu às nossas expectativas. A tarde se estendeu em prédicas intermináveis, com Don Jaime lendo passagens do novo testamento traduzido em jivaro e comentando-os sem muita inspiração para uma platéia numerosa mas pouco atenta. Apesar do seu terrível sotaque do Midwest, ele falava com bastante correção o shuar padronizado dos evangelistas, a que os Achuar de Capauari acabaram se acostumando ao escutar os programas da rádio protestante de Makuma em transistores distribuídos pela missão. Embora os índios entendessem as palavras da sua pregação, estavam muito longe de compreender o seu sentido. Primeiro, por distração: a tomada da palavra sendo comandada, entre os Achuar, por regras estritas de alternâncias dialogadas, para eles é difícil se interessar por um discurso sem interlocutor preciso. Mesmo durante os ensinamentos tradicionais, quando um pai conta um mito para os filhos, dirige-se a um deles em particular e espera que ele intervenha durante a narrativa, pontuando-a com manifestações de interesse ou pedidos de esclarecimentos. Tanto o shuar como o achuar são línguas fortemente acentuadas com que os índios brincam maravilhosamente bem, modulando suas frases com amplas variações rítmicas, escandidas por exclamações e onomatopéias explosivas com que se reanima a atenção do ouvinte. Não há nada disso no palavreado monocórdio de Don Jaime;

pacientemente adquirida numa escola bíblica de Oklahoma City, sua eloqüência religiosa escorria em meio à algazarra dos cochichos feito um monólogo sem real destinatário.

O assunto dos seus sermões também era inadequado. Pensando exemplificar o poder de Jesus pelo relato da ressurreição de Lázaro, o que ele fazia era perturbar os índios, que temem acima de qualquer coisa a insistência dos mortos em querer voltar para o meio dos vivos. Evocada com o mesmo espírito apologético, a marcha sobre as águas do lago de Tiberíades era acolhida com especulações sussurradas sobre a possível conexão entre o Cristo e Tsunki, o espírito dos rios, dono desses poderes xamânicos que o filho de Deus decerto também possuía já que realizou tantas curas milagrosas. Quanto à injunção tantas vezes repetida por Don Jaime de amar os seus inimigos como irmãos e não se vingar das ofensas sofridas, foi recebida com incrédulo pavor por aqueles homens e mulheres educados desde a infância no culto da vendeta. A questão era de abordagem tanto mais delicada pelo fato do assassinato de Ikiam – de que o predicador tinha conhecimento – não ter ainda obtido um desfecho, na falta de um culpado incontestável. Nossa visita recente a Sasaima fortalecera, em alguns homens de Capauari, a idéia da culpabilidade de Kawarunch, enquanto outros tinham dúvidas quanto à inocência de Washikta. Finalmente, Sumpaish, o homem do baixo Kapawi que se casara com a mulher fugitiva de Ikiam, estava mais uma vez sob suspeita, a despeito das conclusões da missão empreendida por Kawarunch a pedido de Yaur – irmão da vítima – que o punham fora de questão. Segundo Antunish, que regressara recentemente de uma breve estada com parentes do Copataza, Yaur teria sido informado por Tukupi que Simpaish se vangloriava de ter matado Ikiam. Tukupi o teria visto, durante uma visita no baixo Kapawi, afirmar com fanfarronice que não tinha medo de Yaur e que, tendo matado o primeiro irmão, não hesitaria em matar o segundo. A multiplicação dos culpados potenciais, portanto, torna a situação explosiva, cada qual escolhendo o seu campo de acordo com um passado de rancores acumulados.

Dois ou três hinos, que Don Jaime se esforçava sem muito sucesso por fazer as crianças balbuciarem, concluíam aquela consternadora sessão de piedade. Depois dos pagãos, os ímpios: tendo me perguntado se eu não temia que os comunistas em breve tomassem o poder na França para então extirpar o cristianismo, o missionário me convidou a meditar sobre um panfletinho trazido especialmente para a minha edificação. Tratava-se de uma história em quadrinhos, feita nos Estados Unidos mas traduzida para o espanhol. A história começava na sala de aula de um colégio; as primeiras fileiras eram ocupadas por uma turma de *hippies* sujos e escabelados, negros patibulares e bandidos indolentes, de pés descalços em cima das mesas e um cigarro no bico; um professor atarracado e ensebado, com o nariz adunco e o beiço pendente apreciados pelos folhetos anti-semitas, está postado debaixo de um quadro que representa um macaco comendo banana, coroado com a legenda "Nosso antepassado". Trata-se, como já deu para perceber, de uma aula sobre a evolução das espécies. O abjeto consenso dos ímpios é logo perturbado por um jovem ariano imaculado que surge na última fileira, cabeça aureolada de luz e brandindo uma Bíblia. Debaixo das zombarias dos outros alunos e ameaças do professor, põe-se a refutar pacientemente os fundamentos científicos do darwinismo, apoiando-se numa interpretação literal da criação extraída do Gênese e, como contra-exemplo, em algumas trapaças paleontológicas comprovadas. Prontamente expulso da sala, entrega o seu exemplar da Bíblia para o professor antes de sair e esse, escrupuloso apesar de tudo, acaba por se convencer da pertinência da doutrina criacionista ao folhear o texto sagrado num momento de curiosidade ociosa. Com seus traços semitas paulatinamente atenuados pela revelação divina, o educador proclama ao conselho administrativo do colégio sua nova fé e sua resolução de não mais ensinar uma doutrina equivocada. O infeliz é imediatamente demitido; tão luminoso e quase tão ariano quanto o rapaz que o converteu, é assassinado em frente ao colégio pela horda furiosa dos seus antigos alunos. O último desenho figurava a apoteose: um anjo deslumbrante leva a alma do professor para um destino de felicidade, enquanto o instrumento de sua salvação contempla beatificamente a cena. Devidamente edificado, mas sem rancor, comprei um Novo Testamento em jivaro de Don Jaime, satisfeitíssimo.

A sessão da tarde foi um pouco menos monótona: numa casa abandonada à beira da pista, o missionário gratificou um público absolutamente atônito com vários filmes produzidos pela Living Christ Series Inc. Num cenário de deserto e cáctus mais próximo do Arizona do que da Galiléia, um punhado de jovens atletas loiros de olhos azuis, vestidos com túnicas e saiotes multicoloridos, tentavam encenar sem muito talento, mas com convicção, alguns episódios escolhidos dos Evangelhos. Apesar dos comentários em shuar de Don Jaime, os índios não entendiam nada dos episódios retratados, sua curiosidade estando mais atiçada pelas paisagens e pelos trajes. Sentado do meu lado, Mukuimp me fazia de quando em quando umas perguntas irônicas. "Por que é que os *pankerista* (evangelistas) querem que a gente corte o cabelo e use calça comprida, se os chefes deles usam cabelo comprido e usam *itip*? Por que eles pedem para a gente parar de tomar *nijiamanch* se Jesus multiplicou os jarros de *nijiamanch* durante as bodas? Por que é que a gente não vê Jesus andando sobre as águas?" Quando, depois de quase duas horas de projeção, Don Jaime propôs repassar todos os filmes, afastei-me discretamente com Anne Christine. Mukuimp me esperava na saída e me disse em voz baixa: "Amanhã, venha assistir o nosso cinema". Diante da minha incompreensão, ele acrescentou: "Amanhã, vamos tomar *natem* na casa do teu *amik*".

O dia declina rapidamente e, enquanto lá perto da pista Don Jaime se prepara para uma segunda sessão de projeção, na casa de Wajari esperamos que Mukuimp traga o *natem*. *Natem* é o nome que as tribos jivaro dão a uma bebida alucinógena conhecida por vários termos indígenas em grande parte da Amazônia (*ayahuasca* no Equador e no Peru, *caapi* no médio Amazonas, *yagé* da Colômbia ao Orinoco etc.); é preparada com certos cipós silvestres do gênero *Banisteriopsis*. Os Achuar aclimataram diversas espécies nas suas roças, sendo as duas principais, *natem* (*Banisteriopsis caapi*) e *yaji* (provavelmente *Banisteriopsis rusbyana*), regularmente utilizadas pelos xamãs e por todos os que desejam ocasionalmente se transportar para a parte geralmente invisível do mundo. A preparação está ao alcance de qualquer um: os cipós são secionados em vários pedaços, martelados com um pilão e cuidadosamente empilhados no fundo de uma panela; nesse estágio, acrescentam-se as folhas de *yaji*, que são cobertas com uma segunda camada de hastes de *natem*. O conjunto deve cozinhar em fogo brando durante pelo menos três horas, até se obter um líquido viscoso de cor acastanhada.

Para dizer a verdade, o convite de Mukuimp não foi espontâneo. Ele é o único xamã de Capauari e não possui, aliás, a fisionomia austera que se imaginaria para essa função; é uma espécie de Gavroche* crescido, lento e quase desajeitado em seus movimentos, mas com olhos brilhantes de ironia e sempre com uma resposta na ponta da língua, quem sabe para dissimular seu tormento secreto: acaba de nascer a sua oitava filha e ele ainda não tem nenhum menino. Mukuimp mostrou-se reticente para me falar sobre a sua função, em parte por causa da virulenta reprovação demonstrada pelos missionários evangelistas no que diz respeito ao *natem* e ao xamanismo, sentimento que ele naturalmente julgava ser partilhado por todos os brancos. Para desfazer as suas prevenções, achei sensato invocar a banalidade dessas práticas na minha terra de origem e a grande familiaridade que eu tinha para com elas. Mukuimp então me declarou que, para aprender a conhecer os poderes de que ele dispunha, eu precisava "me embriagar com *natem*". Ora, ele temia que eu não fosse capaz, ou sucumbisse com a experiência, e que o "meu irmão da França" viesse até aqui para vingar a minha morte. De modo que, para poder sondar os mistérios do xamanismo achuar, fui levado a me afundar na minha fanfarrice e já conhecendo, graças à literatura etnológica, os objetivos e efeitos de tomar o *natem*, gabei-me de conseguir superar a prova sem dificuldade. Mukuimp me perguntou se eu estaria disposto a cantar durante o transe, aceitei de bom grado apesar dos meus parcos talentos musicais, o que pareceu definir a sua decisão. Com efeito, toda Capauari sussurrava o boato de que eu iria, naquela noite, "cantar" na casa de Wajari, sem que eu pudesse atinar por quê isso constituía um acontecimento.

Mukuimp chega ao cair da tarde, trazendo a panela de *natem* e um *tsayantar*, espécie de arco musical composto de um junco estendido com uma tripa de sarigüê que se faz vibrar na boca feito uma guimbarda; vem acompanhado de Piniantza, que traz seu *arawir*, viela de duas cordas que se toca com um arquete e parece longinquamente inspirada no violino europeu. Não estão contando, portanto, apenas com o meu talento para alegrar a noitada!

Sem cerimônia, Wajari, Mukuimp, Piniantza e eu bebemos o equivalente a meia xícara de café de *natem* cada um, antes de enxaguar a

* O nome Gavroche, do personagem de *Os miseráveis* de Victor Hugo (1802-1885), passou para a língua significando o moleque que vaga pelas ruas de Paris. [N.T.]

boca com água quente. Apartada, na companhia das outras mulheres, Anne Christine é responsável pelo gravador. Preciso lutar contra uma náusea violenta durante alguns momentos, pois a decocção é terrivelmente amarga; é sinal, segundo dizem, do poder que ela tem, a exemplo de outras substâncias classificadas como "fortes", como o curare, o fumo, o veneno para pesca ou o estramônio.

Instalamo-nos confortavelmente sob a aba do telhado da casa, de frente para o Kapawi do qual se eleva uma névoa preguiçosa, leve o suficiente para emaranhar as ramarias na outra margem, banhadas pela lua cheia. Mukuimp e Piniantza começam a tocar os seus respectivos instrumentos, ao que parece sem se afinarem, mas com efeitos bastante similares: a sensação, de início bem irritante, de uma colônia de vespões apavorados girando numa garrafa ao som de um violino ruim, acaba por dar lugar a uma harmonia mais sutil. Suspenso na música, o tempo parece se dilatar ao ritmo de um organismo imenso, como se a selva inteira respirasse serenamente num baixo contínuo, enquanto o meu corpo trêmulo vai se abrindo aos poucos sobre as asas da tônica, em espirais imóveis no entanto cada vez mais vastas. À revelia dos meus membros, que foram ficando pesados e incômodos, abro-me para o mundo e me esparramo nele; torno-me fonte e receptáculo de mil sensações agudas e ao mesmo tempo indistintas, conservando, como única lembrança da minha identidade física, uma persistente crispação da mandíbula. Por sobre esse magma extravagante, o meu espírito flutua com total lucidez.

Convidado por Mukuimp a cantar, é sem nenhuma inibição e com uma seriedade hilária que desfio algumas estrofes de Brel e dois ou três blues que me vinham à memória. Milagre dos narcóticos! Comentários apreciativos saúdam a minha performance onde foram reconhecidos indubitáveis cantos de *natem*. A embriaguez, porém, assume outros aspectos. Na luminescência serena da noite, círculos fosforescentes começam a turbilhonar, depois se acavalam e se desdobram até tornarem-se figuras coloridas, matizadas, incandescentes, em incessantes transformações caleidoscópicas. Todos os motivos de que a natureza cria a simetria se sucedem num continuum sutil: losangos alternados de vermelho, amarelo e anil, nervuras delicadas, prismas cristalinos, escamas iridescentes, ocelos de borboleta, pintas de felinos, carapaças reticulares. Uma animalidade sem espécies reconhecíveis exibe diante dos meus olhos suas metamorfoses e mutações: a pele luzidia da sucuri se funde nas manchas da tartaruga, essas se alongam feito as bandas do tatu, depois se encolhem igual à crista de iguana, se deslocam no azul intenso das asas de uma borboleta *Morpho* e se desfiam em listras negras, logo fragmentadas numa constelação de auréolas se destacando da roupagem sedosa de um felino. Curiosamente, essas visões desvinculadas de qualquer suporte não anulam a paisagem imóvel que lhes serve de quadro, um pouco como se eu os avistasse pela ocular de um microscópio, recortado numa janela de dimensões variadas no meio do meu campo visual que permanece intacto.

Escuto com uma clareza inabitual tudo o que se passa à minha volta, sem conseguir separar o barulho de fundo dos sons mais próximos: o murmúrio do rio, o zumbido contínuo dos insetos, o coaxar das rãs e a conversa dos meus companheiros ecoam aos meus ouvidos com igual intensidade. Mukuimp e Piniantza falam animadamente em flechinhas xamânicas, espíritos Iwianch, *pasuk*, *supai*, minha atenção flutuante me impedindo de registrar mais que poucas palavras esparsas do seu diálogo. Mukuimp não pára de soprar ruidosamente estalando os lábios, como que propulsando dardos numa zarabatana imaginária. O distanciamento com que vivencio essa experiência fica ainda maior pelo fato de minha consciência do mundo parecer dividida: espectador complacente do meu próprio delírio, assisto com igual curiosidade a alteração de minha sensibilidade e os acontecimentos externos. Trata-se menos de uma dissociação entre o físico e o mental – se é que tal coisa é possível fora da metafísica cartesiana – do que de uma agradável fragmentação do corpo, de que cada elemento tivesse se tornado autônomo e dotado de inteligência própria e oferecesse alternadamente um ponto de vista distinto sobre a composição desmembrada de que se originou.

Incapaz, como se pode imaginar, de inquirir Mukuimp sobre os delicados pontos de doutrina que esse transe partilhado devia incitá-lo a revelar, gozo contudo de uma acuidade mental suficiente para meditar à vontade sobre os paralelos entre o meu estado alterado de consciência e aquilo que já sei sobre a "viagem" dos xamãs. É provável que os seres estranhos, os espíritos monstruosos, os animais em constante metamorfose que povoam as suas visões – mas que ainda não me visitaram – apareçam para eles como uma sucessão de formas temporariamente congeladas sobre o fundo movente desses motivos geométricos cuja estranha beleza experimento. Um pouco como nessas figuras utilizadas pela Gestalt para demonstrar as ilusões perceptivas, as alucinações intensamente coloridas induzidas pelo *natem* se prestam ao "reconhecimento" de seres animados com aspecto modificado e que devem parecer tanto mais realistas, no que pese a sua aparência fantástica, por tomarem emprestada uma roupagem vibrante ao pano de fundo sobre o qual se destacam. Assim se explica que as imagens de escamas matizadas, de pelagens manchadas ou filamentos luminosos possam se tornar, por uma espécie de metonímia visual, o suporte dessas encarnações de espíritos animais – sucuri, jaguar, aranha – de que os xamãs são os auxiliares. Meu corpo em mil pedaços, o sentimento persistente de ser estrangeiro a mim mesmo fazem assim flutuar, na superfície da minha memória, farrapos de erudição: a viagem da alma do xamã, desdenhando o seu invólucro corpóreo para se comunicar sem entraves com as entidades que o assessoram, é relatada em todas as formas de xamanismo, mesmo na ausência de alucinógenos. Avalio melhor a que ponto o seu uso facilita essa disposição.

Mukuimp e Piniantza me convidam para um banho. Esgueiro-me até o Kapawi feito um fantasma sob a lua, consciente da infinita suavidade do lodo em que afundam os meus pés descalços. Nuvens levíssimas flutuam na superfície do rio. A água é de um frescor delicioso depois da noite tépida, mas não tenho a sensação de mudar de elemento, de tanto que a sua imaterial fluidez é parecida com a do ar. Um sussurro parece brotar do Kapawi, alternadamente vasto e tênue, modulado e indistinto. Com o rosto sério, Mukuimp me diz: "Escute o canto dos peixes e aprenda!". Esse terá sido o único ensinamento daquela noite.

XIV. DESCENDO O RIO

O despertar na casa de Nayapi é meio mal-humorado. Chegamos ontem ao cair da tarde e fizeram-nos dormir num fino colchão de palha direto no chão batido, derrisória proteção contra inúmeros buracos do solo. Há duas camas no *tankamash*, mas ficam a mais de dois metros de altura. Os adolescentes que as construíram não gostam de ceder o seu leito aos visitantes e sabem que, graças a esse estratagema, não precisarão fazê-lo: ninguém jamais se arriscaria a oferecer um eventual posto de tiro para estrangeiros sempre suspeitos de más intenções. Além disso, os anófeles, de que não há vestígio em Capauari ou Sasaima, começaram a aparecer quando alcançamos as terras baixas do baixo rio, obrigando a um sono fracionado em períodos de sudação sem picadas dentro do saco de dormir e momentos de frescor urticante fora de sua proteção. O cúmulo da desgraça foi quando Masursh, o genro de Nayapi, resolveu, por volta das duas horas da manhã, que já tinha dormido bastante. Apoderando-se sem cerimônia do rádio de Tseremp, brindou-nos com tudo o que a música popular dos Andes equatorianos consegue produzir de mais destoante. O garotão está convencido de que a casa inteira, acordada graças a ele, está silenciosamente admirando a sua capacidade de dormir pouco, uma virtude valorizadíssima entre os Achuar quando se mostra com menos ostentação. Como não ocorreu a ninguém a idéia de repreender o rapaz, tivemos de suportar estoicamente a sua exibição de virilidade até que Nayapi nos convidou finalmente para tomar a *wayus*.

Saímos há cinco dias de Capauari para a longa expedição de canoa que eu vinha planejando desde a nossa rápida estada em Puyo, e que deveria nos permitir explorar durante várias semanas o baixo Kapawi, o baixo Bobonaza e alguns dos seus pequenos afluentes, onde vivem diversos Achuar que se mantiveram afastados de qualquer influência missionária. A estação é apropriada, pois os rios ainda estão suficientemente cheios para que não corramos o risco de atolar nos bancos de lodo. Em contrapartida, os turbilhões são freqüentes e tornam a manobra tanto mais delicada pelo fato da embarcação estar pesada com meia dúzia de barris de combustível, trazidos até Capauari pelo avião da missão. A água quase que aflora o alcatrate e a menor ondulação inunda o fundo, obrigando-nos a tirar incessantemente a água com uma cabaça. Tseremp e seu meio-irmão Tarir, que conhecem bem o rio, aceitaram participar da viagem; depois de me ajudar a modificar o quadro da canoa para adaptar o motorzinho externo, familiarizaram-se com notável rapidez ao seu manejo. Não estou descontente por ter convencido Tarir a nos acompanhar: é um homem alto e esbelto, de uns trinta anos de idade, com um jeito um pouco apagado e a fala monótona, mas sensato em seus julgamentos e ponderado nos seus atos.

Não é apenas por razões climáticas que a nossa partida se deu no momento oportuno. Depois da sessão de *natem* na casa de Wajari, espalhou-se em Capauari o boato de que eu era dotado de poderes xamânicos pois, sob influência da droga, eu tinha cantado alguns *anent* particularmente notáveis. Longe de atenuar a suposta eficácia das minhas pobres estrofes, o fato de que eram incompreensíveis para os índios só vinha reforçar o crédito que estes me atribuíam; na verdade, os próprios xamãs têm o hábito de misturar o quíchua com o achuar nos seus cantos, estabelecendo assim que o seu poder e o seu saber resultam de fontes tão mais formidáveis quanto mais distantes. Solicitaram em várias ocasiões que eu assistisse Mukuimp em sessões de cura xamânica e vários homens, entre os quais o próprio Mukuimp, queria a toda força que eu lhes cedesse algumas das minhas flechinhas mágicas *tsentsak*, esses projéteis invisíveis estocados no corpo do xamã que lhe servem para enfeitiçar ou para curar. Apesar de minhas tentativas embaraçadas para explicar que as *tsentsak* da minha terra eram de natureza diferente e se tornavam inoperantes àquela distância de seu local de origem

– enrolado nessa fábula que eu julgara inocente, não podia mais me desdizer – os lances não paravam de subir; a cada recusa minha, ofereciam-me objetos cada vez mais preciosos: coroas *tawasap*, cães de caça e até uma espingarda. Minhas negativas só serviam para confirmar entre os habitantes de Capauari a suspeita de que eu era um xamã, provavelmente de uma espécie temível já que me opunha a negociar as minhas *tsentsak* e utilizá-las para o bem comum. Tornou-se urgente, portanto, que eu desaparecesse por algum tempo.

A descida para o baixo rio foi difícil, pois o leito do Kapawi era constantemente obstruído por árvores imensas arrancadas das margens pelas cheias. Quando sobrava algum espaço entre o tronco e a superfície do rio, era preciso descarregar a canoa para passá-la por baixo do obstáculo, correndo o risco de que ela afundasse; quando a árvore estava parcialmente imersa, Tseremp e Tarir se revezavam para entalhar a machadadas uma passagem até o nível da água e então, tomando muito impulso e com o motor na máxima potência, nos precipitávamos pela brecha que atravessamos num grande choque. Nossa progressão foi muito lenta nesse primeiro dia, mesmo porque o rio se estendia em inúmeros meandros, alguns dos quais formando anéis quase completos. Esses volteios tinham, na maioria, o mesmo aspecto: de um lado eram margeadas por uma muralha rochosa, coroada de árvores e cipós sobrepujando com sua sombra fresca um turbilhão de águas profundas, enquanto a margem oposta, plana e em geral arenosa, vez ou outra orlada com prainhas, era coberta por um mato inextricável mas de pouca altura com, aqui e ali, altas silhuetas de palmeiras e sumaúmas.

Nenhum vestígio de presença humana ao longo dessa sinuosidade aquática de interminável monotonia! Em certo momento, paramos ao pé de um pequeno terraço onde Wajari viveu há cerca de uns dez anos; nada subsistia da sua estada no lugar, a não ser duas belas pupunheiras e uns arbustos de timbó sufocados por uma brenha já quase igual à mata circundante. Na falta de homens para persegui-los, os animais eram donos do terreno; pouco ariscos, podíamos ouvi-los à nossa volta tratando dos seus assuntos. Um bando de macacos-barrigudos não achou necessário se mexer quando nos viu passar e consegui, sem dificuldade, acertar um deles para o jantar. Um pouco mais tarde, algumas capivaras que rolavam no lodo nos contemplaram resmungando placidamente. Em duas ocasiões, jacarés que se bronzeavam ao sol sobre uns troncos mergulharam tranqüilamente a poucas braçadas da nossa canoa.

Um pouco antes do anoitecer, montamos um acampamento rudimentar numa margem sobrelevada. Sem parecer nem um pouco perturbado pela chuva cerrada que se pusera a cair, Tarir num instante acendeu uma fogueira com uma lenha cheia de umidade e um só dos meus fósforos. Apesar das milhares de árvores que nos cercavam, tivemos de andar um bom pedaço para juntar aqueles galhos não muito podres; por isso, Tseremp arrancou a casca de uma árvore em pé para que ela fosse morrendo aos poucos e pudesse servir de combustível durante uma próxima parada, num dos raros gestos de previsão a longo prazo que presenciei por parte de um Achuar. Choveu sem cessar durante toda a noite. Pouco antes da aurora, uma sensação de umidade mais forte nos acordou completamente: o rio subira pelo menos três metros durante a noite e a água estava aos poucos invadindo o nosso abrigo. A canoa que deixáramos lá embaixo, amarrada com um longo cipó, agora se balançava bem junto de nós.

O segundo dia de viagem foi quase idêntico ao primeiro, talvez mais difícil por causa dos troncos que a cheia arrastava sem dó nem piedade e várias vezes por pouco não nos fizeram virar. A chuva caiu sem parar, transformando a canoa numa banheira de água suja que tínhamos de esvaziar o tempo todo. À tardinha, a paisagem começou a mudar: após a confluência com o Ishpinkiu, o rio se fez mais largo e menos sinuoso, a correnteza se aquietou. As margens já não eram tão escarpadas e abriam-se por vezes sobre canais que levavam a vastos pântanos parcialmente cobertos de vegetação. Tínhamos chegado a essa parte do território que os Achuar chamam de *paka*, "terras planas", ou mais simplesmente *tsumu*, o "baixo rio".

Depois de uma noite sem nenhuma ocorrência retomamos o curso, agora já mais tranqüilo, do Kapawi e chegamos à casa de Taish ao anoitecer. Ele recebeu-nos com toda a civilidade, mas sem excesso de entusiasmo: o seu *amik* Tarir não trouxera nada para ele. Tornando a partir na tarde do dia seguinte, chegamos ao anoitecer a uma grande casa fortificada, no alto de uma colina a pique sobre o rio, à qual se acedia por uma escada de toras quase vertical. Nessa espécie de reduto é que, em companhia de seus dois irmãos, vivia Sumpaish, o homem suspeito de ter matado Ikiam depois de casar-se com Pinik, sua esposa fugitiva. Sumpaish estava de visita na casa de Nayapi, mas Kajekui e Tsamarin nos ofereceram por aquela noite uma hospitalidade meio contrafeita. Postado no alto da subida, um menino vigiava permanentemente o Kapawi e quando, ao crepúsculo, ele retornou os homens trancaram a porta da cerca com um pau de arrimo. Nos rodeios das *aujmatin*, longas e cerimoniosas, garantiram-nos que Sumpaish não tinha nada a ver com o assassinato de Ikiam e que ele iria, aliás, saldar dali a pouco a *tumash* que tinha para com Yaur, não pelo sangue do irmão, que ele não matara, mas como legítima compensação por Pinik, que normalmente deveria caber a Yaur por levirato, mesmo tendo abandonado o marido e encontrado outro antes de ocorrerem todos esses fatos. Informados por Antunish sobre o "rumor Tukupi", segundo o qual Sumpaish teria se gabado de ter assassinado Ikiam, Tarir e Tseremp já não sabiam o que pensar.

Kakekui, Tsamarin e Sumpaish formavam um trio um tanto singular. De fato, salvo em circunstâncias excepcionais é raro que um grupo de irmãos casados resida durante muito tempo sob o mesmo teto, pois os Achuar têm verdadeiro horror da promiscuidade da vida coletiva e temem as brigas que ela pode suscitar, mesmo entre parentes muito próximos. Necessidades defensivas às vezes promovem reagrupamentos temporários, mas esse caso é bem diferente, pois os três irmãos moravam juntos muito antes de Sumpaish estar em perigo. O seu isolamento social e geográfico parece proposital: Kajekui é viúvo de uma órfã, Tsamarin recolheu uma mulher abandonada pelo marido e Sumpaish, uma fugitiva, o que certamente os poupa da sujeição a um sogro mas também os priva da assistência eventual de uma rede de afins. Para reforçar essa tímida associação, Sumpaish e Tsamarin são *amik*, assim como Pinchu e Tarir, embora como eles não tenham oportunidade de fazer grandes trocas. Uma irmã de meia-idade completa o fraternal isolamento. Viúva de um renomado xamã, muito desenvolta em palavras e atitudes, Nakaim educa os filhos de Kajekui e se encarrega com afetuosa simpatia das tarefas domésticas de uma esposa junto a ele. As más línguas, nesse caso Taish e suas mulheres, sussurram que Sumpaish é, além disso, muito íntimo da filha da sua irmã, uma encantadora adolescente chamada Week, com quem gostaria de se casar. Sem ser realmente proibida – pela lógica achuar, Week não é consangüínea por ser filha de um cunhado

de Sumpaish – a união pretendida é vista, no entanto, como muito irregular. No topo dessa pirâmide de promiscuidade, a velha mãe derrama sobre eles todos uma complacência um tanto gagá.

Por preguiça social ou por gosto da tranqüilidade, por afeto real quem sabe, e desejo de retornar à intimidade de uma infância despreocupada, certos achuar optam por um utópico recolhimento entre-si, bem próximo de um incesto impossível mas secretamente sonhado. Quase-incesto, já que as esposas sem parentes são praticamente consangüíneas, nada nelas lembrando a exterioridade da relação com a qual se selam as relações entre famílias: não são mais irmãs de aliados e já são meio que irmãs por aliança. Quase-incesto também, essa associação das viuvezes em que irmãos e irmãs, educados desde a infância para cumprir entre si o papel que cabe aos casais, recuperam, após a morte de seus respectivos cônjuges, a cumplicidade de que sentiram falta a vida inteira. Quase-incesto, enfim, esse casamento pretendido entre um tio e sua sobrinha uterina, que anula a transmissão normal das alianças de geração para geração, ao privar o filho da esposa, que foi tomada pelo pai. O fechar-se sobre si pressupõe o abandono das ambições. Não há mais como entrar na política da afinidade para se tornar um homem conseqüente e respeitado manipulando os cunhados. Mas a segurança, para quem a aprecia, também tem esse preço: nesses retiros afastados dos conchavos, o eco das guerras só chega muito abafado e foi preciso o capricho de um Sumpaish que se apaixonou por uma mulher em fuga para que essa família de assustados misantropos fosse alcançada pela hostilidade do mundo.

Para viver felizes, vivamos escondidos. Os marginais como Sumpaish e seus irmãos, e Taish, em menor medida, se estabelecem no mais das vezes na periferia de uma região ocupada por uma rede de parentes aos quais estão mais ligados pela genealogia do que pela solidariedade. Várias horas, ou mesmo um dia inteiro, separam-nos do núcleo principal de habitat, seis ou sete casas espalhadas num raio de uns dez quilômetros ao longo de um trecho do rio e à margem dos seus pequenos afluentes. Os moradores de uma área de vizinhança desse tipo são parentes, casam-se preferencialmente entre si e se definem coletivamente por referência ao principal curso d'água que os banha e organiza os seus trajetos: ao descer o rio, passamos do "povo do alto rio Kapawi" para o "povo do baixo rio Kapawi", assim como algumas semanas atrás visitamos em Sasaima o "povo do grande rio" (*kanus*). O espaço social achuar assume assim o aspecto de um entrelaçamento de casas-territórios, bastante denso no centro do que se poderia chamar de "terras" e afrouxando seus contornos até se dissolver nas vastas áreas desabitadas que o separam de outros conjuntos sociais idênticos, mas potencialmente hostis. Por maiores que sejam, essas "terras" – em alguns casos quase um milhão de quilômetros quadrados – carecem de uma identidade substancial, pois a sua geografia está de acordo apenas com as pessoas que os povoam em um dado momento; elas existem enquanto extensões de mata temporariamente descontinuadas pelo costume dos que ali vivem de se reconhecerem como nativos ou assíduos de uma pequena porção de uma gigantesca rede hidrográfica. Afora a distinção muito genérica entre regiões do baixo rio e regiões do alto rio, as "terras" achuar tampouco se diferenciam por fronteiras ecológicas demarcadas que caracterizem cada um por um tipo específico de paisagem. Sequer constituem unidades territoriais homogêneas; a sua extensão máxima corresponde simplesmente à soma dos percursos individuais de caça dos homens que ali residem e não coincide com um domínio de uso exclusivo, possuído e gerido conjuntamente. Cercados por vastos *no man's land* de segurança, seus limites permanecem vagos e evoluem ao sabor dos deslocamentos dessas famílias amantes de solidão que se instalam nos seus confins para se afastar dos enfrentamentos de facções.

Entretanto, nem sempre o isolamento é uma proteção contra os acasos da política, e pode mesmo se revelar perigoso: vivendo muito afastados de sua parentela, prestando-lhe apoio medíocre durante os conflitos, os marginais se prestam à suspeita e, como Kawarunch em Sasaima, tornam-se alvo de maquinações, geralmente por iniciativa do *juunt* local que vê com maus olhos os homens de sua vizinhança que permanecem impermeáveis à sua influência. As "terras", no fim das contas, se definem por parentes, vizinhos, aliados, cerca de vinte famílias no máximo, pouco inclinadas a se afastar além da conta de uma rede de rios familiares, em geral solidárias e prontas a se unirem num caso de vendeta. É também um "grande homem" cujo renome ultrapassa as fronteiras de sua parentela e vê na coesão dessa última, regularmente reconstituída por ele por ocasião das guerras, a melhor garantia de perpetuar o seu prestígio e encarnar de modo duradouro na sua pessoa essa pequena parte do mundo em que se exerce a sua influência.

Não há nada de marginal em Nayapi. Esse sujeito vigoroso, um pouco balofo, que passa sem aviso prévio da fúria teatral à maior jovialidade, parece ter dividido a sua vida entre as guerras e os assuntos do coração. Enquanto tomamos *wayus* ele faz, a meu pedido, um relato bastante picaresco.

– Eu nasci no Kusirentza, do outro lado do Pastaza, a jusante daqui e pertinho do Peru. Minha mãe morreu quando eu nasci e então meu pai, Achayat, se estabeleceu perto dali, à beira do Apachentza, onde foi morto por Tiriruk junto com meus dois irmãos quando eu mal estava aprendendo a andar. Fiquei sozinho com Shamich, a segunda mulher do meu pai. Ankuash, um grande *kakaram*, queria se casar com Shamich, e foi muito insistente. *Juunt* Ankuash reuniu muitos parentes, ele vivia mais para cima do rio, sobre o Sakeentza, numa casa fortificada, com Kamijiu, Kayuye, Naanch e muitos outros; eles estavam em guerra contra Pujupat e Taanchim. Mas Shamich não queria Ankuash e fomos nos refugiar na casa de Wajari em Sasaima, pois ele era irmão "ramificado" de Shamich. Em Sasaima, Shamich se casou com Tukupi, e foi na casa dele que eu me tornei homem. Lá, eu me casei com Najur, a irmã de Kawarunch; mas ela não me dava filhos, então eu a deixei. Kawarunch ficou magoado comigo porque abandonei a irmã dele, então fui até a casa de Timias, bem longe de Sasaima, sobre o Wayurentza, e me casei com a sua filha Anasat. Mas uma das mulheres de Timias, Kinintiur, se apaixonou por mim; ela vivia me tentando. Eu não gostava dela. Também tinha me cansado de Anasat: era muito jovem e não sabia nada. Eu me apaixonei por Nusiri, a irmã de Timias, que morava com ele por ser viúva; ela sim é que sabia agradar os homens. Timias tinha ciúme de mim por causa de Kinintiur e dizia aos quatro ventos que ia me matar; então fugi com Nusiri, abandonando Anasat. Eu me refugiei na casa de Naanch, que morava à beira do Kapawi, não muito longe daqui, e lutamos numa guerra contra Puanchir. Puanchir era muito *kakaram*; ele tinha sido aliado de Tiriruk e, quando o pessoal de Sasaima matou Tiriruk, resolveu dar cabo de todos os seus inimigos. Como ele ficou sozinho, era difícil de matar pois ele ficou trancado na casa fortificada dele e só saía para atacar de surpresa. Foi assim que ele matou o seu irmão Kayuye.

– É verdade o que você está dizendo, declarou então Tarir. Depois da morte do meu irmão, decidi acabar de uma vez por todas com Puanchir e vim visitar Naanch. Naanch aceitou me ajudar e reuniu os seus parentes: meu irmão Pinchu, meus cunhados Wajari e Titiar, também Kuniach, e Entsakua, um filho verdadeiro de Tiriruk que era também irmão "ramificado" de Naanch.

– Foi assim, retomou Nayapi. Puanchir era também meu irmão "ramificado", mas aceitei participar do caso com a condição de não atirar nele, pois eu queria vingar o meu pai morto por Tiriruk. Então Kuniach, que era vizinho de Puanchir, foi visitá-lo em companhia de Entsakua. Nós, enquanto isso, ficamos escondidos na mata, à beira da roça. Teve uma hora em que uma mulher veio fazer xixi bem do nosso lado, mas não nos viu. Entsakua pediu para Puanchir contar para ele como tinha matado Kayuye; queria ver a espingarda com a qual ele tinha atirado. Puanchir não desconfiou de nada: como é que ele iria desconfiar de um filho do seu aliado Tiriruk? Passou-lhe então a *akaru* que nunca o deixava. Entsakua fingiu apontar para um mamoeiro a fim de avaliar a linha de mira; então, virando-se num só movimento, atirou em Puanchir desarmado. Mas Puanchir não morreu, porque o *arutam* dele era poderoso; todo ensangüentado, ainda tentou arrancar a espingarda das mãos de Entsakua. Kuniah então atirou nele também, mas ele continuava não morrendo. Ao ouvir os tiros, nós corremos para dentro da casa e todos, menos eu, descarregaram a arma nele. Acabou morrendo.

– Perfeitamente, acrescentou Tarir num tom satisfeito. Ele ficou tão despedaçado que não dava mais para reconhecer.

– Quando fomos embora, levamos junto Mirijiar, a mulher de Puanchir. Naanch tinha me garantido que eu poderia ficar com ela se acompanhasse a expedição; por isso é que você está vendo ela aqui, a minha mulherzinha, fazendo comida para nós. Com as minhas duas mulheres, Nusiri e Mirijiar, eu então me instalei à beira do Kapawi, a montante de onde Taish mora agora. Depois me casei com Makatu, e depois com Ampiur; as duas eram órfãs. Mas Nusiri tinha ciúme, não suportava que eu tivesse mais três mulheres. Então ela arranjou um amante. Fiquei muito furioso e bati muito nela. Pouco depois ela se suicidou tomando *sunkipi*, um veneno que se encontra na mata. Depois disso, meu irmão Wisum foi morto por Tumink, que mora do outro lado do Pastaza. É verdade que o meu irmão era xamã, mas Tumink o matou sem nenhum motivo. Por isso eu desci para cá, para preparar a minha vingança. Aqui fica mais perto de Tumink; caminhando bem, dá para chegar lá em dois dias. Então combinei com Kamijiu, esse que vive à beira do Ishpinkiu, que ele viria fazer a fortificação comigo. Meu irmão Wisum era vizinho de Kamijiu e eles se chamavam por "cunhado". Mas Kamijiu estava demorando para vir; quem sabe estava com medo? Então me avisaram que Kamijiu queria se casar com a minha *waje* Kapair, viúva do meu irmão. Mas ela não queria: como Kamijiu e meu irmão se tratavam por "cunhado", ela era uma irmã para Kamijiu. Era comigo que ela tinha de se casar. Acaso nós, Achuar, não temos que nos casar com as viúvas de nossos irmãos, nossas pequenas *waje*? Mas eu estava muito ocupado fortificando a minha casa e procurando um jeito de me vingar de Tumink; então não fui buscar a minha *waje* e trazer ela para cá. Estando as coisas nesse pé, fiquei sabendo que Kamijiu tinha se casado com a minha *waje* Kapair. Fiquei furioso e mandei avisar Kamijiu que nós íamos nos medir. Como é que eu não ia matar Kamijiu? Ele não queria guerra. Faz algumas luas, ele me mandou a *tumash* pela minha *waje*, uma *mayn akaru*. Tumink também morreu, dizem que Chiriap é que o enfeitiçou. Perdoei Kamijiu porque ele saldou a *tumash*, mas se eu vir a minha *waje* Kapair, mato ela. Assim é que é. Agora nós vivemos em paz.

Ao raiar do dia, as mulheres nos servem um caldo de mandioca em que bóiam pedaços de um magro jacamim. Nayapi nos convida para comer e acrescenta com ar brincalhão: "Vocês talvez não tenham o hábito de comer os seus semelhantes?". Meus companheiros dão um sorriso amarelo, mas o ar carrancudo de Tarir mostra muito bem que ele se chateou com essa observação, que um aparte com Tseremp logo me ajuda a decifrar. A gente do baixo Kapawi gosta de zombar de alguns homens de Capauari que, sob a influência conjunta dos missionários evangelistas e dos Quíchua, teriam em parte abandonado a ornamentação tradicional pela qual se reconhecem os legítimos Achuar. Esse é muito claramente o caso de Tarir e Tseremp: com sua longa cabeleira amputada, sem enfeites de plumas nem pinturas, desprovidos de *shauk* e braceletes tecidos, parecem tão apagados como o jacamim e já parcialmente cativados pelos brancos, assim como o pássaro pelos índios.

É o caso de se perguntar o que constitui a essência de um autêntico Achuar. Será o dialeto que ele fala? A maneira como se enfeita? Costumes específicos que o tornam diferente dos outros Jivaro? O problema não é retórico e se colocou para nós desde a nossa chegada em Capauari. Preocupados em nos certificar de que estávamos mesmo entre os Achuar, interrogávamos as pessoas com muita ingenuidade, perguntando o que elas eram: "*shuaritjai*", respondiam com uma bela unanimidade, "eu sou *shuar*". A resposta nos deixava perplexos já que shuar é o nome que os etnógrafos costumam atribuir à tribo jivaro vizinha. Teríamos cometido um erro grosseiro na escolha do nosso campo de pesquisa e seria possível que os nossos Achuar não fossem Achuar? No entanto, os Quíchua de Montalvo chamavam de Achuar o povo de Capauari, que falava uma língua sensivelmente distinta do shuar descrito pelos missionários salesianos, além de que alguns traços da sua cultura eram diferentes do que se sabia sobre os Shuar. Acabamos pensando que os índios de Capauari constituíam uma espécie de microtribo, nem de Shuar nem de Achuar, mas submetidos à influência de ambas. Essa interpretação parecia se confirmar pelo fato de que Wajari e os outros chamavam de "Achuar" os habitantes do baixo Kapawi ou da outra margem do Pastaza, o que contribuíra não pouco para o nosso desejo de abandonar aquele primeiro ponto de chegada e ir para junto dos outros índios, mais claramente identificáveis. Nossa viagem até Sasaima demonstrou que estávamos errados já que, ao contrário, tanto lá como aqui no baixo Kapawi, o povo de Capauari é que é designado "Achuar", enquanto que os que em Capauari nos eram apresentados como Achuar proclamavam-se shuar, exatamente como fizeram nossos primeiros anfitriões.

Nossa obsessão classificatória, típica dos etnógrafos neófitos, nos tornara cegos para o que deveríamos ter desconfiado desde muito tempo: as definições de identidade se fazem aqui por oposições distintivas, um mesmo qualificativo étnico podendo mudar de referente em função do contexto e segundo o termo com o qual é implicitamente contrastado. A cosmologia jivaro se organiza de modo arborescente, por especificações progressivas de pares antitéticos. A categoria mais englobante é a das "pessoas", *aents*. Inclui todos os seres providos de "alma" (*wakan*), ou seja, capazes de se comunicar já que dotados de intencionalidade e passíveis de serem afetados pelas mensagens endereçadas a eles: os humanos, claro, mas também muitas plantas e animais, os espíritos da floresta e do rio, enfim certos objetos mágicos ou profanos. A linguagem não é indispensável para a qualidade de *aents*, uma informação podendo ser transmitida por imagens ou sons que se saiba decodificar; é o caso, notadamente, quando espíritos, fantasmas ou certas espécies naturais aparecem nos sonhos e nas visões induzidas por narcóticos. Os shuar, isto é, "as pessoas", constituem um conjunto específico de *aents* caracterizado pela faculdade de falar, que corresponde em primeira aproximação àquilo que entendemos por gênero humano. Mas como a universalidade dessa categoria não tem sentido para os Jivaro, eles tendem a utilizar a palavra shuar num sentido restritivo, com a única finalidade de designarem a si mesmos, convencidos – ao contrário de muitos outros povos – de que representam a encarnação perfeita e exclusiva de todos os atributos da humanidade.

Independentemente da etiqueta tribal que lhes seja atribuída, todas as pessoas que falam jivaro se definem portanto como shuar, por oposição a outras etnias cujos membros decerto também são abstratamente shuar, já que não são planta nem animal, mas shuar num nível inferior em razão dos maiores ou menores descompassos que suas culturas manifestam em relação à norma jivaro. Para enfatizar essa hierarquia, serão utilizados para eles termos específicos: *apach*, "avô", engloba os Quíchua e os mestiços e ainda compreende alguns subgrupos, como *piruan*, os peruanos, *saasak*, os índios Salasaca dos Andes, *suntar*, os soldados, ou *napu*, os Quíchua do Napo; *kirinku*, "gringo", engloba todos os estrangeiros de pele branca, com algumas variantes como *pankerista*, evangelistas norte-americanos, *paati*, missionários católicos, *pransis*, "francês" – de origem bem recente, como se pode deduzir – ou ainda *kumpania*, "a Companhia", essa estranha tribo altamente mecanizada que vem de quando em quando fazer perfurações na floresta, abrir estradas ou contar árvores. Alguns povos não pertencem a nenhum conjunto mais amplo, quer porque seus representantes sejam demasiado poucos para se saber a quê vinculá-los – é o caso dos *nikru*, os negros da costa do Pacífico, por vezes vislumbrados nos acampamentos petroleiros – quer, ao contrário, porque uma vizinhança imediata lhes confere uma identidade genérica e familiar: *zapar*, os Zaparo, *kantuash*, os Candoshi, *kukam*, os Cocama ou ainda *tawishiur*, os Waorani – também chamados de *misu aents*, "os que andam nus" – que os Achuar consideram uns selvagens mal-e-mal saídos da animalidade.

Em seu uso corrente, *shuar* significa portanto esse protótipo de humanidade que são os Jivaro, e é por mera convenção que o termo acabou designando exclusivamente a tribo dos "Shuar". Os Achuar chamam esses últimos por diversos nomes compostos pelo substantivo *shuar* e um qualificativo geográfico – *muraya shuar*, "a gente da colina", *makuma shuar*, "a gente do Makuma", *mankusas shuar*, "a gente do Mangosiza" etc. –, expressões que se referem, portanto, a grupos regionais específicos e não aos Shuar enquanto tribo. O único termo que poderia ser empregado nesse sentido é em si paradoxal: *shiwiar*, cuja alteração pelos espanhóis está provavelmente na origem da palavra "Jivaro", designa com efeito o conjunto dos inimigos que falam outro dialeto jivaro que não o seu próprio. Os Shuar são, portanto, globalmente chamados de *shiwiar* pelos Achuar, mas estes últimos são identicamente qualificados pelos Shuar, que também usam em relação a eles a expressão descritiva *achuar*, contração de *achu shuar*, "a gente do buriti" (*achu*), epíteto que evoca os inúmeros pântanos espalhados em seu território e de que essa planta é o principal ornamento. Os próprios Achuar fazem referência a outros grupos vizinhos de sua tribo com qualificativos geográficos – *kupatza shuar*, "a gente do Copataza", *kanus shuar*, "a gente do Pastaza" etc. –, reservando o termo *achuar* para designar os inimigos, potenciais ou reais mas aparentados, que não podem ser chamados de *shiwiar* já que falam o mesmo dialeto. Donde nosso qüiproquó inicial. Pela incerteza que provoca, o caso Ikiam espalhou a confusão nas redes de aliança da região, e é por isso que a gente do Capauari denominava *achuar* a gente do Sasaima e do baixo Kapawi, que lhes pagavam com a mesma moeda: embora indique uma mesma pertença étnica, o uso do termo se torna, paradoxalmente, sinal de desconfiança recíproca. Qual não foi o meu alívio no dia em que Titiar, para melhor enfatizar as vantagens que eu teria me tornando *amik* do seu irmão, declarou solenemente: "Nós, Achuar (*achuartikia*), costumamos fazer assim!" É raro, contudo, esse tipo de afirmação: decerto por sua identidade tribal basear-se menos num repertório de costumes conscientemente apreendidos do que numa configuração determinada de relações com os outros, os Achuar não têm a menor necessidade de, por um sim ou por um não, reafirmar quem eles são, deixando aos seus vizinhos próximos e distantes, inclusive aos etnólogos, o cuidado de fazê-lo.

A sua extraordinária indiferença para com o passado contribui para que seja estranha, entre os Achuar, a idéia de eventualmente compartilharem um destino coletivo. Individualistas declarados e amnésicos por vocação, vivem perfeitamente sem memória histórica; qualquer lembrança de acontecimentos que tenham afetado as gerações anteriores é cuidadosamente apagada em desenvolto esquecimento. A sua própria mitologia é muda no que toca a origem de sua tribo, e pouco loquaz acerca dos primórdios da humanidade. São o oposto dos índios do noroeste da Amazônia, cujos mitos retraçam de modo obsessivo os mínimos detalhes da gênese do universo, que se aplicam em justificar por todo tipo de circunstância significativa a hierarquia dos povos, suas localizações e atributos, que remetem seus êxitos e fracassos presentes a algum ato fundador de um herói tomado a sério, que interpolam constantemente novos episódios para dar conta do surgimento da mais recente bugiganga trazida pelos brancos. Ao contrário desses maníacos da explicação total, portanto, os Achuar não procuram dar ao mundo uma coerência que ele obviamente não tem. Sua mitologia é descosida, composta de fábulas curtas em que é evocada, sem exaustividade nem continuidade narrativa, um pequeno número de eventos que levaram à emergência de algumas artes da cultura, ao estabelecimento de uma organização mínima do cosmo, ao surgimento de duas ou três propriedades da condição humana ou à aquisição, por parte de um animal ou planta, de seu aspecto definitivo. Os mitos desse último tipo são, de longe, os mais numerosos; constituem os diferentes capítulos de uma história natural que retraça a diferenciação das espécies a partir de um estágio original em que todos os seres seriam dotados de linguagem e aparência humana. Tomadas ao pé da letra, essas histórias não formam uma carta constitucional sistemática da criação com suas peripécias se desenrolando em seqüências ordenadas à maneira do Gênese bíblico. A existência da maioria dos seres e coisas está dada desde sempre, e ninguém aqui se pergunta se Colibri virou pássaro antes que Ipiak se transformasse em moita, ou se os Achuar já existiam quando o Sol subiu para o céu. É claro que essas ações ocorrem num tempo diferente, uma época desordenada em que as distinções de aparência e a topografia do universo ainda não estavam estabelecidas, mas um tempo ainda suficientemente próximo do presente para que, como o mito de Nunkui de início me pareceu revelar, as personagens que o povoam continuem intervindo na vida cotidiana. Os heróis da mitologia vivem sempre junto dos homens, na mata, debaixo das águas ou nas roças; quanto às plantas e aos animais, como duvidar que ainda sejam pessoas, apesar de sua nova aparência, se a comunicação com eles ainda não foi abolida?

A imanência dos seres míticos torna inclusive supérfluo, em grande parte, o conhecimento dessas histórias que retraçam as suas façanhas. Nesse campo, o saber é partilhado de modo muito desigual; não que ele constitua um tesouro esotérico reservado a alguns poucos, mas porque as circunstâncias ou disposições pessoais decidiram assim. Tukupi forneceu há pouco um belo exemplo disso: seu tradicionalismo ostensivo me deixara esperar uma profusão de mitos ricos e originais, e qual não foi minha decepção quando ele me confessou a sua ignorância: "Como é que eu poderia ter aprendido os relatos de antigamente, os *yaunchu aujmatsamu*?", declarou ele num tom rabugento. "Quando criança, a minha família vivia envolvida em guerras sem fim. Na hora da *wayus*, tínhamos de ficar quietos dentro de casa espreitando os inimigos. Por acaso meus pais não tinham mais o que fazer do que gastar tempo nos contando os relatos de antigamente?" Essa lacuna não tem conseqüências. Os Achuar são pragmáticos e o comércio que eles mantêm com os espíritos ou seres da natureza não parece, para eles, depender de um conhecimento de sua gênese mítica, e sim do domínio de técnicas mais concretas, como os *anent*, a interpretação dos sonhos, os encantamentos mágicos ou o respeito aos tabus.

Inútil enquanto saber prático, a mitologia se conjuga antes no pretérito imperfeito do que no perfeito. A existência desses protagonistas não está de jeito algum concluída, fazendo-se sentir até o momento à maneira das ondas concêntricas sobre a água serena: ninguém viu de fato a pedra cair, mas as ondulações que ela causou ainda estão tão nítidas que só por muito pouco é que ela não foi vislumbrada. Os mitos achuar não se inserem num tempo linear tal como experimentado por nossa consciência subjetiva, do qual o envelhecimento dos seres e das coisas nos oferece o testemunho diário. Tampouco introduzem uma temporalidade cíclica, o velho sonho de um eterno retorno às origens partilhado pelos Maias e pelos estóicos. A idéia de que sucessões idênticas de eventos possam se renovar a intervalos regulares supõe que se imponha uma ordem ao tempo através de uma divisão em períodos, a repetição do passado no futuro sendo, como se sabe, uma crença própria dos povos apaixonados por astronomia e ciência calendária. Ora, pouco importam a temporalidade e o seu cômputo aos meus companheiros, que limitam a sua cronologia ao intervalo de um ano, cuja recorrência bem discreta é assinalada em meados de junho com o reaparecimento, pouco antes da aurora, das Plêiades ausentes por dois meses do horizonte noturno.

Não, o tempo do mito seria antes dilatado, como o é na física contemporânea por um campo de gravitação. Assim como a curvatura do espaço-tempo gera, em função das densidades relativas da matéria, ritmos distintos de decurso do tempo segundo os pontos de observação, também os seres do mito se agitam numa temporalidade paralela, porém suficientemente elástica para que em certas ocasiões possa coincidir com a nossa. A comunicação estabelecida com essas personagens através dos sonhos, das visões ou dos *anent*, ofereceria então certa analogia com a travessia do que alguns cosmólogos contemporâneos chamam de "buracos de minhoca", esses estranhos túneis matemáticos conectando regiões extremamente distantes do universo. O termo *yaunchu*, "antigamente", pelo qual começam todos os mitos e que inclusive define o seu gênero narrativo – "relatos de antigamente" – não deve, portanto, ser tomado em sentido literal: ele antes estabelece uma distância entre duas modalidades de existência regidas por escalas distintas de tempo do que marca a ruptura entre o presente e um passado fabuloso. Nem contemporânea, nem concluída, a mitologia achuar não é um simulacro de consciência histórica. Tal concepção do devir vai sem dúvida contra a corrente da nossa própria fascinação pela história, da idéia de que a temporalidade se constrói sobre uma distinção absoluta entre o que foi e o que será, o presente só existindo para nós através da inexorável abolição do passado do qual procede, passado de erros e superstições que notórios especialistas são encarregados de registrar e reconstituir para melhor mantê-lo à distância na segurança da memória coletiva. Essa idéia do tempo enquanto flecha irreversível caracteriza propriamente apenas a época moderna; é provável que derive do corte que instauramos, há alguns séculos, entre o mundo da natureza e dos objetos e o mundo dos homens, corte de que todos os povos anteriores a nós tinham-se poupado, já que dispensavam a si mesmos da noção de progresso de que ele é o corolário.

A intemporalidade dos mitos achuar sofre uma exceção com um conjunto de relatos dedicados aos malfeitos outrora cometidos por uma raça de gigantes canibais, os Ajaimp, de que os homens depois de muito esforço acabaram por se livrar. Únicos seres da mitologia a ter definitivamente desaparecido da face da terra, os Ajaimp são criaturas dos tempos antigos cuja realidade, porém, fundamenta-se em testemunhos ainda tangíveis, já que os Achuar lhes atribuem a paternidade dos machados de pedra polida que eles ocasionalmente encontram durante o desmatamento das roças. No entanto, segundo os relatos de exploração de antes da guerra, esses "machados de Ajaimp" eram de uso comum entre os Jivaro há no máximo três gerações: a invenção de uma pré-história fantástica fez-se assim ao preço do esquecimento dessa história mais prosaica que em outras partes se tece pelas lembranças de família.

Poucas semanas atrás, em Capauari, Naanch me deu a sua versão do final dos tempos dos Ajaimp.

> Havia outrora pessoas como nós, o nome delas era Ajaimp. Eram em muito maior número que nós. Antigamente, nós não éramos valentes; os Ajaimp costumavam nos comer. Os Ajaimp tinham um truque. Eles faziam roças iguais às nossas, depois plantavam em volta delas moitas de espinhos *kurikri* e quando alguém passava ficava preso nos espinhos. Ajaimp vinha regularmente ver se algum animal tinha ficado preso na armadilha. Se fosse um homem, Ajaimp matava e levava dentro da bolsa para comer. Hoje em dia, a gente também coloca armadilha nas roças para matar os passarinhos e as cutias. Assim faziam os Ajaimp. Ajaimp dizia: "Os espinhos *kurikri* pegaram mais um". Ele matava o homem com a lança, cortava a cabeça dele e levava para casa. Ajaimp tinha uma panela grande; quando matava alguém, cozinhava e comia durante o dia. Ele era muito glutão. De tanto sermos comidos, a gente estava quase desaparecendo completamente. Foi

então que pensamos em dar um jeito de nos livrar dos Ajaimp. Basílico (*sumpa*) estava furioso com Ajaimp, queria matá-lo. Naquele momento, estava aprendendo a usar o *tashimpiu* (um instrumento musical que se toca com um arquete). Basílico estava deitado no chão tocando *tashimpiu*: *suniaa, suniaa*, ele fazia com o instrumento, para atrair Ajaimp. Ajaimp ouviu aqueles sons melodiosos e ficou todo contente. Aproximou-se de Basílico. "O que você está fazendo?", perguntou. "Eu também quero aprender." Então Basílico mostrou: "Você pega o arquete e desliza ele assim, puxando para você. Tome. Deite-se e faça *suniaa, suniaa* você também". Ajaimp fez o que Basílico dizia, mas com um toque desajeitado do arquete estourou a própria pança e morreu. Assim foi morto o primeiro Ajaimp. Grilo (*tinkishapi*) também queria matar Ajaimp. Grilo dormia nas cinzas e ao acordar cantava, *shir-shir*. Um dia, ele teve a idéia de mudar de aparência. Ele se colocou nas cinzas quentes e, em pouco tempo, a carapaça dele descascou completamente; ele ficou cheio de enfeites, como as pessoas. Num outro dia, Grilo fez de novo. Ajaimp, que ouvia ele cantar, se aproximou e perguntou o que ele estava fazendo. Grilo explicou a Ajaimp que ele também podia mudar de aparência, se quisesse. Grilo aconselhou Ajaimp a se enrolar nas folhas e se deitar nas cinzas do fogo, e disse: "Cante como eu, *sasaaship-sasaaship*". Ajaimp cantou, *sasaaship-sasaaship*, mas a carapaça se incendiou e ele morreu queimado. Guariba (*tsere*) também pensava em matar os Ajaimp. Ele passeava nas árvores cantando, *krua-krua-krua*. Naquela época, para escapar de Ajaimp, as pessoas subiam nas árvores, mas Ajaimp derrubava as árvores com machado e as matava todas. Um dia em que Ajaimp estava derrubando uma árvore perto de um rio para pegar as pessoas que estavam refugiadas ali, Guariba se aproximou e se ofereceu para ajudar: "Me dá aqui o machado, avozinho, sei manejá-lo melhor que você". Guariba atacou a árvore desfechando-lhe golpes terríveis, mas ele tinha substituído o machado de pedra dura por uma pedra-pomes. Os que estavam na árvore estavam apavorados e diziam uns para os outros: "Esse sujeito vai derrubar a nossa árvore"; mas Guariba fazia sinais de cumplicidade, revirando os olhos; cochichava: "Não, não se assustem! Estou só fazendo de conta". Ajaimp não percebia nada disso, pois fitava as pessoas da árvore lambendo os beiços. Enquanto ia batendo na árvore com a pedra-pomes, Guariba dizia: "Avozinho, esse tronco já está bem entalhado, não vai demorar a cair". Então, num gesto brusco, Guariba jogou o machado de

Ajaimp no rio e exclamou: "*Maj*! Avozinho, o machado escapou da minha mão bem na hora em que eu estava terminando e caiu no rio". "Você fez de propósito, exclamou Ajaimp, agora vá buscar!" Guariba fazia de conta que estava tentando pegar o machado debaixo d'água, mas ia empurrando-o sempre mais longe, até que o fez cair num buraco profundo onde viviam muitas sucuris. Ajaimp se deu conta de que não ia conseguir recuperar o machado e ficou furioso com Guariba. Voltando para a árvore, Ajaimp viu que as pessoas tinham aproveitado para fugir. Furibundo, Ajaimp estava para matar Guariba, mas este lhe disse: "Avozinho, você pode se vingar de outro jeito; que tal me achatar o pênis?". Foi o que Ajaimp fez e o pênis de Guariba ficou completamente achatado. Num outro dia, Guariba estava comendo frutos de abieiro. Ajaimp viu e pediu uns para ele. "Você quer mais, avozinho?", disse Guariba. "Plantei vários abieiros lá perto da ravina; estão bem maduros. Amanhã, se você quiser, podemos ir colher alguns com toda a sua família." No dia seguinte, foram todos, Ajaimp e seus filhos. Guariba subia para pegar um fruto, descia e entregava para Ajaimp, tornava a subir, e assim por diante. Porém, como os Ajaimp eram muito glutões, ficavam impacientes, queriam derrubar os abieiros para se fartar. Guariba disse para eles: "Se a gente derrubar as árvores, nunca mais vamos ter frutos; é melhor vocês mesmos subirem para colher, então". Ora, Guariba tinha feito entalhes em todas as árvores, e quando todos os Ajaimp subiram os abieiros desmoronaram ravina abaixo com o peso deles. Aproximando-se do precipício, Guariba gritou: "Avozinho, você está vivo?". Não ouvindo nada, decidiu descer para verificar enquanto ia chamando os Ajaimp. Chegando lá embaixo, Guariba se lamentou num tom irônico: "Avozinho, avozinho! Sem saber que ia acabar assim, meu avozinho comia os frutos do abieiro! Se estivesse vivo, estaria rindo de mim; imitaria as minhas lamentações *apachiru see, apachiru see*". Dizendo isso, Guariba ia mexendo o seu pênis bem reto, como um cão abana o rabo. Os Ajaimp tinham rachado o crânio e o cérebro deles se espalhou pelos rochedos todos. Enquanto seguia zombando deles, Guariba mergulhava o dedo num cérebro e o lambia. Por isso é que Guariba tem hoje um cérebro tão volumoso. Foi assim que os Ajaimp acabaram.

À diferença dos outros mitos, esse dá conta de um desaparecimento, e não de uma transformação, já que a morte dos Ajaimp não é acompanhada da metamorfose dos seres que para ela contribuíram com sua esperteza. Basílico, Grilo e Guariba são, com efeito, dotados de faculdades heterogêneas; ainda semelhantes aos homens pela linguagem e domínio das técnicas, já possuem as características de sua espécie: um canto específico de cada um, a mutação do grilo, a impudicícia do Guariba. Essa mistura de atributos é única na mitologia jivaro, a perda do uso da palavra e a aquisição de uma mensagem sonora estereotipada sendo próprios da mutação em animal cujas circunstâncias os mitos habitualmente retraçam. Tudo se passa nesse caso como se a indeterminação das outras personagens do mito e a imprecisão com que se situam na escala temporal servissem apenas para melhor enfatizar a irreversibilidade do fim dos Ajaimp: nesse episódio excepcional, a evocação de acontecimentos originários se esvanece por detrás da cena dos últimos momentos de uma época e o relato mítico se converte fugazmente em lenda.

A manhã já vai bem adiantada, mas nem Nayapi, nem meus companheiros, parecem ter pressa em tratar de outras obrigações, satisfeitíssimos em ficar conversando e entornando tigelas e mais tigelas de *nijiamanch*. Só Masurash sai do tom: deitado no seu *peak*, o genro de Nayapi se queixa de dores de barriga e de uma forte enxaqueca, justa retribuição, a bem dizer, pela algazarra noturna que nos infligiu. Como seu estado não melhora, acabam cuidando dele. Masurash está aparentemente sofrendo de *kujamak*, uma indisposição causada pelos pensamentos sarcásticos enviados por pessoas próximas, e pelo indefinível sentimento de vergonha que provocam. A cura é rapidamente administrada: um depois do outro, seguramos a cabeça de Masurash no colo e lhe derramamos na boca um ácido gole de suco de fumo verde, que ele em seguida aspira de modo muito forte; depois, enquanto um grosso ranho esverdeado lhe sai pelas narinas, assopramos sobre a sua cabeça, repetindo: "*kujamak tsuajai*", "eu curo o *kujamak*". Essa operação pouco apetecível deve ser repetida por todos os membros da casa, já que o *kujamak* só pode ser eficazmente tratado por aquele ou aquela que sem saber o causou. Pelo entusiasmo com que cada um faz a sua parte, desconfio que todos os presentes devem ter intimamente zombado, na noite passada, da exibição de virilidade do jovem fanfarrão.

XV. CADA UM COM O QUE LHE CABE

Essa manhã, uma das mulheres de Nayapi é que se sente indisposta. Makatu sofre de uma dor aguda na articulação do ombro, identificada como *tampunch*, um mal cuja origem parece tão estranha como a do *kujamak* que ontem acometeu Masurash. Com efeito, a pessoa corre o risco de pegar *tampunch* quando utiliza algo que lhe foi dado ou emprestado; no caso de Makatu, o agente incriminado é um facão com que Tseremp a presenteou pouco depois da sua chegada e que ela usou ontem na roça. O *tampunch* deve ser tratado pela pessoa que é involuntariamente responsável por ele e o carrega em estado latente, tendo-o contraído anteriormente em condições idênticas, mas não necessariamente com o mesmo objeto. Cada vez que se instala num novo portador, o *tampunch* torna a ficar virulento; aquele que o transmitiu deve então apaziguá-lo, já que o seu corpo é o ambiente familiar onde antes a dor tinha adormecido. É o que faz Tseremp, assoprando o ombro de Makatu, depois açoitando-a levemente com uma urtiga antes de massageá-la com ambas as mãos sob o olhar atento de Nayapi. Transmitido de um para o outro, como na brincadeira do anel, o *tampunch* expressa bastante bem, num registro físico, o caráter inextinguível dos compromissos decorrentes de uma dívida, mesmo ínfima. Quer seja emprestado, quer doado, o objeto que causa o mal suscita no beneficiário uma obrigação moral que jamais poderá ser apagada pela reciprocidade na troca: um sofrimento passageiro mais enfatiza essa insolvência de princípio do que constitui sua compensação.

O *kujamak* e o *tampunch* pertencem a um conjunto mais amplo de desordens orgânicas chamadas *iniaptin*, fortuitamente causadas pela ação de um membro do próprio círculo da vítima, que deve então repará-las. É o caso também dos "cabelos de serpente", *jintiash napiri*, que se manifestam como uma forte febre, mas cuja etiologia e tratamento são em tudo semelhantes ao do *kujamak*. A incidência desses distúrbios parece aumentar durantes as viagens – houve várias durante a nossa recente estada em Sasaima – decerto porque a tensão gerada por tais visitas, em que cada qual teme um pouco pela própria segurança, encontra nessas agressões benignas um cômodo exutório.

Do mesmo modo, o comportamento de uma pessoa próxima pode ser a causa involuntária da debilidade de um bebê de colo. Acredita-se que, quando um homem toma uma segunda esposa enquanto a primeira ainda está amamentando o seu bebê, o leite dela irá diminuir, ou clarear, afetando assim a saúde da criança. Designado pela expressão "a mulher dele está se esgotando", *nuwe pimpirwai*, essa infeliz conseqüência da lubricidade masculina provavelmente remete a um princípio da mecânica dos humores a que muitos povos aderem, segundo o qual a lactação das mulheres depende da quantidade de esperma que elas recebem. Como a fisiologia da reprodução impõe limites ao exercício da virilidade, o remédio volta-se antes para a cura do efeito do que para a prevenção da causa: o pai deve chupar os pulsos do bebê, com a boca cheia de suco de fumo verde.

Os Achuar atribuem ao fumo toda sorte de propriedades extraordinárias, qualquer que seja o seu modo de preparação. Exalado em forma de fumaça nas partes doentes, eles as resfria e anestesia ao mesmo tempo em que serve de veículo para substâncias ou princípios imateriais transferidos do curador para o paciente. Cumpre um papel idêntico na forma de infusão, o suco do fumo formando uma espécie de carapaça invisível que protege temporariamente das agressões externas a região do corpo em que é aplicado. Ingerido em bolinhas, irá funcionar à maneira de um ímã interno que permite aspirar e neutralizar certos males. Sob todas as suas formas, enfim, desenvolve a lucidez, e torna a acuidade dos sentidos dez vezes maior. Assoprando suco de fumo sobre o seu filho, o pai lhe transmite um pouco da sua energia vital onde ela tem mais chance de fortificá-lo, já que os pulsos são, ao mesmo tempo, articulações frágeis – pontos de fraqueza, portanto, num corpo sempre à beira da desagregação – e sede das pulsações, ou seja, o lugar por excelência onde é anulada a separação entre o interior e o exterior do organismo, e onde a passagem de um para outro se faz possível.

É também a influência acidental, não mais de um ser humano, mas de um espírito, que os Achuar invocam para explicar a origem de uma série de distúrbios graves que afetam as crianças. Estas são consideradas vulneráveis por seus limites corporais ainda não estarem firmemente estabelecidos. Seu estado de inacabamento torna-as de certa forma permeáveis a todas as incidências do ambiente em que vivem. É o que acontece com a "assopradura", *nasemar*, um resfriamento causado pelo contato com a sombra gelada de um morto e que se manifesta principalmente por diarréias claras. O tratamento, tal como pude observar em Capauari e Sasaima, baseia-se na receita banal, mas espetacular, da anulação dos contrários, com a necessidade de impor o calor para eliminar o frio. A pessoa que o executa esfrega as mãos repetidas vezes com brasas ardentes, sem nem piscar, depois as passa demoradamente pelo corpo do doente antes de varrê-lo com um tição. Quanto ao *tapimiur* e ao *pajum*, aparentemente incluem-se em outra categoria etiológica, atestada em toda a América indígena e até, às vezes, na Europa, a categoria do "medo súbito": a fonte do mal é idêntica à da "assopradura", e o método de cura também aqui se funda na reunião de princípios opostos. Uma criança pega o *pajum* quando experimenta um susto muito grande, em geral decorrente de uma visão aterrorizante que só ela tem, devido à sua nebulosa separação de um meio em que vagam entidades monstruosas de toda espécie, embora normalmente invisíveis para os outros. De natureza quase material, a imagem irá se imprimir nessa criança feito um negativo fotográfico e provocar uma febre forte que será preciso combater resfriando o seu corpo com fumaça de tabaco. Aquele que assume a cura toma, aliás, o cuidado de inverter o sentido da tragada do cigarro, colocando a ponta incandescente na própria boca para que desapareça a fonte ardente do refresco pretendido. Tratado de maneira idêntica, o *tapimiur* resulta também de uma aparição supostamente assustadora para crianças muito pequenas que são seus únicos sujeitos e incapazes, além disso, de compreender-lhe a natureza. Trata-se da alma de um defunto ou de um moribundo, vislumbrada à proximidade de uma sepultura recente ou à beira de um leito de agonia. Pois o *wakan* abandona o corpo algum tempo antes da morte clínica e fica vagando pela casa, e depois nos arredores do túmulo, antes de desaparecer num ciclo de metamorfoses. A visão causa uma sensação de opressão que se traduz em graves dificuldades respiratórias.

Mais grave ainda é a possessão deliberada de uma criança pelo *wakan* de um morto, uma espécie de contaminação espiritual chamada *imimketin*. O *wakan* dos Achuar corresponde bastante bem àquilo que a filosofia ocidental e a teologia cristã chamam de alma; é um componente da pessoa, dotado de existência própria e, portanto, passível de separar-se do seu suporte, temporariamente durante os sonhos e transes visionários, ou definitivamente quando a decrepitude física, a doença ou a destruição das funções vitais apagam qualquer desejo de viver. Assim como a pessoa que dorme se mantém em estado vegetativo quando o seu *wakan* empreende viagens noturnas, assim também o organismo de um moribundo continua andando algum tempo depois que suas faculdades conscientes já o abandonaram. A morte não é passivamente aceita, sendo de algum modo resultado de uma decisão voluntária do *wakan* de abandonar os despojos doravante fora de uso onde ele se estabelecera pouco depois da concepção do feto. Essa separação implica para ele sérias conseqüências. O *wakan*, com efeito, mantém uma relação de espelho para com o corpo, como atestam as significações do termo em outros contextos, quando pode designar "a sombra refletida" ou o "reflexo na água". Indissociável, por natureza, daquilo que ela representa, a alma é então menos um duplo ou uma cópia do que um reverso ou uma projeção, capaz, é claro, de se desprender ocasionalmente do corpo de que ela forma a consciência, mas que perde a sua razão de ser e todo acesso à vida dos sentidos quando é separada para sempre da pessoa na qual habitava. Por essa razão é que os mortos são eternos insatisfeitos; cegos e mudos, famintos e sedentos, sexualmente frustrados, conservam como uma marca as pulsões de uma sensibilidade que eles já não têm condições de saciar. Uma criança pequena é para eles um prato cheio: sua permeabilidade às influências do meio e o inacabamento do seu próprio *wakan* fazem dela um receptáculo ideal onde a alma dos defuntos recentes pode reencontrar uma janela para o mundo. A convivência dos dois *wakan* tem efeitos dramáticos sobre a saúde do possuído, que fica todo acalorado e sucumbe rapidamente se não for tratado. É preciso untá-lo com cinza morna, quiçá para reforçar com uma segunda roupagem um invólucro corporal ainda muito poroso; mas a cura é aleatória, e diversas vezes, enquanto eu estabelecia a genealogia de uma família, citaram-me crianças que morreram assim.

Os espíritos são responsáveis por muitos outros males cujo modo de transmissão na maioria das vezes cercado de mistério. O caso de *panki* é exemplar. Apesar de sua relativa raridade, as sucuris aterrorizam os Achuar por uma série de motivos, em especial por terem fama de causar uma doença que leva o seu nome, *panki*, cujo mecanismo de propagação, porém, ninguém soube me explicar; é culpa de *panki*, só isso. Esses grandes répteis possuem um status ambíguo no reino animal, pois atuam como auxiliares dos xamãs e nunca se sabe com quem se está lidando: sucuri legítima, espírito fantasiado, ou até encarnação temporária do *wakan* do seu dono. A única certeza que se tem sobre elas é que são maléficas. Contrariamente aos distúrbios anteriores, cuja identificação e terapêutica baseiam-se em formas de contaminação definidas de modo literal, mesmo que nem sempre plausível, a origem de *panki* é, portanto, amplamente metafórica. Os sintomas é que apontam para a sucuri, mais do que as causas; *panki*, de fato, se traduz por inchaços, quer do estômago, quer às vezes das articulações, que apresentam uma analogia evidente com o ventre intumescido da serpente digerindo a presa. Conseqüentemente, o tratamento ignora qualquer referência ao agente presumido do mal, e se atém ao domínio das receitas conhecidas: emplastros de folhas de mandioca e estramônio, fricções de pimenta e, eterna panacéia, suco de fumo. Se a sucuri desempenha aqui o papel do vilão mesmo que ninguém acredite muito nisso, é porque, nessa afecção como na maioria das perturbações do corpo e do espírito, é absolutamente necessário apontar um culpado, por improvável que seja. Meus companheiros não concebem que possa haver "causas naturais" para o mal e o infortúnio, que eles em geral atribuem a ações involuntárias ou deliberadas de outrem. Esse determinismo meticulosamente organizado evita que eles somem um tormento moral às dores físicas, protegendo-os tanto do sentido da culpa inculcado pelas religiões da salvação como do sentimento de injustiça experimentado por espíritos mais laicos quando atingidos de modo inexplicável pela doença.

Transcorridas algumas horas sem que a dor de Makatu se atenue, Nayapi começa a achar que o diagnóstico inicial estava equivocado e que a sua mulher, na verdade, está padecendo de um *tunchi*, feitiço xamânico. Nosso anfitrião é, ele próprio, um pouco xamã, o suficiente segundo ele para enxergar a aura colorida que envolve seus colegas quando se encontra sob o efeito do *natem*; ele se põe então a chupar as *tsentsak*, flechinhas mágicas supostamente alojadas no ombro de Makatu, não sem antes absorver uma dose de suco de fumo pelo nariz. O caso é eficientemente conduzido, embora sem grande convicção. Nayapi sabe muito bem que não tem estatura para enfrentar um *tunchi* mais consistente. Essa mudança de opinião por parte dele ilustra a elasticidade da classificação dos distúrbios orgânicos e o pragmatismo que a governa. Meus interlocutores distinguem sem hesitação duas grandes categorias de males: os *tunchi*, provocados e tratados pelos xamãs, e os *sunkur*, quer dizer, todo o resto. No entanto, a diferença depende do contexto e não inclui, de modo algum, uma distinção definitiva entre "feitiçaria" e "doença". Na verdade, a maioria dos *sunkur* resulta, em última instância, dos atos de um ser humano ou de um espírito e eles podem, assim como os *tunchi*, ser remetidos a uma causa externa. Qualquer *sunktur* que não ceda com rapidez ao tratamento apropriado é imediatamente reinterpretado como *tunchi*. Os índios buscam resultados imediatos e não admitem que um remédio possa ter efeito retardado. Presenciei um exemplo similar ao de Makatu em Capauari, onde uma menina que arranhara a pálpebra com um galho foi declarada vítima de um *tunchi* porque o seu olho ainda estava meio vermelho no dia seguinte apesar da compressa que tinham aplicado. Não são os sintomas que permitem reconhecer o *tunchi*, e sim a sua resistência às técnicas não xamânicas de cura, mesmo que esteja comprovada a sua origem acidental.

As plantas medicinais estão, contudo, longe de faltar e o conhecimento de suas propriedades é partilhado com certa eqüidade. Etnólogo consciencioso, pus-me a estabelecer uma lista das ervas medicinais e de seus usos, tentando eventualmente identificar sua filiação botânica. Nesse estágio do meu inventário, sei que a farmacopéia achuar compreende cerca de pelo menos trinta espécies. Uma dúzia delas é cultivada e aclimatada nas roças e responde às necessidades mais correntes. Isso inclui tanto plantas exóticas, como o gengibre, recentemente obtido com os Shuar e muito em voga para as dores de estômago, como o estoque comum à maioria dos índios do piemonte: as inevitáveis *piripiri*, junças cujas raízes e folhas são usadas contra mordida de cobra, disenteria, diarréia de bebê ou como fortificante para parturientes; diversas espécies de gramíneas chamadas *chirichiri*, utilizadas em cataplasmas ou infusões contra dor de cabeça ou infecções intestinais; duas plantas da família do pau-roxo, *kantse* para os inchaços e *pirisuk* para untar a garganta; *sesa*, uma malva conhecida por sua eficácia como vermífugo; *yapaipa*, uma verbena que combate a gripe e as dores de estômago; a urtiga vulgar, cuja flagelação é soberana contra dores musculares e reumatismos; sem contar as plantas polivalentes, como o estramônio (na verdade, diversas espécies de *Datura* e *Brugmansia*), habitualmente consumido por suas propriedades alucinógenas, mas que também se ingere para curar feridas infeccionadas e gangrena, ou que se fricciona na pele para diminuir inchaços, ou o jenipapo que, além de sua função cosmética, serve genericamente como adstringente para limpar as feridas. A floresta é ainda mais rica: folhas, casca, cerne, raízes, resina, látex e frutos de cerca de vinte espécies podem ser aproveitados em decocção, compressa, emplastro ou loção para tratar dos males mais diversos – paludismo, aftas, parasitoses e úlceras tropicais, assim como mordida de cobra, bronquite, hemorragias uterinas ou piã. Em suma, um tesouro de remédios vegetais cujas virtudes curativas seriam sem dúvida reveladas por análises farmacológicas, mas que raramente vi meus anfitriões utilizarem no dia-a-dia. Seu saber nessa matéria é sobretudo teórico, com um toque de ceticismo: todos saberão me descrever os *tsuak* ("remédios") mais comuns, mas nem por isso irão pretender usá-los regularmente ou depositar uma fé excessiva na sua eficácia terapêutica. Os Achuar têm, aliás, a mesma atitude em relação aos *tsuak* que trazemos para eles: estão sempre pedindo algum, porém mais pelo atrativo da novidade que por uma real convicção dos seus efeitos benéficos, e isso apesar das curas espetaculares que obtivemos, com doses ínfimas de antibiótico ou até aspirina. Na verdade, o único *tsuak* que eles empregam constantemente para qualquer tipo de afecção é o fumo.

A relativa indiferença dos Achuar em relação aos seus remédios vegetais – em absoluto contraste, diga-se de passagem, com a imagem mítica que os amantes europeus da "medicina suave" têm dos índios da Amazônia – faz-se mais evidente no tratamento que eles dão às doenças de pele ou infestações de parasitas. São ambas, aparentemente, típicas *sunkur* já que, contrariamente às *tunchi* que acometem sobretudo o interior do organismo, suas manifestações são superficiais (eczema, tinha, úlceras, micoses...), ou imputáveis a um animal visível (filária, sarna, tênia...); cada uma delas tem nome, sintomas conhecidos e um *tsuak* apropriado na farmacopéia local. No entanto, como essas patologias externas são, na maioria, demoradas para cicatrizar ou até impossíveis de curar, são vistas como decorrência de um tipo específico de *tunchi* que afeta sobretudo a superfície do corpo e é provocado – a exemplo de afecções mais sérias razoavelmente comuns, como a leishmaniose ou a lepra – por uma variedade inferior de xamãs, os "xamãs de baba" (*maen uwishin*).

É provável que a falta de uma fronteira definida entre *sunkur* e *tunchi* se explique pelo fato de toda a prática terapêutica aparentemente derivar, em graus diversos, do modelo xamânico. Segundo o que me disseram, esse modelo baseia-se num mecanismo muito simples: um xamã age à distância por intermédio de projéteis invisíveis, as *tsentsak*, que outro xamã pode extrair do corpo da pessoa afetada caso ele próprio possua um tipo idêntico de *tsentsak*. Assim, os dois princípios que governam as operações xamânicas são a exterioridade da causa do mal e a homologia entre essa causa e o agente de cura. O tratamento dos *sunkur* baseia-se numa lógica análoga. Mesmo que não resulte de uma intenção malévola, uma doença é sempre imputável, em algum momento de sua evolução, à atuação de uma individualidade claramente distinta. Ela deve, portanto, ser tratada quer pelo responsável do seu desencadeamento, ou por uma pessoa que tenha com ele alguma afinidade adquirida, ou mesmo por alguém suficientemente afastado para ser considerado mais distante do paciente do que a fonte presumida do seu sofrimento.

Nada disso me foi dito nesses termos pelos homens e mulheres com quem partilho a minha existência. Depois de os ter sobrecarregado de perguntas, no nosso frenesi de saber dos primeiros meses, acabamos compreendendo que aprenderíamos mais escutando as suas conversas cotidianas do que interrogando-os o tempo todo. Apesar das minhas precauções, as perguntas que faço correm o risco de orientar, por sua formulação ou simplesmente pela ignorância que traduzem, a natureza das respostas que irão me trazer. Um exemplo vívido me sensibilizou para esse problema. Tendo reparado, nas primeiras semanas da nossa estada em Capauari, numa grande linha em ziguezague gravada a fogo na canoa de Pinchu, perguntei-lhe se aquela era a imagem da sucuri. Minha pergunta não era infundada, já que a sucuri não raro é representada, no Alto Amazonas, por uma linha quebrada, além de vários mitos da região terem nessa serpente uma metáfora da canoa; aceitei com satisfação o "sim" lacônico de Pinchu, e registrei a informação no meu diário de campo. Algum tempo depois, tive a oportunidade de avaliar o quanto eu tinha me enganado. Na iconografia achuar – nas cerâmicas ou braceletes tecidos, por exemplo, ou no jogo de cordão – o ziguezague representa, com efeito, a constelação de Orion, ou seja, duas linhas verticais e uma diagonal unindo todas as estrelas do grupo, podendo o desenho ser ampliado à vontade pelo acréscimo do mesmo motivo. Quanto à relação pouco evidente que poderia existir entre Orion e uma canoa, um mito nos fornece a chave. Esse mito relata como um grupo de órfãos, os Musach, fugindo numa jangada para escapar do padrasto, acabam chegando no lugar onde o rio encontra a abóbada celeste e iniciam a sua ascensão. Os Musach transformaram-se nas Plêiades, e a sua jangada, em Orion. O périplo aquático recomeça, portanto, a cada ano quando, em meados de abril, as Plêiades desaparecem do horizonte ocidental e mergulham na nascente dos rios em sua jangada Orion, para ressurgirem a leste durante o mês de junho, ao término de sua descida rumo à foz. Como explicar para um estrangeiro obtuso, que mal fala a nossa língua, essas conexões sutis de que nem a gente tem clara consciência? Pinchu terá preferido aquiescer à minha pergunta e não lhe quero mal por isso.

Como todo trabalho intuitivo, a interpretação etnológica decorre de uma infinidade de pequenas observações acumuladas na memória, onde levam uma existência desocupada até o dia em que um fato novo, não necessariamente espetacular, permite que algumas delas atinjam uma massa crítica. Uma ordem se desenha subitamente sem que a tenhamos buscado, iluminando com sua evidência retrospectiva uma parte da confusão reunida até então. É verdade que trabalhar a dois torna o processo de descoberta mais fácil, pois Anne Christine e eu compartilhamos constantemente as nossas impressões e dúvidas e podemos, no momento oportuno, testar um com o outro a verossimilhança de nossas exegeses. Foi assim, e não graças às descrições sistemáticas de um informante escolhido, que se formou em mim uma idéia um pouco genérica do modo como os Achuar concebem a doença.

Tínhamos observado que ninguém em Capauari se auto-medicava, nem mesmo Mukuimp, o xamã: era sempre um homem ou mulher de outra família que administrava o *tsuak*, ou mais comumente o tratamento com fumo, em seres humanos ou cães. Era evidente, além disso, que algumas pessoas eram mais requisitadas que outras por serem creditadas com talentos específicos para curar essa ou aquela enfermidade; os serviços de Naanch e Tsukanka eram solicitados para tratar o *pajum*, e os de Wajari para o *panki*. Sem por isso serem xamãs, eles adquiriram o seu poder específico com outro curador, também especializado. A distância devia desempenhar um papel importante, já que a primeira coisa que pediram a Taish, quando ele chegou do baixo Kapawi para visitar Tarir, foi que realizasse uma cura de *pajum* com a ajuda de Tsukanka. O mesmo fato se repetiu, dessa vez para um caso de *panki*, com Antikiu, um homem de Kurientza que passou algum tempo na casa de Titiar.

A nossa viagem a Sasaima delineou melhor essas impressões confusas. As pessoas pediam incessantemente a Tsukanka e Wajari que interviessem para tratar dos *sunkur* mais variados, e insistiram muitas vezes para que eu os auxiliasse. Mukuimp, por sua vez, ocupava-se dos *tunchi* declarados, já que não há xamã em Sasaima. Tive, além disso, a oportunidade de assistir à transmissão do poder de curar *pajum*, concedido por Tsukanka a Tirinkias, o jovem genro de Picham, em troca de duas galinhas. Nada mais decepcionante, no fundo, embora típico de todos esses rituaizinhos rápidos que constituem o pão cotidiano da etnologia: enquanto Tirinkias, sentado aos seus pés, estendia-lhe as mãos, Tsukanka dispôs sobre elas dez bolinhas de fumo seco – oito menores nas juntas dos dedos e duas graúdas nas palmas – e então, pegando de volta uma por uma, colocou-as na boca do rapaz, que as engoliu. Então Tirinkias esfregou os braços, depois de passar as mãos nos braços de Tsukanka, e finalmente estalou cada um dos dedos do velho puxando-os pelas falanges. Comentário resmungão de Tsukanka: "O fumo bebe o *pajum* quando a gente varre com as mãos". Dá para entender por que me abstenho, em geral, de pedir explicações! Mukuimp acrescentou que é esse o procedimento para a iniciação de um xamã, às vezes com pimenta no lugar do fumo.

As curas que observamos recorriam em graus diversos a essas técnicas que chamamos de "mágicas", na falta de algo melhor, e que estão longe de ser atributo apenas dos xamãs: "varrer", *japirtin*, para dissipar ou arrefecer a doença, "assoprar", *umpuntrutin*, ar ou fumo no corpo do paciente ou num líquido que ele terá de ingerir, "chupar", *munkuntratin*, a parte dolente a fim de extrair o mal ou transmitir a sua força, recitar fórmulas estereotipadas etc. Os *tsuak* mais corriqueiros, incluindo aí os oriundos da nossa farmácia, não podem ser ministrados sem uma série de precauções... Quem os recebe, mas também, e principalmente, quem os aplica, precisa estar de jejum e observar a dieta durante algum tempo, ou mesmo se sujeitar a tabus alimentares próprios de cada enfermidade. Não há nada realmente depurativo nessas prescrições, apenas a crença de que a eficácia de uma terapêutica não depende tanto das propriedades inerentes do remédio como das qualidades de quem o administra e das condições em que se desenvolve a sessão. Em suma, a lição que tiro agora, observando Nayapi babar suco de fumo no ombro da esposa, é que mais ou menos todas as doenças são feitiços em potencial e devem ser cuidadas como tais. O tratamento por "ervas medicinais" não passa de paliativo numa medicina assim, mais à vontade com os procedimentos psicossomáticos do que com as receitas do herborista.

As próprias epidemias não estão isentas de influências malévolas. Admite-se, evidentemente, que um xamã dificilmente poderia atacar uma multidão de pessoas ao mesmo tempo apenas com as suas *tsentsak*: precisaria de muitas mais. Informados por várias experiências dramáticas, meus companheiros aceitam, além disso, o princípio do contágio, embora atribuindo-lhe vetores surpreendentes. Desde ontem, por exemplo, Tseremp e Tarir não param de reclamar dos perigos a que os estou expondo levando-os para uma região infestada pelo *chukuch*, que é como eles chamam a malária. Tomamos, contudo, as precauções habituais, e eu lhes dou diariamente uma dose de Nivaquine. Mas a idéia de um tratamento preventivo lhes parece absurda e eles se sentem desprotegidos diante de uma doença que sabem ser incurável, tendo já constatado que embora os *chukuch tsuak* – tanto os deles como os dos brancos – possam curar um acesso de febre, não impedem a sua recorrência. Segundo eles, antigamente não havia *chukuch* na região do baixo Kapawi, e foi um Achuar vindo do Peru que o trouxe para o Chirta, um afluente do Huasaga a cinco ou seis dias de caminhada daqui. Visitar um *amik* às margens do Chirta, Kamijiu o trouxe para casa, sobre o Ishpinkiu, alcançando, por intermédio de Winchikiur, um ponto um pouco mais abaixo de onde estamos, aonde Nayapi o pegou. A genealogia é impecável e os agentes humanos, muito bem identificados, mas qualquer analogia termina aí. Minha menção aos mosquitos foi recebida com uma gargalhada geral. Os *kirinku* têm mesmo uma imaginação muito fértil: todo o mundo sabe que o *chukuch* é transmitido pela alimentação, principalmente a cerveja de mandioca, a cana-de-açúcar e frutas cultivadas. A interpretação dos meus anfitriões não é mais improvável que aquelas vagas emanações mefíticas que se acreditava estarem na origem da malária, na Europa, não faz tanto tempo assim, embora a coincidência entre a presença dos anófeles e a da malária devesse saltar aos olhos de observadores tão atentos do reino natural. O que turva a sua visão nesse caso é, sem dúvida, menos uma falha da atenção do que a impossibilidade de considerar que um inseto, desagradável mas sem nenhuma motivação própria, pudesse ser a fonte de uma epidemia tão vasta. O contágio ocorrido durante uma refeição partilhada combina melhor com uma filosofia que atribui aos homens a responsabilidade por quase todas as desgraças.

Outras doenças infecciosas, como sarampo, varicela, coqueluche ou gripe, também seriam transmitidas pela comensalidade. Assim que um caso se declara, a notícia se espalha depressa e todas as visitas são suspensas mesmo que, segundo os próprios Achuar, o agrupamento do habitat em aldeias torne o contágio inevitável. Esse é, aliás, o principal argumento de Taish, Tsamarin ou Nayapi para não imitarem o exemplo da gente de Capauari. Desde que a varíola desapareceu (*keaku sunkur*, "a doença vermelha"), é a gripe (*penke sunkur*, "a doença absoluta") que mais está matando, essa virulência específica explica, talvez, que seu início seja às vezes atribuído à ação de um xamã. Foi o que deduzi de uma história que Tarir me contou pouco antes de chegar em casa de Taish, quando passávamos por uma antiga roça abandonada à beira do Kapawi. Há uns sete, oito anos, vários homens que hoje moram em Capauari, inclusive Tarir, tinham construído sua casa nesse lugar. Ora, não muito distante dali vivia um poderoso xamã quíchua chamado Mukuchiwa, que viu com alguma preocupação chegar aquela súbita concorrência ao seu território de caça. Mandou uma sucuri invisível se instalar à beira da pequena aldeia e contaminar os recém-chegados com uma gripe implacável, esperando assim vê-los fugir mais que depressa. Mas eles chamaram Chalua, outro xamã quíchua de formidável reputação, que avistou o monstro e o expulsou no decorrer de um transe memorável. A fuga da sucuri, comprovada pelo súbito rebaixamento das águas do rio, não resolveu nada; a gripe estava muito bem estabelecida e os sobreviventes fugiram em tumulto sem se darem o tempo de enterrar os mortos. Através desse artifício original, a crença no poder infinito dos xamãs e a especificidade do modo de propagação das epidemias achavam-se reconciliadas.

Algumas *sunkur* consideradas contagiosas escapam totalmente ao quadro dos meus modestos conhecimentos médicos. É o caso do comuníssimo "branqueamento", *putsumar*, espécie de anemia que acomete adultos e crianças e que, garantem, se propaga com a velocidade de um raio, ou do "caruncho", *mamu*, que a variedade de sintomas torna difícil de classificar – erupção de brotoejas numa criança de Capauari, ulceração do rosto em outra e provável câncer no joelho no filho de Kawarunch em Sasaima – mas cuja transmissão é retraçada de indivíduo a indivíduo até a sua origem lá nos Shuar. Em suma, as epidemias não podem ser autóctones: podem vir do Peru, dos Quíchua, dos Shuar ou dos brancos, mas nos outros é que se situa a origem do mal, não sem certo fundamento histórico. Nesses casos, os Achuar admitem sem problema a eficácia dos medicamentos ocidentais, já que quem melhor pode tratar uma doença é exatamente aquele que a causou. O fracasso do remédio os convence, pelo contrário, de que erraram o diagnóstico e a *sunkur* contagiosa é mais uma vez, no fim das contas, um *tunchi* disfarçado. Simples e belas certezas diante da iniqüidade dos males do corpo, cujo reconforto tanto gostaríamos de compartilhar!

Talvez para consolar Makatu pelo *tampunch* que não era *tampunch*, mas também, segundo ele, porque ela é para ele uma irmã "ramificada" afastada, Tseremp lhe dá de presente um conjunto de linha de costura e agulhas que eu mesmo dera à sua esposa algumas semanas atrás. Desde que chegamos, o vaivém das trocas não parou um só momento entre os meus companheiros de Capauari e a família de Nayapi. Todos participam dessa roda de presentes e contrapresentes cuja lista, que tive o cuidado de anotar, parece a caderneta de um armazém do interior: Tseremp dá para Nayapi um rádio, uma lanterna, um calção de banho, uma ponta de arpão, um corte de algodão, e para Makatu, um rolo de linha de pescar de grosso calibre; Makatu dá para Tarir braceletes tecidos etc. Vê-se que as mulheres não estão excluídas dessas pequenas transações, nas quais podem trocar a sua própria produção; em contrapartida, seus adereços de miçangas ou seus cães continuam pertencendo aos maridos, que podem, portanto, recolocá-los em circulação, com a condição implícita, mas imperativa, de substituí-los rapidamente por equivalentes de mesmo valor e natureza – é o preço da harmonia do casal.

Essa série de transações contrasta com a total ausência de troca durante a nossa estada na casa de Taish, embora ele seja *amik* de Tarir, e reflete o interesse especial que Tseremp e Tarir têm por Nayapi. Os motivos são eminentemente políticos: Taish é um marginal que gosta de solidão, enquanto Nayapi está no cerne de uma sólida rede de alianças que cobre todo o baixo Kapawi e pode oferecer, se necessário, um suporte considerável durante um conflito. O escambo não passa de um pretexto para angariar o seu apoio tecendo laços de obrigações mútuas em que o detalhe dos objetos trocados importa bastante pouco. Prova disso é, por exemplo, a rápida mudança ocorrida nas posições de parentesco de uns e outros. Sendo todos os Achuar idealmente parentes, homens de uma mesma geração, que não têm como determinar suas conexões genealógicas exatas, em geral se chamam por "irmão", relação que, nesse caso, não implica nenhuma obrigação específica. Foi a solução encontrada por Tarir e Tseremp em relação a Nayapi quando chegamos. Já a partir do dia seguinte, contudo, passaram a tratá-lo por "cunhado", indicando com isso que gostariam de instituir com ele um relacionamento de afinidade simbólica, isto é, fundado em compromissos recíprocos de assistência idênticos aos que unem os parentes afins próximos. A abertura foi aceita por Nayapi, que respondeu do mesmo modo, talvez em prelúdio ao estabelecimento de um vínculo *amik* que viesse formalizar mais estritamente o acordo assim esboçado.

Uma vez que servem em grande parte para fomentar ou cimentar alianças políticas, as trocas de bens não concernem apenas os amigos rituais. Quaisquer que sejam os parceiros, o código das transações permanece idêntico: é sempre por ocasião das visitas que presentes e contrapresentes são dados, de modo aparentemente espontâneo já que é raro se ouvir a expressão de um pedido preciso. Do mesmo modo, nenhum agradecimento é feito nem esperado quando o objeto troca de mãos; os dois parceiros retomam imediatamente o diálogo como se nada houvesse. No fundo, é de muito mau gosto retribuir imediatamente com uma contrapartida, o que significaria um desejo de se livrar o mais depressa possível das obrigações decorrentes de uma dívida e, portanto, uma tácita recusa da relação de dependência mútua instaurada pelo presente; seria quase, em suma, uma declaração de inimizade. Embora transcorra sem negociação nem contrato explícito, esse sistema silencioso de troca parece satisfazer a expectativa da maioria das pessoas. O motivo é que cada qual está a par do estado de riquezas e dívidas de mais ou menos todo o mundo, já que esse assunto, embora nunca abordado com as pessoas envolvidas, constitui um tópico privilegiado nas conversas com parentes e vizinhos. Assim, quando um homem descobre que um dos seus devedores acaba de ganhar ou fabricar um bem que ele cobiça – uma espingarda, por exemplo, ou uma canoa – fará com que todos saibam que a sua vida corre perigo porque ele não possui uma espingarda ou que está condenado à inação porque não dispõe de uma canoa, notícia que chegará muito em breve aos ouvidos da parte implicada. A transferência poderá então se dar durante uma visita aparentemente fortuita, sem que nenhum pedido expresso tenha sido formulado.

A escassez dos bens permutáveis, as diferenças de status entre os credores e o emaranhamento das dívidas tornam o movimento dos presentes e contrapresentes mais complexo do que parece, obrigando cada um a optar entre obrigações contraditórias. As recentes transações de Tseremp ilustram muito bem esse fato. Há algum tempo, ele ganhou do pai da sua esposa, Tsukanka, uma espingarda pica-pau que este ganhara do seu *amik* Washikta durante a nossa estada comum em Sasaima. Tsukanka fizera com que Tseremp soubesse que estava precisando de um bom cão de caça, pois Washikta expressara indiretamente esse desejo. Antes de embarcar conosco para a expedição ao baixo Kapawi, Tseremp contava conseguir esse cão com Nayapi; depois ele o daria para Tsukanka, que o teria dado ao seu *amik* Washikta em troca da espingarda. Nayapi tinha uma dívida para com Tseremp, pois este lhe mandara essa mesma espingarda por intermédio de Taish para saldar uma dívida de vários anos, e muito provavelmente também para preparar o campo de uma futura aliança a ser selada quando de nossa estadia. O caso se complicava, porém, pelo fato de Tseremp alimentar a esperança de conseguir, no fim da nossa viagem, um emprego de operário em uma empresa petrolífera que fazia prospecções ao norte de Montalvo; levaria muito tempo, portanto, para levar o cão até Capauari. Para solucionar o problema, Tseremp deu a Tsukanka um rádio que ele ganhara do seu *amik* Titiar, marido da sua irmã, que por sua vez o obtivera de um *amik* shuar que o comprara de um missionário evangelista. Tsukanka, sem nenhum uso para o rádio já que o que o seu *amik* Washikta desejava era um cão, tinha então sugerido a Tseremp que pegasse o rádio de volta, vendesse-o no acampamento petrolífero e mandasse o dinheiro pelo aviãozinho para um *amik* shuar de Tsukanka; este compraria o cão dos Shuar e Tsukanka iria buscá-lo. Esse arranjo admirável desmoronou ontem pela manhã quando Tseremp deu o rádio para Nayapi. Tseremp, com efeito, cobiça uma canoa que Nayapi está terminando de construir; ele voltaria para buscá-la em alguns meses, a levaria até Capauari e a daria de presente a Titiar em troca do rádio. Seria vão buscar alguma racionalidade econômica ou motivação mercantil nessa dança que vai passando dois artigos de mão em mão por longas e intermináveis trilhas e rios em época de cheia. Nenhum ganho material é previsível no final, bem provisório, da cadeia das transações, mas Tseremp terá desse modo reforçado os seus laços com indivíduos de que espera algum apoio. Ficará mais próximo de seu cunhado Titiar e mais distante de seu novo aliado Nayapi. Tsukanka, evidentemente, no momento se sente espoliado, e Tseremp se sente uma vez mais seu devedor; não é muito grave, pois um genro está, de qualquer modo, eternamente endividado para com o sogro por causa da mulher que recebeu em casamento.

Teria decerto sido mais simples para todo o mundo se a dívida fosse transferida e Tseremp, ou Nayapi, reembolsasse Washikta diretamente, já que ambos o conhecem. Mas nada está mais distante da filosofia achuar da troca do que esse tipo de resgate de créditos. À diferença do capitalismo mercante, onde o movimento dos objetos é que gera vínculos contratuais entre os participantes e onde as relações entre indivíduos se estabelecem através das coisas em razão do benefício que cada etapa de sua circulação permite angariar, o escambo a que meus companheiros se entregam baseia-se numa relação pessoal e exclusiva entre dois parceiros apenas, relação de que a troca de bens é antes oportunidade do que finalidade. Ela não poderia, portanto, estender-se a jusante ou a montante do rio para nenhum dos que usaram, ou irão usar, esses mesmos bens para também perpetuarem um vínculo do mesmo tipo. Além de esse sistema não afetar em nada o valor dos objetos trocados, que se mantém constante qualquer que seja a quantidade de mãos pelas quais tenha passado, por outro lado previne a constituição de redes comerciais de fato. O *amik* do meu *amik* não é meu *amik*; na verdade, ele muitas vezes é meu inimigo.

A falta de qualquer conexão entre os diferentes pares de parceiros cambistas faz com que os bens possam circular por distâncias consideráveis, mas não as pessoas. Um achuar, tão logo deixe os limites do território do seu *amik* mais distante, encontra-se em terreno hostil. Essa disposição restringe consideravelmente as viagens e coloca problemas para aqueles que gostariam de conhecer terras distantes; donde o interesse de Tseremp e Tarir em nos acompanhar: segundo eles, nossa presença é uma garantia de proteção para eles, já que os militares de Montalvo deram a entender aos Achuar que os deixavam livres para guerrear entre si desde que não envolvessem os brancos. O próprio isolamento extremo em que estiveram os Jivaro durante vários séculos deve-se sem dúvida a essa limitação dos deslocamentos e ao fechar-se sobre si que ela implica. À diferença de outros povos da Amazônia, notadamente do Orinoco ou do Ucayali, que empreendiam périplos de várias centenas de quilômetros de canoa para trocar sal, curare ou penas, às vezes em espaços de troca dotados de um legítimo estatuto de extraterritorialidade, nenhum sistema de salvo-conduto jamais permitiu que expedições comerciais atravessassem a cidadela jivaro. Não há aqui nenhum vestígio dessas vastas confederações interétnicas que em outras partes se esboçaram ao longo das rotas do escambo.

A tarde traz uma surpresa e a chave de um longo mistério. Tii vem prestar uma visita de vizinho a Nayapi para lhe confiar uma missão: Yaur, o cunhado de Tii, chegou ontem a sua casa, vindo do baixo Copataza, para cobrar de Sumpaish a *tumash* que este lhe deve em compensação pela viúva de seu irmão Ikiam, e Tii gostaria que Nayapi servisse de intermediário junto a Sumpaish nessa negociação. Yaur quer uma espingarda e duas caixas de cartuchos, que ele tem, aliás, muita chance de conseguir, pois Tsamarin declarou, quando passamos por sua casa, que daria de bom grado a espingarda ao seu irmão Sumpaish caso Yaur cobrasse a *tumash*. No estilo empolado próprio desse tipo de conversação, em que cada qual se estende interminavelmente sobre os motivos e justificativas dos diferentes protagonistas, os dois homens vão pouco a pouco revelando todos os detalhes do "caso Ikiam".

Lembremos que essa história teve início alguns meses atrás com a fuga de Pinik, cansada dos maus tratos do seu marido Ikiam; descendo o Pastaza de canoa, ela foi parar no baixo Kapawi, onde Sumpaish a tomou por esposa. Decidido a vingar essa afronta, Ikiam saiu para matar o casal ilegítimo, mas logo desapareceu sem deixar rastro. Ora, está agora confirmado que Sumpaish não tem nada a ver com esse sumiço e que o próprio pai de Pinik, um poderoso xamã chamado Ujukam, é que foi seu verdadeiro instigador. Para começar, foi ele quem facilitou a fuga de Pinik conseguindo-lhe uma canoa, cansado que estava de ver a filha ser espancada pelo genro debaixo do seu próprio teto, apesar de constantes repreensões. Como Ikiam clamava aos quatro ventos que iria ao encalço da jovem mulher para matá-la, Ujukam combinara secretamente com seu cunhado Washikta, de Sasaima, para que o homem fosse interceptado no caminho e deixado sem condições de prejudicar ninguém. Segundo estão dizendo, agiu movido tanto por amor paterno quanto por salubridade pública. Ikiam, que também era xamã, tinha uma reputação execrável e era acusado de espalhar *tunchi* a torto e a direito, enfeitiçando até mesmo os cães, por pura maldade. Por causa do crédito que lhe atribuíam enquanto xamã, Ujukam estava bem situado para propalar essas acusações, provavelmente motivadas, em parte, pelo desejo de estragar a carreira de um rival. Na véspera da partida de Ikiam, Ujukam mandou avisar Washikta que, em companhia do cunhado Narankas, postou-se ao amanhecer do dia seguinte à beira do braço principal do Pastaza. Para dar mais verossimilhança, fingiam pescar. Quando Ikiam apareceu, ostentando orgulhosamente seu *tawasap* e suas pinturas de guerra, Washikta e Narankas o chamaram lá da margem, convidando-o para conversar; ele explicou os seus projetos e lamentou que o seu irmão Yaur tivesse se negado a acompanhá-lo. Os dois cúmplices se solidarizaram com o seu infortúnio e se ofereceram para lhe prestar ajuda. Como é costume nesses casos, quando de certa forma se arremeda os combates por vir, cada qual se pôs a brandir a espingarda fazendo declarações inflamadas; pulando cadenciadamente de um pé para outro, exaltavam a sua união e celebravam suas proezas por antecipação. Quando a excitação atingiu o seu ápice, Narankas descarregou a sua arma para cima, em seguida imitado por Ikiam; era o que esperava Washikta, que atirou a queima-roupa no pobre ingênuo, agora sem nenhuma defesa. Jogaram o seu corpo, lastreado de pedras, no rio.

Se considerada retrospectivamente, essa história ilustra com perfeição o modo tragicômico como rumores, notícias falsas e perfídias se combinam para constituir a trama das vendetas. Desde o início, havia os que sabiam e os que não sabiam, os primeiros mentindo para os segundos, ativamente ou por omissão, por razões sempre diferentes. De modo que Tayujin, quando regressou de Sasaima trazendo a notícia do desaparecimento de Ikiam bem no começo de nossa estada em Capauari, já devia saber quem eram os culpados, pois acabava de passar vários dias com um deles, o seu próprio irmão Narankas. Foi ele, no entanto, quem sugeriu ao sogro, Tsukanka, as duas hipóteses que circularam posteriormente em Capauari – a variante Sumpaish e a variante Kawarunch. Será que temia que esse último se afastasse dele caso soubesse que seu irmão estivera envolvido no assassinato do tio de Auju, mãe de sua esposa? Durante a nossa estada em Sasaima, Washikta se absteve de revelar à gente de Capauari o seu papel no assassinato de Ikiam, levando a dissimulação ao ponto de dar para o seu *amik* Tsukanka a arma que utilizara, a mesma espingarda que hoje se encontra nas mãos de Nayapi. Auju fora a única a desconfiar de Washikta, sem poder expor as suas suspeitas. Mas quem realmente pagou o pato foi o pobre do Kawarunch: único homem de Sasaima mantido na ignorância do que de fato se passara, viu-se acusado do crime exatamente por aquele que o cometera e que se divertia espalhando aquela calúnia graças à cumplicidade ativa de Tukupi e dos seus parentes. Tukupi não cessara de disseminar acusações mentirosas, decerto para proteger Washikta e Ujukam, principalmente quando afirmou a Yaur que Sumpaish se gabara na sua frente de ter matado o seu irmão. Quem chegou ao cúmulo do ridículo foi Kawarunch, ao ir até o baixo Kapawi em companhia do seu cunhado Narankas para cobrar de Sumpaish, da parte de Yaur, uma espingarda como compensação pelo assassinato de Ikiam. Avisada por Ujukam, a gente do baixo Kapawi sabia perfeitamente que Narankas tivera participação no caso, mas ninguém desenganou Kawarunch, ao qual só disseram que Sumpaish não podia ter feito aquilo de que o acusavam. Dizem, aqui, que Narankas se mantinha calado durante essas negociações, com o olhar fixo no solo. Yaur é o outro tolo dessa aventura; demasiado pusilânime para ajudar o irmão a lavar a honra, e responsável, portanto, por tê-lo deixado enfrentar sozinho uma situação perigosa, esteve muito próximo de Ujukam durante meses, discutindo com ele as suas chances de obter, de Sumpaish, uma indenização por um crime que o seu próprio companheiro instigara. Yaur está agora a par de tudo, mas não tem a intenção de se vingar de imediato. A espingarda pedida a Sumpaish em troca da viúva do seu irmão é o bastante para suas modestas ambições; nem ele, nem Sumpaish, querem nenhuma confusão e a transação deverá concluir-se rapidamente. Já o *tumash* que ele teria o direito de exigir de Washikta, ou mesmo de Ujukam, pela morte de Ikiam, é outra história, bem diferente, já que ele se veria então sozinho frente a um grupo de aliados poderosos e solidários que, aliás, jamais confessaram sua culpa.

Pode parecer estranho que os Achuar assimilem o rapto de uma mulher à morte de um homem e exijam, em ambos os casos, ser ressarcidos com uma espingarda. É que a reparação pelas infrações aos códigos do casamento obedece a um princípio de retorno à equivalência por supressão, idêntico ponto por ponto ao princípio que rege a vingança de um assassinato: privado de uma pessoa que lhe é devida, ou sobre a qual ele exerce uma tutela, o credor julga-se autorizado a compensar a si próprio pela perda através da supressão do responsável que, por isso mesmo, torna-se seu devedor pelo resto da vida. A espingarda que Yaur cobra de Sumpaish não é, portanto, o preço que este deve pagar para ficar com Pinik, e sim o substitutivo da vingança: livra Yaur da obrigação de matar e resgata, mais do que a vida de Sumpaish, o seu direito de dispor da jovem mulher.

O vocabulário da dívida não tem aqui nada de metafórico; a troca de bens, a troca de mulheres e a troca de vidas pertencem ao mesmo campo de significados e são designados por termos idênticos. Assim, *yapajia*, que tanto quer dizer "saldar uma dívida", "dar em troca" num escambo adiado, como "vingar-se", ou ainda *tumash*, equivalente exato do que nós entendemos por "dívida", ou seja, tanto o compromisso moral como aquilo que o causa e aquilo com que o saldamos. A obrigação pessoal iniciada com a "dívida de sangue", *numpa tumash*, distingue-se, portanto, da obrigação criada por um presente: a segunda obriga o devedor, enquanto a primeira concerne sobretudo o credor, que não encontra paz enquanto não tirar satisfação pelo assassinato de um dos seus parentes. Quando isso acontece, ele volta a ser "livre", *ankan*, dispensado de toda obrigação, a exemplo daquele que acaba de saldar uma dívida com um contrapresente. À diferença de outras regiões do mundo em que se costumava trocar pessoas por riquezas – escravos, por exemplo, ou esposas que eram compradas de seus pais – o pagamento de uma espingarda em contrapartida de uma vida não significa que o valor de um homem seja equiparado ao de um objeto: além de ser a única circunstância em que essa transação se torna possível, a natureza daquilo que é reclamado sugere uma espécie de justiça comutativa em que a supressão de uma existência é paga com o instrumento que irá tornar possível um futuro assassinato. Assim, a substituição de uma vida pela potencialidade de uma morte reabre o crédito e perpetua o movimento da troca.

XVI. FESTA DE BEBIDA

Içada pelas mulheres e empurrada pelos homens, a canoa avança alguns metros em meio a um concerto de gritos, até se deter, completamente atravessada. Nayapi e Tsamarin retiram as toras sobre as quais vinha deslizando a embarcação, colocam-nas à frente da proa e todos voltam ao trabalho. Faz quase três horas que estamos arrastando esse fardo por uma senda bem estreita, aberta a facão, desde a pequena colina onde Nayapi abateu o enorme tronco de cedro-vermelho no qual cavou a sua canoa. Faltam apenas algumas centenas de metros para alcançar o Chundaykiu, mas ainda vai levar um bocado de tempo até conseguirmos colocá-la na água desse pequeno afluente do Kapawi. Veio todo um bando dos arredores para o *ipiakratatuin*, o convite, lançado por Nayapi: além das suas mulheres, Makatu e Mirijiar, estão presentes Taish e a sua irmã Mamays, uma viúva de língua afiada, Kajekui, Tsamarin e a mulher, Tii e sua esposa Ishtik, dois achuar do baixo rio, Winchikiur e Samik, acompanhados das mulheres, e até mesmo três quíchua, Isango, Chango e Dahua, com as respectivas esposas. Nayapi pediu que ficássemos mais uns dias em sua casa para ajudar a terminar a canoa, para grande satisfação de Tseremp que com isso vai poder conferir as qualidades e defeitos dela já que está contando que Nayapi vai lhe dar a canoa. Meu companheiro também está feliz por antecedência pela festinha que o dono da casa deve oferecer essa noite em agradecimento aos convidados, e onde espera amainar um pouco o seu celibato forçado.

Apesar do árduo trabalho, o clima é de alegria. Pingando suor sob um sol infernal, homens e mulheres parecem ter abandonado, na excitação animal do esforço em comum, a reserva um tanto empolada que em geral caracteriza as relações entre os sexos em público. Risadas e brincadeiras irrompem por qualquer motivo, numa competição contínua.

– Nós, as mulherzinhas, é que estamos fazendo tudo, diz Mamays; nós puxamos, puxamos, e os homens caem na nossa rede; somos mulheres Tsunki, como é que eles poderiam resistir?

– Pobre Nayapi, acrescenta Isango, o quíchua, ele bem que está precisado da mulherzinha Tsunki dele, pelo tempo que está sem poder comer Makatu e Mirijiar!

– Você fala assim, retruca a esposa dele, mas também gostaria de ter muitas mulheres, que nem os Achuar; talvez assim se interessasse menos pelas esposas dos outros!

Os Quíchua foram longe demais e faz-se na hora um silêncio embaraçoso. A brincadeira de Isango é uma alusão um tanto pesada à castidade que um homem se impõe quando está construindo uma canoa, para que ela não fique instável feito um casal rolando abraçado numa cama. Explicitamente sexual em sua formulação, a observação chocou os Achuar, que em geral criticam a excessiva licenciosidade de tom e de atitude dos Quíchua, observada durante as tarefas coletivas.

Isango é um homem baixo, de uns trinta anos, um pouco curvado, seco e musculoso como um atleta, com olhos vivos e espertos que revelam a sua habilidade social. Ele cumpre o papel de *tambero* de um minúsculo destacamento de soldados situado na confluência do Kapawi e do Pastaza, chamado Capitán Chiriboga, em homenagem a um herói da guerra de 1941 contra o Peru. Um *tambero* é uma espécie de cantoneiro militar; Isango é o encarregado pela manutenção da pista que liga esse posto avançado à guarnição de Montalvo em quatro ou cinco dias de caminhada forçada. Sucedeu nessa função ao seu pai, Etsa, um shuar do Makuma que emigrou para Canelos, onde se casou com uma quíchua e foi o principal responsável pela criação do destacamento, há cerca de doze anos. Obcecados pela idéia de controlar a sua fronteira com o Peru, uma linha fictícia que atravessa uma selva inabitada, os militares equatorianos espalharam duas ou três brigadas em cabanas erguidas à margem dos principais rios que conduzem até o seu poderoso vizinho, não mais que uns quinze homens, talvez, no conjunto do território achuar, para quase 150 quilômetros de divisa. A instalação dessa força totalmente simbólica realizou-se graças à colaboração dos Quíchua de Montalvo, que construíram os postos e abriram as pistas de acesso. Eles atendem às necessidades dos pobres conscritos, assustados demais com a idéia de se perderem na mata ou de serem mortos pelos Achuar para ousarem sair dos seus refúgios. Oficialmente cristianizados, comportadamente monogâmicos, falando espanhol e aparentemente respeitosos das autoridades, os Quíchua fornecem auxiliares de qualidade ao exército equatoriano, muito desconfiado dos Achuar que são vistos como selvagens de costumes repugnantes e linguajar incompreensível, com certa tendência para trair a sua pátria nominal, mesmo porque boa parte dos seus congêneres vivem em território peruano. Cada destacamento é servido por duas ou três famílias quíchua que mantêm boas relações com os Achuar das redondezas. São, não raro, assim como Isango e o pai dele, mestiços culturais, isto é, índios de origem shuar ou achuar que se "civilizaram" de uma ou duas gerações para cá adotando a língua e os costumes dos Quíchua. Falam bem o jivaro e conhecem as suas sutilezas retóricas, como Isango demonstrou essa manhã ao manter um diálogo *yaitias chicham* ortodoxo. Enfim, assim como Isango, muitos deles são xamãs conhecidos, mesmo porque nessa área os Achuar atribuem aos Quíchua, principalmente àqueles que trabalham para o exército, poderes muito mais amplos que os seus próprios.

Lá pelo meio da tarde, a canoa chega ao cabo de sua trajetória. Primeiro, as mulheres simulam a sua entrada na água, puxando com dificuldade um peso imaginário para o pequeno rio onde se jogam todas às gargalhadas. Filhas de Tsunki, o espírito das águas, elas apaziguam com a sua presença o novo ambiente onde o tronco escavado vai, a partir de agora, começar uma segunda vida. Com um esforço tremendo, a embarcação é em seguida jogada no Chundaykiu, onde flutua em perfeito equilíbrio para evidente alívio do seu proprietário.

Uma visita nos espera na casa de Nayapi: um *regatón* de Montalvo, chamado Jaramillo, veio cobrar uma dívida do dono da casa. Como todos os mascates da região, esse homem pratica o *enganche*, uma forma de crédito em que bens manufaturados são repassados aos índios em troca de um pagamento posterior em espécie, geralmente na forma de produtos de coleta cujo valor mercantil é muito superior ao dos objetos fornecidos. Há alguns meses, Nayapi recebeu quatro ou cinco cortes de pano de algodão de Jaramillo, o qual lhe pedira como contrapartida um quintal de fibra de marfim-vegetal. Com efeito, é dessa planta, muito comum na região, que se tiram crinos resistentes usados na Sierra para a confecção de vassouras. Valendo cerca de cinqüenta quilos, o quintal aqui é antes uma unidade de volume que uma unidade de peso, definida por um cubo cujo lado é medido com um pau que serve de régua; são necessários muitos marfins-vegetais para chegar a um quintal, além de muito trabalho para extrair as fibras do caule e penteá-las cuidadosamente. Nayapi não juntou nem um quarto do quintal combinado, o que não parece incomodar ou irritar Jaramillo; este, aliás, talvez por ser tolerante demais nos negócios, tem um ar bem pobretão. Pés descalços, vestido com uma camisa rasgada e uma calça de idade indefinida, ele só se diferencia dos índios por uma pele um pouco mais clara; no mais, domina bem o quíchua e compreende o achuar. A sua canoa não tem motor e ele se desloca com vara, ajudado por um peão quíchua, em meio a uma barafunda de feixes de crina e pacotes de peles de porco-do-mato que ele foi coletando no caminho junto aos seus devedores.

De início um pouco desconfiado, surpreso por encontrar brancos no centro do território achuar, Jaramillo acabou fazendo confidências. Obrigado a deixar Loja, a sua província natal, por causa de uma vendeta política mortífera, ele se refugiou em Montalvo num belo dia de 1949, após um périplo de vários meses nos Andes e na floresta. A Amazônia era na época um santuário para os fora-da-lei e párias de todo tipo: assim como na Legião Estrangeira, não se faziam perguntas indiscretas aos aventureiros que vinham buscar ali uma nova existência. A pista de aterrissagem ainda não tinha sido aberta e Montalvo contava apenas um punhado de soldados e dois ou três brancos que vegetavam comerciando com os índios. Jaramillo pusera-se a serviço de um desses *regatones*, Jaime Cevallos, com cuja filha casou-se pouco depois. Não poderia ter escolhido melhor: agora em idade avançada, don Jaime é uma figura lendária em toda a região ao norte do Pastaza, estimado tanto pelos poucos brancos que ali residem como pelos índios, conhecendo pessoalmente quase todos eles. É o último sobrevivente dos três homens que, durante a Primeira Guerra Mundial, fundaram Montalvo como um posto de comércio para a coleta da borracha, sendo que seus dois patrões, Juan Jerez e Angel Montalvo, abandonaram o tráfico da balata nos anos trinta quando ele começou a ficar menos rentável. Don Jaime era o agente deles junto aos índios e percorria a mata por todos os lados, tão à vontade com os Quíchua como com os Achuar, cuja língua dominava, oferecendo-lhes hospitalidade em Montalvo e aceitando a deles durante suas viagens, "padrinho", enfim, de uma multidão de crianças cujos pais eram ligados a ele por uma teia de obrigações recíprocas.

À diferença de muitas regiões do Alto Amazonas, onde o *boom* da borracha constituiu um pesadelo para os índios, reduzidos ao trabalho escravo e sucumbindo aos milhares pelos maus-tratos das milícias sanguinárias, os Achuar e os Quíchua do interior de Montalvo não sofreram as sevícias desse período sinistro. Don Jaime, sem dúvida, praticava o *enganche* para conseguir os seus fardos de látex, mas oferecia em troca objetos desconhecidos, principalmente armas e ferramentas de metal que se tornaram muito cobiçados. Ainda podem ser encontradas, em certas casas achuar, espingardas Mannlicher desmontadas, sobras da Grande Guerra destinadas, pelo Tratado de Versalhes, a concluir em meio aos índios uma longa existência mortífera.

O conflito de 1941 com o Peru pôs fim a essa prosperidade comum ao condenar as vias aquáticas que possibilitavam o transporte da borracha para Iquitos, de onde ela era exportada, pelo Amazonas, para a Europa e América do Norte. Don Jaime voltou-se para produtos de coleta menos lucrativos, trazidos de canoa desde Montalvo até a missão dominicana de Canelos e de lá para os Andes por caminhos de mula ruins. Jaramillo, agora, assumiu a continuidade daquilo que, segundo ele, constitui mais uma missão civilizadora do que um negócio e é, na verdade, a realização de um sonho de juventude, uma vida livre e aventureira levada à maneira de um solilóquio ao abrigo da grande mata. Andarilho da selva por vocação e comerciante por necessidade, esse arraia-miúda do tráfico é aceito equanimemente pelos Achuar, talvez porque percebam nele, como em seu sogro, todos os sinais de um ceticismo moral demasiado profundo para se deixar realmente alienar pelo gosto do poder ou pelo espírito do lucro.

Jaramillo voltou de mãos vazias para Capitán Chiriboga, depois de um curto sermão proferido sem convicção e ouvido sem preocupação. O *namper* pode começar. Em vista da festa, as mulheres de Nayapi prepararam imensas quantidades de cerveja de mandioca, que deixaram fermentando durante vários dias com caldo de cana-de-açúcar para deixá-la com maior teor alcoólico. Os homens sentam-se em semicírculo sobre troncos no *tankamash*, enquanto as mulheres, agrupadas no *ekent*, andam incessantemente de lá para cá a fim de dar-lhes de beber diretamente das cabaças. À diferença das visitas normais, quando é oferecida uma *pininkia* e pode-se degustar à vontade, durante um *namper* é impossível escapar à embriaguez, já que as mulheres vão nos enfiando o recipiente entre os lábios com uma alegria sardônica, mantendo-o virado até que todo o conteúdo nos tenha passado pela garganta. Anne Christine se diverte assessorando as suas anfitriãs, para grande pasmo dos homens que, porém, logo se encantam com a novidade. Doses e doses de uma cerveja de gosto acidulado são desse modo sorvidas numa semi-sufocação e não sem certo prejuízo para as roupas, que muitas vezes absorvem as sobras. É inconcebível furtar-se a essas repetidas rodadas; o objetivo da bebedeira não é apreciar a bebida e sim, como entre muitos povos bebedores de cerveja, consumir a maior quantidade possível no menor espaço de tempo a fim de alcançar a embriaguez. Essa não tarda a se fazer sentir: a algazarra das conversas fica mais animada e a elocução menos distinta, um vago sorriso ilumina os olhos turvos, as brincadeiras ficam mais pesadas e os risos mais enfáticos.

A maioria dos convidados vestiu os adereços de gala. Muitos homens ostentam a *tawasap* e alguns estão usando colares de *shauk* ou de dentes de jaguar; Samik até exibe, em volta do pescoço, um *kunch wearmu*, larga faixa tecida enfeitada com uma mescla de guizos de *nupir*, frutos secos de uma espécie de sapota, e berloques de moedas presas a ossos de tucano. O conjunto tilinta encantadoramente a cada movimento do tronco. Várias mulheres também usam cintos de *nupir* e crepitam ao andar, feito as cortinas de contas na França meridional. Contrariamente aos homens que usam seus *shauk* bem soltos, as mulheres enrolam-nos em fileiras apertadas em volta dos pulsos e do pescoço, como colaretes alegremente coloridos. Algumas espetaram sob o lábio inferior finos labretes que balançam debaixo do queixo e acentuam o desenho da boca bem mais do que uma maquiagem. Esse trunfo não é ignorado por aquelas que o adotam. Irarit, a jovem mulher de Winchikiur, mexe no seu bastãozinho de uma maneira deliciosamente provocante, rolando-o, tamborilando-o, e tirando-o para chupá-lo com um ar ingênuo, sob o olhar furtivo, porém concupiscente, do pobre Tseremp.

Samik começou a tocar *tsayantar*, o arco musical. Assim como se adequa às alucinações do *natem*, a música, aflautada e monótona, combina bem com a euforia do álcool, embala o espírito entorpecido e de quando em quando o desperta com uma dissonância. Instado pelos convidados, Nayapi com voz firme entoa um *nampet*.

Japu de crista vibrante de amarelo, eu sou o japu que veio de longe
No caminho, no caminho, todo vibrante de amarelo, te encontrei
E o que você vai fazer comigo? Você dizia, você dizia
Ha hai! Ha ha hai!
Eu era isso mesmo, isso mesmo eu era
Japu dos montes, eu ia, eu ia para terras longínquas e no caminho te encontrei
Já tinham me rejeitado, tão só, tão só
No caminho te encontrei, de pé, de pé no caminho, os seios te chupei
Tão só, tão só, porém no caminho mesmo, em teu corpo inteiro meu olhar se demorou
Ha ha! Ha ha hai!
Japu dos montes, japu das alturas, no caminho te encontrei
O que você vai fazer com um excesso de amarelo, você me disse
E eu, levado, carregado, transportado, te contemplei inteira
Ha hai! Ha ha hai!
E você, voltando para as suas terras, dentro das terras mesmo, no meu ninho você não vai atirar?
Não vai fazer assim, e eu, levado, carregado, transportado
Ha hai! Ha ha hai! Ha hai! Ha ha hai!

No *ekent*, as mulheres cochicham aos risos e Mirijiar se adianta para dar a réplica a Nayapi.

Na volta da trilha, plantada ali, ela chorava
Ha hai! Ha ha hai!
Mulher de um outro rio, debruçada, debruçada sobre a água, na volta da trilha, plantada ali ela chorava por mim
Ha hai! Ha ha hai!
Mulher pousada na superfície das águas, comigo te levarei, eu dizia a ela, plantada, plantada ali, ela chorava por mim

Ha hai! Ha ha hai!
Mulher de um outro rio, debruçada, debruçada na água, plantada ali, ela chorava por mim
Ha hai! Ha ha hai!
Mulher pousada na superfície das águas, mulher dos lábios provocantes, plantada ali, ela chorava por mim
Ha hai! Ha ha hai! Ha hai! Ha ha hai!

"*Ijiamprami! Ijiamprami!*", gritam os homens, "vamos dançar, vamos dançar!" "Nossa música é que faz as mulheres dançar; elas só sabem cantar!" Espicaçada, decerto, com essa observação, a linda Irarit se lança num *nampet* de ritmo mais vívido que os anteriores.

Lá onde todos vão dançar, eu apenas faço igual
Lá onde os tatus vão dançar, eu só faço como eles
Lá onde as cutiaias vão dançar, eu só faço como elas
Lá onde as cutias vão dançar, eu só faço como elas
Lá onde a achira floresce, eu apenas faço igual
Ha hai! Ha ha hai!
Lá onde os tatus vão dançar, eu permaneço parada
Lá onde as cutiaias vão dançar, fico assim parada
Lá onde as cutias vão dançar, fico assim parada
Lá onde os veados vão dançar, fico assim parada
E eu sou aquilo que faço
Ha hai! Ha ha hai! Ha hai! Ha ha hai!

Contrariamente aos *anent*, que são monólogos da alma cuja eficácia mágica tem por base uma intencionalidade secreta, os *nampet* são cantos profanos e públicos que exaltam o amor e suas desilusões mediante figuras alegóricas tão sutis e codificadas quanto as da poesia cortesã. O encontro acidental num caminho, a depreciação de si próprio, a solidão do viajante, as imagens bucólicas, a melancolia dos amantes, as metáforas extraídas da vida dos pássaros, o mistério do rio estão entre os tropos mais comuns, que uma platéia avisada aprecia enquanto evocações dos diferentes registros da paixão amorosa. Embora *nampet* tenha a mesma raiz de *namper*, a festa de bebida, percebe-se que não se trata aqui de uma canção de bebedeira, e sim de uma espécie de madrigal, às vezes parcialmente improvisado, que só combina com a embriaguez por libertar, durante algum tempo, a timidez dos homens e mulheres para expressar em público sentimentos demasiado pessoais.

Entrando no tom da estrofe de Irarit, Nayapi apanha o seu tambor e exorta todo o mundo a dançar. Segurando o instrumento debaixo do braço esquerdo, bate nele com uma varinha num ritmo de quatro tempos e começa a rodar, num passo regular, em volta dos pilares principais da casa. Depois de algumas hesitações, Tii o segue, igualmente munido do seu tambor, e Samik logo junta-se a eles, ainda modulando o seu *tsayantar*, e depois Winchikiur com a sua *pinkui*, uma longa flauta transversa de dois furos, reservada à execução de música para dança – diferente da flauta curta *peem*, dedicada aos *anent*. Sobre o fundo regular das batidas de tambor, as duas melodias se cruzam harmoniosamente, o arco musical formando um contínuo modulado em uníssono com a flauta, a qual, porém, se destaca em alguns momentos em bruscas variações de intensidade puxando para o agudo. Pouco a pouco, quase todos os homens vão se unindo a essa ronda sonambúlica. Seguindo o exemplo dos que não têm instrumento, vou batendo na pança inchada de cerveja no mesmo ritmo dos tocadores de tambor. As mulheres, por seu lado, não cessam o seu ofício e distribuem a esmo inextinguíveis libações.

Designando Makatu com uma varetada imperiosa, Nayapi a convida a transpor o recinto deambulatório dos homens para dançar com ele no centro da casa. Acompanhada pelos *pai! pai!* ardorosos da platéia, ela se lança numa série de meias-voltas saltadas, pernas unidas e o corpo ligeiramente flexionado para a frente, as mãos bem abertas sobre as coxas. A cada saltito, a matrona subitamente rejuvenescida mexe a cabeça num gesto brusco, varrendo o ar com os seus cabelos soltos, num movimento provocante e cheio de abandono. Nayapi contenta-se em rodar à sua volta um tanto pomposamente, sem parar de bater o tambor. Em seguida é a vez de outro casal, e mais outro, até que chega o momento em que Anne Christine e eu já não podemos nos furtar a efetuar alguns passos de dança, mais próximos de uma salsa tropical que de um *ijiampramu* ortodoxo, porém saudados por um coro de exclamações entusiastas.

Na casa tenuemente iluminada pelo trêmulo clarão dos fogos e das tochas de copal, olhares fugazes, roçares discretos e apartes momentâneos começam a trazer um tom picante à festa. Nessa sociedade em que o adultério de uma esposa coloca a sua vida em risco, o jogo da sedução e o comportamento público dos amantes exigem boa quantidade de dissimulação e astúcia. O modo como uma mulher serve uma tigela de cerveja a um homem dando um jeito de tocar na sua mão, o modo como o chama a meia-voz pelo nome e não pelo devido termo de parentesco, um leve movimento dos lábios na direção do eleito, presentinhos oferecidos por um homem à revelia do marido ou a maneira como ele se deprecia durante uma conversa, são todos indícios quase imperceptíveis dos impulsos do coração que os interessados compreendem de imediato. A discrição é tanto mais obrigatória por consistir, em si, num poderoso fator de atração: a contenção modesta e reservada de uma mulher é considerada pelos homens um estimulante ao erotismo, talvez por um efeito de contraste com o quadro do gozo que eles contam lhe dar.

Homens e mulheres se esforçam, aliás, para compensar os caprichos atirados com todo um arsenal de filtros. Esses filtros são ingredientes clássicos da vida amorosa em boa parte da Alta Amazônia, onde são conhecidos pela palavra quíchua *pusanga*. Os Achuar os chamam de *musap* ou *semayuk*. Os *musap* mais corriqueiros são plantas com que as mulheres se perfumam para atrair os favores, ou de que põem um minúsculo pedaço em sua *pininkia* quando oferecem cerveja de mandioca a um visitante. Os mais procurados são preparos feitos com pássaros: o coração e o cérebro do bico-encarnado, um passarinho de mau agouro de bico vermelho forte, cujo assobio suave e agradavelmente modulado lhe vale o nome achuar *pees-a-pees*, e, principalmente, a língua do tucano, comprida, fina e farpada, que é retirada se o animal tiver caído de costas com as asas abertas, e à condição de em seguida enterrá-lo profundamente na mesma posição. Esses dois pássaros têm status bem diferentes na gramática das qualidades sensíveis. O bico-encarnado também é chamado de "pássaro espírito ruim", *iwianch chinki*, por ser uma das possíveis encarnações da alma dos defuntos, associado ao louco desejo de sedução que anima os mortos e os leva, sob diferentes disfarces, a atrair mulheres e crianças para se distraírem de sua desesperadora solidão. O tucano, por outro lado, devido à sua roupagem graciosa e a uma vida amorosa supostamente idêntica à dos homens, representa a virilidade triunfante; compreende-se facilmente que, quando jaz com seu imenso bico apontando para o céu, os Achuar encontrem nele um simbolismo fálico imediato.

Meus companheiros, porém, são menos ávidos por amuletos e poções mágicas que os seus vizinhos, os Quíchua. Um dos filtros que estes últimos julgam mais poderosos para atrair as mulheres, a vulva de um boto usada como pulseira, seria, na opinião de Tseremp, uma superstição ridícula. Na verdade, os Quíchua parecem mais afeitos a uma espécie de alquimia homeopática e literal baseada na derivação direta das qualidades de uma substância, sendo, portanto, mais vitalistas que os Achuar, para quem os encantamentos são sobretudo concentrados de relações abstratas que sintetizam em escala reduzida as relações que eles desejam estabelecer com os homens e os animais.

O materialismo dos Quíchua vai também de par com uma sociabilidade mais extrovertida. Homens ou mulheres quíchua são, essa noite, os mais barulhentos, seus ditos são sempre lascivos e seu comportamento fica nos limites do flerte. Isango, dançando com a mulher de Tii com a mão na sua cintura, ultrapassou a linha da licença festiva e uma vívida altercação se instaura entre os dois homens. Sua atitude é acentuadamente contrastada: enquanto Isango gira os punhos, vermelho de raiva, contido com dificuldade por Chango e Dahua, Tii, rígido e de braços cruzados, o rosto extremamente pálido, profere com voz forte um monólogo sobre o respeito que lhe é devido, entremeado de chamados à guerra tal qual é feita por homens de verdade. Os Achuar têm pavor das brigas de mãos vazias, muito comuns entre os Quíchua, e só respondem à provocação por promessas de uma futura vingança, tanto mais preocupantes em sua fria determinação por serem não raro seguidas de conseqüências. Como na maioria das querelas que irrompem durante as festas de bebida, o antagonismo entre os dois homens preexiste ao anódino motivo da briga: Isango e Tii são, de acordo com Tarir, dois xamãs em situação de rivalidade profissional e a sólida reputação do primeiro faz sombra às medíocres realizações do segundo. Contrariamente ao que pensam os missionários evangelistas, que abominam esse tipo de festividade por supostamente suscitar conflitos e divisões, a embriaguez nesse caso não passa de um revelador de tensões mais profundas cuja expressão é geralmente inibida pelas exigências do código social. Suprimir os *namper*, como eles gostariam, só tornaria ainda mais imprevisíveis assassinatos que uma exposição pública das desavenças talvez contribua parcialmente para prevenir.

As relações entre Achuar e Quíchua são, no mais, marcadas pela ambigüidade. A afinidade entre eles é manifesta, já que os Quíchua da floresta são, em sua maioria, antigos Jivaro absorvidos, ao longo dos últimos dois séculos, no *melting-pot* das missões dominicanas onde aprenderam a língua veicular que falam atualmente, mantendo inúmeros elementos de sua cultura de origem. Esse movimento de transmigração étnica fez com que os Jivaro continuassem encarnando, aos olhos dos Quíchua, valores que eles próprios perderam quando optaram por buscar junto aos brancos esse conhecimento do vasto mundo que agora os Jivaro invejam secretamente. Assim, os Quíchua admiram as virtudes guerreiras dos Achuar, a virilidade ostensiva dos homens, sua aptidão para a caça e seu condicionamento físico, todas essas qualidades, enfim, de um povo orgulhoso e livre de que eles conservaram a lembrança. Em compensação, criticam a sua duplicidade, seu temperamento ciumento e sanguinário, contrapartidas negativas de uma "selvageria" que permanece inteira. Inversamente, os Quíchua são vistos pelos Achuar como preguiçosos, bêbados e covardes, lentos e linfáticos até não poder em razão de um regime alimentar indiscriminado, essa gente sem princípios chegando, vejam só, a comer inclusive preguiças, sarigüês e tamanduás. Reconhecem-se neles, entretanto, poderes xamânicos consideráveis, a ponto de os meninos achuar serem às vezes mandados como aprendizes junto aos *kumpa* quíchua dos seus pais a fim de se educarem nas maneiras e na língua desses índios "brancos", e na esperança de que algum dia herdem, casando-se com a filha de um xamã, o saber do sogro. A passagem de uma cultura para outra, portanto, continua se dando em mão única, mas essa facilidade decerto protegeu o conjunto dos Achuar de alterações demasiado profundas; basta, para os que se sentem atraídos por mudança, transpor algumas dezenas de quilômetros para encontrar, numa terra quíchua já bastante familiar, o aparato bem azeitado da sua conversão.

Já deu meia-noite há muito tempo e, com o tumulto enfim apaziguado, cada um curte seus ressentimentos ou sua cerveja na desordem do pós-bebedeira. O *tsayantar* de Samik continua vibrando suavemente em meio aos roncos e conversas em voz baixa, enquanto chegam do rio, mais abaixo, sons de banhos e risos abafados. Dormindo sobre uma folha de bananeira, Tseremp, sombrio, não foi brindado pela boa sorte.

XVII. A ARTE DE ACOMODAR OS INIMIGOS

Como é de praxe no dia seguinte a uma festa, Tseremp está com um humor sombrio e opõe, essa manhã, uma parede de obstinação a todos os meus argumentos. Venho propondo nossa partida há vários dias, desejando prosseguir o quanto antes um périplo mal começado, mas ele se sente muito bem na casa de Nayapi e resiste a aventurar-se em meio a gente que ele não conhece. Para lá de Capitán Chiriboga, adentramos um território desconhecido para os meus companheiros de Capauari e teremos de pedir hospitalidade a inimigos potenciais. Além do temor recorrente da malária, Tseremp agora também está com medo de ser assassinado por aqueles Achuar distantes, sem motivo mais preciso que as disposições sanguinárias que lhes atribui. Tento alternadamente a persuasão e o elogio, apelo para o seu amor-próprio e atiço a sua vaidade, zombo da sua covardia e ameaço espalhar essa novidade para todo o mundo; explico, sem acreditar muito, que a nossa presença é uma garantia de segurança para ele, lembro, finalmente, que o seu cunhado Wajari confiou-lhe a nossa proteção. Para grande exasperação minha, nada disso surte efeito. Então, tenho uma inspiração. Um dos homens que quero visitar é Nankiti, o assassino do pai dele, que estaria vivendo em completo isolamento à beira de um pequeno afluente do Corrientes. Ora, segundo já inquiri discretamente, não só Tseremp nunca tentou se vingar já que à época era jovem demais para isso, como também não cobrou a *tumash* de Nankiti. Aí está, portanto, o estímulo; é claro que tem dois gumes, pois nada garante que Naikiti irá aceitar sem desprazer essa solicitação tardia; no entanto, como tomei o cuidado de apresentar a minha sugestão diante de numerosa platéia, Tseremp já não pode recuar sem fazer feio.

À diferença de Wajari, a quem esse qualificativo convinha muito mal, Tseremp representa tipicamente, em muitos aspectos, aquilo que a literatura etnográfica chama de informante, esse papel de intermediário manifesto a que o predestinavam a sua história e o seu temperamento, mas no qual ele nunca desabrochou de fato, por causa de um espírito demasiado calculista para inspirar uma amizade duradoura. Mais esperto que inteligente, louco por novidade e fascinado pelos estrangeiros, ele desde o começo tentou conquistar nossa confiança oferecendo seu gosto pela fofoca, seu desejo de dependência e aquele olhar distanciado, desencantado até, sobre a própria cultura, que a pouca estima por parte dos seus tinha lentamente aguçado. Ficou órfão muito cedo e foi acolhido por seu "padrinho" Cevallos, em Montalvo, onde aprendeu o quíchua e alguns modos dos brancos, antes de voltar, na adolescência, para junto do seu meio-irmão Tarir. Apartado das suas origens e dos conselhos dos parentes durante os anos cruciais em que os jovens Achuar fazem o aprendizado das habilidades adultas, Tseremp é um mau caçador e um orador medíocre, dois defeitos de educação impossíveis de se superar. Apesar dos seus esforços, também nunca conseguiu encontrar *arutam*, a terrível experiência iniciática pela qual passam todos os rapazes e sem a qual não podem se considerar homens feitos.

Com plena consciência de não ser integralmente achuar, Tseremp nem por isso quer se tornar quíchua, o que o deixa nos limbos de uma identidade evanescente, razão de uma insatisfação intermitente, por sorte balanceada por uma natureza jovial. O distanciamento que ele ostenta em relação a uma cultura onde não encontrou o seu lugar decerto é o que move seu desejo de tornar-se, junto a mim, o mediador capaz de tirar vantagem. Seu saber é infelizmente demasiado lacunar para ser aceito sem desconfiança; além disso, seu convite à conivência me irrita sumamente por tudo o que pressupõe de preconceitos partilhados e condescendência comum em relação àqueles de que ele se quer o intérprete. Essa disponibilidade cúmplice alimenta-se, no entanto, da nossa própria impotência, condenados que estamos a contar com a assistência remunerada de Tseremp nesta viagem que nenhum outro dos nossos companheiros de Capauari, nem mesmo o meu *amik*

Wajari, achou oportuno empreender conosco. Frustrado em suas investidas de boa-fé, Tseremp nutriu certo despeito por elas e talvez, desde esta manhã, um começo de ressentimento.

Uma visita de Tii nos traz oportunamente a distração de uma notícia sensacional: Kawarunch acaba de ser assassinado por Narankas e seu irmão Nurinksa. Não paira, nesse caso, nenhuma dúvida sobre a identidade dos matadores, nem sobre as circunstâncias do drama cujo pretexto, mais uma vez, é uma mulher. Exasperada pelo temperamento difícil de seu esposo Narankas, Iyun se refugiou há poucas semanas na casa de seu pai, Tuntuam, surdo-mudo como o irmão de Tukupi. Furioso com esse abandono, Narankas foi no Chinkianentza buscar seu irmão Nurinksa para ajudá-lo a matar o seu sogro, que ele responsabilizava pela fuga da filha. Percorreram toda a região em busca de Tuntuam, que se ausentara de casa. Foram bem ao sul, até o Surikentza, aonde o surdo-mudo ia com freqüência se tratar com o grande xamã Chumpi. Frustrado em sua expectativa de vingança, Narankas por acaso deparou certo dia com Kawarunch fabricando uma canoa na floresta. Ora, Kawarunch era tio materno da mulher de Narankas, que o suspeitava de ter convencido a sobrinha a abandoná-lo e de ter jogado contra ele sua irmã e seu cunhado. Kawarunch exercia, realmente, notória ascendência sobre Tuntuam, o único apoio que lhe restara durante a sua desavença com o povo de Sasaima. Segundo Narankas, a animosidade de Kawarunch com ele devia-se ao papel ridículo que ele o levara a desempenhar no episódio Ikiam, mas também ao desejo inconfesso de recuperar a sobrinha para desposá-la. Seja como for, os três homens se exaltaram tanto, trocando acusações depreciativas, que Narankas atirou em Kawarunch à queima-roupa.

A região inteira estava em ebulição. Segundo Tii, Narankas e Nurinksa se trancafiaram numa casa fortificada à beira do Chinkianentza, para onde mandaram chamar os seus irmãos Tayujin e Jempe de Capauari, assim como Yakum, um irmão "ramificado" que morava com os Achuar do sul. Os filhos e aliados de Kawarunch, Kunamp, Awiritiur, Tsuink, Yaur e Seum, estão reunidos em casa de Tuntuam sondando o campo das alianças: afirmam poder contar com a ajuda de Wajari e Titiar em Capauari; Tsukanka fala em retomar as armas e diz que vai matar o seu genro Tayujin. Em compensação, como era previsível, a gente de Sasaima não parece querer se envolver, nem mesmo Tukupi, cuja meia-irmã era casada com Kawarunch. A opinião geral é de que o assassinato não se justifica: Narankas e Nurinksa são meio "desatinados", *waumak*, jovens excitados que semeiam tumulto com uma violência impulsiva, destituídos do autocontrole que é marca registrada do *kakaram*, o valente.

O próprio Nayapi está começando a se inflamar, clamando com voz de mata-mouros que vai vingar o seu cunhado Kawarunch cuja irmã, no entanto, ele rapidamente repudiou; Tii faz coro com ele, enquanto Tarir profere sentenciosas palavras de censura que ninguém escuta. Assim que souberam da notícia, as mulheres de Nayapi se lançaram nas lamentações rituais de luto: "Paizinho, paizinho, não vou mais te ve-e-e-er! Paizinho, paizinho, para onde você fo-o-o-oi? Paizinho, paizinho, não olhe mais para mi-i-i-im!". Elas seguem salmodiando sem trégua, de um jeito distraído, ao que me parece, enquanto continuam a tratar de suas tarefas, interrompendo-se ocasionalmente para trocar umas poucas palavras com voz pausada. Tseremp lembra então que eu tinha uma gravação de Kawarunch e o concerto de lamentos e ameaças cessa imediatamente quando Nayapi pede para escutá-la. Nosso gravador tem uma função mensageira que facilita a nossa acolhida por parte dos Achuar desconhecidos para nós. Por onde andamos, gravamos notícias e saudações para parentes distantes, acompanhadas de recomendações para nos tratarem bem que até o momento vêm surtindo efeito. Dar a palavra a um morto, portanto, é apenas mais uma faceta desse papel de carteiro magnético.

Eu tinha pedido a Kawarunch que me falasse das guerras que ele travara antigamente contra os Shuar, antes que estes fossem levados ao arrependimento pela "pacificação" missionária. Os eventos que ele relata ocorrem por volta do início dos anos 1950.

– *Ayu! Antuktaram!* Antigamente, quando eu ainda não era casado, eu acompanhava o meu pai, Churuwia, na guerra contra os Shiwiar. Antigamente, a gente não tinha espingarda, a gente lutava só com lança. Os Shiwiar, para se protegerem, fabricavam escudos redondos, *tantar*, com as raízes do *kamak*; é uma madeira bem dura; a gente fazia igual. Estávamos em guerra com Ampam, também com Uwa; diziam que Uwa era impossível de se pegar. Uma vez, sabendo que o tal Uwa tinha juntado toda a sua gente para nos atacar, pegamos as nossas lanças e escudos para ir combater. Ele morava à beira do Chiwias, bem rio acima. Tivemos de andar cinco dias sem parar; duas mulheres nos acompanhavam.

– Por que mulheres?

– Para carregar a comida; levamos amendoim descascado e pasta de mandioca para fazer cerveja; sentimos muita fome. A casa de Uwa era muito grande, mas não era cercada; todos os seus estavam ali reunidos, prontos para o combate com suas lanças e escudos. E nós chegamos em fila sem fazer barulho, nos escondemos na roça. O meu pai, Churuwia, era o mais *kakaram*. Antes de a gente se espalhar em volta da casa, ele disse: "Eu vou atacar pela frente". Os outros diziam: "Eu vou atacar pelos lados, sonhei que era para eu fazer assim". De onde a gente estava, dava para ver claramente dentro da casa. As mulheres estavam muito alegres, riam às gargalhadas, "hu, ha, hai!", enquanto serviam cerveja aos homens; riam sem pensar que logo teriam de derramar lágrimas de luto. Eles eram muitos, e tagarelavam feito um bando de pássaros se atirando sobre uma árvore para comer os frutos. Quando nos aproximamos da casa, camuflados, umas galinhas se assustaram e fugiram cacarejando, *kaa-ka, kaa-ka!* Ao ver aquilo, as mulheres se alarmaram: "Os Achuar vêm vindo, os Achuar vêm chegando para nos matar! Mexam-se! Peguem as lanças!". Um homem estava tecendo; ele se levantou num pulo para pegar a lança que estava do seu lado, mas se enroscou no tear. Os outros homens entraram na maior confusão, corriam para todo lado para encontrar as armas. Alguns tentavam fugir e as mulheres se espalhavam gritando. Quanto a nós, corremos para dentro da casa. Churuwia gritava: "Cada um que escolha um inimigo! Não deixe ele fugir!". A gente lutava face a face, tentando achar um espaço para enfiar a lança, mas eles sabiam esquivar bem e aparar os golpes com o escudo. A minha lança tinha uma ponta farpada e o meu pai Churuwia tinha me ensinado a usar: "*Tsak!* Você enfia a lança no pé e derruba o inimigo puxando ela de volta num gesto só; depois que ele caiu, como é que ele vai se defender?". Mas a luta era longa e difícil, pois eles se protegiam bem, mesmo de joelhos. O homem que tecia se refugiou a certa distância da casa, as costas contra uma árvore, e nos juntamos em muitos para tentar golpeá-lo. Mas ele era muito vigoroso e, com uma escudada, derrubou todos nós, *tupej*! Todos no chão! Quando nos levantamos, vimos só o escudo apoiado na árvore; o homem tinha fugido. Alguns de nós atiravam as lanças nos inimigos em fuga, mas corriam um grande risco fazendo isso pois, caso errassem, o homem voltava e podia matá-los facilmente. Por esse motivo, o meu pai Churuwia me recomendou que só lutasse corpo a corpo. Durante aquele ataque, Uwa conseguiu escapar. Depois de conseguir matar o filho dele, Shirmachi se pôs a gritar: "*Chut! Chut! Chut!*". Dispersos, fomos todos embora e nos encontramos no local combinado. Lá, Shirmachi batia o pé brandindo a lança: "Eu matei, eu matei!". A volta foi mais longa ainda, pois Uwa estava percorrendo as trilhas com os seus guerreiros à nossa procura, e a gente tinha de andar às cegas pela mata. No segundo dia, avistamos um bando de porcos-do-mato se deslocando para o oriente, e nós os seguimos à boa distância. Como eram muito ariscos, teriam dado o alerta se tivessem percebido a presença de homens. Algum tempo depois, recomeçamos a lutar com os mesmos. Um achuar do Kapawi, Taasham, convidou todos nós para a guerra, pois os Shiwiar tinham usado a cabeça do irmão dele para fazer uma *tsantsa*. Éramos muitos, armados de lanças e escudos e estávamos indo atacar. No caminho, cruzamos com eles numa praia de cascalhos à margem do Pastaza. Eles também tinham saído para nos pegar de surpresa. Antigamente, a gente lutava bastante nas praias, a gente lutava para valer, não era como vocês agora, com essas espingardas. Agora vocês atiram de tocaia, bem tranqüilamente. Isso por acaso é combater na guerra? A gente lutava corpo a corpo durante dias inteiros, debaixo de um sol de lascar, sem beber nem comer. Quando um inimigo sentia que estava fraquejando, ele se jogava na água para fugir. Nós éramos muitos contra Uweiti, e não é que ele se atira no rio com a lança, deixando o escudo para trás?! Ele estava nadando com força rio abaixo. Então Shirmachi me disse: "*Chuwa*! Me dê a sua lança, cunhado! Por que você fala tanto e não faz nada? Me dê a sua lança! Ela é mais curta que a minha". Lá da margem, Shirmachi atirou a lança em Uweiti que se afastava; *tup*! Ela entrou no ombro dele. Então Shirmachi se exibiu: "Eu, eu, eu sou assim! Hai! Hai! Hai! Eu bem que falei!". Com a lança enfiada no ombro, Uweiti começou a gemer de dor, *ararau, ararau*! Ele estava quase se afogando. Então Shirmachi se pôs a nadar em direção a Uweiti; detendo-se a poucas braçadas, ele provocou: "Eu sou assim! Hai! Hai! Hai! Era assim que eu queria te ver!". Mas Uweiti tinha ficado com a lança dele dentro d'água e, *tuk*! Enfiou-a em Shirmachi dizendo: "Uweiti também é assim! Hai! Hai! Hai! Também era assim que eu queria te ver!". Shirmachi não conseguia arrancar a lança de Uweiti da coxa. Mas ele tinha ficado com a própria lança dele e tentou atingir Uweiti. Uweiti conseguiu agarrá-la pela ponta e ficaram os dois tentando tirar a lança da mão do outro, rolando na água, *tuntun, tuntun*! com as lanças enfiadas no corpo. Shirmachi então se pôs a gritar: "O shiwiar está se vingando de mim!". Enquanto isso, Taasham fazia o *impikmartim*, rugia feito um jaguar: "*Juum, juum, juum*!". Ele acabava de matar um inimigo: "Eu sou assim! Assim como eu tinha dito que era! Assim eu sou Taasham! Eu sou Taasham! Eu sou Taasham!". Ele estava cercado de inimigos que jogavam pedras graúdas para quebrar o escudo dele; mas eles não jogavam com força suficiente, e as pedras rolavam na areia até ele. Então, para zombar deles, Taasham se abaixou e mordeu uma das pedras: "*Jai*! *Jai*! *Jai*! Olha aqui o que eu faço com essas pedras de vocês!" Enquanto ele estava abaixado, um shiwiar conseguiu feri-lo na coxa, paa! Transpassou a coxa de um lado a outro. Taasham desabou no chão feito um jaguar abatido. Mas ele conseguiu arrancar a lança e, pegando de novo o escudo, retomou o combate contra o seu inimigo. Depois de longa luta, o shiwiar conseguiu ferir Taasham na cabeça, mas este continuava brigando como se nada houvesse, a cabeça coberta de sangue. Finalmente, Taasham matou o seu adversário, que ele espetou com a lança pelo corpo inteiro. Então Taasham foi se refugiar dentro da mata, meio cambaleando, meio se arrastando, e lá desmaiou. Enquanto isso, o combate prosseguia em pequenos grupos dispersos. Vislumbraram-se dois homens lutando feito loucos dentro do rio, eram Shirmachi e Uweiti que todo o mundo tinha esquecido no meio da confusão. A gente dizia: "*Chuwa*! Qual deles é que vai acabar matando o outro?". Então começou a batalha final e eles mataram quatro dos nossos, contando com Taasham que tinha desaparecido. Nós matamos três guerreiros, incluindo Uweiti que sofreu em vão, e também um outro rapaz. Os outros acabaram fugindo, com os escudos quebrados, atravessando o rio a nado. Shirmachi ficou ferido pelo corpo todo, nas pernas, no ombro, no peito e na barriga; mesmo tremendo de dor, ele dizia com voz calma: "Não é nada, me levem para casa! Ainda não é dessa vez que eu vou morrer". Nós o levamos, nos revezando para carregá-lo nas costas. Ao chegar em casa, tivemos de dar a notícia que Taasham tinha desaparecido; os Shiwiar decerto tinham usado a cabeça dele para fazer uma *tsantsa*. As viúvas começaram a chorar de modo lancinante; cortaram o cabelo segundo o costume; durante cinco dias não pararam de se lamentar. No quinto dia, não é que chega Taasham se arrastando, o corpo pululando de vermes nas feridas, todo rodeado de moscas, terrivelmente magro. Ficou muito tempo desmaiado; ele tinha ferimentos nas coxas, na cabeça, por todo lado; mas nenhum era mortal e ele sobreviveu. Voltara lentamente, se apoiando numa vara, acompanhando a margem do Pastaza. As suas mulheres, que tanto tinham chorado, cuidaram dele com zelo; depois organizaram um *namper* para festejar o seu regresso. Assim é que nós fazíamos, nós, os Achuar, quando combatíamos o "povo da colina".

– E vocês também usavam a cabeça deles para fazer *tsantsa*?

– Não, isso é muito ruim! A gente deixava os mortos sem tocá-los. Os Shiwiar é que vinham pegar as nossas cabeças. Nós, Achuar, combatíamos os Shiwiar para vingar os nossos mortos; nunca fizemos nenhuma *tsantsa*. Os Shiwiar pegaram a cabeça do meu tio Uyunkar, e também do meu tio Shirap; eles ainda faziam isso pouco tempo atrás; os Shiwiar são que nem os Ajaimp, eles comiam os Achuar para acabar com a gente.

Essa resposta acerca das *tsantsa* é um tanto frustrante, mas confirma o que me disseram outros Achuar. Todos os homens que interroguei afirmaram enfaticamente que nunca tinham feito redução de cabeça e que essa prática, assimilada por eles a uma forma repugnante de canibalismo, era apanágio dos Shuar que vinham até as suas terras em busca de cabeças. As guerras travadas contra os Shuar não passavam, portanto, de expedições de represálias, às vezes de grande monta, mas que excluíam a caça às cabeças. Nisso os Achuar se diferenciam das outras tribos jivaro, que reduziram a cabeça dos seus inimigos até que as autoridades eclesiásticas e militares lhes tirassem a vontade de fazê-lo – tardiamente no caso dos Shuar, que há oito anos ainda pegaram a cabeça de um achuar. A boa-fé dos meus companheiros parece inquestionável. Pode ser avaliada pela fascinação horrorizada que exercia sobre eles uma série de gravuras que eu lhes trouxe, tiradas de um fascículo publicado pelos missionários salesianos que ilustrava de maneira bem realista as diferentes etapas da confecção de uma *tsantsa*. As explicações que eles me pediam quando os desenhos não eram suficientemente explícitos comprovam que eles só conheciam o assunto pelo ponto de vista da vítima e que a culinária a que seus pais tinham sido submetidos era para eles uma descoberta. Fica excluído qualquer tipo de falso pudor em relação a nós: últimos jivaro livres para continuar sem impedimento a tradição da vendeta, os Achuar nunca nos esconderam a paixão que sentem por ela, nem nunca hesitaram em nos fornecer os mais macabros detalhes das suas proezas. Porém, algumas referências à *tsantsa*, espalhadas nos cantos de guerra, permitem supor que os Achuar também reduziam cabeças há várias gerações. Teriam então, por razões desconhecidas, abandonado o costume muito antes do fim das guerras com as outras tribos, sem que subsistisse sequer a lembrança, apagada pelo esquecimento de um povo sem memória.

Sei muito mais sobre a caça às cabeças do que todos os Achuar que questionei graças, em boa parte, ao zelo etnográfico dos salesianos que vêm recolhendo há várias décadas, junto aos Shuar de mais idade, descrições precisas dos rituais de *tsantsa* de que esses participaram em sua juventude. Sabe-se há muito tempo que a preparação da cabeça não tem nenhum mistério em si. Quando morto, o inimigo é imediatamente decapitado e os atacantes se retiram para um local combinado, a uma distância suficiente do palco dos combates para que as operações subseqüentes possam transcorrer sem muito perigo para eles. Então, a cabeça é incisada desde a nuca até o sincipúcio e são extraídos o crânio, o maxilar, a cartilagem do nariz e a maioria dos músculos antes que ela seja fervida numa panela para a retirada da gordura. O despojo é então preenchido com areia fervente e começa a se contrair e endurecer à medida que a água se evapora dos tecidos. Concluída essa fase preliminar, os guerreiros voltam para o seu território o quanto antes e se confinam numa estrita reclusão ao longo da qual dão seguimento à dissecação da cabeça, tomando o cuidado de remodelar as feições da vítima cada vez que a pele encolhe. A incisão posterior é então costurada, os olhos e a boca são suturados e o interior da *tsantsa* recheado com sumaúma.

O ritual que então tem início é ainda mais enigmático, mas constitui a única chave de que dispomos para compreender essa prática desconcertante de que os próprios Shuar não fornecem uma exegese explícita. Ele se desenvolve em dois episódios de vários dias cada um, separados por um intervalo de cerca de um ano, respectivamente denominados "o próprio sangue", *numpenk*, e "o cumprimento", *amiamu*. As cerimônias consistem num encadeamento de figuras coreográficas e corais regularmente repetido, primeiramente na casa do grande homem que chefiou o ataque, e depois na casa do matador: as principais são o *waimianch*, uma roda cantada no crepúsculo em volta da *tsantsa*, seguida por cantos em cânone *ujaj* executados pelas mulheres desde o pôr-do-sol até a aurora, e a *ijianma*, espécie de procissão que acompanha a *tsantsa* em cada uma de suas entradas cerimoniais dentro da casa, entre duas filas de escudos batidos em *staccato* pelos homens, simulando o trovão. Além dessas manifestações propriamente litúrgicas, homens e mulheres gostam também de dançar e cantar *nampet* durante as diversões mais profanas, fartamente regadas à cerveja de mandioca, que ocorrem durante as tardes em que nenhum rito específico está previsto.

Os principais protagonistas da "grande festa" são a própria *tsantsa*, designada sucessivamente pelas expressões "perfil" e "coisa mole"; um trio composto pelo assassino, uma consangüínea próxima – sua mãe ou irmã – e uma aliada, geralmente sua esposa, que responde coletivamente pelo nome de "tabacados", *tsaankram*, em razão da grande quantidade de suco de tabaco verde que eles ingerem ao longo de todo o ritual; um mestre de cerimônias, o *wea*, termo comumente empregado como sinal de respeito para se dirigir ao sogro, e que faz dessa personagem uma encarnação da afinidade; a esposa do *wea*, encarregada de conduzir o coro dos *ujaj* femininos cujo nome recebe; o "portador de *ujaj*", *ujajan-ju*, um homem na função de intermediário entre, de um lado, a *ujaj*, e de outro, o *wea* e os "tabacados", os quais não podem, em nenhuma hipótese, se comunicar diretamente com os demais participantes; finalmente, toda uma série de grupos cerimoniais com papéis menores, entre os quais se destacam os "iniciados", *amikiu*, isto é, o conjunto dos que já participaram de um ciclo completo da "grande festa", e os *yaku*, guerreiros encarregados de imitar o ribombar do trovão.

Entremeadas com os cantos e danças, múltiplas operações específicas são realizadas por oficiantes diversos: ensinam-se à *tsantsa* as características sociais e espaciais do território para onde ela foi levada; ela é enfeitada e recozida num caldo genésico poeticamente chamado de "água das estrelas". As mulheres borrifam-na com esperma metafórico. O matador é, de início, isolado feito um animal selvagem e fétido, para então ser purificado e ornado com novas pinturas depois de ir para dentro da mata buscar uma visão de *arutam* sob o efeito do estramônio. O *wea* e ele borrifam-se mutuamente a parte interna da coxa com sangue de galo, simulando uma menstruação. O matador é então submetido aos ritos habituais do luto – corte de cabelos e marcas de jenipapo no rosto; ele coloca mofo numa cerveja de mandioca especial para fazê-la fermentar, pondo-se assim na posição das mulheres, cuja saliva cumpre a mesma função. Porcos são sacrificados e consumidos como "substitutos", *imiak*, dos inimigos etc. Em suma, uma espécie de epifania barroca que se desenrola por vários dias e noites, carregada de alusões esotéricas à morte e ao renascimento, à fecundidade e ao parto, à selvageria do canibalismo e às regras imemoriais da harmonia social.

O que podemos tirar como ensinamento dessa "grande festa", cujo cerimonial e complexidade simbólica foram admiradas pelos próprios missionários? Em primeiro lugar, que a *tsantsa* não é um troféu qualquer. À diferença do que acontece entre outros povos caçadores de cabeças, a *tsantsa* não é um despojo que atesta uma proeza e, aliás, da qual se livram sem cerimônia ao término do ritual; tampouco é uma espécie de amuleto, fonte de energia ou poder que permita se conciliar com os espíritos, atrair a caça ou multiplicar a fertilidade das roças. A léguas de distância do robusto vitalismo dos fetiches, esse objeto sem substância e sem conteúdo funciona antes como um operador lógico, uma marca abstrata de identidade passível de ser utilizado, por sua própria abstração, na fabricação de novas identidades. É o que dá à redução a sua razão de ser: enquanto as cabeças-troféu "comuns", capturadas por outros povos amazônicos, descarnam-se rapidamente pelo efeito do clima, perdendo assim a sua fisionomia original, a *tsantsa* perpetua, graças ao tratamento a que é submetida, a representação de um rosto reconhecível. A miniaturização da cabeça é, portanto, um mero efeito secundário, não procurado enquanto tal, de uma técnica de conservação que visa preservar da corrupção da carne as feições do decapitado.

A preocupação com o realismo que a preparação da cabeça revela pode parecer paradoxal se considerarmos que o abastecimento de *tsantsa* se dá geralmente entre desconhecidos. É regra imutável da caça às cabeças que suas vítimas sejam jivaro, mas jivaro de outra tribo, com os quais não exista nenhum vínculo de parentesco reconhecido, que falem outro dialeto e que seus patronímicos sejam ignorados – inimigos genéricos, em suma, e não adversários individuais, demasiado distantes para serem idênticos, mas suficientemente próximos para não serem vistos como totalmente diferentes. A *tsantsa* não pode, portanto, ser a efígie condensada de uma pessoa em particular; ela é antes a representação formal de uma existência singular, significável por qualquer rosto distintivo desde que proveniente de um jivaro não parente. Todos os Jivaro compartilham a idéia de que a identidade individual está menos contida nas características do rosto do que em certos atributos sociais da pessoa: o nome, a maneira de falar, a memória das experiências partilhadas e as pinturas faciais associadas ao encontro de um *arutam*. A fase preliminar do ritual consiste em despir a *tsantsa* das referências residuais que a impedem de encarnar uma identidade jivaro genérica: ela nunca é chamada pelo nome – mesmo que este seja conhecido – daquele de quem foi tirada; sua face é preteada para obliterar a memória dos desenhos que trazia inscritos; todos os seus orifícios são costurados, condenando assim os órgãos dos sentidos a uma eterna amnésia fenomenal: finalmente, ela é submetida a um aprendizado do seu novo espaço social, conduzida dentro de casa pelos pontos cardinais e familiarizada, segundo a fórmula dos cantos, com a sua "terra de adoção".

A despersonalização a que a *tsantsa* é submetida se assemelha ao desvio de um documento civil por um falsário: a autenticidade do documento é atestada pela permanência do rosto, sinal da proveniência legítima do suporte de identidade e equivalente físico do número de código outorgado a cada um pelo Seguro Social ou pelos tribunais eleitorais. A tarefa do ritual consiste então em maquiar progressivamente esse suporte sem modificar a sua aparência original – o que o invalidaria – construindo a partir dele a gênese progressiva de uma nova identidade. Ao longo de toda a "grande festa", a *tsantsa*, o *wea* e os "tabacados" permutam as suas situações originais, trocando alternadamente de sexo e posição de parentesco entre si, dentro de uma série de relações, em sentido único ou recíprocas, antagônicas ou complementares, desdobradas ou simetricamente opostas, expressões figuradas de uma genealogia fictícia elaborada por episódios. Ao término desse balé topológico, a *tsantsa* terá assumido todos os papéis sociais de uma procriação simbólica: não-parente, doador de mulher, tomador de mulher, concubina do matador, amante de suas esposas e, finalmente, embrião, "focinho colado no ventre da mulher" de acordo com os cantos que lhe são dirigidos no fim do ritual. O fruto bem real desse simulacro de aliança – uma criança por nascer na parentela do matador durante o próximo ano – apresenta então o paradoxo de ser perfeitamente consangüíneo sem ser incestuoso. Virtualidade de existência subtraída a desconhecidos não totalmente estrangeiros, ele deve sua geração à encenação de uma afinidade ideal, a única satisfatória para os Jivaro já que desvinculada de qualquer compromisso de reciprocidade; em suma, uma afinidade sem afins.

A caça às cabeças e a vendeta parecem, à primeira vista, obedecer a lógicas muito distintas, o que explicaria o fato de a primeira ter desaparecido entre os Achuar sem que a segunda fosse afetada. A palavra utilizada por meus companheiros para designar a vendeta, *meset* ("prejuízo", "estrago"), sugere que ela é percebida como resultado de uma inelutável degradação das relações sociais entre pessoas que se consideram parentes, falam o mesmo dialeto, conhecem-se pessoalmente e, em épocas normais, visitam-se ocasionalmente. Os enfrentamentos são motivados por queixas específicas, no mais das vezes conflitos, por causa de uma mulher, entre os seus consangüíneos e aliados, duplicadas ou reforçadas por acusações recíprocas de agressões xamânicas. Mecanismos de mediação permitem encerrar provisoriamente as hostilidades ou impedir que se estendam; propiciam reversões de alianças e coalizões temporárias que permitem que antigos inimigos voltem a se freqüentar – *ersatz*, do agrado de todos, de uma paz impossível. Nada disso ocorre numa guerra entre tribos. Quando se referem aos seus combates passados contra os Shuar, os Achuar usam expressões de consonância mais claramente militar – *maniakmu*, "matança", ou *nanki jukimiau*, "erguimento das lanças" – e enfatizam que não havia nenhuma solução negociada para interromper os enfrentamentos ou indenizar os parentes das vítimas. Para os Shuar, além disso, assim como para os Aguaruna ou os Huambisa, essas guerras tinham como único intuito a captura de cabeças em ataques muito distantes, entre jivaro desconhecidos e selecionados pela comodidade estratégica do objetivo. Os mortos da vendeta, em contrapartida, não eram decapitados já que eram impróprios para figurar no ritual de *tsantsa* enquanto emblemas de alteridade, em razão de seu parentesco, mesmo que distante, com os matadores.

Embora a caça às cabeças e a vendeta expressem a inimizade em diferentes registros, ainda assim se afinam pelo mesmo diapasão: em suas diversas modalidades, o inimigo sempre se apresenta como afim. Pois os conflitos internos da tribo sempre rebentam entre parentes por aliança, reais ou "ramificados", às vezes dentro de uma mesma "terra", mais freqüentemente entre dois grupos de vizinhança limítrofe de que alguns membros são aparentados por casamento. São, portanto, assuntos de família, como os assassinatos de Ikiam e Kawarunch nos dão um exemplo. Em certos casos, as hostilidades têm início entre parentelas mais afastadas, mas igualmente por causa de mulher: uma esposa fugindo de um marido irascível encontra longe dali um novo cônjuge, ou uma viúva se casa com um achuar distante sem respeitar as obrigações do levirato. Com relações entre essas "terras" quase inexistentes, o pagamento de uma *tumash* revela-se praticamente impossível na falta de um mediador disposto a arriscar a vida no terreno de quase desconhecidos. Tais conflitos podem assumir proporções consideráveis e resultar em enfrentamentos muito mais mortíferos que os da guerra entre tribos, com os chefes das facções opostas apelando para as suas redes de alianças nas regiões vizinhas e formando coalizões que tenderão a crescer sempre que mais uma morte estimular o dever de vingança nas parentelas mais afastadas do núcleo inicial de inimizade. Apesar da distância geográfica e genealógica entre os dois blocos coligados, é mesmo a afinidade que define aqui a relação entre eles. Afinidade mais potencial do que instituída, já que originada num casamento irregular e mantida, em parte, por raptos recíprocos de mulheres e crianças ao longo dos ataques; mas afinidade de princípio apesar de tudo, como atesta o nome coletivamente atribuído aos adversários, *nua suru*, "doadores de mulheres". A afinidade real entre os inimigos mais próximos, em geral cunhados, e a afinidade potencial dos inimigos distantes só se distinguem por uma inversão, a que separa uma aliança de casamento consentida, mas não realizada, de uma aliança de casamento realizada, mas não consentida.

Com a sua estranha união morganática entre uma comunidade vitoriosa e um inimigo genérico e desconhecido, o ritual de *tsantsa* finaliza essa variação sobre o tema da afinidade: entre roubar mulheres e crianças dos aliados potenciais que a vendeta excluiu do círculo dos parentes, e roubar identidades produtoras de crianças dos não-parentes com os quais se simula uma afinidade ideal, a diferença é de grau, não de natureza. Essa última peça, porém, inexiste entre os Achuar. Como não praticam caça às cabeças, parecem simplesmente aplicar às suas guerras contra os Shuar a filosofia da vingança que rege a vendeta, surpreendente desaparecimento numa cultura tão resistente em outros aspectos, mas cujo espaço talvez tenha sido preenchido por um substituto ainda por descobrir.

XVIII. CENAS NUMA CASA DE GUERRA

Foi pouco antes do meio-dia, logo depois de atravessar o Yukunentza a vau, que deparamos com o primeiro sinal de hostilidade: obstruindo o caminho que conduz à casa de Nankiti, um ramo grande fincado no chão está carregado de uns vinte estojos de cartuchos, cujo vermelho forte se destaca feito manchas sangrentas na sombra da mata. O aviso se destina à gente do Apupentza, contra quem Nankiti e os seus estão em guerra, e cuja trilha quase fechada cruza nesse ponto com aquela que vínhamos seguindo desde hoje de manhã a partir do Bobonaza. Uma ou duas gerações atrás, dispunham-se feixes de lanças apontando para a direção de onde vinha o inimigo, significando uma mensagem fácil de compreender e que não se alterou com a modernização das armas: quem quer que transponha essa barreira se encontra em perigo de morte! Tseremp já está quase dando meia-volta, preferindo desistir da *tumash* que ele conta cobrar de Nankiti pelo assassinato de seu pai a continuar arriscando a vida nessa região conturbada. Tarir não diz nada, pois não quer passar por pusilânime, mas sei que só muito a contragosto está me acompanhando nessa visita. Felizmente, Kayap, um irmão "ramificado" de Nankiti, está conosco e nos serve de guia e, assim esperamos, de salvo-conduto. Suas palavras tranqüilizadoras, aliadas às minhas exortações só parcialmente convictas, acabam por persuadir Tseremp a prosseguir. Anne Christine ficou na casa de Kayap, à beira do Bobonaza, pois os homens julgaram inconveniente ela ir até uma casa de guerra.

Lá se vão várias semanas desde que deixamos a casa de Nayapi, descendo o Kapawi até o Pastaza e depois explorando as margens e afluentes do grande rio até a foz do Bobonaza, que subimos durante dois dias até chegar à casa de Kayap. Pelo caminho, visitamos uma dúzia de casas, algumas delas profundamente isoladas a montante de pequenos rios, ou num dédalo de pântanos e canais acessíveis apenas por canoa: fomos bem acolhidos, às vezes com reticências, alguns homens mal disfarçando a sua surpresa diante dos primeiros *kirinku* que tinham oportunidade de ver. Cada vez mais embrenhados numa região desconhecida, vejo no Capauari uma espécie de aldeia natal e, nos seus habitantes, meus companheiros de vida inteira, de tal forma o resto do mundo parece agora remoto. Já faz vários meses que perdemos até a lembrança dos mais modestos confortos da civilização: um sabão, roupas novas, um espelho, um tubo de pasta de dente, amenidades essas que nos parecem tão exóticas como produtos de luxo numa sociedade condenada à penúria por uma economia de guerra. Nossas roupas, completamente gastas, já foram incontáveis vezes recosturadas e remendadas, e já estamos treinando andar de pés descalços para quando nossos calçados ficarem sem condições de uso. Essa via ascética se impôs com o passar do tempo e com o esgotamento de nossas parcas reservas. Nós a suportamos enquanto condição natural na medida em que é a sorte comum das pessoas com quem compartilhamos a existência; nossa única expectativa de bem-estar limita-se a saciar a fome de vez em quando e poder dormir ao abrigo das intempéries. Essas poucas privações são amplamente compensadas por uma sensação de aventura que contrasta com a monotonia da nossa antiga vida de aldeia, cada dia nos trazendo um mundaréu de novas descobertas e, às vezes, de perigos, privilégios de exploradores que se tornaram bem raros e que conferem à nossa expedição o colorido das façanhas.

Sobre a vendeta entre Nankiti e a gente do Apupentza, soubemos um pouco mais de uns dias para cá. O caso surgiu de uma rivalidade entre dois renomados xamãs, Peas e Awananch, *juunt* de peso em suas respectivas "terras", Apupentza e Chirta, pequenos afluentes da margem oriental do Bobonaza, distantes um dia de caminhada um do outro. Pouco depois de ter consultado Awananch sem que este conseguisse curá-la, uma mulher doente foi se tratar com Peas, que restabeleceu sua saúde na hora e se gabou sem discrição da própria superioridade, provocando a inveja raivosa do colega. Awananch espalhou então o boato de que os sucessos de Peas eram facilmente explicáveis, já que ele próprio envenenava previamente as pessoas, não tendo, portanto, nenhuma dificuldade em extrair suas próprias *tsentsak* do corpo dos pacientes, angariando dessa forma riqueza e consideração. Não contente de lançar acusações dessa gravidade, Awananch convenceu Nankiti, um cunhado "ramificado", a organizar um ataque para matar Peas.

Nankiti e os seus, que as pessoas daqui chamam de *mayn shuar*, constituem um pequeno grupo bem isolado que encontrou refúgio no Yutsentza, um afluente do Corrientes, depois das desavenças com os militares peruanos. Eles não têm quase nenhum contato com os Achuar da região, com exceção de Awananch e sua parentela, com quem estabeleceram, de uma geração para cá, alguns laços de afinidade. A cumplicidade entre Awananch e Nankiti se baseia menos nas obrigações recíprocas de um parentesco bastante remoto do que numa forma de convivência, constitutiva de muitas alianças políticas, entre um poderoso xamã e um grande guerreiro: protegem-se mutuamente, cada qual na sua esfera de competência, com Awananch defendendo, das *tsentsak* enviadas por outros xamãs, Nankiti e sua parentela, que em troca se encarregam de liquidar os inimigos do seu acólita.

Awananch conseguiu convencer Nankiti de que Peas era responsável pelos diversos males que vêm recentemente acometendo diversos membros de seu grupo. Há cerca de três meses, Nankiti foi então visitar Peas a pretexto de se consultar, e passou a noite em sua casa uma vez concluída a cura. No dia seguinte, Yankuam foi juntar-se a ele e pediu a Peas que tratasse da sua mulher; enquanto o xamã, com a cabeça inclinada para trás, aspirava suco de tabaco pelo nariz para se preparar, Yankuam atirou nele à queima-roupa, seguido por Nankiti e pelos outros membros da sua facção que tinham passado a noite escondidos nas redondezas. Segundo a expressão de Kayap: "Foram tantos a atirar em Peas que ele foi reduzido à metade do seu tamanho!". A gente de Apupentza reagiu muito mal àquilo; Turipiur, irmão da vítima e também xamã, enviou uma declaração de guerra a Awananch e Nankiti por intermédio de um jovem mensageiro: "Vocês mataram o meu irmão Peas *nankami* (por prazer); ele era xamã, mas um xamã *tsuakratin* (curador) e não um xamã *wawekratin* (feiticeiro); e por acaso nós não somos homens? Então, vamos nos enfrentar! Vamos lutar e ver quem vai sobrar!" A parentela de Awananch se reagrupou à beira do Bobonaza para se afastar do cenário das operações, e acabava de construir uma casa fortificada; Nankiti primeiro disse que estava disposto a negociar, que ele tinha prestado um serviço de salubridade pública contra um xamã ruim, mas que seria possível chegar a um acordo quanto à *tumash*. Tratava-se, na verdade, de uma manobra para ganhar tempo, pois ele terminara de transformar a sua casa num campo fortificado e toda a sua parentela viera juntar-se a ele.

Prosseguimos nosso caminho com cautela, temendo as armadilhas. O acesso às casas de guerra é defendido por toda sorte de dispositivos ativados por cipós invisíveis: uma tábua de madeira flexível, com pontas afiadas, que nos abate à altura da lombar, ou uma vara inocentemente deitada no caminho que nos ergue, escarranchados, testículos esmagados; às vezes é uma simples espingarda escondida atrás de um arbusto, cujo cão balança à menor tensão, ou ainda a bem clássica fossa com estacas de ponta, comumente usada contra os jaguares e jaguatiricas que apreciam demais as galinhas. Dizem até que os xamãs constroem barreiras de flechinhas mágicas nas trilhas por onde passam os seus inimigos, obrigando-os a fazer imensos desvios pela selva. Pelo meio da tarde, passamos em frente de uma casa abandonada, num terreiro quase retomado pelo mato; todo o mobiliário sumiu, e até as *peak* foram desmanteladas. Outra casa, logo adiante, apresenta o mesmo aspecto desolado. Segundo Kayap, seus habitantes se refugiaram na casa de Nankiti e só muito ocasionalmente passam em suas próprias casas, em colunas armadas e precedidos pelos cães, para buscar mandioca nas antigas roças.

Caminhamos com o máximo de barulho possível, falando alto e trocando brincadeiras forçadas para não sermos confundidos, por invisíveis vigias, com uma expedição inimiga se aproximando sorrateiramente. Muito antes de avistar a casa fortificada, Kayap anuncia a nossa chegada assoprando, como que numa corneta, no cano da sua espingarda, e depois cada um de nós modula o longo grito que avisa uma visita, revelando assim quantos somos. A paliçada surge no topo de um morrinho bem desbastado, tão alta, vista ali de baixo, que só o topo do telhado aparece atrás dela. Uma porta de madeira maciça, entreaberta no momento, dá acesso ao pequeno forte reforçado, por dentro, com uma segunda fileira de estacas que tornam a paliçada mais hermética e impede que se introduza, pelo lado de fora, o cano de uma arma. A porta fica em frente ao *tankamash*, onde meia dúzia de homens sentados nos seus *chimpui* nos esperam em silêncio. Do lado do *ekent*, outra porta se abre sobre uma estreita passagem que desce para o Yutsuentza entre duas paredes de toras, sendo as últimas fincadas dentro d'água. Flanqueando cada uma das portas, duas pequenas plataformas acessíveis por troncos crivados de entalhes servem de postos de vigia, no momento desertos, a não ser por um galo que nos encara com arrogância.

A acolhida é glacial. Uma vez reconhecida a nossa presença pelo convite para entrar, deixam-nos esperando uma meia-hora sem nos oferecer nada para beber, os homens da casa conversando entre si como se nem existíssemos. Estão ali Nankiti e o seu irmão "ramificado" Supinanch, dois homens de idade madura, cabelo comprido e rosto sério, Chinkim, filho de Supinanch, Yankuam, seu genro, e Tentets, seu sobrinho, assim como Kuji, um genro de Nankiti. Dois rapazes de uns vinte anos, também sobrinhos de Supinanch, não estão usando um *chimpui*, sendo, portanto, ainda solteiros. Estão todos com o rosto pintado de desenhos feitos com urucum, combinados em alguns casos com motivos pretos traçados com jenipapo, e cada um traz uma espingarda no colo ou apoiada na perna; Yankuam até exibe uma carabina de repetição de alto calibre e uma cartucheira bem cheia a tiracolo. Umas dez mulheres estão ocupadas na penumbra do *ekent*, rodeadas por uma porção de crianças que olham para nós com ar assombrado.

Nankiti é um homem bem talhado, com nariz achatado e queixo quadrado num rosto muito pálido, impávido na postura, mas não no olhar, onde a arrogância disputa espaço com a apreensão. Julgando, decerto, que já fomos suficientemente rebaixados pela espera que ele nos impôs, pede que nos sirvam cerveja de mandioca e interpela Kayap. A série dos *aujmatin* transcorre então segundo a ordem de idade e de proximidade genealógica, com Nankiti dialogando a seguir com Tarir, depois com Tseremp, logo seguido por Supinanch que recomeça o ciclo antes que os homens mais jovens se dirijam por sua vez aos meus companheiros, muitos *aujmatin* agora se entrecruzando simultaneamente. Como sempre, nada é revelado sobre os objetivos de nossa visita nessas trocas meramente retóricas, a não ser a bizarra intenção do *kirinku* de se encontrar com um homem cuja reputação de bravura se estende por todo o baixo Bobonaza, elogio de circunstância que eu próprio repito para Nankiti num *yaitias chicham* laborioso, versão menor do *aujmatin* que acabei por mais ou menos dominar. Impermeável à lisonja, o homem evidentemente só a contragosto tolera a nossa presença, mesmo porque, depois de descobrir a identidade de Tseremp, deve ter adivinhado o motivo da nossa vinda. Não obstante a presença de Kayap, tínhamos receado que ele pura e simplesmente nos fechasse a porta, contemplando-nos com um *atsanmartin*, monólogo virulento pelo qual se recusa uma visita indesejável na soleira da porta, manifestação muito rara de desconfiança e antipatia que somente Tarir lembra de, uma vez, ter tido que suportar. O protocolo da hospitalidade está, portanto, sendo respeitado, idéia reconfortante na circunstância mas que em nada garante a nossa sorte futura.

Quando se encerram os *aujmatin*, já escureceu. Nankiti pede a Kayap notícias de Awananch e sua parentela, mas não é travada nenhuma conversa conosco, apesar da curiosidade dos mais jovens a meu respeito e contrariamente ao hábito dos Achuar de amenizar a aridez dos diálogos cerimoniais com conversas mais soltas depois que eles terminam. A casa é grande, embora abarrotada por dezenas de *peak*, um monte de jarros, fogos de cozinha e pilhas de mandioca, uma miscelânea de utensílios, cestos e ferramentas, sem contar uma multidão de cachorros presos em matilhas distintas em todos os pilares disponíveis. Cada uma das seis famílias agrupadas ao abrigo da paliçada mantém, com efeito, a autonomia. Cada mulher cozinha para sua própria família, e cada homem caça para ela, independência alimentícia mitigada, porém, por constantes trocas de comida, indispensáveis dadas as dificuldades de aprovisionamento nesse clima de insegurança. É o que deduzimos pela magra refeição que nos serve a mulher de Nankiti: alguns pedaços de mandioca cozida com um pouco de pimenta. Terminado o jantar, fortificam-se as portas com trancas e os cães são soltos no recinto, enquanto, respondendo ao convite de Nankiti – *kanurtaram*! –, esforço-me para conciliar o sono no chão de terra batida, rodeado pelo rumor indistinto de umas quarenta pessoas de todas as idades.

Por volta das três horas da manhã, acordei sobressaltado com uma algazarra infernal: os cachorros latem furiosamente junto à paliçada, acompanhados pelo coro das mulheres gritando em voz sobreaguda: "Os Achuar estão chegando! Os Achuar estão chegando!" As crianças choram em uníssono e os homens correm para todo lado de espingarda na mão, tropeçando, no escuro, nos jarros e *chimpui*, proferindo ameaças e ordens demasiado confusas para serem compreendidas. Um ruído suspeito lá fora é que deu o alerta, e mandam um rapaz ao posto de vigia para perscrutar as redondezas. Ouve-se um tiro quase em seguida, sem que se consiga distinguir se vem da casa ou de fora; o vigia desaba lá do alto, ileso, em meio às lamentações das mulheres: "Mataram ele! Mataram ele!", enquanto vários homens descarregam suas armas no ar dentro do recinto. À luz avermelhada dos fogos, agora reavivados, Nankiti então avança até a porta e, com voz possante e dura, se põe a declamar contra o inimigo pulando de um pé para o outro:

Shuaraiti! Shuaraiti! Shuaraiti!
Watska! Winiti, winiti, winiti, winiti!
Shuar jintia tarutchik, shuar tarutchik!
Turakuisha, jimiar apatuk! Jimiar apatuk! Jimiar apatuk! Maniatatjai!
Haa! Ekentru pitiak urukan!
Haa! Paara suruitia! Paara suruitia! Paara suruitia! Paara suruitia!
Haa! Aishmankchiru, yamai, yamai, watska! Jintia jiistai! Jintia jiistai! Jintia jiistai!
Kame! Kame! Niish, haa! Niisha, kame! Meseta ekematish, haa! Jintia akaruka
Ipiatrurarj awaijkitai! Awainkitai! Awainditai! Awainkitai! Awainkitai!
Wisha, wisha! Nu paarak takusa pujajai!
Haa! Yawa! Yawa! Yawa! Yawa!
Waurshi! Waurshi! Waurshi! Waurshi! Waurshia!
Winin mesetan kuikmatish, haa! Jimiar apatuk! Jimiar apatuk! Wisha wari mesetan
Wakeruketja! Nuni mesetnak! Nu mesetnak! Nu mesetnak! Nu mestnak!
Pujajai! Pujajai! Pujajai! Pujajaaai!

Trata-se da *impikmartin*, uma tirada de desafio e intimidação, espantosa peça de bravura que por um momento apazigua o meu susto com a ilusão de ter voltado subitamente para os confins das eras heróicas:

"Pessoas! Pessoas! Pessoas!
Vamos ver! Que venham! Que venham! Que venham! Que venham!
Pelo caminho, acaso pessoas não vieram, não vieram!
Assim feito, entre nós dois! Entre nós dois! Entre nós dois! Entre nós dois!
Eu vou matar!
Haa! Mulher! No meu *pitiak*!
Haa! Me traga as balas! Me traga as balas! Me traga as balas! Me traga as balas!
Haa! Meus homenzinhos! Agora, agora, vamos ver! Vamos perscrutar o caminho! Perscrutar o caminho! Perscrutar o caminho!
Ora só! Ora só! Ele, haa! E ele, e ele, ora só! Apesar de estar pronto para o ataque, haa!
Com uma descarga de nossas espingardas no caminho, vamos detê-lo!
Fazê-lo fugir! Fazê-lo fugir! Fazê-lo fugir!
E eu, e eu! Com essa mesma bala estou armado!
Haa! Jaguar! Jaguar! Jaguar! Jaguar!
Haa! Raivoso! Raivoso! Raivoso! Raivoso!
Apesar de ele mesmo ter desejado a guerra, haa! Entre nós dois! Entre nós dois! E eu,
Só estou pensando em lutar, agora mesmo! Nessa guerra! Nessa guerra! Nessa guerra! Nessa guerra! Estou nela! Estou nela! Estou nela! Estou nela! Estou nelaaaa!"

Como não viesse de fora nenhum sinal de hostilidade o tumulto acabou se acalmando e foi num silêncio tenso que esperamos a aurora, agachados junto aos fogos. No raiar do dia, os vigias avisam que as cercanias estão desertas e Nankiti se aventura lá fora com alguns homens, não sem antes soltar os cães. Tudo parece tranqüilo e eu também vou atrás deles, contente, por uma vez, de estar com a minha volumosa espingarda. Um grito ecoou em seguida: "*Shuar nawe! Shuar nawe! Irunui!*" "Pegadas! Pegadas! Muitas pegadas!" Nankiti, mais uma vez, lança-se num furioso *impikmartin*; concluída a sua declamação, ele logo se acalma e até me dirige um sorriso, o primeiro que vejo nele desde a nossa chegada: "Venha, *juuntur*! Ele me diz. Vamos esperar".

Inicia-se um longo dia na casa fortificada. As mulheres e crianças saem em grupo para fazer as necessidades, protegidas à distância por um homem armado; faço o mesmo em companhia de Tarir e Tseremp, depois a porta se fecha novamente, entreabrindo-se apenas para Tentets e Yankuam, enviados como batedores a fim de seguir a pista dos visitantes noturnos. As crianças estão estranhamente silenciosas, cada qual se ocupando com tarefas domésticas ou triviais como trançar um cesto, catar piolhos um do outro, afiar flechinhas, mas com uma rapidez acentuada, como se tivesse se tornado impossível deixá-las para mais tarde. Meus companheiros de Capauari estão divididos entre o desejo de fugir nesse instante e o medo de cair numa emboscada. Tseremp, além disso, está frustrado por não ter conseguido formular o seu pedido a Nankiti antes do amanhecer, como tencionava, em volta de uma tigela de *wayus*, momento de intimidade em que se discutem à vontade questões importantes, sem a preocupação com a retórica e etiqueta que geralmente embaraça as visitas. Converso demoradamente com ele em voz baixa e convenço-o a ficar mais uma noite para reivindicar a sua *tumash* amanhã de manhã, na hora do *wayus*. Talvez por termos passado juntos pelo que parece ter sido um assalto abortado, Nankiti está, por sinal, menos arrogante conosco; como que para nos tranqüilizar, declara com segurança que os inimigos não vão voltar tão cedo. É o que Tentets e Yankuam, voltando perto do meio-dia de sua missão, parecem confirmar: uma meia dúzia de homens vieram realmente na noite passada e o rastro deles, depois de muito ziguezague, segue diretamente para Apupentza, provável indicação de que voltaram para casa.

A vida coletiva numa casa fortificada, às vezes por dois ou três anos, impõe desagradáveis restrições aos Achuar. Devido ao perigo constante em que se encontram, é impensável se deslocar fora do raio de ataques, interrompendo-se assim temporariamente o circuito das trocas e o comércio de escambo justamente quando a necessidade de armas e munição se faz sentir mais. O abastecimento comum também se torna mais difícil; o pessoal de Nankiti ampliou a área de derrubada e começou a plantar mandioca, mas os brotos não irão amadurecer antes de seis meses e eles todos dependem em grande parte, portanto, de suas antigas roças, cujo acesso agora é perigoso, para reconstituir suas parcas reservas. Quando a nova plantação começar a produzir mal será suficiente, a julgar por suas dimensões, para cobrir as necessidades de uma comunidade tão numerosa. A carne, símbolo de qualquer refeição que se preze, praticamente desaparece da alimentação cotidiana, uma vez que os homens deixam de caçar regularmente assim que a caça some dos arredores imediatos da casa. Nankiti e seus parentes até organizam, vez ou outra, uma caçada noturna, mas os resultados são bastante aleatórios, já que é pelo som que se percebe a presa e que, com a única exceção dos mutuns noturnos, todas as espécies habitualmente caçadas estão dormindo. Restam os peixes, medíocre provisão que o Yutsuentza, um rio muito pequeno, fornece apenas parcamente. Alguns produtos da mata, indispensáveis para a economia doméstica, fazem falta: a sumaúma, a argila para cerâmica, as plantas para fabricar curare, as fibras para flechinhas ou o tucumã para trançar cordéis; montar uma expedição para ir coletá-los significa desguarnecer as defesas da casa e expor a vida das mulheres e das crianças. Até mesmo satisfazer as necessidades naturais torna-se uma empresa arriscada; quantas vezes não me contaram sobre o rapto de alguma mulher que saíra para aliviar-se à beira da roça. Assim que se fecham as portas para a noite, nem pensar em ir fazer xixi! O corredor fortificado que conduz ao Yutsuentza permite pelo menos fazer as abluções, mas em meio a um amontoado de imundícies resultante de todos os dejetos culinários. Quanto aos prazeres da carne, devem por algum tempo ser deixados entre parênteses, pois a superpopulação da casa impede que se faça amor em paz, e os divertimentos na floresta se tornam muito perigosos. Tseremp comenta sobre essa vida em câmera lenta com uma imagem sugestiva: "Eles estão que nem as preguiças, que levam dois dias para mudar de galho e só cagam na mudança de lua". É até possível que as virtudes de continência, tão valorizadas entre os Achuar, sejam simplesmente a expressão, em forma de imperativo moral, de uma necessidade de se treinar para essa vida de ascetismo que a guerra impõe regularmente a todos eles.

O mais difícil para os índios, nessa existência de sitiados, ainda é a promiscuidade. O pavor que eles têm de compartilhar com os outros a intimidade do seu lar transforma a casa fortificada num espaço de provação permanente, obrigados que estão a submeterem sua liberdade de movimento habitual às exigências do bem comum e a cuidarem para evitar atritos que um agudo senso de independência suscita a todo o momento. O exemplo de Capauari demonstra que o aprendizado das relações de vizinhança nas aldeias não se dá sem problemas; o que dizer, então, das tensões geradas por uma coexistência forçada num espaço minúsculo e absolutamente fechado, onde efervesce, além de tudo, a constante preocupação com um ataque? É preciso vigiar as crianças para que suas brigas não degenerem em querelas entre os pais, prontos para tomar o partido de seus rebentos; as mulheres têm de repartir seus utensílios e se abster de qualquer comentário desabonador acerca de suas aptidões respectivas; os homens, a princípio iguais entre si, são sensíveis a tudo o que poderia sugerir alguma precedência e aumentam ainda mais o formalismo cerimonioso de suas relações cotidianas. No entanto, sobram motivos para inveja, circunstâncias excepcionais sendo propícias para proezas de todo tipo e revelando mais cruamente as disparidades naturais na coragem, esperteza, força ou habilidade; mas o ciúme, principalmente, é que causa estragos devastadores, homens e mulheres desconfiando mutuamente de uma infidelidade a que o contato constante no recinto fechado da casamata dá algum ar de verossimilhança, se não oportunidade para lhe sucumbir.

A casa de guerra é um mal necessário, pois a vendeta não poupa ninguém; basta ser aparentado do assassino e viver na sua vizinhança, ou pertencer visivelmente ao círculo de um grande homem, para ser visto como solidário de suas ações e se tornar alvo de uma vingança indiscriminada. Essa presumida cumplicidade estreita periodicamente na adversidade laços por vezes esgarçados entre parentelas e leva os menos belicosos a buscarem a segurança de uma defesa coletiva assim que as coisas começam a desandar. O desejo de proteção, porém, não basta por si só para reunir pessoas que prefeririam viver separadas; é preciso o carisma de um grande homem para que parentes espalhados numa região se coliguem numa verdadeira facção: ele é que toma a iniciativa de agrupá-los em sua casa para construir fortificações, quando julga que um enfrentamento de peso parece inevitável, quer porque um primeiro assassinato já foi cometido, quer porque uma diferença, motivada ou não, com homens de "terras" vizinhas está se encaminhando para uma situação densa. Como no caso de Nankiti, em que o núcleo inicial da facção se compõe de dependentes diretos – filhos, genros, irmãos caçula – a que se somam alguns consangüíneos e aliados de lealdade comprovada, irmãos "ramificados" ou cunhados "de sangue", ou seja, filhos do meu tio materno ou da minha tia paterna, com cuja irmã me casei e que se casaram com a minha irmã. Porque ele continua sendo o "dono da casa", *jea nurintin*, e os outros, apenas seus convidados, mas também porque todo o mundo confia em suas reconhecidas qualidades de liderança militar, o *juunt* é investido de um papel preeminente; ele se torna o *mesetan chicharu*, literalmente o "arauto da guerra". É ele que organiza a defesa da casamata, resolve as questões de intendência, planeja e dirige os ataques, procura, enfim, fazer alianças com grandes homens vizinhos ou se esforça, caso seja preciso, para chegar a um acordo com o inimigo. A vendeta se torna, em grande parte, seu assunto pessoal, mesmo que o assassinato inicial que causou o conflito não lhe dissesse diretamente respeito. Tenha ele dado o tiro fatal, ou não, seus adversários o consideram como diretamente responsável por cada baixa ocorrida em suas fileiras, imputação que contribui para perpetuar figuras quase lendárias pela amplitude das hecatombes que lhes são atribuídas. Quando recolho genealogias, por exemplo, sempre me dizem de saída que é um ou outro dos quatro ou cinco mesmos personagens que matou tal ou tal parente, enquanto uma investigação mais minuciosa muitas vezes revela que o verdadeiro assassino era um membro mais obscuro da facção. Essa função de catalisador do grande homem também aparece *a contrario* quando ele morre em combate, seu grupo quase que imediatamente parte em debandada para se refugiar longe do palco das operações.

A ascendência exercida pelo *juunt* durante a guerra nunca se converte, no entanto, numa dominação efetiva sobre as pessoas de seu círculo. Se ele der sinais evidentes de que visa apenas o próprio prestígio, envolvendo-se sem motivos válidos em repetidos enfrentamentos contra inimigos sempre diferentes, seus partidários acabarão por desertá-lo, cansados da perpétua insegurança em que ele os condena a viver. Há, nos anais da região, o famoso caso de Pujupat, um velho *juunt* da margem sul do Pastaza, que guerreou indiscriminadamente contra todo o mundo e matou com as próprias mãos – aqui isso é sem dúvida possível – perto de vinte pessoas. Um "matador louco" (*waumak*) de acordo com os meus companheiros, que desnudava as mulheres que matava e afastava as suas coxas para expor o sexo, não hesitando em aceitar "contratos" para liquidar pessoas que lhe eram desconhecidas.

Ele vive atualmente recluso em sua casa fortificada, na companhia dos filhos, únicos homens com os quais ainda pode contar para protegê-lo e caçar para ele.

Não é semeando terror que o grande homem consegue uma adesão duradoura, e sim pela persuasão e dando o exemplo. Ele precisa impressionar pela coragem e força d'alma, e deve sobretudo jogar habilmente com o parentesco, assumindo para com os seus a figura de um pai ou de um irmão mais velho da qual derive uma autoridade já familiar para todos. Chamando os seus guerreiros de "meus filhos", muitas vezes designado pelo termo *nampuaru*, "o mais velho", ele contribui, com o seu comportamento, para apagar as relações de afinidade no seio da sua parentela reagrupada e para reforçar a idéia de que esta tira a sua unidade, e até a sua substância, de uma consangüinidade ideal. Na falta de clãs ou linhagens que perpetuem através dos tempos uma identidade corporativa de fronteiras sociais e territoriais claramente estabelecidas, os Achuar tendem a conceber as relações entre os habitantes dispersos de uma mesma "terra" no modo dos laços de sangue, mesmo que casamentos repetidos a cada geração na verdade estruturem a sua solidariedade. Assim, o utópico isolamento desses grupos vizinhos se reafirma periodicamente na convivialidade das casas fortificadas, quando perigos e proezas partilhadas dão a cada um a ilusão de experimentar no cotidiano a recuperada comunidade de uma grande família. Sogros, cunhados e genros desaparecem do campo das referências sociais para se transformarem em consangüíneos de eleição, enquanto a afinidade, privada de um suporte efetivo, tende a se converter numa relação abstrata que permite caracterizar a relação com os inimigos, "os doadores de mulheres". Fundada sobre uma amnésia deliberada dos laços instaurados pela aliança de casamento, essa consubstancialidade se expressa por uma identificação profunda com o outro, cujo destino partilho e que, por isso mesmo, já não se pode diferenciar de mim; assim é que um homem irá anunciar a morte de um dos seus parentes morto em combate dizendo: "Fulano me matou!". A cada nova perda entre os meus próximos, morre uma parte de mim que eu devo fazer reviver fortificando-me pela vingança.

Instrumento de uma coagulação familiar que sem ele só existe em estado potencial, o grande homem não poderia existir fora do contexto codificado do parentesco e dessa aspiração a uma fusão consangüínea de que ele temporariamente exprime a quintessência. Sua influência e sua eventual ascensão são, portanto, estreitamente limitadas por modelos de autoridade internos à família, autoridade do pai sobre seus filhos, do marido sobre suas esposas e do sogro sobre seu genro, únicos precedentes que conferem ao exercício temporário de seu comando uma aparência de legitimidade. Assumindo, na guerra, um papel preeminente, o *juunt* não é movido por um devotamento altruístico à Cincinnatus. Ele é totalmente levado por sua ambição, mas uma ambição por prestígio e consideração, admitida, já que partilhada, por todos, e não uma ambição por um poder sem peias que ninguém está disposto a lhe conceder e cuja natureza ou alcance ele seria provavelmente incapaz de perceber. Longe de ter um status à parte – o termo "chefe" é intraduzível em jivaro –, ele simplesmente atingiu a plena realização do ideal de virilidade a que a maioria dos homens aspira. Célebre e respeitado por sua valentia, dono de seu destino, reinando sobre muitas mulheres, vastas roças e genros que lhe devem obrigações, hábil em tecer alianças e levar assim a sua influência para além dos limites de sua família, mais do que uma ameaça insidiosa à liberdade ele é a imagem de um sucesso acessível a todos.

Oscilando entre a anarquia bem moderada dos tempos normais e uma solidariedade faccional fomentada por um homem cuja autoridade é limitada pelas circunstâncias, os Achuar instituíram uma forma de organização política que salvaguarda a independência de cada um sem chegar à dissolução de todos os laços sociais. Falar em democracia para definir essas coalizões libertárias seria um exagero; primeiro, porque as mulheres são excluídas do encaminhamento das relações exteriores, mas também porque não existe um ideal da coisa pública ou do bem comum capaz de transcender os interesses particulares, nem alguma indiscutível autoridade apta a dar corpo a um projeto assim. Essas duas condições seriam contraditórias com a manutenção da reconhecida soberania de cada chefe de família. Para os Achuar, no entanto, assim como nas democracias modernas, é sobre um individualismo declarado que se apóia a igualdade dos status, igualdade que é decerto mais real entre eles do que entre nós. Essa comparação pode parecer surpreendente. A filosofia política, com efeito, vulgarizou num esboço rudimentar uma oposição entre, de um lado, as sociedades surgidas na Europa ocidental da união do capitalismo com a ideologia das Luzes – onde o indivíduo, fonte de direitos e proprietário de sua pessoa, é a pedra de toque sobre a qual se assenta o edifício coletivo – e, de outro, as sociedades pré-modernas, totalidades estruturadas por hierarquias imutáveis, nas quais o indivíduo está ausente ou, pelo menos, só tem sentido e existência enquanto elemento de um conjunto que o define por inteiro. Ora, se as sociedades fundadas na preeminência do todo sobre as partes de fato cobriram boa parte da face da terra antes do triunfo dos parlamentos, em contrapartida existem outras, não menos numerosas, mas decerto muito menos conhecidas, que colocaram na realização de um destino individual livremente dominado e aberto a todos o mais alto valor de sua filosofia social. Os Achuar são desse tipo: pouco preocupados em conceber a si mesmos enquanto comunidade orgânica, esquecidos do próprio passado e indiferentes ao futuro, submetendo o idioma do parentesco às exigências de seus interesses imediatos, preocupados com o seu prestígio pessoal e prontos para desertar os que gostariam de envolver demais os outros em sua própria glória, só são freados na exaltação de si mesmos pela falta, no seu meio, de uma platéia para aplaudi-los.

Nankiti não deu nenhuma ordem desde que estou aqui, a não ser para pedir a sua mulher que trouxesse cerveja. Ele passa o dia em conciliábulos com "seus filhos", aparentemente para discutir alguma eventual ofensiva, ou então deitado numa *peak* meditando. No final da tarde, ele sai da casa para fabricar, em poucos minutos, um abrigo rudimentar à beira do Yutsuentza, a poucos passos da paliçada. A rotina da noite recomeça então, igual à da véspera: uma magra refeição, cães no cercado, e todo o mundo se deita ao cair da noite, com exceção de Nankiti, que vai até a sua cabaninha com uma cabaça de suco de fumo para, segundo Tarir, buscar assistência e augúrio junto ao seu *arutam*.

A noite é tranqüila, mas curta. Por volta das três da manhã, Nankiti bate à porta para que lhe abram e anuncia, sem mais comentários, que sonhou bem. Tarir, por sua vez, sonhou muito mal – um jaguar penetrava na casa – e ele suplica que eu leve a sério o mau presságio e que partamos ao amanhecer. É, portanto, a última chance para Tseremp apresentar o seu pedido. Enquanto todos degustam o *wayus* em pequenos goles, ele desfia um histórico circunstanciado das suas mágoas, com uma voz fina e queixosa, como se ele próprio não acreditasse na legitimidade da *tumash* que está reclamando. O pai de Tseremp, Kirimint, morava antigamente no alto Kapawi, não muito distante de um certo Sharian, com cuja irmã ele se casara; esse último, depois de ser chifrado pela mulher sem que os irmãos dela achassem nada de mais, ficou muito ressentido com seus aliados e abandonou a infiel para se instalar longe dali, no baixo Corrientes, onde se casou com uma irmã de Nankiti. Ora, Kirimint tinha o hábito de bater na sua mulher, o que chegou aos ouvidos de Sharian, o qual mandou avisar o cunhado que era para ele parar de maltratar a sua irmã. O pai de Tseremp não deu atenção a essas advertências, de modo que depois de uma surra particularmente violenta a sua esposa caiu doente e morreu. Mais ou menos na mesma época o irmão de Nankiti, um certo Unupi, veio ao alto Kapawi consultar Mashinkiash, irmão de Kirimint e conhecido xamã; porém, ao invés de ficar curado, Unupi faleceu assim que voltou para casa, e a culpa foi atribuída a Mashinkiash. Nankiti e Sharian organizaram então um ataque para matar Mashinkiash e assim vingar solidariamente as duas perdas que tinham sofrido, mas não tiveram êxito, pois foram descobertos. Nesse ínterim, o próprio Kirimint veio se tratar no Bobonaza com um xamã de nome Kantuash; Sharian foi informado da sua presença, provavelmente através do próprio Kantuash, e chamou Nankiti de volta para que cumprisse a sua vingança; foi em casa de Kantuash que Nankiti matou Kirimint.

Para fundamentar o seu pedido de compensação, Tseremp usa dois tipos de argumento: primeiro, a injustiça de matar um homem que não causara nenhum dano direto a Nankiti, não sendo xamã e não podendo, dessa forma, ser apontado como responsável pelas ações do seu irmão xamã, mas também, e principalmente, sua triste sina de órfão, passando de casa em casa até ser finalmente acolhido pelos *apach*, longe de sua terra natal. É verdade que aqui os órfãos, sobretudo os órfãos de mãe, se queixam da sua infância infeliz; não que sejam maltratados ou que lhes regateiem comida, mas, sem ter ninguém realmente preocupado com eles, não recebem o carinho ou atenção de que precisam. Essa solidão leva às vezes os menores a se suicidarem ingerindo terra; permanece nos adultos um vívido sofrimento, de que eles culpam aqueles que os privaram de seus pais. Tseremp está muito eloqüente ao retratar a sua triste condição, mas aparentemente é pura perda de tempo; em nenhum momento da solicitação Nankiti se compadeceu pelos seus sofrimentos ou esboçou alguma intenção de justificar o seu ato, contentando-se em resmungar de quando em quando fórmulas convencionais para mostrar que continua escutando. A conversa está encerrada, concluindo Nankiti com um enigmático: "Está bem! Eu escutei! Vamos ver!". Só nos resta esperar o alvorecer para retornar de mãos abanando.

Uma excitação ordenada toma então conta da casa toda. Os homens pintam com jenipapo um largo círculo em volta da boca, "a bocarra do jaguar" segundo Tarir, depois desatam as fitas tecidas que usam nos pulsos, prova de seu encontro com *arutam*, e trocam-nas por *pitiak*. Todos limpam cuidadosamente a espingarda e conferem seu funcionamento, enquanto as mulheres empacotam, em folhas de bananeira, provisões de pasta de mandioca fermentada. Ao que parece, não somos os únicos a partir. Fingindo ignorar os preparativos, despedimo-nos rapidamente assim que há claridade suficiente e é na hora em que nos levantamos que Nankiti também se levanta e estende a sua espingarda para Tseremp com evidente má-vontade: "Tome! Pegue para você! É a *tumash*!".

Afastamo-nos o mais rapidamente possível, Tseremp se segurando para não correr, quando um tumulto advindo da casa me faz olhar para trás. De onde estamos, em parte ocultados pelos pés de mandioca, avista-se a esplanada em frente à paliçada onde os homens estão face à face, em duas fileiras de quatro, interpelando-se aos gritos. Tarir também se deteve e observa a cena comigo. O diálogo vociferante termina de repente num súbito decrescendo e os homens de uma fileira se põem então a ameaçar seus oponentes com coronhadas, saltitando cadenciadamente de um pé para o outro e pontuando seus gestos com exclamações ritmadas que não consigo entender, enquanto a outra fileira, permanece impassível, braços cruzados e espingarda no interior do cotovelo, respondendo sem piscar e com voz firme: "*Hai*! É verdade! *Pai! pai! pai! pai!*" Depois de uns três ou quatro minutos, tudo pára e recomeça em seguida com os papéis invertidos, os que sofriam o ataque agora gritam ainda mais forte e brandem suas armas com mais selvageria que seus companheiros instantes atrás. Algumas mulheres os cercam, com tigelas de cerveja na mão, e abastecem continuamente os protagonistas desse combate simulado cuja excitação cresce um tanto a cada alternância. Tarir parece tão fascinado quanto eu pelo espetáculo daquela fúria marcial, saudoso talvez do tempo em que ele também lutava na guerra, e é a contragosto que ele me puxa para o caminho de volta: "É o *anemat*, cunhado, eles estão se preparando para ir até o povo de Apupentza; é melhor sair daqui".

Há que tentar penetrar o que eles pensam, e não pretender fazê-los pensar da nossa maneira.

Joseph-Marie de Gérando. *Considerações sobre os métodos a serem seguidos na observação dos povos selvagens terceira parte*

VISÕES

XIX. CAMINHOS DA REVELAÇÃO

A trilha, até então mal traçada, alarga-se e desemboca numa pequena clareira desmatada. Agachado no meio dela, debaixo de um abrigo de palmas, Pakunt observa sem dizer palavra enquanto nos aproximamos. Ele estremece, completamente nu, com o corpo listrado de arranhões, os cabelos cheios de detritos vegetais; seu rosto pálido está sem nenhuma expressão, como alargado por olhos dilatados que nos fitam parecendo não nos ver. Faz quatro dias que Pakunt "saiu pelo caminho", segundo a expressão consagrada. Retirado, sozinho, no fundo da selva, sem comer nem beber, ingeriu ininterruptamente estramônio e suco de fumo a fim de ser visitado pela visão de um *arutam*. Os acessos bem desimpedidos fazem parte da encenação: o *arutam* só aparece para aqueles que souberam lhe arranjar uma passagem espaçosa e sem obstáculos, um "caminho", justamente, à beira do qual o implorante, postado sobre o seu "altar" (*ayamti*), espera pela vinda do fantasma vagabundo. Acompanhei o meu anfitrião Tunki desde sua casa, a duas horas daqui, pois ele estava começando a ficar preocupado com a ausência de Pakunt. Os transes induzidos pelo estramônio podem ser violentos e levar os alucinados a correrem, errantes, pela mata, desatentos aos perigos que os cercam; uma queda danosa ou um afogamento não são de se excluir, mesmo para aqueles que, como Pakunt, já passaram várias vezes pela prova com êxito. Apesar dos arranhões e do short em farrapos que jaz ao seu lado, o rapaz parece ter-se saído bem, e é com voz firme que ele anuncia para Tunki: "*Pai! Kanutrajai! Waimiakjai!*" "É isso, tive a visão, encontrei!".

Pakunt "saiu pelo caminho" porque acabava de matar um homem e precisava, portanto, renovar o quanto antes a sua visão de *arutam*, para não correr o risco de ser abandonado por sua força vital num momento tão crítico. O assassinato aconteceu poucos dias depois de nossa chegada na casa de Tunki, um grande xamã, e irmão do meu amigo Mukuimp de Capauari que há tempos vinha me exortando a fazer uma visita, no Kunampentza, a esse irmão mais velho que lhe ensinou praticamente tudo o que ele sabe em matéria de xamanismo. Era um projeto que eu vinha postergando porque o Kunampentza situa-se no limite setentrional do território achuar, muito distante das regiões que tínhamos o hábito de freqüentar e onde ainda havia muito trabalho a ser feito antes de dar início a uma pesquisa mais aprofundada sobre o xamanismo.

Lá se vão mais de oito meses desde o fim da nossa expedição de canoa com Tseremp e Tarir, que passamos em longas estadas em lugares já familiares, Capauari e Sasaima, entrecortadas por viagens curtas a regiões limítrofes às margens do Copataza ou do alto Pastaza. Depois de quase dois anos andando entre os Achuar do Norte, somos conhecidos em quase toda parte e ninguém mais se surpreende com a nossa presença. O que não deixa de acarretar alguns problemas: como todos supõem que já estou desemburrado, esperam que eu leve a sério as obrigações do parentesco fictício em que me inseriram e que me posicione em tal ou tal facção em conflito. Foi o que aconteceu quando desembarcamos de teco-teco em Conambo, quinze dias atrás, para nos encontrarmos com Tunki.

Situada no curso médio do Kunampentza, "o rio do esquilo", Conambo se resume a uma pista de pouso em volta da qual algumas famílias achuar e quíchua se agruparam recentemente. A pista foi construída há cerca de dez anos durante uma efêmera tentativa de prospecção petrolífera. Quando de nossa chegada, a maioria das casas achuar estava abandonada em razão de um grave conflito que vinha opondo dois grupos de parentes unidos por casamento. Uma das facções se refugiara no Wayusentza, pequeno afluente do Pindo Yacu a dois dias de caminhada para o norte, enquanto a outra, conduzida por Tunki e Mukucham, se retirara para a beira do Kunampentza, a um dia de navegação rio acima da aldeia, num local bem escolhido, pois o rio, fácil de controlar, constitui sua única via de acesso. Sabendo da minha amizade com Mukuimp, e sabendo que eu tinha vindo visitar o seu irmão, um parente de Tunki que se encontrava em Conambo nos embarcou em sua canoa para nos levar à casa do nosso anfitrião.

Como sempre, o conflito começara com um problema conjugal: cansada de ser maltratada por seu esposo Chuchukia, Chayuk abandonara o marido e se refugiara na casa dos irmãos. Como calhou de várias crianças morrerem subitamente na casa destes últimos, começaram a acusar Mashu, pai de Chuchukia e conhecido xamã, de tê-las "comido" para se vingar da deserção da nora. A filha de Chayuk, que se casara com um sobrinho "ramificado" de Chuchukia, também abandonou o marido por instigação da mãe, anulando assim os vínculos instituídos pelo casamento entre esse dois grupos de afins. As crianças tinham, inclusive, ficado com o pai, contrariamente ao costume nesses casos, deixando a mãe desesperada e sem esperança de vê-las tão cedo, já que não havia mais possibilidade de visita entres aquelas pessoas que agora se detestavam. Nessas tensas circunstâncias é que Pakunt, filho "ramificado" de Chayuk, foi acometido de uma semiparalisia das pernas que atribuíram a um *tunchi* xamânico. Mukucham, seu tio materno, tentou em vão curá-lo e foi Tunki, aliado de Mukucham através de suas mulheres, quem conseguiu debelar seu mal. Interrogado por Pakunt, Tunki declarou prudentemente que não tinha conseguido enxergar o xamã responsável pelo *tunchi*; a escalada da inimizade, porém, estava adiantada demais para que se contentassem com aquele tipo de resposta, e Chayuk é quem acabaria revelando a culpa de Mashu depois de um transe visionário sob efeito do estramônio. As coisas estavam nesse pé quando chegamos à casa de Tunki. Chayuk, uma mulher alta e forte, bastante bonita dentro do gênero mulher-macho e com uma liberdade de tom e atitudes excepcional para uma pessoa do seu sexo, não cessara de exortar seus parentes a vingar todas aquelas vilanias, censurando-os por sua covardia em termos quase explícitos. Pouco depois, Pakunt descera para Conambo com o seu cunhado Shiki. Quando voltou, alguns dias mais tarde, soubemos sem muita surpresa que ele conseguira matar Mashu na noite anterior, aproveitando uma breve visita desse último à aldeia para buscar utensílios em sua antiga casa.

Voltando à casa de Tunki, e depois de tomar um longo banho, Pakunt pôde finalmente fazer a sua primeira refeição desde que "saiu pelo caminho":

uma tigela de *tumpi*, espécie de purê de mandioca e taro. Durante mais umas longas semanas ele estará condenado a esse tipo de comida insípida. Até a próxima lua, lembra-lhe Tunki, só poderá comer peixinhos sem espinhas cozidos no vapor, palmito, tubérculos da roça e folhas cozidas de *jeep*, uma arácea silvestre, alimentos considerados "brancos", desprovidos de sangue, tenros e inativos, preparados sem contato direto com o fogo de cozinha e associados, no conjunto, ao vegetal no que ele tem de mais inerte. Um homem maduro e experiente – provavelmente o próprio Tunki – vai revogar a interdição da caça colocando na boca de Pakunt um pedacinho de carne. Mas, durante várias luas ainda, esse último ainda será obrigado a só comer pequenos mamíferos de carne branca e pouco fibrosa, quase domésticos por viverem à proximidade dos homens e se alimentarem em suas roças, como as cutias, cutiaias, esquilos e tamaris. Só quatro ou cinco meses após o seu encontro com *arutam* é que o jovem poderá consumir as carnes "pretas" e fortes da verdadeira caça (porcos-do-mato, macacos-barrigudos, tucanos, jacus...) e a carne dos enormes surubins, únicos peixes dotados de *wakam*, decerto porque se alimentam, em parte, dos seus congêneres. Esse parece ser o regime de um convalescente, que vai restaurando aos poucos o seu organismo perturbado graças a um ritmo de existência mais vagaroso. Pakunt não pode mais caçar nem realizar esforços físicos violentos, deve se abster de fazer visitas distantes e até o contato sexual lhe é proibido, como se ainda estivesse demasiado fraco para se permitir, sem danos, um gasto genésico dessa monta.

O que é, afinal, esse misterioso *arutam*? É uma pergunta que, assim como os nossos predecessores entre os Jivaro, não deixamos de nos colocar desde os primeiros dias aqui e para a qual só agora vislumbro um esboço de resposta, com a experiência de Pakunt e os comentários sensatos de Tunki, que estimulo, contribuindo para ordenar em minha cabeça as informações esparsas recolhidas anteriormente. *Arutam* é antes de tudo uma visão, fruto de uma consciência alterada pelo jejum, pela ingestão reiterada de suco de fumo e, principalmente, pelas fortes doses de escopolamina liberadas pelo preparado de estramônio. A farmacologia, contudo, não explica por si só a natureza da alucinação nem os significados que lhe são associados. De acordo com os relatos que pude recolher, as manifestações de *arutam* são bastante estereotipadas. Prostrado à beira do caminho pela narcose, o corpo enfraquecido pela falta de alimento, o espírito todo voltado para o encontro com o qual aspira, o implorante subitamente percebe os ecos de um vento longínquo, que cresce numa borrasca e se abate brutalmente sobre a clareira enquanto uma figura estranha ou monstruosa se aproxima paulatinamente: pode ser um gigantesco jaguar com olhos de fogo, duas sucuris gigantes enlaçadas, uma águia-harpia, uma tropa de desconhecidos armados dando risadas sarcásticas, um corpo humano despedaçado cujos membros rastejam pelo chão, ou ainda uma enorme cabeça flamejante caindo do céu e rolando em convulsões. Apesar do pavor que toma conta do visionário, ele precisa tocar a aparição com a mão ou com um pau; ela então se esvanece numa explosão ensurdecedora, o vento se acalma tão depressa como tinha surgido e, na tranqüilidade reinstaurada, materializa-se um imponente velho. Trata-se de *arutam*, ou seja, "o Antigo", o fantasma de um guerreiro valoroso que, depois de testar a coragem do implorante adotando uma aparência aterradora, aparece-lhe sob uma forma benevolente para lhe transmitir uma breve mensagem de esperança, assistência e longevidade, antes de desaparecer por sua vez.

Embora os meus companheiros estejam de acordo acerca do desenrolar dos encontros com *arutam*, divergem quanto ao teor daquilo que ele revela. Alguns afirmam que são dois os tipos de *arutam*, segundo a natureza da predição: um se ateria exclusivamente à felicidade doméstica e prenunciaria vida longa e repleta de abundantes satisfações triviais – diversas esposas, inúmeros e respeitosos genros, roças opulentas etc. – enquanto o outro seria uma garantia de sucesso na guerra, instrumento de uma valentia exemplar e, finalmente, caução de uma invencibilidade quase absoluta nos combates. Há, entre eles, quem questione essa distinção e afirme ser impossível dissociar as realizações próprias de uma existência bem resolvida das proezas guerreiras que uma grande força d'alma torna possíveis; ambos pressupõem o perfeito domínio de si e a consciência do seu próprio valor a que somente o encontro de um *arutam* permite aceder. Essa opinião, sem dúvida mais plausível que a anterior, é também a daqueles homens que, não tendo tido o privilégio da revelação, sentem-se inferiores aos outros em todas as áreas de realização pessoal. A busca visionária nem sempre é bem-sucedida, o que vem confirmar que a droga é menos uma fórmula mágica automática do que um catalisador de intenções culturalmente figuradas. Tseremp confidenciou-me que nunca viu *arutam*, mesmo tendo feito várias tentativas. Parece resignar-se à sua sorte e afirma que seria vão fingir, pois os efeitos de *arutam* são rapidamente percebidos num homem pelo modo como se comporta: fala alto e forte, sobretudo nos diálogos cerimoniais, demonstra segurança em todas as circunstâncias e se mostra impassível diante do perigo ou adversidade, qualidades essas que, segundo ele próprio admite, fazem-lhe falta. Ele faz troça do seu cunhado Titiar que, ele suspeita, se encontra na mesma situação, mas afirma ter encontrado *arutam* embora ninguém à sua volta acredite.

A incerteza sobre a natureza das mensagens transmitidas por *arutam*, assim como o fato de que se possa fingir tê-las recebido, explica-se em parte pela necessidade de se guardar segredo sobre a revelação obtida, sob pena de perder os seus benefícios. O assunto é tão íntimo que os meus companheiros só o mencionam com relutância, mesmo para descrever visões antigas cuja incidência pessoal já se esvaneceu. A busca de um *arutam*, com efeito, deve se repetir a intervalos regulares. Ela começa por volta dos dez, doze anos para um menino, com a orientação de um mentor, via de regra o pai, em razão dos perigos que apresenta. Essas experiências iniciais constituem uma espécie de exercício preparatório em que o neófito aprende a controlar as suas visões, o primeiro encontro de fato com *arutam* ocorrendo por volta dos dezessete, dezoito anos, quando o rapaz já adquiriu suficiente controle sobre si mesmo para empreender solitariamente a sua busca. Os efeitos sociais são imediatamente sensíveis: ele tenta conseguir uma espingarda; ele pode tomar uma esposa; é, sobretudo, convidado a participar de ataques, geralmente pelo pai de sua mulher, sob cuja orientação ele realiza seu aprendizado de guerreiro. *Arutam*, com efeito, atua como estimulante da valentia que leva o jovem a se destacar nos combates; a influência de *arutam*, porém, dissipa-se tão logo ele mate um inimigo, quando então deve "sair pelo caminho" em busca de um novo encontro. Todos os homens que tomam parte de uma expedição vitoriosa se encontram, aliás, na mesma situação, pois a morte de um inimigo é assunto coletivo: assim que um membro do grupo dá o tiro mortal, todos descarregam as espingardas sobre a vítima abatida e se tornam, por esse ato, co-assassinos solidários, de modo que jovens ainda inexperientes começam desde muito cedo a acumular façanhas.

Meus companheiros afirmam que o poder de *arutam* se desfaz muito rapidamente depois que a pessoa mata, deixando-a num estado de languidez extrema, atormentada por uma fome insaciável, com toda vontade aniquilada exceto o desejo de "sair pelo caminho". Partir em busca de *arutam* se torna ainda mais urgente pelo fato de que a pessoa cai nesse estado vulnerável no exato momento em que está mais exposta a represálias por parte dos parentes da vítima. Ora, o encontro de um novo *arutam* não só parece restaurar as forças do vencedor como também aumentá-las gradualmente a cada experiência visionária, de modo que os homens de idade que "saíram pelo caminho" várias vezes ficam com fama de invencíveis. Esses velhos valentes, como Tsukanka e Naanch em Capauari, ou Tukupi e Washikta em Sasaima, decerto morrem igual a todo o mundo, mas nunca, ao que se diz, por morte acidental ou violência física: eles conseguem sobreviver até quando se vêem crivados de chumbo grosso e, se acabam sucumbindo, é menos em razão dos ferimentos do que por um xamã os enfraquecer enviando um *tunchi*, único método para se livrar de adversários tão formidáveis a quem já se desistiu de matar por meios mais diretos. Uma série de *tête-à-tête* com *arutam* na sonolência do "altar" resulta, portanto, numa acumulação pessoal de poder, razão pela qual os grandes guerreiros não raro são designados pela expressão *kanuraur*, "os que sabem dormir".

Como os seus efeitos são medidos primeiramente na guerra, *arutam* é associado à liberação de uma força interior nos atos codificados de violência, que nem sempre se limitam aos feitos de armas. Tunki me conta que os xamãs se relacionam com uma espécie peculiar de *arutam*, à qual acedem misturando ao estramônio um pouco de *natem*, sua beberagem alucinógena particular, encontro que consolida o seu sistema de proteção contra colegas inimigos ao acentuar as suas próprias disposições ofensivas. Do mesmo modo como depois de tomar *arutam* um homem comum irá ansiar por testar no combate sua valentia reafirmada, um xamã visitado por seu *arutam* específico irá desejar ardentemente mandar os seus projéteis invisíveis sem controlar muito o seu alvo.

A energia mobilizada pela visão não é, portanto, voltada apenas para a supremacia do eu; ela também anima no dia-a-dia uma existência bem resolvida e duradoura. Esse aspecto do *arutam* fica patente nos benefícios que as mulheres tiram de sua experiência visionária. "Sair pelo caminho" é menos importante para uma mulher do que para um homem, o qual deve estabelecer seu prestígio no campo de batalha e reatar os fios de sua vida a cada vez que mata. Nem todas, portanto, se submetem à prova, que atrai principalmente as esposas dos homens *kakaram*, "os fortes", ou seja, aqueles que já encontraram inúmeros *arutam*. Além da longevidade, elas ganham a segurança de uma perfeita realização nas áreas de competência feminina: o domínio das plantas cultivadas e de sua transformação, a cerâmica, a tecelagem, a criação de cães etc. A emulação sem dúvida contribui bastante para o desejo de uma esposa de encontrar *arutam*, não tanto para competir com o marido numa improvável guerra dos sexos como para estabelecer uma forma de paridade em biografias convergentes, cuja complementaridade fica acentuada pela garantia de uma dupla revelação. Assim como os homens, algumas mulheres vão regularmente ao "altar" tomar estramônio, geralmente assistidas pela mãe ou por uma irmã mais velha. Acontece de elas encontrarem *arutam* em sonhos, sem estimulantes, principalmente quando perdem o marido ou ficam privadas do seu afeto por um grave desentendimento. O afastamento temporário ou definitivo do cônjuge parece atuar sobre elas assim como o assassinato sobre o homem: trata-se de um acontecimento singular, carregado de paixão, que encerra um período da vida que tinha sido traçado por *arutam*, impondo-se assim a remodelação de um destino pessoal sob os auspícios de uma nova predição.

Delimitar *arutam* através de seus efeitos, como tentei fazer até agora, não basta para alcançar a inteligência dos princípios que o constituem. Uma primeira pergunta se impõe: quem é esse "Antigo" portador de uma revelação vital? Pode-se, numa primeira aproximação, defini-lo como um ancestral. É um morto relativamente recente, ou cuja memória ainda não se perdeu – o que ele atesta declarando o próprio nome – é em geral parente, às vezes distante, mas no mais das vezes originário da mesma "terra" que o visionário, personagem estimado quando vivo, notadamente por sua longevidade. Os antepassados masculinos se manifestam para os homens, os antepassados femininos para as mulheres, e os antepassados xamãs para os xamãs. Na falta de linhagens claramente estabelecidas, os "Antigos" nem sempre são consangüíneos, embora seja comum um pai recentemente falecido aparecer como *arutam* para o seu filho mais velho, isso depois de lhe indicar no leito de morte os lugares onde teria chances de encontrá-lo. Todo *arutam* existiu, portanto, num passado recente, tendo às vezes sido intimamente conhecido, ou mesmo amado, o que explica a bondade que ele manifesta uma vez superado o medo que sua primeira aparição provoca.

Será, então, um fantasma? Não exatamente, se me fio às explicações de Tunki: "A pessoa (*aents*) que você vê não é a pessoa mesmo: a pessoa mesmo desapareceu para sempre, o que você vê é o *arutam* dela". Caramba! "Mas *arutam*," digo eu, "é mesmo um Antigo, um parente morto de vocês; o que é então o *arutam* desse *arutam*?". "A pessoa que você vê é uma imagem (*wakam*) de *arutam*; a pessoa já não existe, mas *arutam* existe para sempre; *arutam* vê com os olhos dessa pessoa, *arutam* fala com a boca dessa pessoa, porque *arutam* é invisível. Para se dar a conhecer, *arutam* se faz parecido com a pessoa, mas a pessoa está morta." Eis, portanto, uma entidade aparentemente eterna, mas muito localizada, que só existe no mundo através de suas obras, noção perfeitamente complexa e bem própria para mexer com minhas reminiscências filosóficas.

Deixemos de lado, por um momento, as questões de ontologia e voltemos para o que os Achuar esperam de seu encontro com *arutam*. Os benefícios ansiados são conhecidos, mas de que operação eles resultam exatamente? Nesse campo, como em muitos outros, os cantos *anent* oferecem uma chave preciosa, se não de fácil utilização. Com efeito, para fazer surgir a visão que ele espera, o implorante invoca *arutam* por meio de um tipo específico de *anent*, como este, cantado por Yaur em Copataza:

Meu avozinho, meu avozinho
Mergulhado em desespero, desperto a sua compaixão
Eu mesmo sou esse aí
Eu, o filho da pata de jaguatirica
Assim dizendo, com os ouvidos alertas
Você que não pode ser superado por ninguém
Assim dizendo, com os ouvidos alertas
Meus antepassados, para onde vocês foram?
Mergulhado em desespero, desperto a sua compaixão
No meu íntimo, eu só me pergunto: Para onde você foi?
Eu, o filho da pata de jaguatirica
Assim dizendo, com os ouvidos alertas
Para você que declara: Como uma bola de fogo, vou como de costume,
Mergulhado em desespero, desperto a sua compaixão

Você vindo como uma bola de fogo
Jogue-se, jogue-se em cima de mim! Assim resplandecente, assim iluminado
Você que é o meu avô, você que é o meu avô
Você que não pode ser superado por ninguém
Eu mesmo estou aqui
Como o filho carregado pela mãe, assim estou
Meu avô que ninguém pode superar
Me fazendo surgir todo esbelto
Todo cheiroso, todo cheiroso, me devolvendo.

Como em todos os *anent* desse tipo, *arutam* é invocado através de um termo de parentesco afetuoso, "avozinho", que expressa a idéia de uma filiação direta com as gerações anteriores cuja falta lamentamos, como comprova a queixa "meus antepassados, para onde vocês foram?". O implorante se torna humilde, procura atrair a compaixão de *arutam* enfatizando o seu abandono e solidão, rogando por sua proteção e seu contato reconfortante feito um recém-nascido clamando pela mãe. A presença de *arutam* se manifesta como se fosse uma iluminação, simultaneamente moral e concreta, que a imagem da bola de fogo (*payar*) ilustra com propriedade. É então que se opera a metamorfose: uma nova personalidade jorra da experiência visionária ("me fazendo surgir todo esbelto"), como purificada por um banho lustral – o tema da ablução é comum nesses *anent* – ficando desse modo "toda cheirosa".

Um *anent* de Pinchu permite esclarecer outros pontos.

Meu avozinho desejado
Simplesmente insuperável
Com o *uyun* do meu avozinho, flic flac oscilando, flic flac oscilando eu vou
Escute o meu chacoalhar! Escute o meu chacoalhar!
Escute! Escute ao andar! Escute! Escute!
Enquanto espero que ele me leve, enquanto espero que ele me reajeite, vou para o meu avô
Para o insuperável, vou direto, vou direto, vou
Meu desespero desperta a compaixão
Humilde e digno de pena eu vou
Oh! De onde sou filho?

Mergulhado na aflição eu vou
Meu avô desejado, fale comigo! Fale comigo simplesmente!
Indo simplesmente
Com o *uyun* do meu avô, o seu *uyun* chacoalhando, flic flac eu vou
Avô desejado, simplesmente insuperável, sozinho eu vou
Vou direto, vou direto, avô desejado
Não posso deixar de te contemplar
Oscilando, oscilando eu vou
Vou crepitando, simplesmente insuperável.

A metáfora do *uyun*, a sacolinha de rede ou couro que os homens usam na floresta, esclarece a relação complexa que o implorante procura estabelecer com *arutam*: identificando-se com esse objeto, ele se apresenta, ao mesmo tempo, como um continente aspirando a ser preenchido e como um atributo indispensável ao antepassado, mas sem significação própria além da sua presença. A interrogação "de onde sou filho?" expressa a aflição do visionário em busca de raízes num local bem definido, e parece chamar o consolo desse vínculo estável com um território ancestral que ele espera obter através de *arutam*. Enfim, é particularmente significativa a expressão "enquanto espero que ele me leve (*jurukuta*), enquanto espero que ele me reajeite (*iwiaitkuta*)"; a ação de *arutam* se revela sob duas modalidades complementares: a primeira lembra a adoção de uma criança, sugerindo assim a criação de outra identidade social, enquanto a segunda aponta uma metamorfose ao longo da qual o implorante se vê dotado de novas características. É, aliás, o que Tunki confirma quando, à pergunta: "como é que *arutam* atua sobre o visionário?", ele responde: "*arutam* reorganiza (*iwiaitkawai*) a pessoa; ela se torna uma nova pessoa".

Pode-se, então, dizer que *arutam* seria "a alma" de um ancestral que vem se reencarnar num vivo, uma banal metempsicose, em suma, de que a história das religiões oferece inúmeras ilustrações? Tal interpretação é duvidosa se pensarmos que o ancestral, aqui, é apenas uma figuração transitória, o médium através do qual *arutam* se deixa reconhecer pelo indivíduo. Não, *arutam* engloba, evidentemente, um fenômeno mais complexo, designando a um só tempo uma relação e o termo pelo qual a relação é instituída, um laço místico de dependência procurado e, ao mesmo tempo, o princípio imaterial e irrepresentável com o qual se estabelece. Embora destituída de identidade própria, essa entidade abstrata é, ainda assim, individuada e ligada a um território, o que lhe permite assumir a aparência de um morto familiar a fim de aparecer ciclicamente para diferentes homens e mulheres, de que recompõe a pessoa ao enunciar seus destinos. A metamorfose resultante se expressa de modo tangível através de uma mudança de comportamento, mas ela não é apenas moral ou psicológica. Com efeito, o equilíbrio vital inteiro é que se vê afetado pelo ciclo das experiências visionárias, e deve-se supor, então, que *arutam* se incorpora mesmo, de uma maneira ou de outra, naqueles que o encontraram.

De que modo os Achuar imaginam essa incorporação? Um costume no qual eu reparara sem lhe atribuir maior importância, e sobre o qual Tunki acaba de me oferecer algumas explicações, lança outra luz sobre esse processo. Sabe-se que o efeito de *arutam* se desfaz assim que um homem mata o inimigo; prevendo esse abandono, que sabe ser inelutável, o guerreiro retira suas pulseiras pouco antes de sair para um ataque, e só colocará outras, tecidas por sua mulher, depois de encontrar um novo *arutam* ao voltar da expedição vitoriosa. Foi exatamente o que fez Pakunt hoje de manhã, debaixo dos meus olhos. Ora, essas tiras compridas e multicolores enroladas nos pulsos não são emblemas de bravura nem meros enfeites; elas têm a função de selar hermeticamente o pulso, o ponto de passagem obrigatória entre o interior e o exterior do corpo que constitui, de certa forma, a porta de *arutam* pela qual ele faz a sua entrada ou saída, de acordo com as circunstâncias. A fraqueza que tomou conta de Pakunt logo após ter matado Mashu, assim como a espécie de convalescença a que ele agora irá se submeter, indicam que esse vaivém de *arutam* provoca uma profunda perturbação de que todo o organismo se ressente; brutalmente desertado por um de seus componentes essenciais, o rapaz se vê agora reestruturado segundo uma nova combinação, cuja difícil estabilização só será obtida à custa de múltiplas precauções.

Arutam é mais que a alegoria de um destino vislumbrado durante um estado patológico, uma experiência estimulante em que se recomporiam todas as faculdades. Ele acompanha o indivíduo durante um período de existência, duplo atento cuja presença ou ausência se faz sentir nos atos mais humildes da vida cotidiana. Para os meus companheiros, *arutam* não é uma simples projeção mental, é um princípio externo múltiplo e estável. Múltiplo porque cada "terra" possui um estoque deles, estável porque o estoque parece ser finito. Conforme a sua vocação para a eternidade, *arutam* não se cria nem se perde; idêntico a si próprio, perpetua-se ao longo das gerações em indivíduos sempre diferentes, mas ligados uns aos outros pelo parentesco e pela residência.

Como explicar, então, que a aquisição sucessiva de distintos *arutam* possa gerar, no indivíduo, uma acumulação progressiva de energia vital? É o que Tunki, orgulhoso proprietário de um luxuoso rádio portátil, procura me explicar com uma metáfora físico-química: "*Arutam* é como uma pilha de rádio que não morre nunca; quando *arutam* sai de um homem forte, a pilha está ainda mais forte; quando *arutam* sai de um homem fraco, a pilha está mais fraca que antes". De modo que a*rutam* se recarrega ou se descarrega mais ou menos ao sabor das pessoas com as quais se associa temporariamente, disposição que restitui a cada um a liberdade de ser o que é em função do temperamento, e impede que o ciclo das experiências visionárias redunde na criação de um medíocre na hierarquia das personalidades. Não há nenhuma predestinação mecânica nessas sucessivas mutações da pessoa: cada qual é sempre cria das suas próprias realizações, inclusive na extensão do auxílio dispensado por *arutam*.

Com a morte daquele que assistia, *arutam* volta a ser uma essência desencarnada até reassumir os traços do antigo possuidor para aparecer fugazmente ao novo indivíduo cuja existência passará então a animar. É também o que acontece quando um homem mata, embora nesse caso o seu *arutam* fugitivo adote uma identidade diferente para se manifestar a outro implorante. O paralelismo entre as duas situações suscita, contudo, uma interrogação: por que é preciso ser abandonado pelo *arutam* quando se matou alguém? É verdade que cada assassinato tende a encerrar o ciclo de um destino em parte definido pela proeza guerreira cujo cumprimento ele traçou. Mas há algo mais. Apesar de seu fervor belicoso, os Achuar não vêem com leviandade o ato de matar, pois quando se suprime uma vida também se põe a sua própria em perigo. O estado em que se encontra o assassino pouco antes de "sair pelo caminho" oferece muitas analogias com aquele do moribundo abandonado por sua alma *wakan* momentos antes do último suspiro: tão fraco e desarmado como ele, está, na opinião de todos, fadado a uma morte certa se não encontrar rapidamente um novo *arutam*. Como os defuntos, é atormentado por uma fome perpétua, transido de frio e ansioso para voltar para a intimidade dos seus, o que lhe é proibido enquanto não se refortalecer com mais uma visão. Enquanto ele busca *arutam*, seus parentes não devem olhar para ele nem sequer pensar nele, assim como a lembrança dos mortos deve, o quanto antes, ser banida da memória para evitar que eles importunem com seu ressentimento quem sobrevive a eles. Longe de refazer as próprias forças, morre-se um pouco, portanto, a cada vez que se mata, condição das mais perigosas, de que o abandono de *arutam* parece ser tanto um sintoma quanto um resultado.

Como tantos símbolos que a tradição santificou para não ter de esclarecê-los, *arutam* é um conceito deliberadamente vago que permite abrigar, num único termo e dentro de uma experiência perceptiva sem igual, um amplo espectro de idéias, sentimentos e desejos em que se afirma uma certa concepção achuar da condição humana. A força de convicção desse símbolo advém de ele se manifestar inicialmente sob a forma de uma visão considerada, tanto individual como coletivamente, verídica, e que pode ser tocada, ouvida, apropriada e guardada na memória, sem nem por isso ser totalmente dominada. A exemplo dos *anent*, imutáveis na forma e na função, a visão de *arutam* é um quase-objeto; entidade imaterial, porém real pelos efeitos que produz, existindo sem sombra de dúvida por toda a eternidade, é concedida a homens e mulheres por um contrato temporário, a fim de que seus depositários perpetuem a demonstração de sua eficácia colocando-a, por algum tempo, no centro de suas próprias aspirações.

Por esse suporte figurativo também transparece uma abordagem original da causalidade. Em sua forma desencarnada, *arutam* é uma pura virtualidade do destino, um princípio motor sem atribuição específica nem existência visível; só se atualiza de maneira episódica através da sucessão de biografias parciais cuja revelação propicia. É portanto tão atuado quanto atuante, constantemente revitalizado por aqueles que anima, sempre singular mas repetível ao infinito, um patrimônio místico sobre o qual ninguém tem influência e cuja salvaguarda é função do desejo que cada um tem de alternadamente servir-se dele. Dispositivo admirável de anulação do tempo para uma sociedade indiferente ao passado: um presente sem profundidade é assim constantemente renovado por um poderoso mecanismo de continuidade que garante a cada nova geração, desde a noite dos tempos, partilhar os mesmos *arutam* da geração anterior, contribuindo assim para perpetuar, em fragmentos descontínuos de existência, o mesmo fundamento coletivo de uma identidade partilhada.

Pelo que reportam os etnógrafos das outras tribos jivaro, o *arutam* dos Achuar parece diferir do *arutam* dos Shuar, que por sua vez difere daquilo que os Aguaruna chamam de *ajutap*. Tais divergências de interpretação não decorrem apenas dos pressupostos teóricos ou da filosofia espontânea que cada um de nós injeta nas próprias descrições; elas também comprovam a indeterminação intrínseca dessa noção complexa, cujo conteúdo cada tribo parece ter pendido em direções opostas em função das próprias idiossincrasias históricas e sociológicas. Embora os observadores concordem quanto às circunstâncias em que os Jivaro recebem uma revelação do fantasma de um ancestral, tanto a incidência desse encontro como as características atribuídas ao ancestral são bastante divergentes. A variante aguaruna conjuga-se num modo menor: *ajutap* é o instrumento transcendente de uma predição de sucesso na guerra, cuja rememoração pública antes de um combate estimula a coragem do beneficiário. A visão não é, contudo, totalmente destituída de substância, já que se transforma num novo espírito *ajutap* com a morte do visionário. Para os Shuar, a visão de *arutam* permite a aquisição de uma "alma" nova, oferecida por um ancestral desconhecido e cujo efeito principal é provocar um irresistível desejo de matar. À véspera de um ataque, cada guerreiro descreve publicamente a sua visão, causando a partida de sua alma *arutam*; o enfraquecimento resultante é progressivo, mas o homem precisa mesmo assim procurar um novo *arutam*, sem o qual a sua vida está em perigo. Encontrar um *arutam* o quanto antes permite, além disso, bloquear a dissipação gradual do poder da antiga alma *arutam*, contribuindo para uma acumulação de poder a cada aquisição consecutiva. Ao morrer, um guerreiro produz o mesmo número de almas *arutam* que terá incorporado ao longo da vida. Isso não acontece com os Achuar que conheço, já que a acumulação de energia se produz dentro do próprio *arutam*, e não no corpo dos homens. Além disso, os meus companheiros afirmam que os *arutam* existem em quantidade finita, estão vinculados ao território de um grupo local e revelam ao implorante sua antiga identidade. Contrariamente ao que ocorre em outras tribos, os mesmos *arutam* se incorporam, portanto, geração após geração, nos habitantes da mesma "terra", contribuindo assim, no que pese a amnésia genealógica, para perpetuar em substância a identidade distintiva das parentelas.

Aparentemente restrita aos Achuar, a transmissão de *arutam* por um princípio de descendência continuada talvez seja a alternativa encontrada por eles para a caça às cabeças. Com efeito, tanto a captura das *tsantsa* como a incorporação de *arutam* visam, por meio da guerra, consolidar a consangüinidade imaginária dos grupos de vizinhança, reproduzindo em seu seio espécies de rascunhos de pessoas, destituídos dos estigmas da afinidade. O ritual da *tsantsa* converte um inimigo não-parente numa criança consangüínea, enquanto um vínculo de filiação simbólica com os mesmos "avós" *arutam* transforma todos os membros de uma parentela num grupo solidário e dependente do princípio ancestral que os define como uma coletividade idealmente consangüínea. Os ingredientes e objetivos são os mesmos, mudam apenas os meios para alcançá-los: ou bem a alteridade produz o Si pela instituição de uma afinidade sem verdadeiros afins, ou então o Si reitera o Si porque finge-se ignorar a afinidade dos verdadeiros afins. A escolha entre uma e outra dessas combinações depende, sem dúvida, da contingência histórica. Depois de muito tempo se submetendo aos incessantes ataques dos Shuar, que eram muitíssimo mais numerosos, os Achuar acabaram por se retirar em zonas de refúgio para escapar à perigosa proximidade dos vizinhos. Tal isolamento foi provavelmente o que acarretou a permutação; incapazes, por razões militares, de continuar com a caça às cabeças, teriam ficado condenados a contar com seus próprios recursos, transferindo para *arutam* a tarefa antes cumprida pelas *tsantsa* de seus inimigos: em suma, permanecer idêntico a si mesmo sem nunca dever nada a ninguém.

XX. O CANTO DO XAMÃ

A vibração do *tsayantar* de Tunki ecoa, acidulada e metálica, em contraponto ao fundo contínuo do barulho dos insetos. É uma noite sem lua e a penumbra da casa é parcamente dissipada pelo fogo que arde junto ao *chimpui* onde está sentado o nosso anfitrião. Faz quase meia-hora que Tunki começou a "tomar o *natem*", segundo a fórmula que designa as curas xamânicas; desde então, ele não parou de tocar o seu grande arco musical, olhos perdidos no vazio de uma meditação serena. O seu paciente, calado, está sentado aos seus pés num pequeno *kutank*. É um homem da aldeia de Conambo, um certo Wisui, irmão "ramificado" de Mukucham e *amik* recente de Tunki. Embora não esteja diretamente implicado na vendeta contra os do Wayusentza, está ligado por parentesco e amizade eletiva à facção de Tunki, a quem procurou, portanto, quando ficou doente. Chegou durante a tarde, com o rosto cor de cera e o andar pesado, queixando-se de uma dor persistente no fígado. Ele atribui a dor a um *tunchi* xamânico, pois sonhou pouco tempo atrás que uns passarinhos lhe bicavam o torso e penetravam em seu flanco, presságio clássico de um ataque de *tsentsak*. Segundo o costume, que manda fornecer ao xamã os instrumentos do seu ofício, trouxe com ele o *natem* e o fumo.

Tunki é, física e moralmente, diferente do seu irmão Mukuimp; como ele, contudo, não corresponde à imagem severa que se possa ter de um xamã: atarracado e tagarela, rosto meio cheio enfeitado com um bigode fino e ralo, cabelos curtos engomados com óleo de *kunkuk*, aparenta modos joviais que não conseguem dissimular um temperamento matreiro. Embora tivesse me convidado, não aceitei acompanhá-lo no transe. Precisei de vários meses para desfazer a falsa impressão que sem querer criei ao aceitar "tomar o *natem*" em casa de Wajari, e que me levou a me afastar por algum tempo de Capauari para fugir da reputação de xamã que imediatamente me imputaram. Ainda hoje, não estou certo de que acreditam em mim quando nego ser um *uwishin*, um xamã, mas essa negação pelo menos me deixa em condições de prevenir os mal-entendidos, se não de controlar seu surgimento e propagação. Mencionando o seu irmão Mukuimp, declarei a Tunki que queria, primeiro, compreender de que maneira ele procedia antes de me submeter a uma iniciação, ou seja, antes de tomar *natem* e adquirir junto a ele uma provisão de *tsentsak*. Ele pareceu duvidar que alguém pudesse aprender o que quer que fosse sobre o xamanismo de forma tão abstrata; mas o conhecimento que ele vem me transmitindo de bom grado nos últimos dias não pode ser realmente aproveitado sem os instrumentos que o tornam eficaz. Todos acabam ganhando: satisfeito com a minha curiosidade, Tunki não hesita em me entregar seus segredos de ofício, sabendo que terei de comprar suas *tsentsak* por um bom preço caso queira aprender a usá-las, enquanto eu acumulo informações preciosas sem me arriscar demais a que me lancem um feitiço ou me acusem de feiticeiro.

Tunki parou de tocar e desce agora até o rio, onde pouco depois escuto os seus movimentos. A música do *tsayantar* permitiu que as flechinhas guardadas no seu corpo despertassem e vibrassem em uníssono, como o cristal ao som de certas notas de violino. Apresentada como um ato de "sedução" de suas próprias *tsentsak*, essa excitação melódica se dirige a uma classe de flechinhas, ditas "flechinhas do guaxinim", *entsaya yawa tsentsakri*, que entram em ressonância com a música ou com o canto do xamã e contribuem para a sua harmonia interior. Para ativar ao máximo a sua freqüência, o *uwishin* precisa também conseguir fixar demoradamente o espírito em imagens com zumbidos – colibris ou libélulas em vôo estacionário, por exemplo. Todos os sentidos se combinam na experiência do transe para fazer do corpo uma grande vibração imóvel. Tunki está reforçando, com um banho, o "resfriamento" principiado pelo *natem*; concentra-se em dominar, no frescor da água, esse fervilhamento orgânico que forma dentro dele uma carapaça viva zumbindo em silêncio. O rio é, além disso, o lugar preferido das criaturas auxiliares do xamã, que ele pode convocar sem uma palavra mergulhando em seu meio originário, feito um imenso diapasão propagando ondas concêntricas.

Depois de se secar junto ao fogo moribundo, Tunki se põe a assoprar no torso de Wisui a acre fumaça de um grosso cigarro que o paciente tinha preparado, esfarelando um naco de fumo numa folha de bananeira seca. Depois, pega o *shinki-shinki*, um feixe de folhas secas confeccionado para a ocasião, e com ele começa a varrer ritmicamente a parte dolorida. Essa primeira fase da cura visa anestesiar as flechinhas maléficas alojadas no corpo de Wisui: dopadas com a fumaça, arejadas pela cadência soporífica do *shinki-shinki*, elas vão se encarangando de frio, perdem a virulência e ficam mais fáceis de soltar. No silêncio da casa, o tchaque-tchaque-tchaque-tchaque ininterrupto do feixe produz um efeito tranqüilizante que eu também experimento, dilata o tempo pela repetição e provoca um agradável torpor. Nessa hora em que a atenção se põe a divagar, Tunki começa a assobiar entre os dentes a musiquinha afinada com o compasso da sua varredura. Sustenta o assobio por alguns minutos e, sem deixar de abanar o *shinki-shinki*, começa a cantar com voz quase indiscernível a letra da melodia assobiada:

Wi tsumai-tsum, tsumai-ai-ai-tsumai-ai-ai
Tsumai, tsumai, tsumai-tsum
Tsumai, tsumai, wi, wi, wi, wi, wi, wi, wi
Tsumai, tsumai, tsumai-tsum, tsumai, tsumai-tsum
Wi, wi, wi, wi-nia um-pun-krun e-ken-tran-ku
Wi, wi, wi, wi, wi, wi, wi, e-ke-trait-ja...

A voz agora cresce, ganhando em precisão e intensidade.

Iwianch, iwianchi ji-rtan
Wikia en-ket-ki-nia-ku-nu-na-kun
Wikia en-ket-ki-nia-ku nu-na-a-a-a
Ajatke kurat, a-jat-ke ku-ra-ra-ra-rat
Uratkinia um-puar-wit-jai
Uratkinia um-puar-wit-jai-jai-jai-jai-jai
Wi, wi, wi, wi, wi, wi, wi...

Como nos *anent* mais corriqueiros, a expressão é alegórica e carregada de imagens poéticas, mas o sentido permanece, no essencial, acessível aos ouvintes, sobretudo ao doente que escuta com atenção as palavras de Tunki. Não há aqui nenhuma daquelas fórmulas enigmáticas ou linguagens esotéricas utilizadas pelos xamãs de outras regiões das Américas para conquistar a reverência dos profanos e mascarar-lhes os segredos de uma misteriosa arte.

Eu, *tsumai, tsumai...*
Eu, eu, eu, eu, eu, eu, eu!
Tsumai, tsumai...
Eu, eu, eu, enquanto faço penetrar o meu projétil
Eu, eu, eu, eu, eu, eu, eu, estou em harmonia
Fazendo surgir meus espíritos Iwianch
Faço-os atravessar a barreira de dardos
Faço-os ultrapassar o muro das flechinhas
Dando a eles uma saída imediata
Deixando o caminho livre para eles
Desse jeito, eu assopro, eu, eu, eu...
Lançando o meu projétil assoprado
Submergindo tudo, saturando tudo
Eu assopro, eu, eu, eu...
Tarairira, tara, tariri-ri-ri-ri-ri
Você, o extraordinário
Tarairira, tara, tariri-ri-ri-ri-ri
Tão notável quanto você, eu assopro
Tsunki, Tsunki, meus espíritos eu convoco
Abrindo violentamente passagem, eu assopro, eu assopro
Eu, eu, eu, eu, eu, eu, eu!
Tsumai, tsumai...
Eu, eu, eu...
Feito um rio carregando a sua margem, cubro tudo com minhas águas, transbordo por todo lado
Imóvel aqui mesmo
Me estendendo nas profundezas, eu assopro
Eu, eu, eu, eu, eu, eu, eu!

Mesmo incrustadas fora de alcance, solto as *tsentsak* com um puxão seco, assoprando,
Abrindo passagem, seduzo completamente o estrangeiro que se convidou no seu corpo, assoprando, assoprando, eu, eu, eu, eu, eu, eu!
Tarairira, tara, tariri...
Tsumai, tsumai...
Fazendo penetrar o meu sopro, tornando-o desejável, concentro-me em fazer soltar
Trabalho para libertar completamente, absolutamente, abrindo a saída
Eu, eu, eu, eu, eu, eu!
Tsumai, tsumai... eu, eu... rari-ri-ri, rari-ri-ri...
Supai, supai, supai, supai, supai, eu, eu...
Como o próprio Tsunki, eu sei falar, eu, eu, eu...
Na sua cabeça toda dolente, na sua cabeça dolorida
Por mais incrustada que esteja a sua dor, eu a arranco com um puxão seco
Te deixando perfeitamente bem, eu canto e eu canto, eu assopro e eu assopro
Tarairira, tara, tariri... eu, eu... ri-ri-ri-ri
O *pasuk* das entranhas da terra, esse também eu chamo, eu, eu, eu...
A morte que eu agora afasto, eu varro com o meu feixe, com orgulho
Eu, eu, eu, eu, eu, eu!
Como os *pasuk* das árvores grandes, como os *pasuk* todos listrados, estou tomado pelo *natem*
Imóvel, uso o *pasuk* de colar e a própria morte eu seduzo para levá-la para longe, eu, eu, eu, eu...
Superpoderoso, eu, eu... *tsumai, tarairira...*
Pasuk das entranhas da terra, *pasuk* multicolor, faço para mim um colar
Imóvel, te passo o colar e, consertando a tua falta de apetite, eu, eu, eu, te deixo bem recomposto, eu, eu, eu... *tsumai, tsumai...*
Pasuk das entranhas da terra, é a vós que eu faço vir
O multicolor, é você que eu chamo
É convosco que eu falo, e comigo carrego todas as criaturas do *natem*
Assim eu faço, eu, eu, eu, eu, eu, eu, eu!
Tsumai, tsumai...
O que está quase fora de alcance, é esse porém que eu exibo no colar
Imóvel, estou aqui mesmo onde Tsunki se apronta para realizar a sua obra, onde ele vai fazer derramar a cheia

Meus espíritos Iwianch faço azular em minha própria alma, faço eles azularem
Faço eles saírem estremecendo "puririri!", eu, eu, eu, eu!
Tsumai, tsumai...
Aquele chamado Tsunki, aquele eu faço vir na cheia que ruge "shakaaa!"
Sem trégua eu vou, fazendo derramar a cheia no próprio coração dele, a cheia do meu próprio rio, chamando sem cessar a cheia, fazendo rugir as águas, vou remando
Tenho o poder dos rios em cheia, sem cessar eu chamo o transbordamento das águas
Formidável eu sou, feito a água rolando nos seixos, sem cessar garantindo a minha vitória, todo cheiroso, todo perfumado, eu faço rolar Tsunki, eu, eu, eu...
Tsumai, tsumai...
Me faço de porco-espinho, usando os espinhos feito colar, me vestindo com pontas, estou todo coberto com elas
Sua própria morte, vou entravá-la ao longe, confiando na minha intrepidez
Eu, eu, eu, eu, eu, eu!
Tendo chamado alma que aqui está, me apodero dela, seguro com força
Na tinta preta estou todo espalhado
Imbuído da minha valentia, estou orgulhoso de mim
Enfeitado com o colar, ornado de porco-espinho, varro a morte com o meu feixe, intrépido e confiante
Eu, eu, eu, eu, eu, eu, eu!
Aquele que chamam de porco-espinho dos céus, me apodero dele para fazer uma coroa de dardos e afastar decididamente a morte da sua cabeça
Pelos tremores sou tomado, *tsumai, tsumai...*
Ao meu chamado Tsunki respondeu
Nessa marmita de ouro em que sua alma foi encerrada, com audácia afugento a morte
Me vestindo com roupa nova, todo vestido de roupa nova, pelo *natem* trazido, me enfeito como com um colar, eu, eu, eu, eu, eu, eu, eu!
Tsumai, tsumai...
Você está cingido com o arco dos espíritos Iwianch
Girando sem cessar sobre mim mesmo, chamo a morte e me apodero dela
Eu, eu, eu, eu, eu, eu!

Interpelo sem trégua os espírito Iwianch e a minha voz os faz tremer
Eu faço eles virem, varrendo você com o meu feixe, para que te deixem em paz...

Tunki canta durante quase uma hora, com uma bela voz rouca de barítono. De vez em quando se interrompe, para retomar a melodia assobiando ou exalar sons estranhos, suspiros profundos surgidos das tripas ou rugidos ventríloquos, como se devesse disciplinar, com os movimentos do diafragma, uma tropa turbulenta se agitando dentro dele. O *anent* descreve, passo a passo, as metamorfoses que ele sofre e os poderes que mobiliza; tanto encantação como comentário, o canto é dirigido aos seus espíritos familiares e a Wisui, diante de quem ele retraça, à maneira de um coro desentranhado, as ações de que os corpos de ambos são cenário.

A "viagem" começou sob o efeito do *natem* e a alma de Tunki está, de certa forma, desdobrada, ou até mesmo dispersada em fragmentos múltiplos, embora solidários. A voz firme e bem impostada induz e controla a colocação, em seu peito e garganta, do dispositivo que irá transformar seu organismo numa casamata de onde irá atacar os auxiliares do xamã inimigo; seus olhos perscrutam o corpo do doente e localizam, como através de radioscopia, as *tsentsak* que estão na origem do seu mal. Mas o seu espírito também se desloca no espaço a uma velocidade prodigiosa para reunir as criaturas de que requer a assistência ou os espíritos de que tira poderes, enquanto, à maneira de um avião de observação sobrevoando as linhas inimigas, espiona dentro da noite os movimentos dos agentes do adversário que vêm correndo reforçar sua nefasta influência no paciente. Donde esse acúmulo de imagens descontinuadas que atestam, no *anent*, a multiplicidade das operações violentas realizadas por Tunki, no que pese sua tranqüila imobilidade.

Os dois refrões dominantes – "*tsumai, tsumai...*" e "*tarairira, tariri-ri...*" – são as únicas alusões um pouco esotéricas do canto. A primeira faz referência ao *sumai*, nome dado ao xamã pelos índios Cocama, distantes vizinhos dos Achuar no Sul, cuja reputação em matéria de xamanismo se estende por todo o Alto Amazonas. O termo também é conhecido entre os índios Shipibo e Conibo das planícies aluviais de Ucayali, a mais de mil quilômetros daqui, e designa a faculdade que têm os xamãs de se deslocarem sob as águas a grande velocidade, façanha invejável que garante a sua fama entre os colegas bem além das fronteiras do Peru. "*Tari-ri-ri...*", por sua vez, é uma fórmula clássica dos cantos xamânicos próprios dos índios Quíchua do Napo, com os quais Tunki teria adquirido algumas das suas *tsentsak*; invoca de modo estilizado o espírito Jurijri, uma das "mães da caça" encarregadas de velar pelos animais e, simultaneamente, um dos mais fiéis servidores dos *uwishin*. Incompreensível para os profanos, esses encaixes de citações têm um pouco a função do latim de cozinha entre os antigos charlatões: mais que um artifício para impressionar, é uma reafirmação de pertença a uma comunidade mais vasta, unificada, apesar das rivalidades, por uma adesão comum à linguagem iniciática da corporação. Mesmo que tenha viajado pouco com seu corpo, o xamã é um indivíduo cosmopolita por natureza. Constantemente à cata das novas idéias e dos modos metafísicos, esforça-se por romper o isolamento étnico e lingüístico através de um grande tráfico de metáforas e imagens, que ele vai colhendo ao sabor dos encontros, às vezes desconhecendo sua origem ou alcance, mas com a confusa consciência de estar repartindo com as culturas remotas de onde elas vêm algo como um estoque de inventário comum. Donde, decerto, a obcecante presença do mundo aquático no arsenal do xamanismo amazônico: solitário em seu pequeno segmento de rio, cada xamã se sente conectado à multidão desconhecida dos semelhantes por uma teia fluvial que cobre milhões de quilômetros quadrados, onde ele próprio e os seus espíritos familiares têm a capacidade de se deslocar como que numa rede telefônica especializada.

Dessa preponderância das águas o *anent* de Tunki oferece diversas ilustrações. Na possante alegoria da cheia que se derrama rugindo ao longo de todo o canto como metonímia do *sumai*, mas também na referência aos espíritos Tsunki: esses seres semelhantes aos humanos que levam, debaixo da superfície dos rios, uma existência em tudo idêntica à deles são, ao que se diz, os depositários dos poderes xamânicos e os garantes de sua reiterada eficiência. A anedota, que nos relataram várias vezes, do homem que levava uma vida dupla com uma bela Tsunki, com a qual tinha filhos, que caçava partes iguais para a sua família terrestre e sua família aquática, que demonstrava ao seu sogro das profundezas um respeito impregnado de gratidão, essa anedota se referia invariavelmente a certos *uwishin*, às vezes novatos como Nayapi, definidos porém em seu status por esse vínculo particular com os espíritos das águas. Um mito que nos foi contado por Wajari apresenta uma versão quase canônica dessa relação de conivência.

> Antigamente a mulher Sua vivia à beira de um lago. Certa noite, ela sonhou com um homem muito bonito e, pela manhã, o seu coração estava apertado pelo desejo de tornar a vê-lo. Esse homem era Tsunki. Ele acabou raptando a mulher Sua e levando-a para o fundo do lago. Lá, dizem que Tsunki a fez sentar-se em cima de um jacaré; a mulher Sua estava com medo pois o jacaré não parava de bater os dentes, de modo que Tsunki lhe deu um pau para ela bater no focinho dele quando ele abrisse a bocarra; ao ver que o jacaré estava se irritando, Tsunki mandou a mulher Sua sentar em cima de uma tartaruga *charapa*, onde ela se acomodou muito bem. Dali, ela podia observar à vontade; viu todos os animais familiares dos Tsunki, as "sucuris azuis-noites" enroladas de um jeito compacto, os jaguares pretos presos aos postes com correntes; todos aqueles animais fungavam a mulher Sua mostrando os dentes, e Tsunki falava com eles constantemente para que ficassem quietos e não tentassem devorá-la. A mulher Sua morou com Tsunki durante muito tempo. Enquanto isso, sua mãe procurava por ela em toda parte, chorando; pensava que a filha tinha sido devorada por uma sucuri. Mas depois de algum tempo, a mulher Sua voltou; tinha-se tornado uma *uwishin* muito poderosa. Ela disse para a mãe: "Tsunki me raptou; ele falou para eu vir visitar a minha família". Ela contou que, sob as águas, nas profundezas, existiam grandes cidades de pedra, por onde dava para viajar em canoas rápidas feito avião. A notícia se espalhou, mas ninguém quis acreditar nela. Ela então convidou seus parentes para acompanhá-la até a beira do lago e declarou: "Agora eu vou tomar a minha cerveja de milho". Entrou na água, sem se molhar; na hora em que o alto da cabeça estava para sumir, pediu que abrissem a porta para ela. Todo o mundo percebeu o rangido de uma porta se abrindo, e ouviram-se inclusive cães latindo no fundo do lago; assim, todos se convenceram de que ela dizia a verdade. Muito tempo depois, ela ressurgiu do lago, bêbada de cerveja de milho, nem um pouco molhada; começou a vomitar a cerveja de milho e foi assim que ficamos conhecendo o milho; antes, não existia o milho e foi a mulher Sua quem o trouxe das profundezas. Como ela era uma *uwishin* muito poderosa, um dia as pessoas disseram: "Temos que matar a mulher

> Sua, pois ela é uma feiticeira, *wawekratin*"; ela então declarou: "Já que é assim, vou-me embora para sempre, vou ficar com o meu esposo Tsunki", e desapareceu no lago para todo o sempre.

Com a diferença de que os protagonistas mudam de sexo, o mito difere pouco de todas as anedotas que muitas vezes nos contaram como tendo acontecido no espaço paralelo do sonho. É verdade que as mulheres xamãs são raras na vida real; geralmente viúvas, ou solteironas por terem se dedicado à função, compensam um celibato terrestre bem aceito por uma união com Tsunki, mais exclusiva que a vida dupla levada por seus colegas masculinos com as criaturas do rio. O mundo dos sonhos não é muito distante do mundo dos mitos, com o qual partilha algumas regras de construção. Porém, à diferença dos cientistas do século XIX que viam no segundo um reflexo do primeiro, é provável que o inverso prevaleça aqui e que a viagem da mulher Sua para a cidade sob as águas forneça a matéria-prima de todas essas aventuras de concubinato onírico com Tsunki que os *uwishin* gostam de contar. Na verdade, os fiéis auxiliares dos xamãs são, ainda hoje, essas criaturas aquáticas de que Tsunki está cercado no mito e que a heroína conquista, não sem pavor: o jaguar melânico, felino magnífico e raro de um pêlo negro sedoso e, principalmente, a "sucuri azul-noite" – *kintia panki*, os naturalistas a chamam de "jibóia arco-íris" –, um réptil de um azul iriado tão profundo que parece espalhar escuridão à sua volta, assim como a chama emite luz. É seguindo o seu exemplo que Tunki manda "azular a sua alma", quer dizer, camufla-a nas trevas para substrair das vistas do xamã inimigo as operações que está realizando, a noite que nos cerca não sendo suficiente para esconder o que quer que seja dos olhos de um *uwishin* aguçados pelo *natem*. Esse léxico da dissimulação é, aliás, infinitamente extensível, e a "tinta negra" que o nosso anfitrião despeja em seu paciente não passa de uma metáfora modernista do pretume brilhante característico da grande serpente.

Embora pertençam ao bestiário amazônico, o jaguar preto e a sucuri azul-noite são invisíveis para os leigos e prestam fidelidade aos xamãs, que os tratam como se fossem animais domésticos: cada *uwishin* possui a sua sucuri – o jaguar preto, mais poderoso, está reservado ao topo da hierarquia – permanentemente instalada numa caverna subaquática ao pé da casa. O animal é, simultaneamente, um vetor de contaminação – inclusive por sua capacidade de levar consigo uma penumbra protetora – e o veículo em que a alma do xamã pode vir se encarnar temporariamente para ir espiar ao longe a cena de sua atuação. Ele parece imortal, ou pelo menos é dotado de uma longevidade excepcional. Wajari apontou um dia uma falésia que sobrepujava um fundo meandro do Kapawi, onde supostamente ainda viveria a sucuri do seu pai, um *uwishin* muito reputado antes de sua morte, uns dez anos atrás. A sujeição da sucuri ao dono não é automática, alimenta-se de uma sedução constante que um rival mais encantador às vezes rompe sem nenhum escrúpulo. Foi o que aconteceu com Awananch, o xamã do baixo Bobonaza cuja inconstante sucuri foi embora com o irmão que viera visitá-lo, provocando o desabamento do seu covil, a queda da margem que ele sustentava e o desmoronamento de uma parte da casa do antigo dono, arrastada pelo deslizamento do terreno. As outras criaturas do rio – capivaras, botos, caranguejos, jacarés, guaxinins e lontras – são meros comparsas da sucuri e do jaguar, que de quando em quando lhes delegam tarefas miúdas de assistência; constituem também, para o *uwishin*, um reservatório de atributos figurados – traços característicos de sua morfologia ou comportamento –, pelos quais designam suas diferentes espécies de flechinhas mágicas.

Os Tsunki e seus animais domésticos representam apenas uma fração das criaturas que compõem a legião de familiares que os xamãs denominam *pasuk*. Embora estejam agrupados em um mesmo termo genérico, nem todos os *pasuk* têm o mesmo status; aos "espíritos da floresta", gênios temíveis que fazem aliança com os *uwishin* mas não lhes são submissos, opõe-se uma tropa heteróclita de servidores subalternos, inteiramente submissos à vontade de seus mestres, cujas ordens eles cumprem feito zumbis. Os primeiros compreendem, além de Tsunki, os espíritos que velam pelo destino dos animais, as famosas "mães da caça" cuja intercessão é tão necessária à caça: Amasank, o caçador de tucanos que se desloca na copa das árvores sobre pontes de zarabatanas; Jurijri, o conquistador poliglota, barbudo e troglodita, cuja primeira boca, dissimulada pelos cabelos, devora os caçadores desrespeitosos; finalmente, Shaam, o monstro nevoento dos pântanos que exibe ao ar livre o coração palpitante. Todos esses *pasuk* são eles próprios xamãs, hábeis em tratar dos animais feridos pelos homens, e Tunki os considera mais como eminentes colegas cuja colaboração procura angariar do que meros auxiliares. Ele não obtém com isso benefícios especiais na caça, de onde muitas vezes retorna de mãos vazias. Os *uwishin*, com efeito, só recebem ajuda das "mães da caça" para assuntos de trabalho, sábia limitação para um poder já considerável de atuar sobre o outro, que sucessos constantes na caça tornariam impossíveis de tolerar pela massa dos excluídos.

Não há, em contrapartida, nenhuma restrição ao uso dos *pasuk* de segunda categoria, seres muito diversos em sua aparência, mas todos eles fiéis no cumprimento dos objetivos de quem os controla. Dois deles são particularmente temidos: o Titipiur e o Nikru Iwianch. O primeiro só é visível para os xamãs, aos quais aparece como um homem vestindo uma túnica branca, numa provável extrapolação fantástica de um desses missionários dominicanos que há vários séculos procuram, em vão, se aproximar dos Achuar. O Titipiur ronda em volta das casas ao cair da noite, reconhecível a todos pelo seu grito melancólico, "*piia-piia-piia...*", que causa uma angústia intolerável no peito de quem ouve. Quando todo o mundo está dormindo, e se não houver algum fogo para mantê-lo à distância, ele vem devorar o fígado das vítimas que lhe foram designadas por seu mestre, tão discreto como um morcego vampiro chupando o sangue do dorminhoco. Também acontece de ele armar, pelos caminhos próximos da casa, armadilhas invisíveis que crivam de flechinhas mágicas quem passar por elas. Tanto num caso como no outro, segue-se uma morte rápida. O Nikru Iwianch é tão terrível quanto, mas é menos discreto em seu modo de matar: trata-se de um Negro hercúleo, ostentando uma grande espada e calçando botas imensas, que surpreende as suas presas quando elas estão sozinhas, abate-as a socos, depois despe-as e obtura todos os seus orifícios corporais suturando-os com pauzinhos pontudos. Parece que se morre bem depressa.

Nikru Iwianch é apenas uma variedade um pouco incomum da raça dos Iwianch, seres antropóides, de cor escura, nos quais se materializa, em certas circunstâncias, a alma dos mortos. Vagamente hostis aos vivos, embora não sejam maus, gostam de assustar as mulheres e crianças que eles às vezes raptam, ou divertem-se derrubando objetos e quebrando louça. Os grandes xamãs exercem certa influência sobre esses *poltergeist* tropicais e que eles aproveitam ocasionalmente para indicar pessoas a serem importunadas, mais por unir duas travessuras do que por deliberada cumplicidade em busca do mal. Por designar uma entidade incerta e um tanto maléfica, o termo *Iwianch* é utilizado na língua corrente como uma espécie de guarda-chuva semântico que permite abrigar as mais diversas realidades sob um véu inquietante. Assim é que o arsenal de flechinhas mágicas de que cada *uwishin* dispõe é seguidamente chamado de *Iwianch*, assim como o feitiço que elas podem causar, ou os diversos animais que têm por função transportá-las até o alvo. É o caso de várias espécies de pássaros – as corujas e bicos-encarnados, chamados de *iwianch chinki* ou "pássaros Iwianch" –, macacos-aranhas, parauaçus, porcos-espinhos ou aranhas, sortimento de criaturas ora longilíneas e pretas, ora ostentando um rosto triste ou de imperiosa fixidez, ora curvadas, ora encouraçadas com espinhos, e aptas para significar, na esquisitice de sua aparência, a misteriosa malevolência de que são instrumento. Pode acontecer que as disposições naturais de algumas espécies – das jaguatiricas para comer galinhas ou das cobras para injetar veneno – sejam direcionadas pelos xamãs para prejudicar os inimigos; quanto à onipotente sucuri, os *uwishin* não se negam, eventualmente, a mandá-la derrubar uma canoa, agarrar um nadador ou, por improvável que pareça, desenraizar uma árvore para que ela caia inopinadamente sobre um viajante.

Mas o *pasuk* é também uma espécie de ferramenta intelectual que pode escapar a qualquer representação figurativa; é então o princípio ativo das flechinhas, pelo qual elas adquirem coesão e objetivo comum, uma espécie de pastor conduzindo o seu rebanho, às vezes descrito como um homúnculo pela comodidade da imagem, e que estaria ligado ao xamã por um sentimento parecido com a piedade filial. Visto por esse prisma, o *pasuk* é uma maneira sintética de classificar as diferentes categorias de flechinhas mágicas segundo o motor que dá unidade ao seu comportamento, um modo de protótipo ideal da mesma natureza do *amana*, o indivíduo exemplar que sintetiza e dimensiona as características físicas e também morais de cada espécie animal.

O *anent* de Tunki não tem como única função convocar os seus *pasuk* maiores e menores, nem pôr em movimento as suas *tsentsak* para que ergam à volta do doente um escudo protetor. A voz segura e dominadora, a exaltação do seu próprio poder escandindo em estribilho o orgulhoso "eu, eu, eu...", o rebaixamento do adversário, cujas flechinhas mágicas ele conquista pela sedução, e até o ruído apaziguador do *shinki-shinki*, tudo contribui para acalmar Wisui, convencê-lo de que está em boas mãos, induzir em seu espírito as primícias de um alívio e quem sabe, em breve, de uma cura.

Depois de concluir o seu canto com algumas expirações rosnadas de muito bom efeito, Tunki se volta para a mulher de Wisui; num tom pausado, em perfeito contraste com o estado de exaltação mística em que se encontrava há alguns instantes, ele se põe a inquiri-la sobre os sintomas do seu esposo. O exercício parece com aquilo que os médicos chamam de anamnésia: ele está sofrendo desde quando? Em que exatas circunstâncias começou a sentir a doença? O que é que tinha dito ou feito anteriormente? O que é que sonhou desde então? Com o que é que ele se tratou? Os xamãs não realizam sistematicamente esse tipo de pesquisa, mas todas as vezes em que as presenciei as perguntas eram dirigidas ao círculo do paciente, e não a ele próprio. Pois as respostas de Wisui poderiam ser falaciosas, sugeridas pelo xamã inimigo que, depois de entrar em seu corpo, talvez lhe impusesse à alma o domínio da sua vontade. Contaram-me em Copataza a história de uma jovem mulher que acabou totalmente enfeitiçada por um *uwishin*; depois de atingi-la com a misteriosa "melancolia crepuscular" de que sofria o genro de Naanch em Capauari, ele lhe ditava *anent* desesperados que ela cantava ao pôr-do-sol e nas quais responsabilizava por sua sorte um rival do atormentador. Encorajado por seu sucesso, e depois que um terceiro xamã se revelou impotente para curar os acessos de neurastenia da pobre infeliz, o *uwishin* não hesitou em fazer com que sua vítima cantasse em público alguns *anent* de escárnio nas quais cobria o colega de ridículo e exaltava sem nenhuma modéstia o seu próprio domínio da feitiçaria.

As informações que Tunki recolhe conscienciosamente junto à mulher de Wisui servem menos para estabelecer o diagnóstico do que para confirmá-lo; enquanto cantava ele localizou, no fígado de Wisui, novelos de flechinhas cuja natureza e proveniência precisa verificar. Agora está plenamente convicto: trata-se de *tsentsak* do tipo *tseas*, "curare", cujos efeitos são semelhantes aos do envenenamento e pertencem, sem dúvida alguma, a Chuchukia, o filho do xamã Mashu morto pouco tempo atrás por Pakunt. Chuchukia teria recuperado os Iwianch do pai para vingar-se em Wisui, aliado marginal da coalizão dos assassinos, pouco protegido das agressões xamânicas por não viver no círculo imediato de Tunki. As datas correspondem, assim como a "assinatura" das *tsentsak* de Mashu – sua forma, maneira de reagir – com as quais Tunki já teve algumas pendências no passado. É quase com alívio que cada um recebe o previsível veredicto.

É raro que um *uwishin* não confirme os pressentimentos do paciente; quando se vai consultá-lo, afinal, é porque o auxílio esperado da farmacopéia indígena se revelou inoperante, indicação segura de que o mal é mesmo um *tunchi*, feitiço, e não uma *sunkur*, doença. A distinção entre as duas categorias é suficientemente elástica para desaparecer de em vez em quando. Em Conambo, como também em Copataza, os distúrbios mais benignos são imediatamente considerados *tunchi*: uma enxaqueca, uma indigestão, uma dor de dente são tratadas com técnicas xamânicas, o uso dos remédios vegetais tendo quase desaparecido. Os xamãs são tão numerosos nessas duas localidades – e, em Conambo, a discórdia interna é tão aguda – que a tendência dos Achuar de ver em cada *sunkur* um *tunchi* em potencial se manifesta aqui na recusa de ainda acreditar na existência de "doenças comuns". Mesmo a morte recente de uma filha pequena de Mukucham, decorrente de uma coqueluche – afinal, uma *sunkur* ortodoxa – acabou sendo atribuída a um *tunchi* enviado por Mashu, o qual teria aperfeiçoado a ação da doença, aumentando a sua virulência até o desfecho fatal.

A disposição de um xamã em reconhecer no paciente antes os sinais de uma *sunkur* que de um *tunchi* depende em grande parte da distância social, e geográfica, que os separa: quanto mais "neutro" ele for em relação às redes de aliança e dos conflitos de quem o está consultando, menos obrigado irá se sentir a confirmar as suas apreensões. Tayujin, de Capauari, que sofre há vários anos de uma dor de estômago – uma úlcera, provavelmente – e consultou diversos grandes xamãs quíchua do Bobonaza, foi informado por eles de que era vítima de uma *sunkur* muito comum contra a qual eles nada podiam. Segundo os *uwishin*, é fácil distinguir uma doença de um feitiço: enquanto as *tsentsak* são visíveis no corpo do paciente na forma de pequenos feixes de cor e luminosidade variáveis de acordo com o tipo de flechinha, as *sunkur* têm o aspecto de um vapor acobreado emanando do órgão afetado. Mas há uma boa distância entre a teoria e a prática. A menor ambigüidade no modo como os sintomas se apresentam irá bastar, quando as circunstâncias exigirem e se for do agrado de todos, para que o xamã dê um veredicto de *tunchi*, sem por isso ter consciência de estar trapaceando.

A decisão de revelar o nome do responsável de um *tunchi* é ainda mais delicada e depende, também, do grau de envolvimento do xamã nos assuntos do paciente. Tecnicamente, essa imputação não apresenta dificuldade. As *tsentsak* ficam ligadas por longos fios prateados àqueles que as enviam e continuam, portanto, a guiá-los à distância, ligação essa que só os *uwishin* conseguem perceber depois de tomarem *natem*, e eles a comparam aos filamentos iriados de uma teia de aranha prendendo a luz. Seguindo esses fios até a fonte remota, e também identificando os *pasuk* inimigos encarregados de proteger as linhas de telecomando, os xamãs experimentados são, a princípio, capazes de reconhecer o agressor. Assumir a responsabilidade de revelar o seu nome já é outra história. A menos que esteja, como Tunki, diretamente implicado num conflito que ele pode atiçar à vontade revelando o culpado de que todo o mundo suspeita, o xamã curador corre o risco de atrair a inimizade mortal daquele que ele apontar, do qual os parentes do paciente tentarão se vingar. Por isso os *uwishin* que atraem uma ampla clientela em geral se recusam a prestar esse favor, ou então, se exercida sobre eles uma forte pressão, cobram bem caro para prestá-lo.

Ciente, agora, daquilo com que está lidando, Tunki dá início à fase crucial do tratamento. Apanhando um naco de fumo que estava macerando numa tigela d'água, espreme o seu suco na boca e toma vários goles, o que requer – como o prova a minha experiência – um estômago bem forte. Toma então uma nova dose de suco de fumo, conserva-o na boca e põe-se a chupar demoradamente o flanco de Wisui; depois, com um ruidoso gargarejo, regurgita o líquido e assopra em sua mão dobrada. Depois de repetir a operação uma dezena de vezes, Tunki pronuncia um "*pai!*" satisfeito e mostra à platéia, na palma da sua mão, o resultado da cura: meia-dúzia de pedacinhos de vidro, opacos pela idade. Finalmente, assopra diversas vezes na barriga do paciente e então declara concluído o tratamento.

O procedimento, que não durou mais de cinco minutos, fora-me anteriormente descrito em detalhes por Tunki. Ao absorver o suco de fumo, ele criou uma espécie de carapaça viscosa na boca e na garganta, impedindo que as *tsentsak* que ele está absorvendo do corpo de Wisui desçam para o seu próprio peito e estômago, onde seria difícil resgatá-las e onde poderiam causar sérios danos ou até provocar a sua morte. A extração das flechinhas é uma operação muito crítica, na qual o xamã corre o risco de se tornar a vítima dos projéteis maléficos que está chupando, o que explica o cuidado que ele toma de colocá-las em posição favorável ao longo de todo o canto. Trata-se menos, aliás, de uma verdadeira sucção do que de uma espécie de atração magnética. Dispondo ele próprio de *tsentsak* do tipo *tseas*, idênticas às que detectou em Wisui, que ele guarda em geral no pescoço e no tórax, Tunki manda as suas próprias flechinhas se grudarem nas flechinhas inimigas, agarrando-as como que por imantação e trazendo-as até a sua boca. Entrincheirado atrás de um muro circular de *tsentsak*, entreabre-o somente para despachar as suas flechinhas e recuperá-las uma vez cumprida a sua missão. Essa operação só é possível porque as *tsentsak* atacantes foram entorpecidas e desorientadas pelo tratamento anterior, com os fios que as uniam a seu mestre seccionados pelas *tsentsak* de Tunki, e os *pasuk* que velavam por elas dispersados pelos seus próprios. Mas o mais importante em toda essa simpática cirurgia é possuir *tsentsak* de mesma natureza das que estão na origem do mal: em função dessa homologia perfeita é que essas irão acompanhar suas congêneres, enganadas por uma aparência idêntica e desejosas de se agregar a elas sem nenhuma desconfiança. Um xamã só pode, portanto, aceder a um pleno domínio de sua arte se for capaz de mobilizar uma boa variedade de espécies de *tsentsak*, de modo a poder fazer face à grande diversidade de projéteis que terá de extrair.

Resta a regurgitação das *tsentsak* apresentadas à platéia, na verdade um mero exercício de prestidigitação já que Tunki, conforme me avisou com a maior ingenuidade, pusera discretamente os pedaços de vidro dentro da boca. Formuladas no tom de conivência paternalista de um patrão revelando ao aprendiz os pequenos truques do ofício, seus motivos não são desabonadores. Parecendo-se nesse aspecto com alguns dos nossos médicos, que dizem o mínimo possível aos pacientes, quer por simples preguiça, quer porque não querem desperdiçar o seu saber com pessoas que julgam incapazes de compreender suas explicações, o xamã prefere uma mistificação sem importância a uma explicação fastidiosa sobre a mecânica das *tsentsak*. Pois, na verdade, Tunki não cuspiu de volta na mão as "flechinhas" que extraiu, mas insuflou-as no pulso, onde vai guardá-las para o seu uso próprio, junto com algumas *tsentsak* pessoais suas que lhes servirão de guardiãs. Com essas *tsentsak* desviadas é que ele vai poder, se quiser, enfeitiçar os inimigos. Não seria de bom tom explicar tudo isso ao doente, e o mais simples é exibir alguns objetos miúdos – insetos, pedaços de lâmina, às vezes pilhas usadas – cuja materialidade agora inofensiva tranqüiliza melhor do que qualquer discurso.

Se Tunki recorre a pequenas fraudes, é principalmente porque as boas velhas palavras da língua corrente são impotentes para expressar de modo não metafórico o conjunto das experiências físicas e mentais que o xamã atravessa no decorrer da cura, uma combinação de visões fragmentadas em constantes metamorfoses, vibrações pulsativas mais ou menos ajustadas à cadência do canto, sensações extremamente vívidas de translação e desdobramento, alterações sensoriais provocadas, evidentemente, pela droga, mas paulatinamente domesticadas durante a iniciação e ao longo de uma infinidade de sucessivas sessões, de tal modo que acabam se moldando às palavras e imagens empregadas tradicionalmente por essa cultura para codificar a habilidade xamânica. As *tsentsak*, por exemplo, não são verdadeiras "flechinhas", mesmo invisíveis. São princípios animados ou autômatas incorpóreos, tão pouco representáveis como as misteriosas enteléquias da filosofia clássica e que, na falta de um conceito mais abstrato para designá-las, ostentam, por analogia, o nome bem concreto daquilo a que podem ser comparadas por alguns dos seus efeitos. Do mesmo modo, *tunchi* é apenas o nome de uma aranha pequena; hábil em imiscuir-se por toda parte arrastando atrás de si o seu fio condutor, permite designar da melhor maneira essa faculdade que têm os xamãs de mandar feitiços à revelia das vítimas e continuar controlando-os à distância. Descrito a partir do vocabulário comum, e traduzindo ações, propriedades, comportamentos, jogos de força de que a natureza ou as técnicas oferecem o modelo, o aparelho material do xamanismo só possui existência literal para os leigos que ignoram suas sutilezas e a quem se dá a entender, para evitar longas explicações,

que as fórmulas utilizadas para descrever seus mecanismos retratam fielmente o modo como funcionam. Não me parece duvidoso que, pela influência combinada do *natem* e do próprio aprendizado, os xamãs percebam bem essa imbricação de fenômenos demasiado complexa para ser integralmente traduzida em palavras. Não é, portanto, por charlatanismo que eles recorrem a esses pequenos artifícios ou simplificam em metáforas acessíveis as operações que executam, e sim porque existe, na experiência total do transe, um excesso de sentidos que o discurso comum não tem capacidade de traduzir de modo adequado. Donde a insistência de Mukuimp e Tunki para que eu tomasse *natem*, a fim de "ver" essa parte indizível do xamanismo, que minha sessão de alucinação na casa de Wajari, por fútil que tenha parecido naquele momento, contribuiu para esclarecer um pouco.

XXI. ARTESÃOS DO IMAGINÁRIO

Wisui voltou ontem de manhã para Conambo, manifestamente revigorado, não sem antes dar a Tunki uma zarabatana, como pagamento pelos seus serviços. Outro "cliente" sucedeu-lhe hoje à tarde, um Quíchua de nome Sampico que mora a três dias de canoa rio acima. Baixinho, mas com porte de atleta, Sampico também é xamã e veio se abastecer de *tsentsak* com o nosso anfitrião, de quem é compadre. Os dois homens, então, tomaram *natem* depois que anoiteceu e foram juntos tomar banho no rio.

As *tsentsak* dos Achuar, dos Shuar e dos Quíchua são, a princípio, diferentes e só podem ser extraídas por um xamã da "tribo" de onde provêm, razão pela qual recorre-se às vezes a um estrangeiro para enfeitiçar um inimigo próximo, garantindo assim que ele não poderá ser curado por um xamã local. Os mecanismos gerais do xamanismo são idênticos, contudo, nas três culturas, e nada impede um médico prevenido de ampliar o seu registro adquirindo *tsentsak* exóticas que lhe abrirão uma clientela para além das fronteiras do próprio grupo.

Tunki e Sampico, é claro, trocam continuamente *tsentsak* por *supai* – suas homólogas em quíchua –, empreendimento quase infinito tendo em vista o número considerável de classes distintas existentes. Meu anfitrião afirma possuir uma coleção de cerca de quarenta espécies, que ele designa metaforicamente pelo nome de um animal, planta, objeto ou qualidade de que cada uma delas apresentaria, por analogia, uma propriedade visível; entre as que ele mais utiliza, observei o tipo enguia-elétrica, por sua potente descarga elétrica; o tipo candiru, minúsculo peixe farpado que tem fama de se introduzir nos orifícios naturais dos banhistas; o tipo raia, por seu temível ferrão; o tipo macaco-aranha, pelo vigor da sua cauda preensível; o tipo colibri, por seu bico alongado e a velocidade de sua locomoção; o tipo águia-harpia, pela força de suas serras; o tipo tucano, por seu bico enorme; o tipo sanguessuga (compreender-se-á facilmente por quê); o tipo pupunheira, pelos compridos espinhos dessa palmeira; o tipo *kuichip*, uma planta de folhas extremamente cortantes; o tipo estramônio, porque essa droga "endoidece"; o tipo espelho, devido ao brilho da luz refletida; o tipo frio, que gela os ossos; o tipo amarelo, pela vibração dessa cor; ou ainda o tipo *makina*, termo pelo qual se designa esses geradores elétricos barulhentos cujo manejo, por parte dos missionários, é para os Achuar um constante motivo de admiração. Algumas *tsentsak* também possuem funções especiais: roborativas, como as que se injetam nos pulmões dos homens que se queixam de falta de fôlego para usar a zarabatana, ou do gênero espantalho, a exemplo das que são enviadas em território inimigo, nas salinas repletas de caça ou nas trilhas de porcos-do-mato, para espantar os animais e fazê-los desertar a região.

Cada espécie de *tsentsak* vive em sua própria "baba-mãe", *maen*, uma saliva gosmenta onde se desenvolvem, igual ao feto em seu líquido amniótico, e que o xamã puxa de dentro do próprio tórax até a boca quando precisa. O exercício requer certa habilidade; boa parte do aprendizado do noviço durante a iniciação consiste em dominar a regurgitação das babas de *tsentsak* que o iniciador lhe insuflou, auxiliado por largas libações de uma mistura de cerveja de mandioca com suco de fumo. Também existem babas sem *tsentsak*, reservadas a xamãs de pequeno porte, os "xamãs de baba"; eles as utilizam para provocar e curar lesões externas que, embora às vezes sejam dolorosas ou espetaculares – abscessos nos seios, úlceras, lepra, leishmaniose etc. – ocupam ainda assim uma posição bastante inferior na hierarquia das *tunchi*, pois não resultam em morte rápida. Tanto quanto as *tsentsak* completas, cada uma dessas babas de segunda categoria só pode ser neutralizada por uma baba do mesmo tipo. Dizem também que a baba dos xamãs é um poderoso filtro do amor que eles colocam nas jarras de cerveja à revelia das mulheres cujas atenções querem conquistar. A julgar pelas discretas recriminações que Anne Christine escuta das esposas de Tunki, este parece tirar disso uma ampla vantagem.

A transmissão das *tsentsak* para Sampico é rapidamente efetuada: segurando a cabeça do seu *kumpa*, Tunki lhe assopra fumaça de fumo no alto da cabeça, e depois na boca. Trata-se de flechinhas do tipo relâmpago, utilizadas à maneira de um obus para explodir a casamata invisível de um *uwishin* inimigo ou para destruir *tsentsak* contumazes dentro do corpo de um paciente. Tunki, muito liberal, dá além disso a Sampico o *namur* correspondente a suas *tsentsak*, que estava até agora de molho numa tigela de suco de fumo; é um seixo preto, quase redondo com, no meio, um furo pelo qual se pode assoprar para direcionar os mísseis com mais precisão. Tunki me mostrou há pouco a sua coleção de *namur* xamânicos, seixos de formatos originais e piritas que, por sua função, se assemelham aos *namur* utilizados na caça: cada um é apropriado a um tipo de *tsentsak*, cujos poderes concentra e ativa ao macerar em suco de fumo durante a sessão xamânica.

Se a transmissão das *tsentsak* para Sampico se resolve rapidamente, é porque ele já é um xamã confirmado e domina bem as técnicas para controlar as flechinhas e impedir que elas retornem em seguida para o antigo dono. Não é o que acontece durante uma primeira iniciação, empreendimento de fôlego e de êxito sempre aleatório, que exige do noviço muita abnegação e vontade. Foi o que pude deduzir ontem à noite, quando Tunki me fez o relato de sua primeira experiência.

"Resolvi me tornar *uwishin* depois do meu casamento. Meu sogro tinha morrido enfeitiçado, e depois dele o meu cunhado; depois meu filho também morreu, ainda bebê; um *uwishin* mau tinha enviado *tsentsak* nos seios da minha mulher Najari, e o bebê morreu muito depressa, mamando as *tsentsak*. O que é que eu podia fazer? Eu era impotente diante das *tunchi*. Será que eu tinha de esperar até sermos todos exterminados? Então fui procurar Sharian para aprender também. Na primeira noite, tomei *natem* com Sharian e também tomamos suco de fumo pelo nariz; ele assoprou *tsentsak* no alto da minha cabeça e nos meus ombros, no meio dos dedos também. Cada vez ele assoprava *tsentsak* diferentes. Depois, ele me transmitiu as babas dele na boca, e ia me dizendo o nome delas: "Tome a baba da sucuri! Tome a baba do arco-íris! Tome a baba do ferro!". Eu tinha náuseas e queria vomitar tudo. Então, ficamos acordados e tocamos *tsayantar* a noite inteira para agradar às *tsentsak*. Nas primeiras noites não se pode dormir, para as *tsentsak* não pensarem que a gente é um cadáver e voltarem para quem as transmitiu. No dia seguinte, não comi nem bebi nada; eu não podia falar, pois as *tsentsak* iriam escapar se eu abrisse a boca; também não dormi, foi muito difícil. Tomamos de novo o *natem*, e Sharian cantou todos os seus *anent*; eu aprendia assobiando. Fiquei sentado a noite toda, e picando a coxa com um espinho de pupunheira para não pegar no sono. No dia seguinte, também não comi nem bebi; eu estava muito fraco e fiquei deitado o dia todo, fumando sem parar. À noite, tomamos mais *natem* e comecei a aprender os *anent* de Sharian. Naquela noite, deu para eu dormir porque as *tsentsak* tinham se acostumado comigo. No dia seguinte, ainda fiquei em jejum; passei o dia deitado numa *peak*, pois tinha esgotado todas as minhas forças; fiquei fumando e dormindo. No último dia, Sharian me deu cerveja de mandioca misturada com suco de fumo para beber, e depois tive de comer pimentões, os pimentõezinhos *yantana*, os mais fortes. Meu estômago se revolveu e as babas me subiram até a boca; por pouco não cuspi tudo, mas consegui engolir de volta. Então Sharian me disse que eu agora seria capaz de assoprar as minhas *tsentsak*. A mulher dele me serviu umas bananas e uns peixinhos cozidos; eu não tinha comido nada por vários dias; depois disso, fui tomar um banho, pois também não tinha me lavado, estava fedendo que nem sarigüê. Ainda fiquei algum tempo com Sharian, e ele me assoprou outras *tsentsak*. Depois voltei para a minha casa.

– Quanto você pagou por isso?

– Bastante, pois Sharian era um xamã muito famoso; dei para ele uma *tawasap* e uma zarabatana. Tem que ter cuidado, pois quando não se dá o suficiente para quem nos transmite as *tsentsak*, ele pode fazer elas voltarem para ele; alguns até mandam umas *tunchi* para se vingar.

– E você começou em seguida a curar as pessoas?

– Não, em seguida não; primeiro as *tsentsak* tinham que se acostumar realmente comigo. Durante mais de uma lua, fiquei em casa sem me mexer, feito tatu; não ia caçar; tomava água de fumo quase todo dia. Sharian tinha me dito para não tomar cerveja de mandioca e eu só comia uns peixinhos pequenos. Durante várias luas, não pude fazer amor. A minha mulherzinha Najari estava furiosa; além disso, ela não tinha carne para comer. Foi muito duro, mas como eu queria ser um daqueles que sabem, agüentei."

O aprendizado xamânico supõe uma alteração da ecologia do organismo, a criação de um novo meio interno para acolher esses residentes fantásticos que são as *tsentsak*, o que só pode ser obtido ao custo de uma ascese rigorosa. Aliás, o próprio termo que designa a iniciação, *ijiarmak*, deriva da palavra "jejuar", *ijiarma*, a que se acrescenta o sufixo *-k*, um marcador modal indicando que uma ação foi realizada em decorrência de uma sucessão de operações; em outras palavras, tornar-se *uwishin* é atingir um estado de equilíbrio ou acomodação com as *tsentsak* pela paulatina depuração do corpo. Não se chega a isso apenas suportando as privações, mas também pelo estrito respeito a um regime alimentar maniacamente definido. Numa cultura em que o ato mais banal – semear milho, fabricar curare, dar um remédio a um cachorro – exige a evitação de determinados alimentos, compreende-se que os xamãs serão, mais ainda que os outros, submetidos às exigências de uma dieta de complexidade bizantina.

Alguns alimentos ingeridos pelos leigos lhes são interditos para todo o sempre: pequenas criaturas ágeis e em constante movimento, como o guariba, o esquilo ou o tamari de bigode, que poderiam perturbar com sua agitação a sempre instável convivência com as *tsentsak*; outros são proibidos por ostentarem uma carapaça e estarem arriscados a não conseguir atingir as *tsentsak* incrustadas no corpo dos seus pacientes, tais como o tatu ou o peixe *wampi*; outros ainda, como o peixe *kusea* de dentes cortantes, porque poderiam romper os fios que teleguiam as *tsentsak*; finalmente, alguns animais são eles próprios chamados de xamãs, como o parauaçu, macaco de cara triste e quase humana, cujo consumo configuraria então um autocanibalismo. São proibidos, além disso, durante a iniciação e por um período de até cinco meses, todas as caças de carne "preta" – porco-do-mato, macaco-barrigudo, tucano, guariba etc. –, as mesmas das quais é preciso se abster depois de uma visão de *arutam*, o aprendizado xamânico transtornando o equilíbrio constitutivo da pessoa e requerendo conseqüentemente um período de convalescença em que deve ser evitada a ingestão de carnes fortes. O sal, a pimenta e os frutos são igualmente proscritos por razões similares, o doce e os condimentos ameaçando, com seu sabor acentuado, o ambiente neutro em que devem se desenvolver as *tsentsak*. Finalmente, toda uma série de animais é proibida por motivos mais específicos: a arara, porque voa muito alto, como que fora do alcance das *tsentsak*; o *yawa aikiam*, um surubim graúdo e malhado, pois lembra o pêlo do jaguar, associado ao xamã; as larvas de palmeira, enfim, por abrirem seus buracos na madeira podre, como as *tsentsak* no corpo dos homens.

O resultado é um regime terrivelmente insípido, à base de banana e palmito cozido, geralmente comidos frios – e, no caso das bananas, sem as sementes – por vezes acompanhados de peixinhos que, por uma regra cujo motivo ninguém soube me explicar, devem ser levados à boca com pauzinhos, o contato direto com os dedos sendo considerado nocivo. Quanto à castidade prolongada – principal obstáculo para abraçar-se a profissão, no dizer da maioria –, ela equivale de certa forma a um jejum, o "consumo" de uma mulher sendo aqui, como em muitas outras culturas, metaforicamente assimilado ao consumo de um alimento. Minha morna resolução desabou, devo confessar, diante do formidável aparato iniciático descrito por Tunki e lhe declarei, no final de seu relato, que não me sentia preparado para me tornar um *uwishin*.

Mais ainda que em outras circunstâncias onde também intervêm, as proibições alimentares que acompanham o acesso à função xamânica são um meio de assinalar, de modo mais ou menos duradouro, uma diferença de status. De fato, cada tabu é, em si, relativamente arbitrário; o animal tal, que se supõe ser portador de uma qualidade específica, poderia ser substituído por tal outro que também a possui ou até, procurando outros aspectos de sua aparência ou comportamento, servir como suporte para outra qualidade contraditória com a primeira. O conteúdo da ligação estabelecida entre um animal e a disposição nefasta que ele supostamente induz importa menos que a coleção dos animais, sempre distintos, utilizada para indicar, em negativo, um estado antitético. Por mais irracionais que possam parecer, os tabus se apresentam como um efeito derivado do pensamento classificatório; por evidenciarem um sistema de propriedades concretas significadas por um conjunto restrito de espécies naturais, propriedades que enfatizam que um homem qualquer não é igual a outro qualquer no sentido de que a carne dessas espécies lhe está proscrita temporária ou definitivamente, os tabus atestam uma vontade de conferir ordem e lógica ao caos do mundo social e natural a partir unicamente das categorias da experiência sensível. Numa cultura marcada pela extraordinária uniformidade das condições, a evitação de certos alimentos permite assim instituir entre os indivíduos essas pequenas descontinuidades internas indispensáveis à vida social, sem que por isso fique comprometida a igualdade de todos com distinções demasiadamente acentuadas.

Porém, no que pese os seus poderes especiais e o seu regime alimentar particular, os *uwishin* não são indivíduos à parte. Na origem de sua vocação, não está um sinal eletivo ou uma revelação, e sim uma crise moral, provocada pelo terrível sentimento de impotência experimentado diante de uma série de falecimentos entre os seus, ou quando são pessoalmente acometidos, na juventude, por uma longa doença que um xamã consegue curar. A curiosidade tem certamente um papel, assim como o desejo de assegurar certo poder sobre o outro, sentimentos bastante naturais na espécie humana e que não significam uma personalidade patológica à qual a prática do xamanismo ofereceria um exutório reconhecido pela sociedade.

É verdade que a função às vezes se transmite de modo quase hereditário. Alguns *uwishin* começam a abastecer os seus filhos em *tsentsak* desde a infância, ou mesmo quando ainda bebês, assoprando as suas flechinhas nos seios da mãe, que os transmite ao bebê junto com o leite. Tunki começou há algum tempo a passar *tsentsak* para o seu filho Sunti, de uns doze anos de idade, pois teme morrer de *tunchi* no seu combate aos xamãs do Wayusentza e deseja garantir com isso que os seus continuarão se beneficiando de uma proteção caso ele venha a faltar. De fato, os *uwishin* mais poderosos são os que começaram desde crianças a acumular as *tsentsak* e, devido a essa longa familiaridade com os instrumentos de sua profissão, sabem melhor que os outros controlar seu comportamento, às vezes imprevisível. Por isso é que certos Achuar mandam os rapazes, e às vezes as moças, como aprendizes junto a xamãs Quíchua conhecidos, em geral seus *kumpa*; esses jovens "colocados" não raro se tornam genros de seus mestres em xamanismo e adquirem assim não só uma cobiçada competência, como também a língua, a parentela e a cultura de um desses índios *apach* com fama de serem mais hábeis em tirar partido do mundo dos brancos.

Em matéria de xamanismo, nada nunca é dado. A iniciação desde a mais tenra idade revela-se inútil se não for seguida de um reabastecimento contínuo de *tsentsak* junto aos mais variados fornecedores possíveis. Meu *amik* Wajari, cujo pai era provavelmente o xamã achuar mais poderoso do norte do Pastaza, foi pouco a pouco desertado por todas as *tsentsak* que esse lhe insuflara no passado, não tendo optado, na adolescência, por seguir na carreira que sua família esperava para ele. Para se tornar um *uwishin* comum, é preciso visitar cinco ou seis fornecedores diferentes após o aprendizado inicial, e muitos outros quando se aspira galgar a hierarquia. O empreendimento custa bastante caro e conduz a uma espécie de seleção pela riqueza; parcamente remunerados por seus pacientes, os pequenos xamãs não conseguem acumular bens suficientes para obter, junto a confrades prestigiosos, as *tsentsak* que justamente lhes fazem falta para assentar sua notoriedade. À medida que cresce a reputação, é preciso desembolsar cada vez mais pelas *tsentsak* raras e preciosas que irão constituir as peças preciosas do arsenal. Tunki, por exemplo, que foi até a beira do Napo, a mais de trezentos quilômetros daqui, para se abastecer com um grande xamã quíchua, teve de lhe entregar uma cuia de curare, uma coroa de penas *tawasap*, uma zarabatana, um cão de caça e uma espingarda de cartucho, em suma, uma pequena fortuna para os padrões achuar. O valor das *tsentsak*, aliás, se mantém mais ou menos estável segundo a categoria, e Chalua, um xamã quíchua do Bobonaza, exigiu do nosso anfitrião esses mesmos objetos em troca de flechinhas muito especiais provenientes dos Antuas do Peru. Tunki ainda não acabou de pagar essa última compra, e eu o vejo se debater numa lógica de aumento da dívida, sem dúvida familiar para nós, mas um tanto surpreendente de encontrar por aqui. Um xamã do Copataza me contou que renovava as suas provisões de *tsentsak* em sonhos, tomando suco de fumo pouco antes de se deitar; sendo visitado durante o sono por uns *uwishin* já falecidos, que ele conhecera pessoalmente e lhe transmitiam de graça o que outros se esfalfam para comprar bem caro. Como a sua fama era bastante modesta, concluí que ele descobrira esse jeito por falta de recursos para seguir exercendo a sua função.

O preço e a suposta eficácia das *tsentsak* crescem na proporção da distância de sua origem, a tal ponto que certos xamãs quíchua do Bobonaza estariam se abastecendo com os índios de Otavalo nos Andes do Norte. Qual será a fonte derradeira dessas *tsentsak* em perpétuo fluxo? Os espíritos das águas Tsunki, sem dúvida, mas eles são antes seus criadores que seus fornecedores; tendo em vista a ubiqüidade que lhes é atribuída, não há motivo para que tenham dado mais *tsentsak* aos Achuar do que à multidão de povos que margeiam os rios. Então elas viriam justamente das etnias vizinhas, e particularmente dos Quíchua, cujas "flechinhas" parecem ser tão apreciadas pelos Achuar? Mas e os próprios Quíchua, onde as obteriam? Foi a pergunta que fiz a um índio Quíchua do Napo que conheci em Puyo e cujo pai era um célebre xamã. Ele me respondeu com uma anedota. Certo dia em que estava, menino ainda, caçando com o seu pai, houve uma violenta tempestade e uma multidão de animais os cercou de repente; satisfeitíssimo com o presente, o pai atirou nos animais, mas assim que o filho se aproximava para juntá-los eles desapareciam bruscamente. Nisso, chegou uma tropa de homens brancos e loiros, vestidos como missionários josefinos, que raptaram o pai; este ficou ausente durante mais de um mês; todo o mundo achava que ele estava morto, quando eis que ele voltou uma bela manhã declarando que tinha tomado *ayahuasca* todo dia com os seus raptores e agora se tornara um grande xamã.

Em última instância os poderes xamânicos mais poderosos provêm, portanto, dos brancos, esses mestres da escrita de cabelos pálidos que são os estrangeiros mais exóticos, motivo da insistência dos meus companheiros para que eu lhes cedesse minhas hipotéticas *tsentsak* ou, na falta delas, assistisse Mukuimp em suas curas. Foi o que Tunki me confirmou explicitamente, acrescentando uma insólita explicação: nossa imunidade às *tsentsak* dos Achuar viria não apenas do fato de nossas *tsentsak* serem mais fortes que as deles, mas também porque comemos cebola e as flechinhas autóctones são alérgicas a esse modesto bulbo, como os vampiros das montanhas Cárpatas o são aos dentes de alho.

Os Quíchua servem de intermediários na cadeia xamânica de fornecimentos porque, nessa área como em outras, eles são para os Achuar uma forma de substituição dos brancos. Como duvidar disso, quando os mais famosos xamãs quíchua do Bobonaza estão quase todos empregados no exército equatoriano? *Tamberos*, ou suboficiais de carreira, levam à margem dos acantonamentos uma vida dupla ignorada por seus superiores; soldados pontuais e eficazes durante o dia, atendem à noite uma clientela vinda de longe, atraída tanto por sua reputação de excelência como pela aura de poder associada à máquina militar.

Acumulando os bens de consumo mais vistosos graças ao seu soldo e aos baixos preços praticados em lojas especiais do exército, não desdenham os bens mais tradicionais com os quais suas curas continuam sendo pagas. Também a proximidade com os *kirinku*, com quem obteriam uma parte dos poderes, explica o sucesso dos xamãs shuar de Makuma, sede da grande missão dos evangelistas norte-americanos. Fascinados por suas competências cosmopolitas, os Achuar de Capauari não conseguem se abster de visitar esses *uwishin* extraordinários, tomando o cuidado de esconder seus verdadeiros motivos com pretextos religiosos na esperança de conseguir dos missionários um transporte gratuito de avião. Devido à situação estratégica na orla do mundo dos brancos, esses xamãs ilegais converteram-se numa central de tráfico de objetos tanto materiais como imateriais. Está-se aqui bem distante da imagem estereotipada que faz do xamã indígena o melhor baluarte da tradição e do conservadorismo cultural contra os assaltos da modernidade, já que, pelo contrário, é de uma relação fantasmática com o mundo ocidental que ele vem extraindo boa parte de sua legitimidade.

Com a condição de aprender o quíchua e abandonar sua comunidade de origem, os Achuar podem fazer esse jogo. Tive prova disso há alguns meses, com um xamã de origem achuar atendendo pelo nome de Rufeo, também caporal do pequeno destacamento militar de Cabo Pozo no baixo Bobonaza. Rufeo é um dos três ou quatro *panku* da província de Pastaza. Os *panku* constituem uma classe à parte de *uwishin*, o *nec plus ultra* da profissão, pois sabem diagnosticar de modo certeiro a natureza de uma *tunchi* e o seu responsável e oferecer um prognóstico infalível quanto à evolução do mal. Eles recebem esse poder da alma dos mortos que se encarna neles quando tomam *natem*, e que fala pela sua boca "que nem no rádio", segundo a expressão de Wajari, cujo pai era *panku*. Recorre-se igualmente a eles para realizar uma espécie de autópsia mediúnica durante a qual incorporam o *wakan* de um morto recente para fazer com que ele indique o responsável por seu enfeitiçamento. Trata-se, portanto, de uma verdadeira possessão, bem diferente da cura xamânica clássica, e se os *panku* possuem *tsentsak* invisíveis aos praticantes mais comuns, tanto mais temidas por eles as obterem diretamente dos mortos, é porque essa faculdade divinatória é o que fundamentalmente assegura sua reputação. A instituição talvez tenha origem quíchua, pois a palavra *panku* designa nessa língua o que os Achuar chamam de *kutank*, ou seja, o banquinho reservado para os visitantes: o *panku* seria, portanto, o "assento" da alma dos mortos.

O transe de Rufeo não foi tão espetacular como eu esperava. A apenas alguns passos do prédio onde dormiam o subtenente e a meia-dúzia de recrutas que compunham o efetivo do destacamento, o *panku* se instalara numa cabana escura para tomar *natem* a pedido de Tentets, um "sobrinho" de Nankiti lá do Yutsuentza, aonde iríamos, dias depois, passar uma noite bastante agitada. Tendo como fundo *pasillos* transmitidos por um rádio das barracas vizinhas, uma voz fanhosa erguera-se rapidamente sem que Rufeo parecesse sequer abrir a boca – provavelmente um truque de ventríloquo – o que explicaria o porquê do aprendizado de um *panku* poder levar até um ano. "Eu venho das profundezas do vulcão Tungurahua", declarava a voz sepulcral, "para ver as *tsentsak* escondidas em teu corpo; nada escapa à minha clarividência, pois sou cego para a luz e existo somente nas trevas; vejo *tsentsak* brilhando feito a superfície da água; vejo muitas *tsentsak* nas tuas pernas..." O diagnóstico prosseguiu, muito repetitivo, até que o nome do culpado foi finalmente entregue: como seria de se esperar, era Turipiur, o xamã do Aputentza contra quem o povo de Nankiti estava em guerra, um homem especialmente "feiticeiro". Só para essa exibição, e sem ter sequer tentado uma cura, nosso caporal cobrou uma magnífica coroa de penas *tawasap*.

Todos os *uwishin* que conheci proclamam a quem quiser ouvir que são *tsuakratin*, curadores, e não *wawekratin*, feiticeiros, porém a distinção parece ser mais circunstancial do que técnica. Tunki garante que todo *uwishin* possui tanto *tsentsak* "de cura" como *tsentsak* "de feitiço", diferenciadas não tanto por sua natureza como pelas condições de seu uso. As flechinhas de feitiço são as que o xamã extrai de um paciente e vai acumulando nos punhos; os prejuízos que elas começaram a causar fizeram com que passassem a apreciar carne humana e uma espécie de malignidade indistinta que as leva a escapar ao controle daquele que as capturou a fim de caçar por conta própria. Um *uwishin* é curador se conseguir manter o controle desses subprodutos de sua atividade, mandando-as ocasionalmente sugar o suco das flores para satisfazer sua fome insaciável, ao contrário do *uwishin* feiticeiro, invadido pelas *tsentsak* que chupou e sem forças para retê-las, fonte de perigo para todos, inclusive seus próximos, já que elas passam então a atacar todos os seres humanos sem discriminação. Mas como dispõe de um estoque de flechinhas de enfeitiçamento, a princípio bem disciplinadas, o xamã curador pode ocasionalmente empregá-las para atacar um inimigo, o que não poderia fazer com suas *tsentsak* pessoais: se cedesse a esse tipo de tentação, um colega poderia recuperá-las aspirando-as no corpo de sua vítima e devolvendo-as no ato, provocando a sua própria morte em pouco tempo. Sujeitas a um perpétuo vaivém, as *tsentsak* assassinas de que cada xamã dispõe a bel prazer tornam assim suspeitas todas as proclamações de dedicação exclusiva à saúde alheia, e bastante ilusória a distinção entre feiticeiros e curadores. Essa ambigüidade é constitutiva do xamanismo, como atesta um pequeno mito colhido com Mamays, que narra de que maneira uma escolha errada entre dois *uwishin* está na origem da morte definitiva.

> Contam que Urtiga antigamente era um *uwishin*. Quando as pessoas ficavam doentes, ele as curava. As que tinham sido enfeitiçadas pela "gente-de-pedra" (*kaya aents*), ele curava, trazia de volta à vida. Havia também um outro *uwishin*, Amaran (uma formiguinha de picada muito dolorosa); já esse era feiticeiro. Antigamente, quando os homens morriam, colocava-se os seus corpos numa pequena cabana construída para a ocasião no topo de uma árvore grande. Sentava-se o morto no seu *chimpui*, bem enfeitado, com a coroa *tawasap*. Depois de algum tempo desse jeito, o morto tornava a viver. E a viúva, que ficava sozinha em casa, chorava ao varrer; ela cantava: "Meu homem, meu homem, para onde é que você foi?". Quando a viúva ia ver o marido depois de alguns dias, dava com ele em plena forma, afirmando: "Agora estou curado". O homem voltava para casa explicando que tinha ido pescar e a mulher lhe servia uma cerveja de mandioca que ela tinha preparado para aquela ocasião. É assim que fazíamos, antigamente, com os nossos maridos. Ora, um homem ficou doente e mandaram chamar os *uwishin*; foram buscar Amaran, foram buscar Urtiga, e até despacharam Sesenk (um coleóptero) para que trouxesse a gente-de-pedra. Amaran chegou primeiro, mas o homem já estava morto. Naquele tempo, quando as pessoas morriam, o coração delas continuava a bater. Amaran apalpou o peito dele e viu que o coração estava batendo bem devagar; então lhe enfiou a lança no coração e foi assim que surgiu a morte definitiva, pois Amaran sabia dar apenas a morte. Urtiga chegou em seguida, mas era tarde demais. Urtiga de-

clarou: "Se vocês tivessem me chamado primeiro, eu poderia ter 'assoprado' o corpo para que vocês nunca conhecessem a morte definitiva, mas agora é tarde demais". Dito isso, deu a urtiga de presente e 'assoprou' sobre ela. Por isso é que até hoje nós ainda nos tratamos com urtiga.

Nos dias atuais, a distinção entre os bons e maus *uwishin* se dá de maneira mais pragmática: espera-se que os xamãs mais próximos, com vínculos de parentesco, ponham-se a serviço da comunidade local e reservem as *tunchi* para prejudicar os inimigos comuns, que por sua vez encarregam do ataque os seus próprios *uwishin*. Só os maiores xamãs têm capacidade de atrair uma clientela que ultrapasse os limites de sua parentela imediata, com uma neutralidade ostensiva que lhes permite tratar ou enfeitiçar quem quer que seja, com a condição de que se pague um preço. No âmbito de um mesmo grupo de vizinhança, no entanto, a menor tensão é suficiente para lançar a suspeita sobre um *uwishin*, desde que ele seja identificado com uma das facções oponentes; o caso Mashu oferece um belo exemplo, já que durante muito tempo o homem gozara de uma honrosa reputação entre os afins mais próximos, até ser morto por eles em razão de sua feitiçaria. O fato de ser reconhecido como *uwishin* depende, aliás, mais dos caprichos da opinião pública do que de uma situação estável ou uma prática notável. Quantas vezes não ouvi dizer no baixo Kapawi que o meu *amik* Wajari era *uwishin*, a pretexto de que seu pai o tinha sido e que ele já recebera *tsentsak* desde criança? Naanch também tinha essa reputação para as pessoas do Copataza, mas nunca consegui esclarecer as razões objetivas que a sustentavam. Eu mesmo fui suspeito de ser um *uwishin*, simplesmente por ter tomado *natem*. Compreende-se que abraçar abertamente a carreira do xamanismo expõe a um risco mortal de que todos os praticantes têm consciência: o assassinato de um xamã com fama de feiticeiro é considerado legítimo por quase todos, inclusive pelos parentes mais próximos, que admitem com fatalismo ser esse o desfecho quase natural dessa perigosa função.

Expostos a todo tipo de perigo, os *uwishin* dedicam muita energia e boa parte de seus recursos contraindo alianças defensivas. O número de seus *amik* é geralmente superior à média, assegurando-lhes uma rede de proteção mais densa e mais extensa, além de uma espécie de satisfação moral advinda da esperança de serem vingados em caso de morte prematura. Os grandes *uwishin* não têm a menor dificuldade em encontrar amigos rituais, que vêem nesse vínculo uma garantia de obter um pronto socorro para si e para os seus em caso de necessidade, e por um preço que eles esperam seja módico; ganham, além disso, o compromisso tácito do *amik* xamã de recusar qualquer "contrato" de enfeitiçamento sobre suas cabeças a pedido de seus inimigos. Também é do interesse dos *uwishin* estabelecer com um "grande homem" uma cumplicidade ativa, não raro formalizada por uma troca de irmãs: os dois cunhados irão proteger-se mutuamente em suas respectivas esferas de competência, tal como faziam Awananch e Nankiti em sua guerra contra o povo de Apupentza. Transformados, de certo modo, em guerreiros do invisível, os *uwishin* apóiam com seus poderes mágicos a estratégia militar de uma facção ou, nos raros casos em que eles próprios são um "grande homem", conduzem-na à distância sem participar dos ataques, cuja direção delegam a jovens guerreiros experientes.

A consolidação dessas alianças protetoras exige do xamã que ele exercite uma generosidade calculada em relação a esses defensores potenciais, consentindo em trocas que lhe são desfavoráveis e lhe consomem os bens que acumula em pagamento pelos seus serviços. Vista por esse ângulo a disparidade é, aliás, bastante grande entre os pequenos *uwishin* da vizinhança e os xamãs mais cotados: consulta-se os segundos em desespero de causa, quando os primeiros já falharam, e as tarifas então se elevam na medida de sua notoriedade e do desespero dos pacientes. Mas esses grandes xamãs são raros e relativamente marginais; vivendo à sombra dos brancos e gozando de uma espécie de privilégio de extraterritorialidade, já estão tão afastados de sua coletividade natal que em geral desdenham empregar suas riquezas para adquirir uma posição eminente no jogo das coalizões locais. Em compensação, nada distingue os *uwishin* sem reputação do comum dos mortais. A exemplo de Mukuimp, deveriam inclusive ser ainda mais desprovidos que os outros, já que supostamente deveriam investir regularmente seus magros proventos na dispendiosa aquisição de novas *tsentsak*. Restritos a uma existência ascética, condenados a redistribuir seus bens a fim de obter consideração e segurança, obrigados a despesas constantes para renovar o material de trabalho, expostos à ameaça sem trégua de uma execução sumária, em permanente concorrência, ou mesmo guerra declarada uns contra os outros, os xamãs pagam bem caro pelo privilégio de serem reconhecidos como árbitros do infortúnio alheio. Embora essas limitações ainda não tenham esgotado as vocações, elas pelo menos impedem que os *uwishin* se aproveitem da sua função para adquirir um poder político e econômico que os colocaria acima dos outros homens.

Detidos, na via do despotismo, pelo controle social extremo que uma sociedade anárquica delega a todos sobre todos, os xamãs achuar tampouco são charlatões movidos, por alguma secreta insatisfação, a explorar a credulidade dos leigos. Sinceros em sua disposição inicial, eles manifestamente "vêem", sob efeito do *natem*, todas essas entidades que lhes ensinaram a reconhecer e cujos atos eles julgam controlar. Mas será a convicção suficiente para propiciar a cura? Se for partilhada pelos doentes, por que não o seria, ocasionalmente?

Os males que afligem o cliente de um xamã são freqüentemente imaginários ou de ordem psicossomática. Muitas vezes vi pessoas quase à beira da morte, já tendo abdicado de toda vontade de viver, convencidas de que nada poderia livrá-las daquele feitiço, enquanto eu teria apostado que se encontravam em perfeita saúde dada a ausência aparente de qualquer sintoma preocupante. Arrastadas por um de seus familiares até a casa de um *uwishin* famoso, aonde só chegavam à custa de muita dificuldade, retornavam alguns dias depois com passo lépido e rosto radiante, libertadas de um tormento que decerto nunca tivera nenhuma base orgânica. Por aplacarem a angústia dos que os consultam, por libertarem-nos da terrível alienação do face a face com a dor e o desconhecido, os xamãs até logram provocar uma melhora provisória em pessoas realmente enfermas, qualquer deterioração posterior de seu estado parecendo menos ser sinal de um fracasso do que o indicativo de um novo feitiço não relacionado ao anterior. Contrariamente ao que pensam, com certa ingenuidade, os missionários católicos que atribuem o atual mercantilismo dos xamãs jivaro a uma triste degradação dos antigos valores, parece claro que o conforto oferecido pela cura deva ser proporcional ao seu preço. Todos aqui sabem que a recuperação é tanto mais rápida quanto mais tenha custado, tendo os xamãs compreendido o que os psicanalistas descobriram tardiamente, ou seja, é preciso literalmente "dar tudo de si" para fazer de uma situação de dependência a condição da própria salvação.

XXII. PALAVRAS DO EVANGELHO

A quem o vê pela primeira vez, o padre Albo oferece um contraste curioso. Do clérigo, ele tem a fisionomia; os olhos de límpida ingenuidade por trás dos óculos remendados, a barba branca em desordem, os ombros levemente curvados, a seriedade e palidez do rosto, tudo isso evoca as noites passadas sobre textos árduos e a transparência serena da fé. De modo que é uma surpresa ver sobrepostos a essa aparência benigna os costumeiros sinais distintivos do guerreiro achuar: a coroa de penas cobrindo parcialmente os cabelos compridos, os desenhos de urucum nas maçãs do rosto, uma bonita tanga *itip* usada com naturalidade, largas tirinhas atadas nos pulsos, atributos e ornamentos que realçam e prolongam em geral homens acobreados e musculosos e parecem aqui, na carcaça um pouco frágil do salesiano, peças avulsas de uma fantasia. Falta apenas uma espingarda a esse conjunto viril sobrepujado por um discreto crucifixo. Qualquer sentimento de incongruência, contudo, se esvanece assim que o padre Albo começa a falar: a voz levemente rouca, firme e pausada como a de um grande homem, modula à perfeição os *staccatos* do jivaro contribuindo, com sua autoridade cheia de vigor, para fazer relevar o aspecto quase delicado do missionário italiano. Seu andar de passinhos curtos e apressados, suas atitudes, a maneira como ele bebe cerveja de mandioca, cada um dos seus gestos, enfim, confirma que ele soube moldar aos hábitos da floresta um corpo há muito esquecido dos modestos confortos do seminário. Há tempos o conhecíamos de reputação e o encontro com ele não podia deixar de ser um acontecimento.

Faz dois dias que o padre Albo, ou melhor Ankuaji, o nome indígena que ele escolheu para si, chegou em Sasaima. Acompanhava Kaniras, um homem de Pumpuentza, que veio negociar a *tumash* pelo assassinato de Kawarunch cometido por Narankas, Nurinksa e Kuunt alguns meses atrás. A dois dias de caminhada daqui na direção sudeste, Pumpuentza é uma aldeia recente, do mesmo tipo que Capauari, mas fundada sob os auspícios dos salesianos, tendo sido o padre Ankuaji seu primeiro representante a estabelecer-se entre os Achuar do Sul. Como a maioria dos Achuar setentrionais, a gente de Sasaima tem mais inclinação pelos missionários protestantes de Makuma; além disso, estão há décadas em guerra com o povo de Pumpuentza e tendem a considerar os *paati* salesianos com a mesma desconfiança que seus tradicionais inimigos. A autoridade moral do padre Ankuaji, porém, se estende bem além da região onde ele exerce a atividade pastoral, a seis ou sete dias de caminhada para o Sul, e foi tanto para garantir a segurança de Kaniras como para prevenir o início de uma vendeta entre suas ovelhas e os homens de Sasaima que ele decidiu intervir. As pessoas de Pumpuentza, aliás, não passam de intermediárias nesse caso complicado que enfatiza mais uma vez o papel crucial, na construção das facções, do rompimento entre parentes e aliados. Originários de um pequeno rio ao norte de Pumpuentza, os três irmãos assassinos de Kawarunch são aparentados dos habitantes dessa aldeia, mas foi longe de casa, em Sasaima e em Capauari, que eles foram buscar suas mulheres. O assassinato de Kawarunch naturalmente levou Narankas, Nurinksa e Kuunt a fugir de sua "terra" de adoção para se refugiar na casa de seus tios e primos "ramificados" de Pumpuentza, com cuja solidariedade estão contando no caso de seus afins resolverem se vingar. Essa solidariedade foi parcamente avaliada: segundo o padre Ankuaji, o povo de Pumpuentza acolheu os três homens com muita reticência, pois, na opinião de todos eles, seu crime era gratuito e podia resultar numa guerra que ninguém desejava contra os Achuar do Norte. Foi a contragosto, portanto, que Kaniras cedeu às instâncias do missionário salesiano que lhe pedia para desempenhar o papel de mediador.

O padre Ankuaji já veio a Sasaima duas vezes nos meses anteriores, chegando a trazer na última visita uma espingarda para saldar a *tumash*. O filho mais velho de Kawarunch estava prestes a aceitar a compensação, mas o seu irmão "ramificado" não quis ouvir nada e se declarou pronto para a guerra. A atual tentativa de conciliação seria portanto a última chance de evitar um conflito. Parece estar, infelizmente, bem comprometida: a discussão de ontem, mal-sucedida, resultou com o povo de Sasaima tentando elevar o valor com exigências insensatas. Desgostoso, hoje de manhã Kaniras voltou inopinadamente para Pumpuentza, não sem antes confidenciar a Picham, que o hospedava, a sua exasperação diante da má vontade dos interlocutores e o seu desejo de não ter mais de tratar com eles. Quando Picham, que o acompanhara por um trecho do caminho para garantir a sua proteção, trouxe a novidade, esta foi interpretada como declaração de hostilidade. Tukupi e Washikta se puseram a clamar que não tinham medo da guerra, enumerando todos os aliados com os quais podiam contar. Por intermédio de Picham, seu antigo conhecido, o padre Ankuaji vem desde então tentando apagar o incêndio latente; ele também nos pediu para explicar a Tukupi, com quem estamos hospedados há vários dias, que a decisão de Kaniras era absolutamente pessoal e não refletia a atitude dos habitantes de Pumpuentza: parte de sua família foi morta por gente de Sasaima e Copataza, e foi um gesto de pânico que o levou a fugir.

A maioria dos homens de Sasaima faz mostra, nesse caso, de uma perfeita má fé. Em vida, Kawarunch suportou todo o peso do seu ostracismo; foi caluniado por Washikta, que o acusava de um assassinato que ele próprio cometera, foi ridicularizado por Narankas, o seu futuro assassino, com a cumplicidade de Tukupi, seu cunhado, e imagina-se que a sua morte não tenha causado, entre os seus detratores, mais que uma discreta satisfação. O seu filho Kunamp é desprezado pela comunidade por causa de sua cleptomania aguda; essa compulsão, excepcional entre os Achuar, considerada por todos como uma forma de loucura de que ele não é realmente responsável, torna-o pouco simpático aos olhos das vítimas dos seus pequenos furtos. Tukupi, Washikta e consortes não dão, portanto, a mínima para a vingança de Kawarunch e só deixam pairar a ameaça de um conflito para aproveitar a relação de forças favorável oferecida pelas circunstâncias, e também porque experimentam uma satisfação sardônica em deixar o missionário salesiano numa saia justa.

Embora se mostre cortês conosco, o padre Ankuaji desde ontem não buscou a nossa presença, talvez por inconscientemente nos associar à outra facção. A sua reserva também se deve ao abismo que, no que pese uma similitude aparente, separa nossas respectivas vocações. Esse homem dedicou sua vida tanto aos Achuar como a Deus, e se fez do destino deles um assunto pessoal seu, esforçando-se apaixonadamente para preservá-los da ocidentalização, foi para melhor conduzi-los pelo caminho da utopia cristã que sonhou para eles. É difícil para ele admitir que apesar do afeto que nos une a alguns dos nossos companheiros, apesar da admiração que sentimos por alguns aspectos de sua cultura, não nos sentimos investidos, como ele, de uma missão profética. Ele decerto adivinhou nossas reticências, mas não as compreendeu: algumas de suas observações dão a entender que ele nos considera uns *voyeurs* sem malícia, demasiado escravos da observação científica para querer desviar o curso dos acontecimentos; somos, em suma, corações ressequidos, incapazes de sentir pelos Achuar esse amor intenso que ele dedica abstratamente a cada um deles. Mesmo assim, expliquei-lhe a situação local para tranqüilizá-lo e ele me pediu que avisasse Tukupi que iria à casa dele fazer uma *aujmatin*.

Pouco antes do horário combinado para a conversação, alguns homens apareceram na casa de Tukupi para uma visita fortuita; o ambiente está animado, cada qual se preparando para um espetáculo fora do comum. Tukupi dera um sorriso irônico quando eu lhe comunicara o desejo do *paati*: como é que um branco podia levar esse diálogo cerimonial que os rapazes ficam treinando anos e anos e que muitos homens maduros dominam com dificuldade? No entanto, a performance do padre Ankuaji é brilhante. Ele alinha sem nenhuma trégua períodos escandidos e repletos de virtuosidades sintáticas; nenhuma hesitação, nenhum gaguejo, nenhuma repetição, apesar da barreira quase contínua de interpolações que Tukupi lhe opõe; este último até parece se perder em dado momento, já não achando outro contraponto se não repetir incansavelmente o próprio nome. É verdade que o salesiano não está improvisando, e sim lendo uma *aujmatin* que ele compôs antecipadamente para circunstâncias desse tipo; ele lê à maneira de um ator consumado, sem dar muitas mostras de estar se reportando ao papel. Embora a expressão seja, como sempre, bastante redundante, a mensagem tece de modo original um tema evangélico sobre o fundo costumeiro das notícias de guerra: "Eu vim te contar que o meu pequeno antigo está morto; foi morto pelos homens ruins; ele está morto para você...". Ao que, para manter a compostura, Tukupi retruca com uma frouxa contrição: "Eu antigamente matei uns inimigos, agora não faço mais a guerra; só para me defender...". Um longuíssimo silêncio se instaura com o encerramento do diálogo. Desse formidável enfrentamento entre temperamentos e capacidades que é a *aujmatin*, o padre Ankuaji sai indiscutível vencedor.

Alguns dias se passaram, o padre Ankuaji foi-se embora depois de convencer Picham a ir negociar a *tumash* em Pumpuentza, e a monotonia da vida cotidiana tornou a se impor. Tukupi, porém, parece pouco à vontade, preocupado, emburrado; sai pouco de casa, alternando períodos de humor sombrio, em que se encerra num mutismo rabugento, com arroubos de afeto quase paternal em que vem se sentar junto de mim e faz perguntas muito pessoais, o que ele antes não fazia, manifestando soberana indiferença pelo mundo de onde vínhamos. O meu diário de campo é o que mais o fascina e ele pede que eu o traduza página por página para ele. À noite, quando reporto à luz de uma lanterna calcada no ombro as informações colhidas durante o dia, ele me olha com atenção pensativa e eventualmente pede que eu leia para ele o que escrevi. Aos poucos, ao sabor das confidências e das perguntas, a explicação para o seu comportamento acaba por ficar clara: a visita do padre Ankuaji provocou em Tukupi uma grave crise de identidade, decerto latente havia algum tempo mas que a maestria retórica do interlocutor expôs de repente.

Com muita inteligência, Tukupi logo compreendeu que seria vão se opor aos missionários, cuja atuação se fazia cada vez mais perceptível nos limites dos seus domínios. Ele acabara aceitando, há dois anos, os avanços dos evangelistas americanos de Makuma e consentira com o envio de um predicador shuar que vinha se esforçando bastante para organizar uma escola. Puramente tática, a sua decisão lhe permitira consolidar, graças a um apoio externo, a legitimidade de uma posição conquistada por seus próprios méritos, utilizando-se de todas as qualidades esperadas num grande homem. Nada mudara para ele, que continuava manipulando os outros com consumada habilidade; prova disso eram os assassinatos de Ikiam e Kawarunch, que não teriam ocorrido sem o seu consentimento e contaram, pelo menos o segundo, com sua provável instigação. Apesar do formidável aparato técnico dos brancos, apesar do poder de controle sobre riquezas evidentemente infinitas, Tukupi estava convencido de que sua preeminência no sistema político tradicional não poderia ser questionada por aqueles intrusos tão ignorantes da sua cultura, seguro que estava do seu passado glorioso, do seu comprovado carisma e, principalmente, do poder de convicção da sua eloqüência. E eis que o pequeno *paati*, com o seu pedacinho de papel, tinha-o posto em xeque numa arte em que ele se vangloriava de não ter igual!

Essa amarga experiência obriga nosso anfitrião a reconsiderar as tranqüilas certezas que até então regiam a sua vida: para os Achuar, a virtuosidade de um discurso ditado pela inspiração de *arutam*, revelador do caráter e poderosa alavanca para atuar sobre a alma de outrem; para os brancos, os recursos da escrita, procedimento que lhes permitira, sem dúvida, enunciar em jivaro o único mito de que eles pareciam dispor, mas que parecia impróprio para outro uso que não fixar no único livro de que ele tinha conhecimento, e numa língua bem simplificada, uma mensagem das mais esotéricas que não o impressionava muito. Ora, a prova da *aujmatin* viera minar essa grande e confortável divisão. Tukupi está agora se dando conta de que a escritura pode extrapolar o Livro onde estava comportadamente confinada, que está inclusive prestes a invadir o seu território reservado submergindo, com poderosa instrumentação, os antigos fundamentos de sua autoridade. A visão de *arutam*, revelação fugaz e secreta na qual se fortalecia a palavra, perderia agora toda a justificativa; seria em breve suplantada pela "visão" de um papel, operação mais eficaz porque renovável em qualquer circunstância e acessível a qualquer jovenzinho. Não nos enganemos. Tukupi não vê nada de profano na leitura da admirável *aujmatin* do padre Ankuaji, e sim um perturbador paralelo com as condições de exercício da sua própria eloqüência. Por não imaginar que o complexo contraponto do diálogo cerimonial possa ser de fato codificado pela escrita, considera a folha de papel como uma espécie de talismã dotado de autonomia. Assim como *arutam*, o texto lhe parece existir à maneira de uma iluminação muito pessoal, e não como suporte ancilar de uma inspiração preexistente a ele.

O paradoxo dessa terrível decepção é que ela vai de encontro àquilo que o padre Ankuaji sempre desejou. Ao adotar as vestimentas e os costumes dos Achuar, expressando-se na língua e segundo os cânones da retórica tradicional, ele procura, é claro, conquistar a sua confiança mas também, principalmente, celebrar publicamente a sua cultura e suas instituições nessa delicada fase dos primeiros contatos em que vários povos se entregam ao abatimento e à autodepreciação. Ora, ao invés de desfazer, em Tukupi, um eventual sentimento de alienação, esse branco que rivaliza com ele naquilo que ele acreditava ainda ser o apanágio dos índios só serviu para que ele de súbito avaliasse a extensão de sua impotência. A evangelização destila constantemente esse tipo de mal-entendido, mesmo quando é motivada pela melhor das intenções. Só os ingênuos se surpreenderiam: a compreensão da singularidade alheia a que aspiram os etnólogos e bom número de missionários não combina muito bem com o desejo de transmitir as próprias convicções.

Apesar do desejo de não transtornar a vida e a cultura dos Achuar, apesar, também, das poucas conversões que tem contabilizado, o padre Ankuaji provavelmente perturba, mais do que os fundamentalistas norte-americanos, os valores tradicionais das quatro ou cinco comunidades onde exerce a missão pastoral. À diferença dos protestantes ele, para começar, reside em caráter permanente junto dos seus paroquianos; igual a um padre do interior, intervém constantemente para resolver diferenças e influenciar decisões, argumentando contra um projeto de casamento poligâmico aqui, contra uma decisão de vingança ali, obstáculo discreto mas eficiente ao livre curso das instituições sociais e da política de facções. Apesar das fortes reticências da hierarquia salesiana, decidiu adaptar o culto e a teologia católicas às exigências do sacerdócio. A celebração da missa com ornamentos e substâncias indígenas, o uso de *anent* e *nampet* para fins litúrgicos, alguns audaciosos paralelos entre certos rituais jivaro e as festas do calendário romano, a transformação dos heróis da mitologia em hipóstases dos atributos da Santíssima Trindade, são inovações muito bem intencionadas que visam afirmar a prefiguração da presença divina na religião autóctone. Esse sincretismo forçado, porém, na verdade priva os Achuar de tudo o que a sua relação com o sobrenatural tinha de original, muito mais do que a ortodoxia bíblica.

Para os predicadores protestantes, tais práticas se aproximam da idolatria. Imunes à dúvida que atormenta ocasionalmente os missionários salesianos e convencidos de que a totalidade da mensagem cristã reside na literalidade das Santas Escrituras, eles só aspiram libertar os Achuar do domínio do Diabo mediante as receitas simples e testadas: condenar inapelavelmente a maioria dos traços da cultura que atestam a sua presença e impor os preceitos e o modo de vida que eles próprios acreditam ter tirado da Bíblia. Tal projeto, por sua desmedida, parece fadado ao fracasso; não se transforma de um dia para o outro um guerreiro jivaro num seguidor das Igrejas fundamentalistas da América profunda. Uma aculturação dessa amplitude se torna ainda menos possível pelo fato de os pastores evangélicos só visitarem suas ovelhas muito episodicamente e serem incapazes, portanto, de influenciá-las duradouramente ou mesmo de compreender que a devoção de fachada exibida durante sua visita é a melhor garantia, para elas, de poderem retomar o curso de uma existência "satânica" assim que eles virarem as costas.

A atitude dos Achuar só em parte deriva de um desejo consciente de dissimulação, e acontece de eles às vezes recusarem a conversão por uma sinceridade real. Foi o que pude constatar em Conambo, durante uma surpreendente experiência de qüiproquó cultural. Nos últimos dias de nossa estada na casa de Tunki, um missionário americano tinha programado um grande batismo coletivo, decerto para exorcizar a influência do Diabo, de que o assassinato de Mashu evidentemente apresentava vestígios. No dia combinado, as facções rivais se encontraram na aldeia, encarando-se com hostilidade de um lado e de outro da pista onde o missionário iria aterrissar, as espingardas escondidas à proximidade. Para grande decepção do pastor, e apesar de uma exortação vigorosa, apenas algumas mulheres o acompanharam até o rio para o batismo. Contudo, os motivos que os homens me davam para não se tornarem *yus shuar*, "gente de Deus", mostravam justamente que eles levavam as conseqüências desse sacramento muito a sério. Diziam-me que ao se tornarem cristãos teriam de se privar dos recursos do xamanismo e das vantagens da poligamia, abster-se de fumar e beber cerveja de mandioca e, principalmente, renunciar à vendeta, o que lhes parecia inimaginável nas atuais circunstâncias. Bastante coerentes, consideravam que o castigo eterno com que o missionário os ameaçava era válido apenas para os crentes que pecassem e que, negando o batismo, poderiam continuar infringindo sem problema as inúmeras interdições que lhes faziam.

Esse rigor interpretativo é, no entanto, bastante raro. Os poucos Achuar que se dizem *yus shuar* vieram para a religião menos pela graça da revelação do que por vantagem própria. É o caso de Tseremp, cujo fracasso em encontrar *arutam* e o pouco prestígio de que goza em meio aos seus levaram-no a buscar junto aos evangelistas o sinal de uma eleição que a sua cultura lhe negava. Convencido de usufruir de proteção especial do Senhor, brinda os seus compatriotas com a mesma condescendência condoída com que esses o tratam, atitude que não contribui para melhorar a sua reputação, mesmo porque sua profunda ignorância teológica lhe proíbe qualquer proselitismo eficaz. Outros, mais numerosos, são atraídos pelas vantagens econômicas que esperam dos missionários protestantes. Não que estes sejam generosos, mas gostam de promover entre os índios a eclosão de uma mentalidade empreendedora, incitando-os a investir nas culturas de renda ou desenvolver a colheita de produtos procurados no mercado, que eles comercializam com seus teco-tecos. Em troca, vendem a preço de custo os objetos manufaturados de que os Achuar precisam, curto-circuitando assim as redes do comércio com os *regatones* para grande insatisfação destes últimos.

A iniciação prática aos mecanismos da livre empresa só atingiu até agora uma ínfima minoria e tem gerado comportamentos mais próximos da magia do que da economia política. Em Copataza, a aldeia mais aberta ao comércio missionário, uma interrogação obcecante volta à tona em todas as conversas: o que é preciso fazer para se beneficiar da "riqueza de Deus" (*yus kuit*)? A evidente abundância de bens materiais de que dispõem os predicadores norte-americanos só pode originar-se do vínculo muito especial que eles mantêm com essa divindade misteriosa da qual é, então, indispensável aproximar-se para se beneficiar de vantagens iguais. Com os missionários pregando o diálogo direto com Deus por intermédio da oração, em princípio nada se oporia a que Ele derramasse os seus benefícios sobre os índios com a mesma liberalidade. Conseqüentemente, em várias casas do Copataza onde nos hospedamos o chefe de família se entregava, ao cair da tarde, a um exercício de devoção dos mais interesseiros. Com os olhos cerrados e a testa enrugada de concentração, erguia aos céus uma interminável ladainha de pedidos: "Yus, me dê vacas! Yus, me dê uma espingarda! Yus, me dê remédios! Yus, me dê miçangas!". Esse tipo de solicitação, de que a propaganda das Igrejas fundamentalistas tira parte do seu sucesso nos próprios Estados Unidos, lembra bastante o "culto do cargo" a que se dedicam certas sociedades da Melanésia, um ritual profético destinado a desviar para as aldeias os barcos e aviões carregados de mercadorias cujo benefício os brancos até então tinham dado um jeito de monopolizar. Mas enquanto na Oceania os antepassados permanecem surdos às súplicas e as instalações improvisadas erigidas para receber os barcos, vazias, em Copataza os aviõezinhos da missão protestante aterrissam ocasionalmente para desembarcar mercadorias. Claro que ainda há que comprá-las, mas sua simples chegada comprova, afinal, um princípio de eficiência da oração.

O abastecimento celeste de Copataza combina bastante bem com um mito pequenino, relatado por Mukuimp, que justifica a atual desigualdade entre índios e brancos na distribuição das riquezas: "Antigamente, os antepassados dos brancos e dos Achuar eram idênticos; um dia chegou um avião; os antepassados dos Achuar ficaram com medo de subir no avião; os que foram embora no avião se tornaram brancos, aprenderam a fabricar tudo com as máquinas, enquanto os Achuar tinham de fazer tudo penando com as mãos". Esse mito, o único que conheço sobre esse tema, reflete em sua desenvolta concisão o pouco interesse dos Achuar pela gênese das diferenças entre os povos e, mais genericamente, sua indiferença pelas explicações históricas retrospectivas. A origem do mito é decerto bem recente, pois o termo utilizado por Mukuimp e seus companheiros para designar o avião é *wapur*, uma referência aos barcos a vapor que, lá pelo final do século XIX, começaram a subir os rios mais meridionais do território jivaro a partir das feitorias do Maranhão, veículos episódicos de um comércio de escambo aceito com fatalismo, como os teco-tecos evangélicos para os Achuar contemporâneos. A moral da história é isenta de amargura: os índios não se esforçam para se tornarem brancos aceitando as atuais facilidades do transporte aéreo e tentando canalizar as suas vantagens por repetidas orações; procuram, isso sim, agora que uma segunda chance lhes está sendo oferecida, corrigir um pouco as conseqüências de uma escolha inicial infeliz.

Aos olhos dos Achuar, parte do atrativo da oração está nas afinidades manifestas que ela apresenta com a visão de *arutam*. Assim como a visão, constitui um vínculo místico e pessoal com um princípio protetor, periodicamente reativado por uma comunicação imediata e cujos efeitos se fazem sentir por um êxito ostensivo nas realizações profanas. A semelhança entre esses dois pedidos de intercessão valida também a tese dos salesianos, segundo a qual a visão de *arutam* se situa no cerne da religiosidade jivaro; não, como eles acreditam, porque prefiguraria a experiência da revelação divina, e sim porque torna aceitável uma interpretação literal e interessada da devoção.

Até mesmo as sessões de culto organizadas pelos missionários protestantes são aproveitadas pelos Achuar para conduzir ambições absolutamente prosaicas. Com efeito, à pastoral itinerante do padre Ankuaji os predicadores norte-americanos preferem reuniões episódicas, mantidas numa das aldeias sob o seu controle, para onde levam gratuitamente de avioneta os *yus shuar* que assim solicitarem. Essas "conferências evangélicas" oferecem uma magnífica oportunidade de fazer facilmente novos *amik*, de escambar à vontade, de negociar casamentos, travar alianças políticas, trocar notícias ou consultar um xamã de renome. Embora provavelmente tenham consciência disso tudo, os pastores preferem fechar os olhos; é possível inclusive que tirem partido da situação, deixando que se sedimentem nessas congregações periódicas redes de solidariedade muito mais vastas do que as decorrentes do curso normal das relações de parentesco e vizinhança, redes das quais eles se tornam então os principais mediadores. As cumplicidades que assim se tramam são até mais eficazes por se fundamentarem no antigo princípio que reza que os inimigos dos meus inimigos são meus amigos: aproximam homens provenientes de localidades muito distantes, quase desconhecidos, geralmente separados por núcleos de adversários comuns mas contra os quais, justamente por causa da distância, não tinham pensado em se unir até o momento. Donde o aspecto de mosaico que apresenta a geografia das influências exercidas respectivamente pelos católicos e protestantes. Não é em função de convicções pessoais que os Achuar fazem sua escolha entre duas religiões concorrentes, nem por comparação das vantagens materiais que uma ou outra estaria em condições de oferecer, mas pela tendência das inimizades tradicionais. Como os inimigos de ontem – e muitas vezes até os de hoje – não podem conceber ser reunidos sob a autoridade de uma mesma organização missionária, a filiação religiosa assume o caráter de um inelutável automatismo; como fez Tukupi, a quem bastou constatar que os adversários hereditários de

Pumpuentza tinham passado para a égide dos salesianos, para imediatamente ceder às solicitações dos evangelistas. A falta de ecumenismo dos missionários vem se somar à parcialidade dos índios para estender à escala da tribo, na forma de uma nova guerra de religiões, o mecanismo de uma hostilidade secular entre grupos de vizinhança decididamente hostis a qualquer tipo de convivência.

Porque está longe de se exercer em toda parte, mas também, principalmente, porque ficou embaralhada com todas essas reinterpretações que deformam o sentido e alcance, a influência da evangelização não deve ser superestimada. Assim, nenhuma dessas instituições condenadas pelos missionários – a vendeta, o xamanismo, o casamento poligâmico, a busca de *arutam* – parece ameaçada nas poucas aldeias sujeitas há cerca de três, quatro anos a um proselitismo intermitente. Essa influência é, além disso, reversível, o que é um incontestável sinal da saúde do corpo social. É o que sugere o exemplo dos jovens predicadores shuar enviados pelos protestantes ao território shuar a fim de efetuar a erradicação dos costumes julgados mais perversos. Longe de cumprir com sua missão, quase todos esses jovens optaram por renunciar a ela para escolher uma esposa no local – alguns até têm várias atualmente –, tomando para si num mesmo gesto os valores tradicionais da família de sua mulher, que tinham aprendido a desprezar. De início bastante ocidentalizados em sua aparência e comportamento, esses produtos exemplares da descerebração missionária moldaram-se com desconcertante aptidão aos antigos costumes a que suas próprias mães tinham paulatinamente tido que renunciar, experimentando uma aculturação às avessas que uma vívida nostalgia, em parte inconfessada, talvez tenha contribuído para facilitar.

Tal inversão da marcha da história é provavelmente temporária. É um convite, no entanto, para relativizar o esquematismo com que muitas vezes ainda se considera a imposição da "paz branca" nas minorias tribais. É raro que a aculturação seja uma ocidentalização, exceto em suas manifestações mais superficiais: o uso de uma língua européia, da camisa e da calça comprida, o emprego de técnicas aperfeiçoadas nos países industrializados não converteram os Shuar aos sistemas de valores e modo de vida partilhados pelas nações modernas da Europa e da América do Norte. Não é "a cultura do Ocidente" – se é que tal abstração existe – que lhes é apresentada como modelo, mas a cultura popular dos seus compatriotas nesse pequeno país do terceiro mundo ao qual durante tanto tempo pertenceram sem saber. As novas referências dos Shuar convertidos, aquilo a que aspiram se identificar, são os hábitos vigentes entre as populações rurais do Equador, suas músicas e danças, seus costumes alimentares, seu falar característico de espanhol mesclado com quíchua, suas instituições comunitárias e a moral social que os governa; em suma, toda uma rede de códigos e sinais de reconhecimento típicos, tão pouco familiares para um ocidental quanto a cultura jivaro. Essas variações nos graus de exotismo não nos eximem de nossa responsabilidade coletiva na destruição, ao longo dos séculos, de milhares de sociedades, cada uma com uma contribuição original para a indispensável diversidade dos modos de expressão da condição humana. Podemos ainda nos consolar pensando que nosso planeta ainda não se tornou realmente uma aldeia, no máximo uma espécie de cidade tentacular onde, sobre os escombros dos lugarejos que antes povoavam a sua periferia, constroem-se a cada dia novos bairros com personalidades cada vez mais contrastadas.

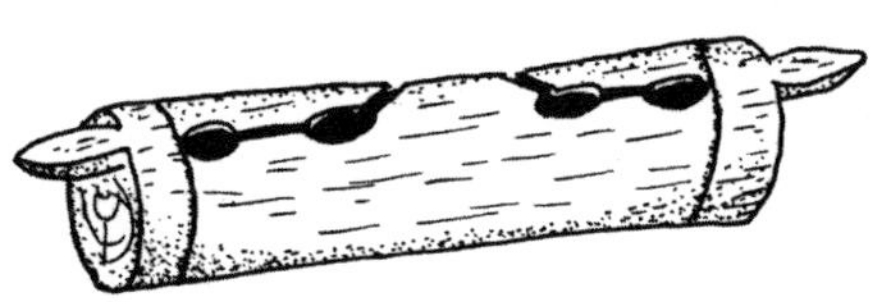

XXIII. MORTOS E VIVOS

Bem antes do amanhecer, acordei com as lamentações lancinantes das mulheres irrompendo subitamente pela casa: "*Nkuchiru! Nukuchirua! Jaka-yi-i-i-i, nukuchiru! Nukuchirua! Yamaikia jarutka-yi-i-i-i.*" A velha Mayanch acaba de morrer. Estava doente há tempos, e quando fomos deitar todo o mundo sabia que o fim estava próximo. Turipiur velou durante a maior parte da noite; cada vez que eu emergia de um sono difícil, eu o via sentado em seu *chimpui*, com o rosto apenas esboçado pelo clarão do fogo, atento à respiração sibilante de sua irmã em agonia. Mayanch, que tinha cerca de cinqüenta anos de idade, fora acolhida por Turipiur ao ficar viúva, dois ou três anos antes, e conquistara o afeto de toda a família. Desde que cheguei na casa de Turipiur, há quase um mês, ela praticamente não saíra da *peak*, ficando mais fraca a cada dia. Não me pediram para curá-la e não tomei a iniciativa: ela apresentava todos os sintomas de uma tuberculose em estágio avançado para a qual uma injeção de antibiótico não faria efeito duradouro. Eu estaria, além disso, me arriscando a ser acusado de sua morte, como não raro acontece com os xamãs consultados à última hora cujos pacientes vêm a falecer pouco após a cura. Sua impotência torna-se então indício de cumplicidade com o xamã agressor, razão pela qual os praticantes prevenidos se abstêm de tratar os casos desesperados. O perigo era aqui ainda mais concreto por Mayanch ter sido tratada exclusivamente por seu irmão Turipiur, um *uwishin* de renome. Teria ele hesitado, no que pese nossas aparentes boas relações, a jogar sobre mim o peso do seu fracasso?

Irmão do xamã Peas, assassinado há algum tempo por Yankuam, Turipiur é um homem fleumático de uns quarenta anos, alto e magro feito bambu, de olhar pensativo e gestos comedidos. Ele é que conduzia a expedição de represálias malograda que testemunhei em casa de Nankiti, e é contra ele que se dirigia o ataque que Nankiti estava para lançar quando deixei precipitadamente a sua residência quase um ano atrás. Fiquei sabendo depois que aquele derradeiro episódio de vendeta não teve nenhuma conseqüência. Nankiti e seus guerreiros foram detidos pela cheia do Apupentza, um rio que corre a uns cem metros daqui e que eles contavam atravessar a vau. Depois de, por precaução, fazer um amplo desvio rio acima, a pequena tropa se pusera a abater uma árvore imensa na margem para construir uma ponte. O ruído contínuo da batida chamara a atenção de um parente de Turipiur que estava na outra margem. Ele disparou um tiro de espingarda nos agressores antes de dar o alerta, e Nankiti teve de retirar-se, já não podendo contar com o efeito surpresa. Foi em grande parte por quase ter sido atacado por ele no passado que resolvi visitar Turipiur; movido por uma curiosidade um pouco perversa, queria experimentar essa observação privilegiada negada aos Achuar e examinar o outro lado do cenário. Vim sozinho, sem nenhuma garantia do tipo de acolhida que me estaria reservado, enquanto Anne Christine permanecia na casa do amigo Wajari em Capauari.

Turipiur se revelou, na verdade, um anfitrião encantador e atencioso, muito mais simpático que o seu adversário Nankiti, e acabei me solidarizando com ele, mesmo porque nesse caso, afinal, a vítima era ele. Quando lhe expliquei os motivos que tinham me levado à casa do seu inimigo na ocasião do ataque, ele sentiu uma enorme preocupação retrospectiva, talvez menos pelos perigos a que me teria exposto do que por medo das represálias com que o exército ameaçou, segundo ele, a quem matasse algum branco. A facção de Turipiur é, aliás, mais consistente que a de Nankiti. Ele é o mais velho de um grupo de cinco irmãos, aumentado por alguns genros e cunhados, aos quais se somam vários filhos adultos, ou seja, uns quinze guerreiros bem armados, inclusive com algumas carabinas de repetição de forte calibre. Cada irmão ocupa uma casa fortificada ao alcance da voz dos outros, com a de Turipiur, maior e mais bem protegida, cumprindo um pouco a função da torre num castelo medieval.

Apesar do estado de guerra e da doença de Mayanch, reinava na casa de Turipiur uma atmosfera agradável que tornava minha solidão menos pesada; assim, quando aprendi com o passar dos dias a obedecer às precauções da vida de fortaleza – menos draconianas, aliás, do que na casa de Nankiti – a consciência das circunstâncias excepcionais em que eu me encontrava foi esmorecendo aos poucos.

De uma semana para cá o ambiente da casa se fez mais sombrio com o agravamento manifesto do estado de Mayanch. Os seus contribuíram não pouco para tanto: como a velha estava febril, as mulheres a acompanhavam regularmente a um córrego próximo, em geral debaixo de chuva, para mergulhá-la na água fresca e "esfriar a febre". A infeliz voltava tremendo dos pés à cabeça, mais patética a cada banho, até que sua fraqueza extrema interrompeu o inútil calvário. Minhas advertências apavoradas foram acolhidas com polida indiferença: e por acaso não era assim que sempre tinham feito para esfriar a febre? Desde ontem de manhã, as mulheres começaram a se lamentar de maneira intermitente, tratando a velha como se ela já tivesse expirado. "Você está morta, vovozinha, está morta", diziam-lhe tristemente, enquanto ela ainda falava e pedia de comer. É verdade que morrer é para os Achuar um ato cumulativo e quase voluntário. "Estar doente", *jaawai*, e "estar morto", *jakayi*, se formam a partir da mesma raiz, a passagem de um estado a outro expressando-se por uma série de advérbios e sufixos que assinalam níveis na progressão rumo à extinção da vida. Já se está um pouco morto antes de falecer, um doente sendo considerado um defunto em potencial e um defunto, um doente completo.

Por diversos sinais inequívocos, já se sabia que Mayanch começara a se decompor, não ainda na carne, mas na sua pessoa, cujos diversos atributos recobravam aos poucos a independência. Há dois dias, um sobrinho de Turipiur encontrou o cadáver de uma corujinha a poucos passos da casa; *"mese ajakratin!"*, disse imediatamente Turipiur: esse mau agouro anunciava o fim próximo, sendo a coruja um dos avatares em que se encarna a alma dos mortos. Todo o mundo sabia que o *wakan* de Mayanch já deixara o corpo para se transformar em Iwianch, um Iwianch invisível, claro, mas cuja presença se fazia sentir dia após dia. Ora era o ruído de uma corrida em volta da casa ou batidas na porta da paliçada bem no meio da noite, ora era uma panela que, sem que se pudesse explicar, caía sobre o fogo ou uma tigela despencava do alto de uma treliça. Embora Mayanch continuasse aparentemente a gozar da maioria de suas faculdades, para os seus próximos já não passava de um autômato privado de pensamento e de sensibilidade emocional. Seu próprio desejo de alimento era interpretado como uma confirmação desse desapossamento espiritual, uma das principais características do Iwianch sendo justamente uma fome insaciável. Adiantando-se em vários dias sobre a cessação das funções vitais, a evasão do *wakan* e suas desajeitadas manifestações no recinto da casa indicavam a todos que a velha penetrara no reino dos defuntos.

Sobre a verdadeira natureza dessa transmutação, assim como sobre o destino mais genérico da alma após a morte, os Achuar professam as mais diversas opiniões, como pude constatar nesses últimos dias ao interrogar a família de Turipiur acerca da sorte reservada a Mayanch. A incerteza dos meus companheiros quanto aos mecanismos de decomposição da pessoa só faz refletir sua perfeita indiferença pelo modo como ela se constitui. Homens e mulheres concordam, é certo, sobre os princípios gerais da fabricação de uma criança: no útero da mãe o pai coloca um "ovo" minúsculo contido no seu sêmen, que ele terá de alimentar e fortificar ao longo de toda a gestação, particularmente durante os últimos meses, com aportes regulares de esperma. A mulher desempenha o mero papel subalterno de receptáculo passivo; a ela, contudo, é que se imputa a esterilidade, que resultaria da incapacidade de fornecer ao "ovo" um ambiente propício ao seu desenvolvimento. Admite-se que o embrião seja dotado de *wakan* desde a concepção, mas ninguém parece saber de onde vem a alma e nem se preocupa com isso. Tal desinteresse é, aliás, compreensível, dada a ausência nessa sociedade de qualquer princípio de filiação: os pais não transmitem nenhuma prerrogativa aos seus filhos a não ser o nome – geralmente o de um avô – e, às vezes, uma tatuagem no rosto, antes marcas de individuação do que símbolos de uma continuidade linear com as gerações anteriores. Ao contrário do que ocorre em muitas sociedades pré-modernas, o nascimento aqui não vale a incorporação num clã ou linhagem de interesses bem definidos, não confere privilégio sobre um território ou patrimônio, não dá acesso a cargos ou títulos, não impõe deveres específicos em relação a uma divindade local ou um altar doméstico; é o impulso inicial oferecido a uma virtualidade de existência que irá dever tudo a suas próprias obras. Uma teoria elaborada das substâncias e dos princípios formadores da pessoa é, portanto, supérflua; como o pai e a mãe representam apenas a si mesmos, e não a grupos que façam prevalecer algum direito sobre a descendência, não há necessidade de desvendar a parte de cada um na gênese da criança.

No nascimento, o *wakan* é fluído e plástico; desenvolve-se ao mesmo tempo que o corpo, ao sabor das experiências emotivas e perceptivas que aos poucos irão delinear a fisionomia própria em que se expressará o caráter de cada um. O *wakan* de um bebê não lhe dá nenhuma singularidade, apenas, quando muito, a promessa das faculdades características dos seres de linguagem; sua identidade não está potencialmente contida nele, muito menos o seu destino. Identidade e destino se moldam ao longo dos encontros sucessivos com *arutam*, um motor impessoal e abstrato, temporariamente eficaz, mas nunca definitivamente incorporado, pois é inconstante em suas aparições e não pertence a ninguém em particular. Geração após geração, *arutam* permite que as personalidades se desenvolvam e que a condição humana adquira consistência, sem predestinação alguma do *wakan*, esse pequeno clarão da consciência e da afetividade que não é mais que um predicado da vida. Os avatares do *wakan* depois da morte não têm, portanto, grande importância, já que com o encerramento da existência que ele tinha por função acompanhar o seu papel se torna caduco.

Segundo a interpretação mais freqüente, o *wakan* deixa o corpo pouco antes da morte para se transformar num Iwianch que irá assombrar a casa até a completa dissolução das carnes do defunto, quando então o *wakan*-Iwianch se metamorfoseia em animal. Por não ter nenhuma localização precisa no organismo dos humanos, a espécie cuja forma o *wakan* vai tomar depende da parte do corpo onde residia imediatamente antes de partir: uma coruja, quando no fígado, um bico-encarnado, quando no coração, uma borboleta *morpho*, nas aurículas – alguns dizem pulmões –, um veado vermelho quando na "carne" ou, às vezes, na sombra projetada. Essa sombra é constitutiva da pessoa, assim como o seu reflexo na água, sendo ambos aliás designados pelo termo *wakan*, de que são de certa forma o suporte figurativo. O *wakan* dos homens se encarna nos machos da espécie, e o das mulheres, nas fêmeas. Alguns afirmam, por outro lado, que o *wakan* volta para a placenta do morto, outrora enterrada junto de sua casa natal, levando ali por toda a eternidade a vida vegetativa de um feto, enquanto as diferentes partes do corpo se tornam autônomas e se metamorfoseiam em animais segundo as mesmas regras já citadas. Quanto aos Iwianch, sob sua aparência humanóide pelo menos, seriam fabricados na selva pelos pássaros bicos-encarnados. Outros, por sua vez, declaram que o *wakan* se engolfa no vulcão Sangay – uma crença transmitida pelos Shuar e de indubitável origem missionária – enquanto o fígado se transformaria em Iwianch, quer na forma de um ser grande, peludo, muito magro e com cabeça simiesca, quer na de um dos animais já evocados. Dizem ainda que o *wakan* gosta de se encarnar nas corujas e nos bicos-encarnados a fim de recuperar a visão, já que ele é considerado cego a partir do momento em que abandona o corpo. Assim, esses pássaros emprestariam seus olhos aos mortos e não é raro que um achuar, ao ouvir um bico-encarnado assobiar o seu *pees-a-pees* característico, comece a resmungar abaixando a cabeça: "Vá incomodar quem lhe enfeitiçou!". Alguns, finalmente, confessam ignorar tudo sobre o destino da alma após a morte e me pedem que lhes dê a minha explicação para a questão. Em suma, cada qual parece criar segundo a própria inspiração sobre uma tela comum a todos, mais um exercício de imaginação servindo para passar momentos divertidos do que uma interrogação angustiada que solicite uma resposta ortodoxa e socialmente sancionada.

De todas essas figuras de além-túmulo, a de Iwianch é a mais original. Suas fronteiras ontológicas são bastante imprecisas, já que Iwianch tem um uso ao mesmo tempo genérico e particular: designa as diversas manifestações, notadamente animais, da alma dos mortos – o veado vermelho é chamado de "veado-Iwianch", o bico-encarnado, de "pardal-Iwianch" – e o arsenal mágico dos xamãs no que ele tem de maléfico, ao mesmo tempo em que designa um ser singular, vagamente humanóide, cuja malevolência sem gravidade provavelmente motive os outros significados nefastos associados ao termo. Com um faro etnográfico certeiro, os missionários traduziram Iwianch por "demônio", reproduzindo nessa analogia a imprecisão semântica do conceito jivaro.

Em seu avatar humanóide, Iwianch apresenta traços paradoxais. Em primeiro lugar, e quaisquer que sejam as divergências de interpretação quanto aos mecanismos que o produzem, sua existência não parece ser posta em dúvida por ninguém. Ora, esse fantasma é quase sempre invisível e a sua presença é identificável principalmente pelos efeitos que produz: cego, ele se desloca erraticamente pela casa e esbarra nos objetos; esfomeado, rouba alimentos; sexualmente frustrado, dedica-se a apalpar as mulheres adormecidas; terrivelmente sozinho, rouba cachorros para ter companhia. Mesmo na mata, ele se manifesta sobretudo por seu grito característico, *chikiur-chikiur*, ou pelo ruído de um galho se quebrando sob os seus passos, como se esse morto tímido se negasse a revelar para os vivos o horror que é sua figura. É verdade que ele às vezes se manifesta a mulheres e crianças, mas sem que estas tenham imediata consciência de com quê estão lidando. As crianças vêem nele apenas um desconhecido de contato amigável; seduzidas pelo atrativo da coisa proibida, deixam-se atrair por esse novo companheiro de jogos em longos passeios pela floresta, mergulhando os pais em terrível preocupação. Os jovens fugitivos que entrevistei só guardavam, aliás, uma lembrança muito vaga da sua experiência, menos traumática para eles do que para os seus próximos.

Um mito que me foi contado por Wajari retrata muito bem o clima até bem afetuoso dessa camaradagem entre os mortos e as crianças.

> Contam que antigamente, numa casa em que os pais tinham se ausentado, um avô defunto veio visitar os netinhos. Pegou carne na reserva e preparou um ensopado, então chamou os netos: 'Venham comer!'. Depois de comer, convidou-os para brincar com ele; as crianças apanharam as flechinhas da zarabatana, acenderam as flechinhas no fogo e atearam fogo na sua cabeça de *pees-a-pees* (o pássaro bico-encarnado); enquanto a sua cabeça ardia feito uma tocha, ele cantava: 'Netinhos, eu continuo existindo, eu continuo existindo'. As crianças estavam se divertindo muito e, bem cansadas, acabaram pegando no sono. Aproveitando a oportunidade, o avô devorou toda a reserva de carne da casa. Quando os pais voltaram, as crianças declararam: 'Vocês não sabem? Vovô esteve aqui e nos deu ensopado para comer'. 'De que avô vocês estão falando? O avô de vocês morreu há anos', responderam os pais. As crianças afirmaram que o avô tinha dito: 'Vocês são os meus netinhos'. 'Que bobagem é essa? O avô de vocês faleceu há muito tempo; foi Iwianch que esteve aqui', retrucaram os pais.

Preocupado, o pai resolveu se esconder em cima de uma treliça para ver o que andava se tramando durante a sua ausência. Chegou um velho, com o cabelo emaranhado, que começou a preparar um ensopado e convidou as crianças para comer. Enquanto todos comiam, o avô extrai um olho e coloca-o no ensopado para salgá-lo; depois de um tempo, retira-o e coloca-o sobre uma lenha do fogo para secar. Vendo aquilo, o pai exclama consigo mesmo: 'Então era ele que estava surrupiando nossas reservas de comida!' Ele tinha se munido de uma vara comprida, com a qual conseguiu alcançar o olho sem ninguém perceber. Empurrou o olho no fogo, onde ele estourou. '*Chaa*! O que é isso?', exclamou o avô. 'Vai ver foi um pouco de musgo que pegou fogo. Levei um susto.' Depois que acabou de comer, o avô quis recuperar o seu olho, mas não o encontrava. Muito preocupado, procurou por toda parte. Depois, escutando a voz dos pais que vinham chegando, despediu-se dos netos e afastou-se dizendo: '*Wee, wee*' (sal, sal). Questionadas pelos pais, as crianças declararam que o avô foi embora para sempre. Passou o tempo, e o episódio acabou sendo esquecido. Certo dia, uma velha que estava na roça com as filhas foi surpreendida por um forte aguaceiro. Decidiu entrar em casa para se secar, enquanto suas filhas ficavam na roça descascando e lavando as raízes de mandioca. Tremendo de frio, a velha chega em casa e depara com um homem deitado sobre uma cama frente a um bom fogo. 'Quem é você?', ela pergunta; mas o homem não responde. Apavorada, a velha pega um tição, mas nisso o homem se joga em cima dela, rola-a no chão e lhe arranca um olho, colocando-o em sua órbita vazia. Então vai embora satisfeito, deixando a velha sem vida. Compreende-se rapidamente que foi o morto quem veio arrancar um olho da velha. O pai se espanta: 'Deve de ser o meu pai, será que ele está vivo?' Eles então decidem matá-lo e o pai reassume o seu posto sobre a treliça. Pouco depois o morto aparece novamente, prepara um ensopado e convida as crianças para comer. Salga novamente a comida com o seu olho, mas coloca-o imediatamente de volta na órbita. Devidamente instruídos pelo pai, as crianças se acomodam em volta do avô e, deslocando-se imperceptivelmente, forçam-no a se aproximar cada vez mais do fogo, até que se incendeie. As crianças então lhe dizem: 'Vovô, vovô, você está ardendo!' 'Que nada, meus netinhos, estou me balançando'. Dizendo isso, viu que o seu corpo começava a se consumir lentamente. Então decidiu ir embora: 'Meus netinhos, vou me despedir de vocês; fiquem bem, pois estou indo

> embora para sempre'. Ele se afasta, consumindo-se aos poucos, até chegar à parte mais fechada da floresta, onde o seu corpo ardente ateia fogo à vegetação antes de cair em cinzas.

Como mostra o mito, as mulheres são tratadas pelos Iwianch com menos simpatia que as crianças. Os encontros delas com os fantasmas parecem ocorrer principalmente à noite, no modo íntimo ou brutal de um contato físico, não visual. De um desses confrontos fomos, em Sasaima, testemunhas perplexas. Pelo meio da noite, a casa toda de Picham, onde estávamos hospedados, despertara com os gemidos lamentáveis de Asamat, irmão de Tukupi e surdo-mudo de nascença. Ele parecia nos pedir cigarros, o que foi confirmado com Picham, habituado, como todos os habitantes de Sasaima, à linguagem gestual que permitia a comunicação com Asamat e a sua esposa, também surda-muda, linguagem que uma longa hereditariedade local dessa enfermidade permitira codificar num repertório elementar, perpetuado e enriquecido de geração em geração. A esposa de Asamat, que tinha saído para satisfazer uma necessidade natural, foi aparentemente surpreendida por um Iwianch que, depois de enlaçá-la por trás, deu-lhe dois tabefes e desapareceu. Como era de hábito nesses casos, a infeliz desmaiou assim que começou a descrever, através de sinais, a sua aventura para o marido. O estupor em que ela se encontrava só podia ser dissipado assoprando-se sobre a sua cabeça um pouco de fumo, de que Asamat estava momentaneamente desprovido e que oferecemos em seguida; ela se recompôs.

O acontecimento nos mergulhara num abismo de especulações. Como é que seres privados, desde o nascimento, de toda comunicação verbal, poderiam representar outros seres, sendo também esses em geral invisíveis e mudos? Que concepção Asamat e sua esposa tinham de um fantasma cujos atributos só muito imperfeitamente podiam ser retratados pelo código rudimentar que transmitiu certos traços de sua cultura aos dois surdos-mudos? Um pouco à maneira dos hieróglifos, sua linguagem baseia-se com efeito num princípio mimético, cada entidade significante expressando-se por uma imagem analógica esquematizada em dois ou três gestos, imagem que tiraria, portanto, sua pertinência e força evocatória do fato de o referente ao qual remete ser sempre observável no círculo social e natural imediato. De que modo, enfim, Asamat pôde adivinhar a experiência que sua esposa acabava de atravessar, se ela foi tomada por estupor poucos instantes depois de tornar a vê-lo? A menos que se partilhasse a crença dos nossos anfitriões na existência dos Iwianch – o que não parecia ser um problema para certos missionários protestantes – era preciso admitir que a relação dos Achuar com esses visitantes do além estruturava-se num tipo de comunicação que utilizava muito pouco a expressão verbal.

Foi principalmente através de um jogo sutil entre ver e não ver, e explorando a gama das incompatibilidades possíveis entre os diversos tipos de sensações, que as interações entre vivos e mortos parecem adquirir seu valor de ilusão e verdade. Privados de visão, os mortos teimam em querer ver os vivos graças aos olhos dos animais em que se encarnam; na falta deles, e aproveitando-se da escuridão da noite, procuram apalpar as mulheres sem deixar que elas os vejam, mas também não ocultando a sua própria natureza, revelada por seus atos; atitude inversa à que eles adotam para com as crianças, às quais se dão a ver sem revelar sua identidade. Os vivos, por sua vez, fazem o contrário dos mortos, já que justamente se esforçam para não vê-los, desviando os olhos, por exemplo, quando deparam com um Iwianch-animal, ou não se deixando envolver numa situação de comunicação com os fantasmas.

No entanto, nem todos se dão bem nessa brincadeira de esconde-esconde onde se trata de não ser visto por aqueles que desejam ver e de não ver os que querem ser vistos. Decerto por dominarem melhor o discurso, os homens em geral conseguem se adiantar a qualquer contato visual com os Iwianch estabelecendo de saída a preeminência do registro sonoro sobre o registro visual: assim que um ruído característico na mata permite suspeitar da proximidade de um fantasma, o caçador produz um estalo ou uma detonação – quebra um galho, dá um tiro de espingarda –, tomando a iniciativa de responder ao ruído por um ruído de modo a não se deixar enredar numa fascinação hipnótica. Ele geralmente acrescenta a exclamação: "E eu sou um homem!", afirmando assim a irredutível diferença de status entre os vivos e os mortos, e restabelecendo entre eles, através da palavra, a indispensável distância que uma ilusão visual ameaçava abolir. Preso na cilada de um registro de comunicação que domina mal, o Iwianch desaparece então sem se mostrar.

Com as mulheres, os Iwianch adotam uma tática diferente, aproveitando-se, ao contrário, do fato de se tornarem invisíveis à noite para se manifestarem a elas por um contato físico, e não visual. O tépido calor do corpo feminino os atrai, mas o calor excessivo do fogo os rechaça, motivo pelo qual é imprudente se afastar de um fogo durante a noite, principalmente quando se está acampando na mata. Tomando o corpo das mulheres, os fantasmas o envolvem numa interação que elas não têm como evitar; por um breve momento, eles as fazem ultrapassar o umbral desse universo dos mortos onde reinam a ambigüidade dos sentidos e a confusão dos sentimentos. A relação aberrante em que elas se deixaram prender isola-as por um tempo da comunidade dos vivos, e é quando tornam a ver os seus próximos que a quimera se desfaz, deixando-as porém prostradas, incapazes de se expressar, sendo qualquer capacidade para se engajar em alguma comunicação normal através da palavra e pelo olhar repentinamente anulada pela carícia a que estiveram sujeitas. Daí a importância do fumo, estimulante da clarividência e auxiliar da concentração; numa carne que um controle imperfeito tornou vulnerável, ele restaura a dominação do *wakan*, fonte da visão e da linguagem.

As crianças, muito mais que as mulheres, acham-se desarmadas diante dos Iwianch. O seu *wakan* ainda incompleto as torna permeáveis às influências do ambiente e prontas a ceder às miragens da percepção, incapazes de operar uma discriminação entre as diversas sensações que as acometem. Somente a elas, portanto, os fantasmas podem revelar uma aparência que parecerá comum ao seu olhar sem prevenção, somente com elas poderão estabelecer um diálogo cujo absurdo não será percebido. As menores correm imenso perigo, já que a indiferenciação dos sentidos favorece a indistinção das almas e sua conseqüência última, a incorporação do *wakan* do morto por parte da criança. O defunto encontrará aí um acesso temporário ao mundo real e à maravilhosa paleta de uma sensibilidade inocente, até que essa coexistência impossível acabe provocando a morte da criança e uma nova expulsão do fantasma para a monotonia dos simulacros.

Esses diferentes tipos de interação entre vivos e mortos parecem se ordenar em torno de uma série de oposições entre a continuidade do campo visual e a descontinuidade das sonoridades e das sensações táteis. A existência falaciosa dos fantasmas se reforça ou se desfaz segundo haja homologia ou ruptura no campo comunicativo que eles tentam estabelecer: os homens evitam o estabelecimento de uma continuidade visual com eles por meio de uma descontinuidade sonora, enquanto, ao contrário, os Iwianch se esforçam, ao apalpar as mulheres, por produzir uma brusca descontinuidade perceptiva que, por um tempo, impedirá as vítimas de suportarem a continuidade do olhar dos vivos. As crianças, por sua vez, só podem ser os melhores interlocutores dos fantasmas: por não conseguirem medir as descontinuidades em função do seu desenvolvimento inacabado, encontram-se no mesmo plano que esses seres esquecidos das distinções sensoriais por terem sido privados de corpo real.

Compreende-se melhor, então, porque é inútil investigar, como eu quis fazer no início, as exatas circunstâncias em que fulano ou sicrano dizia ter cruzado com um Iwianch, esperando desencavar nesses fatos positivos as explicações concretas da ilusão. A ansiedade em que mergulharam meus anfitriões ante os atos discretos de um morto ainda vivo não poderia ser interpretada em termos de verdade ou erro, a não ser atribuindo-se aos Achuar uma teoria do conhecimento objetivo idêntico ao nosso. Ora, parece-me cada vez mais evidente que a matéria ou os seres não possuem para eles uma existência em si, independente das representações que o espírito pode formar sobre eles a partir dos sentidos. À diferença das filosofias do sujeito que possibilitaram, no Ocidente, o surgimento das ciências positivas, instituindo uma separação radical entre os mortos e as coisas, entre as idéias abstratas do entendimento e a realidade que elas apreendem, os Achuar não concebem o trabalho do *wakan* como formalização de um mundo de substâncias preexistentes a ele. Mais próximos decerto, nesse aspecto, do imaterialismo de um Berkeley, parecem basear a existência das entidades conhecedoras e dos elementos à sua volta quase que inteiramente no ato da percepção: para parafrasear a célebre expressão do bispo irlandês, as qualidades sensíveis é que constituem, num mesmo movimento, as coisas em si e o sujeito que as percebe. Já que não gozam de todos os privilégios da sensação, os Iwianch são um pouco menos reais do que os vivos, os quais apreendem apenas alguns dos seus aspectos e são por sua vez imperfeitamente discernidos pelos mortos; eles existem em certos momentos e para certas pessoas, esse jeito intermitente e subjetivo permitindo que todos acreditem em fantasmas mesmo sem ter experimentado a sua presença.

Toda a cosmologia achuar decorre dessa concepção relacional da crença. A hierarquia dos objetos animados e inanimados não está baseada nos níveis de perfeição do ser, ou num acúmulo progressivo de propriedades intrínsecas, mas na variação nos modos de comunicação que permite a apreensão de qualidades sensíveis distribuídas de modo desigual. Ao contrário do platonismo ingênuo por vezes imputado aos Jivaro, que opõe o mundo verdadeiro das essências, acessível através dos sonhos e das visões alucinógenas, ao mundo ilusório da existência cotidiana, parece-me que os Achuar estruturam o seu universo em função do tipo de troca que estabelecem com os mais diversos habitantes: a maior ou menor realidade existencial destes varia segundo o tipo de percepção a que se prestam e o crédito que lhes é dado.

Como a categoria dos seres de linguagem engloba espíritos, plantas e animais, todos dotados de um *wakan*, essa cosmologia não distingue humanos de não-humanos; ela apenas introduz distinções de ordem segundo os níveis de comunicação. No topo da pirâmide estão os Achuar: eles se vêem e se falam na mesma língua. Entre os membros das diferentes tribos jivaro há também interlocução recíproca, mas em dialetos que, embora sejam *grosso modo* inteligíveis, são diferentes e dão margem a ocasionais equívocos fortuitos ou deliberados. Com os *apach* – brancos ou Quíchua – é possível se ver e se falar simultaneamente, bastando existir uma língua comum – achuar, espanhol ou quíchua – cujo domínio insuficiente por parte de um dos interlocutores às vezes dificulta a concordância dos sentimentos e das vontades, tornando portanto questionável a correspondência das faculdades que comprova a existência de dois seres num mesmo plano da realidade. À medida que nos afastamos do domínio das "pessoas completas", as distinções de campos perceptivos se acentuam. Assim, os humanos podem ver as plantas e os animais que, ao que se diz, também podem ver os humanos quando são dotados de *wakan*; mas embora os Achuar falem com eles através das encantações *anent*, não obtêm de imediato uma resposta, que só é oferecida em sonhos. O mesmo acontece com os espíritos e com certos heróis da mitologia: atentos ao que lhes dizem, mas geralmente invisíveis em sua forma primeira, só podem ser apreendidos em toda a sua plenitude durante os sonhos ou transes visionários. Finalmente, certos elementos da paisagem – a maioria dos insetos e dos peixes, as ervas e samambaias, os seixos etc. – são visíveis para todo o mundo, mas não se comunicam com ninguém por falta de um *wakan* próprio; em sua existência inconseqüente e genérica, correspondem decerto para os Achuar àquilo que nós chamaríamos de natureza.

Muito bem, me dirão; mas de onde você tirou essa exegese cosmológica? Foi apresentada por algum sábio indígena? É transmitida pela tradição oral? Evidentemente que não. Meus companheiros não efetuam a teoria reflexiva dos seus modos de conhecimento, assim como nós não temos consciência de utilizar o princípio de contradição ou do terceiro excluído na maioria dos nossos julgamentos. E já que o senso comum de uns não é igual ao de outros, os etnólogos ocasionalmente têm de utilizar as armas dos filósofos para caçar em territórios que esses não freqüentam.

Ao amanhecer as mulheres começam a preparar o corpo. Mayanch é cuidadosamente penteada, vestida com seu *tarach* mais bonito, colocam-lhe ao pescoço o colar de *shauk* amarelas de que ela gostava e a sua cunhada desenha com urucum, no seu rosto, o motivo das Plêiades e de Orion: dois grupos de pontinhos em cada maçã do rosto, margeados por duas tiras contendo uma linha quebrada que acompanha, arredondada, o contorno externo das faces, da boca às têmporas. A morta é então deitada em decúbito dorsal sobre a sua *peak*, com as pernas unidas e os braços apertados ao longo do corpo, tapada com um cobertor à guisa de mortalha. A maioria das mulheres se dispersa então pelas roças, a fim de percorrer, lamentando-se, os lugares familiares freqüentados por Mayanch; a visão do seu canteiro de mandioca, do local onde ela ia lavar as raízes, do caminho por onde ela passava, à noite, curvada sob o seu cesto, reavivam lembranças dolorosas que se traduzem num crescendo de lamentos. Abafado e refratado pela névoa que envolve a paisagem essa manhã, o coro de vozes roucas de aflição parece de uma irrealidade pungente.

Turipiur ficou em casa na companhia dos dois genros, com o olhar fixo e o rosto transtornado. De vez em quando comenta com eles sobre a sua infância junto de Mayanch, mas a sua voz se engasga rapidamente apesar do seu esforço e lágrimas que ele não tenta esconder escorrem pelo seu rosto. O espetáculo é ainda mais comovente pelo fato de Turipiur, em geral, ostentar um imperturbável sangue-frio. Como todos os grandes homens, ele exerce sobre as próprias paixões um controle assíduo, e nada até aqui parecia poder perturbar a sua sorridente equanimidade. Ele me declarou ainda há pouco, com evidente sinceridade, que lhe era indiferente morrer num enfrentamento com o bando de Nankiti e que, tendo ele próprio matado muitos homens, a sua vez acabaria chegando algum dia. No fundo, a íntima consciência da própria força é que provavelmente permita a Turipiur manifestar a sua dor sem falsa vergonha. Não havendo nenhuma dúvida sobre a sua virilidade, não havendo mais que provar a sua resistência moral, ele não teme que interpretem o seu pranto como sinal de fraqueza. Em várias oportunidades, pude ver homens expressarem assim a sua emoção sem constrangimento. Umas semanas atrás, por exemplo, um visitante do Kurientza veio contar para Turipiur como a sua mulher acabava de abandoná-lo para fugir com o amante, deixando-o sozinho com três filhos pequenos. Retratou a sua desgraça em termos patéticos, com a voz embargada em acessos de lágrimas que ele mal continha. Não ocorreu a ninguém ridicularizá-lo e quando, depois de ele ir embora, comentou-se o seu infortúnio, foi em tom de imensa piedade; não a piedade pervertida que mistura comiseração com condescendência, mas esse sentimento espontâneo de identificação com o outro em que Rousseau detectava o mais sólido fundamento das virtudes sociais.

Com a chegada dos parentes, no entanto, o tom muda da água para o vinho. O cadáver é descoberto por um momento diante de cada um deles; as mulheres se lamentam ruidosamente, enquanto os homens miram o corpo em silêncio. Os irmãos, cunhados, genros e sobrinhos juntam-se aos poucos em volta do dono da casa para comentar o acontecido. A dor de Turipiur se transformou em fúria e ele agora acusa abertamente Awananch de ter enfeitiçado a sua irmã: "Como é que ela foi morrer? O *arutam* dela era forte demais para ela morrer; e ela não tinha encontrado *arutam* depois da morte do marido? As *tsentsak* é que comeram ela! Eu, Turipiur, vi!". Reforçaram a sua convicção, todos garantindo solidariedade a Turipiur: não podemos deixar impune um crime tão gratuito, que vem se somar ao assassinato de Peas; essa gente quer liquidar a todos nós; nós também não temos medo da guerra... Atentas a tudo o que dizem os homens, não obstante o contraponto ininterrupto das lamentações, as mulheres em seguida se afinam no mesmo tom. A esposa de Turipiur se lança numa espécie de melopéia imprecatória em que a evocação tristonha da defunta se transforma rapidamente em anátemas contra o odioso xamã que, de longe e numa enganosa segurança, não tem vergonha de rir da sua dor. A casa inteira agora ecoa em recriminações. Partilhando a sua dor, mas não a sua animosidade, tenho quase inveja dos meus companheiros por essa capacidade de transferir a culpa do luto para um bode expiatório, recurso admirável para os que não possuem o consolo de uma vida eterna, mas que se paga, é verdade, com uma guerra civil permanente em que a morte acaba assumindo mais relevo que a vida.

Os visitantes se dispersam pelo final da manhã. Kaitian e Kashpa saem para derrubar uma *shimiut*, árvore de lenha macia que eles vão escavar para fabricar o caixão. Mashiant, Yakum e eu tratamos de cavar a cova no exato local da *peak* de Mayanch, que desmantelamos. A tarefa é árdua, pois dispomos apenas de facões para cavar no piso compacto da casa, e das tábuas da cama à guisa de pás para retirar a terra. Turipiur quer uma fossa profunda e levamos mais de três horas de suadouro para alcançar a altura do peito.

As mulheres e crianças são enterradas a apenas alguns passos sob o *peak* onde costumavam dormir, único espaço que, na vida como na morte, realmente lhes pertence no seio da morada comum. É bem diferente para o homem. A casa inteira é o seu domínio, ele é a sua origem e o seu dono, ele lhe dá identidade e substância moral. Ela se tornará o seu sepulcro solitário quando, depois de enterrar o seu corpo entre os pilares centrais, a família abandonar o local e se espalhar aos quatro ventos entre a parentela. A fim de que esse vínculo entre a casa e aquele que a fundou apareça de modo mais tangível, dispõe-se às vezes o morto na postura do anfitrião recebendo as visitas. Sentado no seu *chimpui* no fundo de uma pequena fossa circular protegida por uma cerca de estacas, os cotovelos nos joelhos e a cabeça descansando sobre as mãos, usando a *tawasap* na cabeça e seus cinturões, ele irá permanecer na sua sentinela macabra até o telhado desmoronar sobre os ossos branqueados e começar a sumir, sob a pujança conquistadora da vegetação, todo vestígio do local que ele outrora policiara.

Chegam Kaitian e Kashpa carregando nos ombros o caixão, talhado como uma pequena canoa e, por sinal, também chamado de *kanu*. Eles vêm seguidos desordenadamente por outros parentes que voltaram para o enterro. Até Senkuan está presente, embora more a quatro ou cinco horas de caminhada: ele escutou, no meio da noite, uma forte deflagração, sinal de que *arutam* está desertando o corpo de um moribundo, e saiu logo ao amanhecer atrás de notícias. Mayanch está enrolada em seu cobertor, atada com cipós nos pés, no pescoço e na cintura, e deitada no *kanu* coberto com casca da *shimiut* pregada com espinhos de pupunheira. Dois homens descem o caixão na cova, com os pés apontados para o Leste, o caixão ajeitado sobre umas toras para evitar qualquer contato com a terra. No fundo do buraco, é colocado um prato de bananas, uma cuia com amendoim e uma tigela de cerveja de mandioca. A seguir, as ripas da *peak* são dispostas sobre três travessões calcados com força nas paredes da cova, formando assim uma espécie de teto acima do *kanu*. Turipiur dá então o sinal do sepultamento jogando um punhado de terra na fossa, logo imitado por cada um de nós a fim de que, com esse gesto, "nossos *wakan* não se juntem na cova ao *wakan* da morta". Preenchemos a escavação de terra, o solo é amassado com os pés e depois varrido; afora a diferença de cor da terra recém revolvida, já não resta nenhum vestígio da presença de Mayanch neste mundo. Tudo, na sepultura, parece ser feito para que a morta não se demore em sua estada subterrânea: abastecida de alimentos, a salvo de um esmagamento no seu quartinho funerário, tornaram o seu corpo leve e a sua partida, mais fácil.

Os presentes se dirigem agora para uma prainha à margem do Apupentza, conduzidos por Metekash, esposa de Turipiur. É uma mulher enérgica de uns quarenta anos, de pele e cabelos morenos, que combina com muito charme um rosto impassível com um jeito vivaz e alegre de garota. Ela começa esfregando as nossas costas e torso com punhados de erva *chirichiri*, primeiro os homens e depois as mulheres; as crianças são friccionadas por todo o corpo. Depois os participantes entram em procissão dentro do rio e ficamos alguns segundos imersos, inclusive os bebês, que se põem a chorar em coro ao sair desse banho forçado. Cada um lava então sumariamente as próprias roupas, torcendo-as acima da água. Metekash solta no meio do Apupentza uma cuia cheia dos punhados da *chirichiri* usada, que se vai com a correnteza. Essa purificação nos livrou do *pausak*, a contaminação do cadáver, noção vaga na qual se mesclam as influências nefastas advindas da própria morta e as entidades virulentas que originaram seu falecimento – *sunkur* talvez, mais provavelmente *tsentsak* – agora livres de sua tarefa mórbida e ávidas por molestar novamente. Não é impossível, embora ninguém o tenha confirmado para mim, que o caixão em forma de canoa permita à defunta empreender uma viagem mística rio abaixo, o corpo contaminante juntando-se na preguiçosa descida ao *pausak* solto ao sabor da corrente. No caminho de volta, Metekash dispôs um cesto velho repleto de palmas secas, ao qual ateia fogo; em fila indiana, saltamos sobre a espessa fumaça branca, impedindo assim que o *wakan* de Mayanch nos siga até em casa. A alma da morta, com efeito, é mais temível que o *pausak* do cadáver, e todos agora vão se empenhar em fazê-la fugir.

Depois de termos todos vestido roupas secas, nos reunimos na casa de Turipiur. Sobre um amplo almofariz de mandioca estão duas folhas de bananeira; destinam-se a recolher as mechas que Metekash vai cortar dos nossos cabelos. Cabe-lhe o papel de mestra das cerimônias, em parte por ela ser cunhada da morta e, principalmente, por já estar na idade madura e sua longevidade lhe garantir boa proteção contra os perigos de se conduzir os ritos funerários. Ela começa com Turipiur, plantando-lhe na nuca um pente que ele pega para se pentear e selecionar uma larga mecha, que a sua mulher corta com uma faca. O mesmo se repete com todos os homens, eu por último, e em seguida com as mulheres e crianças. Uma cunhada de Turipiur cumpre a função na vez de Metekash. Explicam-me esse gesto como sendo uma espécie de esconjuro "para que a morte se afaste de nós". Metekash toma a seguir um gole numa cuia com fumo verde macerado e cospe-o nos olhos do marido; para minha grande consternação, ela prossegue na mesma ordem anterior, afastando as pálpebras dos renitentes e só poupando as crianças pequenas, nas quais assopra água de fumo no alto da cabeça. É muito dolorido na hora, mas a queimadura e a sensação de cegueira se desfazem depois de alguns minutos numa torrente lacrimal. Esse pequeno ritual desagradável não visa tanto arrancar torrentes de lágrimas dos parentes enlutados como estimular a sua clarividência para que não se deixem esta noite arrastar por sonhos ruins, algum *mesekramprar* pressagiando a sua própria morte ou, mais funesto ainda, em que apareça a defunta. Pois o *wakan* da infeliz está ávido por companhia e, para se proteger, a imagem de Mayanch deve ser banida para sempre, assim como a sua lembrança. Como que para melhor assinalar esse ostracismo, Metekash junta as folhas de bananeira com a sua colheita de cabelos e vai jogá-las no rio com o pente e a cuia de fumo.

Porém, a refeição que se segue não é triste. Consiste exclusivamente de palmitos, que simbolizam a abundância e a longevidade. Em compensação, o sal foi proscrito, pois sua consistência polvorenta sugere o efêmero e a decomposição. De tempos em tempos, um comensal joga, num gesto amplo, um punhado de comida por cima do ombro a fim de alimentar o *wakan* faminto de Mayanch, um pouco como quem joga um naco para o cachorro. Fala-se sobre qualquer assunto, menos sobre a morta, e todos voltam para casa ao cair da tarde como se nada de especial tivesse acontecido. Turipiur rabisca então uns borrões pretos nas faces dos membros da família com um pouco de jenipapo: não se trata de um sinal de luto, e sim de uma camuflagem para enganar os Iwianch ficando tão pretos quanto eles. Chega o momento um pouco temido de ir deitar. Muitos devem estar cantando para si mesmos os *anent* de que Mukuimp tinha me falado, injunções patéticas dirigidas ao defunto, cujos refrãos enumeram a repulsa em todas as suas formas: "Não me chame mais de filho (ou irmã, ou pai)! Você está perdido! Agora você foi embora para sempre! Não olhe para mim! Não roube a minha alma! Principalmente, não roube a minha alma!".

Para nós que somos imbuídos do culto da lembrança e veneramos os mortos à vontade, tal atitude pode parecer chocante. Não se deve ver indiferença nessa expulsão dos defuntos para fora da memória dos vivos, e sim a idéia de que os vivos só podem estar verdadeiramente vivos se os mortos estiverem completamente mortos. Ora, a fronteira que os separa nem sempre é claramente delimitada, como não é instantânea a passagem de um para outro estado; esta se cumpre gradualmente ao longo de um perigoso período liminar em que as pessoas próximas ao quase-desaparecido ficam ameaçadas de ter o mesmo destino, expostas a seus constantes convites, obrigadas a dissolvê-lo num esquecimento voluntário para que, esvanecendo-se dos seus pensamentos, possa levar a termo o processo de extinção. Longe de ser uma faculdade que se cultiva, a memória é aqui uma fatalidade suportada, uma excitação do espírito desencadeada por outrem, e é para impedir o morto de exercer essa solicitação da lembrança – e de modo algum para comemorá-lo – que se realizam os rituais funerários. Nem por isso se apagam todas as reminiscências, mas lembramos menos da pessoa e dos sentimentos que tínhamos por ela, do que vínculos que tínhamos com ela, sua posição na parentela, as obrigações ou direitos imediatos que o seu falecimento acarreta, como o dever de vingança ou o levirato. Através dessa repressão das emoções o defunto torna-se pura abstração, preparando assim o campo para a amnésia coletiva que em poucas décadas escamoteia as gerações anteriores, privadas de memorial no espírito dos homens assim como foram privadas de um túmulo com o nome.

Por isso, sem dúvida, é que minhas perguntas sobre o destino do *wakan* provocam respostas contraditórias ou confissões de ignorância. Para os meus companheiros, os mortos são perigosos porque são radicalmente diferentes: nenhuma continuidade liga a sua existência fantasmática e associal à existência dos vivos, nenhuma esperança de recompensa ou de castigo vem colocar uma ponte entre o além e o aqui, nenhum destino de ancestral a esperar, nenhum privilégio a transmitir para perpetuar um nome e uma linhagem, nenhum consolo esperado em impossíveis reencontros. Embora muitos povos especulem de um modo ou de outro sobre a permanência de uma parcela do eu e se dediquem a especificar as modalidades dessa sobrevida segundo a condição e as realizações de cada um, aqui a ruptura é total. Importa bem pouco saber o que se passa de fato no mundo negativado, a não ser para se proteger dos que caíram nele por um breve momento antes de se esvanecerem para todo o sempre. O fatalismo dos Achuar face à idéia de sua própria morte torna-se assim ainda mais admirável. A esse vazio que lhes estende os braços, e que seu purgatório de Iwianch não redime, eles afinal só opõem a satisfação de terem vivido bem e, os homens pelo menos, de terem matado bem.

XXIV. DESFECHO

Com mais de dois anos de convivência com os Achuar, que me ensinaram a decifrar os sinais precursores de suas ações coletivas, não tive grandes dificuldades, nesses últimos dias, para adivinhar os acontecimentos que a morte de Mayanch iria acarretar. Desde quando enterramos a irmã de Turipiur, há uma semana, a excitação foi crescendo. Os homens se visitam a toda hora do dia para longos conciliábulos aos quais não sou convidado, mas cujas exclamações percebo às vezes de longe. Já na casa de meu anfitrião, está tudo tranqüilo; como a minha presença deve estar perturbando-o nessa circunstância, Turipiur não recebe quase ninguém e passa o tempo todo correndo de casa em casa. Também se retira toda noite para "sonhar" num abrigo à beira do Apupentza, evidentemente para consultar o seu *arutam*, enquanto as mulheres se puseram a preparar grandes quantidades de *namuk*, espécie de licor de mandioca com alto teor alcoólico, destilado a partir de uma pasta fermentada pingando devagar no fundo dos *muits*, que constitui o ingrediente indispensável para o *anemat*, ritual de partida para a guerra. Ontem, o curso dos acontecimentos se precipitou: Turipiur me anunciou que ia provavelmente se ausentar durante alguns dias, acrescentando com uma voz neutra, como se aquilo acabasse de lhe ocorrer, que gostaria que eu lhe emprestasse a minha espingarda. É uma bela arma de cano duplo, objeto de constante admiração por parte dos homens e eu tinha avisado, desde o começo, que estava fora de questão ela entrar no circuito das trocas já que me fora emprestada pelo pai de minha mulher. Adivinhando para que uso Turipiur a destinava, recusei educadamente. E eu não preciso da minha espingarda para caçar? E quem vai alimentar a família se ela se for? Turipiur aceitou tranqüilamente, nenhum de nós se deixando enganar quanto às intenções do outro, já que todo o mundo sabe aqui que não existe pior caçador que eu, nem menos entusiasta. Na mesma noite, uma pequena tropa veio se acomodar para o pernoite: Yakum e Mashiant, os genros de Turipiur, Kaitian e Kukush, seus filhos "ramificados", e Pikiur, seu cunhado. O próprio Turipiur voltou para o seu "sonhadeiro" com uma cabaça de suco de fumo na mão.

Fomos acordados por volta das três da manhã pelas batidas de Turipiur, querendo entrar, na porta da paliçada. Ele imediatamente declara com voz forte: "*Paant karam pratjai*", "Sonhei claramente!". Foi de muito mau humor que saí de dentro do meu saco de dormir: dormimos pouco, os homens conversaram entre si em voz baixa e num tom de excitação contida até tarde da noite. Não procurei acompanhar a conversa, nem juntar-me a eles. A minha curiosidade vem se atenuando bastante ao longo dos últimos meses; apesar do que está sendo preparado, não posso evitar um certo cansaço desencantado, um sentimento de *déjà vu*, ou mesmo de irritação, diante do comportamento tão previsível dessas pessoas que já não conseguem me espantar, como se fosse delas a culpa de terem se tornado sem surpresas e não minha, que me convidei a ficar no meio delas. A ausência de Anne Christine, a falta de um alter ego com quem possa me abrir decerto pesam bastante nesse meu desencanto, mas pesa mais ainda esse desgaste do desejo de compreender que, mais do que os prazos estipulados por um cronograma de pesquisa, anuncia a hora do fim do "campo". O desânimo já tinha me visitado nos anos anteriores; inúmeras vezes me perguntei o que estava fazendo ali, desperdiçando a minha vida num cenário obscuro para acumular milhares de informações que não terão utilidade para ninguém. Nunca tinha experimentado, contudo, como hoje, esse sentimento de ter chegado ali mais por dever do que por paixão de conhecer. Dissolvido na banalidade do cotidiano, o exótico perdeu o frescor do seu mistério; é hora de arrumar as malas.

Contrastando com a minha morosidade, uma grande agitação toma conta da casa. As mulheres reanimam os fogos, acendem tochas e vão buscar água no rio; os homens tiram as pulseiras dos braços, vestem a *tawasap* e pintam o rosto de preto e vermelho, trocando brincadeiras que giram principalmente em torno do grande massacre de porcos-do-mato que estão para empreender. Ouve-se dali a pouco um alarido de vozes do lado de fora do recinto, seguido pelo longo mugido de um visitante assoprando no cano da espingarda para anunciar a sua chegada. A porta, quando aberta, revela um pequeno grupo de homens com ar marcial; o clarão vacilante das tochas põe em suas armas reflexos metálicos e enfatiza o vermelho e amarelo das coroas de penas, enfiadas até os olhos feito capacetes multicolores. Estão ali Mayaproa, Chuint, Kashpa e Nayash, os quatro irmãos de Turipiur, Utitiaj, o genro de Mayaproa e seu filho Irarat, solteiro, com menos de vinte anos. No segundo plano, uma massa indistinta de mulheres carregando tições inflamados espera em silêncio.

Do lado de dentro da paliçada, os homens da casa se põem em fila para acolher os visitantes que vão entrando, um depois do outro, Mayaproa à frente. Trata-se de um homem de baixa estatura, rosto duro mas vibrante, de energia contida, estranhamente vestido com uma calça de largo xadrez escocês. Os recém-chegados e seus anfitriões se posicionam frente a frente em duas fileiras de seis, braços cruzados no peito e espingarda na dobra do cotovelo. Com voz forte, Mayaproa se dirige ao seu oponente Turipiur: "Eu vim, eu vim, eu vim, eu vim, eu vim!" "Estou aqui, estou aqui, estou aqui, estou aqui!", responde o seu irmão. É o início do *anemat*. Os dois homens gritam juntos à toda voz, num ritmo rápido e sacudido, encarando-se fixamente. Mayaproa anuncia o motivo de sua vinda:

> Um homem me matou, meu irmão! Um homem me matou! Vamos ver! Para que você me apóie, para que corra o sangue, eu vim! Eu vim! Eu vim! Meu irmão, um homem me matou! Para que você me ajude, venho até você! Para que me dê suporte, eu vou! Eu vou! Eu vou! Eu vou! E eu, para que me reconfortem, eu vou! E eu, para desencadear a guerra em tua companhia, eu vim! Eu vim! Eu vim! Eu vim! Eu vim! *Haa*! Assim deve ser feito! *Haa*! Por que fizeram isso comigo, eu que sou *juunt*? Para declarar isso é que vim! Vamos ver! Você também, me ajude! Vamos ver! Que assim seja feito! Que assim seja, eu digo!...

Sobre esse monólogo, Turipiur tece o contraponto:

> Vamos ver! Nem precisa dizer! Você veio para me ver, não é? Está bem! Vamos ver! Estou aqui! Estou aqui! Estou aqui! E eu também não fui morto por um homem? Está bem! Eu digo que concordo! E eles! Por que fizeram isso? Irmãozinho, abandonei o meu *natem*! Vamos ver! Agora eu vou testar a minha força! Vamos ver! Agora vou empunhar a minha lança!...

O diálogo prossegue por algum tempo até que, como no final da *aujmatin*, os dois homens misturam as suas vozes na conclusão.

– Que assim seja! Eu digo!

– Vamos ver! Agora você veio!

– Se é assim, mais tarde voltamos a conversar!

– Depois de fazer o que tinha de ser feito! Depois de falar bem! Agora vamos embora!

– Combinado! Combinado!

Num mesmo gesto, os visitantes brandem as suas espingardas e começam a pular, um passo à frente, um passo atrás, fingindo dar coronhadas cadenciadas no rosto dos seus impassíveis oponentes. Exaltam os seus passes de esgrima com exclamações ferozes lançadas num compasso de dois tempos, o segundo bastante acentuado, pontuando com um movimento para a frente do corpo e da espingarda: "*Tai-haa*! *Ta-tar*! *Tai-hi*! *Iis-ti*! *Is-ta*! *Warish-tai*! *Warish-ta*!...".

Frente a esse balé furioso, Turipiur e seus companheiros permanecem imperturbáveis, os braços cruzados, respondendo à agressão simulada com um rosário de interjeições aprovadoras ou encorajadoras, entremeadas com estalares de língua: "*Hei, hei*!" "O que você diz é verdade!" "Ora essa, ora essa, ora essa!" "*Juut, maj*!" "Assim seja!" "*Huum*!...".

O tumulto é indescritível, cada qual se esforçando para cobrir a voz do interlocutor e dos seus companheiros, enquanto as mulheres ao redor os estimulam: "Fiquem fortes! Não fraquejem". Ao fim de uns três ou quatro minutos, os visitantes encerram bruscamente a exibição: "*Hei*! *Hei*! *Hei*! Estou vindo!" "*Hei*! *Hei*! *Hei*! Estou aqui!", respondem em seguida os da casa, antes de por sua vez começarem a brandir agressivamente as suas armas e gritar cadenciadamente, um nível mais alto que os outros. As mulheres se põem a circular entre os protagonistas, vertendo-lhes goela abaixo talagadas de *namuk*. Logo já é a vez de os

visitantes reassumirem o papel principal, e depois serão os da casa, as trocas de turno se repetindo assim a intervalos regulares numa excitação crescente atiçada por um fluxo contínuo de álcool.

Esse pancrácio bem sincronizado irá durar mais de uma hora. Tem então início uma terceira fase, mais próxima do diálogo cerimonial clássico por sua estrutura e inspiração. Saltitando no lugar em pequenos passos, a espingarda presa debaixo do braço, Mayaproa começa uma arenga em entonação forte e muito sacudida, desfiando em sucessivas rajadas frasezinhas de quatro ou cinco palavras, com uma acentuada queda do tom na última sílaba de cada série:

> Assim! Irmão! Eu estou! Em alerta!
> Assim! Eu! Estou! Em alerta!
> Meu irmão! Vá! Disse!
> Assim! Eu! Irei!
> Vá! Visitar! Os parentes!
> Assim! Irmão mais velho! Pediu!
> Irmão mais velho! Pediu! Para levar! A notícia!
> Para fazer! Eles sofrerem! Eu vim!
> Com! Essa espingarda! De verdade! Capitão!
> Mas eu! Como aqueles! De antigamente!
> Mas eu! Como eles! Eu faço!
> Meu irmão! A guerra! Me ensinou!
> Com ele! Os caminhos! Percorri!
> E agora! Claramente! Falou!
> Sabendo! Percorrer! Os caminhos!
> Para! Levar! A guerra!
> Assim! Irmão! Eu vim!

Ao longo dessa declaração de fidelidade, Turipiur e os seus companheiros respondem a Mayaproa com as exclamações aprovadoras de praxe: "Eu também estou aqui!" "*Hei*!" "Está bem! Está bem!" "Vamos beber!" "Ora essa!" "Vamos nos testar!" "O que você diz é verdade! verdade! verdade! verdade! verdade!" "Assim seja!...".

Turipiur assume então, com o mesmo *staccato* de Mayaproa mas com um tom levemente acima:

E eu! Irmão! Também! Estou aqui!
Eu! Sendo! O mais velho! Pelos caminhos! Eu vou!
Eu! Vamos ver! Pelos caminhos! Levo vocês!
Irmão! Meus antepassados! Também! São valentes!
Assim dito! Eu também! Em alerta! Estou!
Minhas palavras! Minhas! Estão cheias! De vigor!
Que a guerra! Seja! Assim! Eu digo!...

O diálogo prossegue, às vezes dificilmente compreensível por causa da torrente de interjeições vinda dos homens da fileira oposta, Turipiur e Mayaproa tomam a palavra duas vezes cada um antes de concluir segundo o modo convencional.

– Depois de falar bem, mais tarde conversaremos à vontade.

– Agora que você veio a mim, vamos!

– Está bem! Está bem!

– Está bem! Está bem!

Quando se encerram as últimas palavras, todos os homens descarregam suas espingardas numa salva de tiros ensurdecedora, apoteose do simulacro de combate e prelúdio do verdadeiro enfrentamento.

Conversação cerimonial, torneio verbal coreografado preparando para o corpo-a-corpo, justa das vontades onde é expresso o valor de cada um – o *anemat* é tudo isso. Mas é também um dos raríssimos ritos coletivos que essa sociedade individualista criou para si, um rito de enfrentamento em que a celebração de uma união provisória só parece possível às custas de um inimigo comum. Estar junto, para os Achuar, é antes de tudo estar junto com alguns, contra alguns outros, numa coagulação efêmera do vínculo social, reunião de circunstância só permitida pela sede de vingança e o atrativo de uma façanha. O *anemat* traz à tona essa agregação e lhe dá consistência, num movimento em três etapas que recompõe de forma mimética as diferentes fases de um conflito. A primeira parte opera uma conjunção entre dois grupos de homens decididos a travar uma guerra juntos, e cuja solidariedade se constrói aos poucos em torno de uma exposição dialogada dos motivos da vingança, mostrando a identidade dos pontos de vista e a comunhão de interesses. É imediatamente seguida por um período disjuntivo, o mais espetacular, onde cada grupo experimenta alternadamente as posições de agressor e de agredido, numa versão controlada do verdadeiro combate. O último momento volta para a conjunção através da exaltação da unidade reconquistada e o anúncio do destino que se vai impor ao inimigo.

O *anemat*, sem dúvida, trabalha com a matéria bruta da emoção. Aquecendo os ânimos e os corpos, assim como forçando à impassibilidade face às ameaças, o rito predispõe utilmente ao combate; também contribui, provavelmente, para estimular o *arutam* de cada um, preparando a explosão paroxística do ato que leva à morte que irá justificar a sua eficácia e comandar o seu desaparecimento. Mas é sobretudo uma formidável máquina de ilusão, pela multiplicidade de sentimentos individuais disparatados e confusos que mistura e aos quais dá a aparência de uma solução homogênea. O ódio, o interesse, a esperança da vitória, a dor, o medo, o desejo de se sobressair, presentes em cada um dos protagonistas em níveis diferentes, são domesticados pela extrema fragmentação das palavras e dos gestos rituais que se repetem incansavelmente com ínfimas variações. Transpostas numa série de atos elementares numa imperceptível progressão, feito a sucessão de imagens que compõe um filme de cinema, e inscritas, cada qual no seu lugar, na ordenação das seqüências do *anemat*, essas paixões contraditórias perdem sua heterogeneidade e suas amarras pessoais para se despejarem sem susto no cenário de uma vontade comum de vencer.

Falta pouco para o amanhecer e o *namuk* continua correndo solto. "Vamos beber! Vamos beber!", repete Turipiur dando o exemplo, enquanto os guerreiros que permanecem em pé entornam tragos e mais tragos em meio a exclamações de alegria. De fato, seria mau presságio a expedição partir sem terminar a provisão de licor de mandioca. As *muits* serão esvaziadas antes da aurora. Os homens mais jovens se encarregam de grandes pacotes de mandioca fermentada enrolados em folhas de bananeira que eles prendem às costas com uma faixa de carregamento. Há ali o suficiente para fazer cerveja por dois ou três dias, sendo esse o único alimento dos guerreiros até a volta. Turipiur se vira para mim para comunicar que em breve estará de volta: "Deixo o meu filho Ushpa (um menino de dezesseis, dezessete anos) aos seus cuidados; tome conta da casa e das mulheres!". Em seguida, dá o sinal da partida e os guerreiros se embrenham na noite que se encerra, num leve pileque.

Cada um vai decerto cantando *sotto voce* ao caminhar um desses *anent* que animam para o combate; talvez aquela que Chunji me ensinou um dia:

A sucuri tagarela e tagarela, a que fala e que fala
No caminho, vigilante, me espera
Deitada no solo, faz tremer a terra, toda deitada
"Pois declare ao seu inimigo que você é o jaguar Seet!", ela agora me diz
Assim é que a sucuri sabe falar à minha alma
Eu sou uma jovem sucuri sem vergonha
"Put!", ecoou minha alma ao explodir
E eu me fiz espuma
Na minha mulherzinha, eu pus tudo dentro dela.

Pouco marcial, dirão alguns. Mas o *anent* de Chunji é o de um homem muito jovem partindo para a guerra com uma flor na espingarda: impulsiva e cheia de bravata, reúne numa metáfora transparente a morte e o orgasmo, assim como estão unidas a mulher que ele recebeu do seu sogro e as façanhas a que este último o conduz. Os *anent* dos guerreiros calejados que assumem um dever de vingança têm um tom menos despreocupado e mais feroz, como este que recolhi com Yaur, em Copataza:

Esse, esse aí mesmo, irmão! Irmãozinho!
Está tentando me amarrar com calúnias
Mas para mim, para mim, não me venham contar histórias
Eu não deixo ninguém contar
Indo visitar o Urubu em sua casa
Ignorando os rumores, sou como o Urubu
Vou assoprando o vento
E como é que poderiam me prejudicar?
Meus inimigos, eu vou matar na hora
O que quer que digam
Pois eu não deixo que me contem lorotas
Eu vou levando a guerra
Eu vou levando a palavra de que a gente não se desfaz
Eu vou matar os meus inimigos

E o que quer que digam, ninguém pode me prejudicar
Irmão! Irmãozinho! Quando você se encolheu na agonia
"Um homem me matou", você me disse
"Vou levar a guerra", assim você sempre me diz
Eu mesmo, eu mesmo, eu sou esse mesmo, irmãozinho!
"Um jaguar Tsenku-Tsenku, me espiando de cima, pulou na minha nuca", você me disse
"Foi assim que um homem me matou", você me disse
"Eu vou levar a guerra", assim você sempre me diz
Sendo um jaguar carniceiro, caçando de colina em colina
Irmãozinho! Eu também pulei nele para mordê-lo.

Quer se compare ao urubu, comedor de carne podre e símbolo, no pensamento ameríndio, de uma anticultura que recusa o fogo de cozinha civilizador, quer se identifique com a sucuri e com o jaguar, grandes predadores que não desdenham o homem em seu cardápio, o guerreiro não hesita, nos seus *anent*, em se rebaixar ao nível da mais selvagem animalidade. Na libertação jubilatória desse desejo de destruição profundamente guardado dentro de cada um de nós, ele reata com a violência instintiva de uma natureza sem julgamentos morais. Os eufemismos polidos empregados para se dirigir à caça não se aplicam aos inimigos: ele é uma presa e nada mais, uma presa que se mata sem dó para satisfazer à necessidade de vingança, assim como as feras atacam suas vítimas por necessidade de comer. E se, por comodidade classificatória, todo adversário tende a ser encarado como um afim metafórico, a pulsão de morte que leva a enfrentá-lo anula por certo tempo até mesmo essa relação abstrata; restam apenas, face a face, dois homens destituídos de sua humanidade, pois que despojados pelo ódio dos atributos comuns da vida social.

Ficamos encerrados na casa durante o dia todo, sem comer. Depois de preparar grandes quantidades de cerveja de mandioca, Metekash e suas filhas catam piolhos dos filhos enquanto conversam; tiram, o que é raro, uma longa sesta nas horas de mais calor, enquanto Ushpa e seu irmão Katip, dois ou três anos mais moço, ficam deitados na plataforma de vigia espiando os arredores. Me espanta um pouco Turipiur não ter esperado a minha partida, que está próxima, para lançar o ataque contra o bando de Nankiti, nem hesitado em me deixar uns dias sozinho com as mulheres. Sem dúvida me tornei transparente para os meus hóspedes. Poderia ser o privilégio de um perfeito etnólogo, mas desconfio que seja antes um efeito do meu crescente distanciamento dos Achuar. Essa relativa indiferença que vem refreando as minhas perguntas, uma maior integração à família em razão do meu celibato temporário, a facilidade com que pareço me moldar aos costumes locais, a máscara de amável compreensão que se tornou em mim uma segunda natureza, tudo isso contribui para tornar a minha presença discreta e a minha condição de observador, sem importância.

À tardinha, as esposas de Mayaproa vêm nos visitar, seguidas pelas esposas de Chuint e Kashpa, e outras mais. Todas as mulheres adultas da vizinhança, umas quinze ao todo, logo estão reunidas na casa, lindamente enfeitadas com seus colares de *shauk* e ostentando seus mais belos *tarach*. Algumas usam cintos de dança *shakap*, com sininhos de *nupir* que ecoam a cada movimento. Apesar das circunstâncias, o humor não é sombrio: todas as senhoras batem papo à vontade, bebendo cerveja de mandioca em abundância. O efeito da bebida nos estômagos em jejum se faz rapidamente sentir, e algumas brincadeiras não demoram a pipocar, saudadas por boas gargalhadas. Untsumak, a viúva de Peas, acaba intervindo, lembrando às companheiras o seu dever de modéstia na minha presença. Trata-se de uma mulher de uns cinqüenta anos, de ar austero, cuja ascendência sobre as demais é evidente.

Já caiu a noite quando, sob a direção de Untsumak, as mulheres se dispõem em círculo, de mãos dadas, no centro da casa. A viúva entoa então as primeiras palavras de um canto *ujaj*, logo seguida, em ordem defasada, pelas outras mulheres, no modo de um cânone de múltiplas vozes:

> Igual ao jaguar Tsenku-Tsenku, igual a ele
> Assim é, filho, meu filho
> Enfeitiçando o macaco-barrigudo, cercando-o completamente, ele veio
> Ele mordeu os filhotes dele e o fez lamber o seu sangue
> No ato, ele veio a mim,
> O rosto exangue, ele veio a mim.

Segue-se um refrão cantado em coro, série de fortes expirações perfeitamente sincronizadas lançadas em voz do peito, como uma vibração contínua e quase animal onde apenas as últimas sílabas são moduladas:

Uheu-heu-heu! Uheu! Uheu-hai!
A-haa! A-hu! Ahu-hai!
Ahaa! Hu-hu-hai!

O tema principal recomeça, novamente em cânone:

Igual ao jaguar Tsenku-Tsenku, igual a ele
Cercando o obstáculo, ele veio
Destroçando os filhotes, ele veio a mim
Meu filho veio a mim, infinitamente multiplicados
No ato, ele veio a mim, com o rosto exangue.

Mais uma vez o refrão, feito uma rebentação inundando a casa, semelhante, em sua força emotiva, aos iú-iú estridentes das mulheres árabes. A roda então se abre para formar uma farândola, cujas extremidades são ocupadas por Ushpa e Katip, os dois adolescentes. Em meio a um indescritível tumulto, a fila se desloca velozmente da esquerda para a direita, puxada por Ushpa que grita "*Jeesti! Jeesti! Jeesti!...*" ("que ele se vá!"), enquanto na outra ponta o seu irmão responde em eco: "*Au! Au! Au!...*" ("esse aqui!"); o duo dá cadência ao fundo contínuo do coro das mulheres: "*ha-huheu-heu-heu! Ha-huheu! Huheu-huheu! Ha-huheu-heu-heu!...*" A farândola detém-se por um instante, agora sob a direção de Katip que lança por sua vez uma saraivada ininterrupta de *jeesti! jeesti!* Depois de várias mudanças de direção, todo o mundo pára por um momento, sem fôlego, em seguida as mulheres reconstituem a roda para um novo *ujaj*:

A lança-pato está chegando
Esquive-se depressa!
Os das terras baixas, os das terras baixas semearam a morte atrás de si
Uheu! Uheu! U-hahai!
Uheu-heu-heu! Uheu! Uheu-hai!

Meu irmãozinho, meu irmãozinho meu, esquive-se depressa!
A lança-pato está chegando
Meu irmãozinho das terras baixas, ele vem claramente para mim
Esquive-se depressa, esquive-se!
Uheu! Uheu! U-hahai!
Uheu-heu-heu! Uheu! Uheu-hai!

A farândola recomeça, mas Metekash me pede para substituir Katip. Na luz avermelhada das tochas, preso a uma fila de mulheres frenéticas e em uníssono com o poderoso refrão, ponho-me então a galopar para lá e para cá, esgoelando-me com convicção, chocado por um breve momento com a ironia de ter precisado de tantos anos de estudiosa preparação para chegar aqui, tão longe das austeras salas da Escola Normal, assumindo o papel de um garoto num ritual jivaro de que os homens são em geral excluídos.

O *ujaj* é uma espécie de contrapeso feminino do *anemat*, um ritual coletivo em que as esposas e as mães dos guerreiros expressam a sua solidariedade de praxe num coro ininterrupto que elas mantêm do entardecer até a aurora durante as noites em que seus homens estão na guerra. Identificando-se com os objetivos do conflito e tentando orientar o seu curso, as mulheres encadeiam sem trégua as encantações alegóricas que visam avisar os combatentes dos perigos que os ameaçam e premuni-los, profilaxia mágica enfatizada pelo refrão incansavelmente repetido, "*ujajai*", "eu aviso, percebo". Longe de temperar a violência dos guerreiros, suas companheiras se esforçam por estimulá-la, usando as mesmas imagens brutais dos *anent* masculinos, às vezes até aumentando o registro sanguinário: os homens são assimilados a jaguares, sucuris, aves de rapina, escondidos em emboscadas feito as feras, destroçando as suas presas a dentadas, fartando-se com sua carne e lambendo os beiços com seu sangue. Os *ujaj* mais corriqueiros são, porém, os que incitam os combatentes a se resguardarem da morte que os espreita. Essa é sempre designada pelas mesmas metáforas, *anku nanki*, "lança do crepúsculo", *waa nanki*, "lança oca" (espingarda), *patu nanki*, "lança-pato" (azagaia de pesca com a ponta em forma de losango), acompanhada da reiterada injunção: "Esquive-se depressa!" Se por um lado é permitido descrever em termos crus o destino fatal reservado aos inimigos, o enunciado dos perigos enfrentados pelos seus só é evocado alusivamente, de modo a esconjurar o que todas elas temem sem ter coragem de dizer.

Sem descanso, prossegue a ciranda dos *ujaj*, elevando a sua barreira protetora contra as lanças portadoras de morte.

Mulher que eu sou, mulher-andorinha que eu sou
Abro as fileiras dos camarões
Mulher que eu sou, mulher-andorinha que eu sou
Abro as fileiras dos camarões
Nossas plumagens são acobreadas pela luz
Uheu-heu-heu! Uheu! Uheu-hai!
A-haa! A-hu! Ahu-hai!
Ahaa! Hu-hu-hai!
Mulher que eu sou, mulher-andorinha que eu sou
Nós dois somos hábeis na esquiva
Nossas plumagens são acobreadas pela luz
Uheu-heu-heu! Uheu! Uheu-hai!
A-haa! A-hu! Ahu-hai!
Ahaa! Hu-hu-hai!

O *ujaj* tem como objetivo prevenir outro perigo, mais sutil que um tiro de espingarda e raramente chamado pelo nome, o *emesak*, espectro de vingança que se desprende de um inimigo morto e vem molestar o seu assassino e os que lhe são próximos. A acrobática andorinha cuja plumagem reflete a luz, a mulher e o esposo vitorioso esquivam o *emesak* e o refletem para longe, gentilmente ilesos das conseqüências funestas do ato de matar. Mais do que *arutam* ou Iwianch, *emesak*, o nocivo, é uma noção mal definida, provavelmente de propósito, e cuja força de evocação nefasta se alimenta em grande parte da imprecisão com a qual os Achuar caracterizam a sua natureza e os seus efeitos. *Emesak* emana do *wakan* da vítima na forma de um furioso desejo de vingança, espécie de intencionalidade vingativa originalmente destituída de qualquer suporte material, mas capaz de ocasionalmente insuflar a sua vontade ruim em diversos agentes que se tornam instrumentos de represália: cobras, insetos venenosos, ou até uma árvore caindo inopinadamente sobre o matador ou um membro de sua família. É sobretudo o sono do assassino que *emesak* vem assombrar; atormentando noite após noite o objeto do seu ressentimento com sonhos de mau augúrio, torna-se uma perigosa fonte de fragilização que expõe à contaminação através dos *sunkur* e torna o feitiço mais fácil. Por impedir o esvanescimento de energia, a abstinência sexual depois de um assassinato previne, em parte, os ataques de *emesak*; ela também estabiliza o *arutam* recém adquirido que aos poucos se tornará o melhor antídoto contra o nocivo, agora frustrado em seus objetivos por algo mais forte que ele e condenado a voltar para o nada com o desaparecimento de sua razão de ser.

As vozes começam a enrouquecer, as farândolas se tornam mais preguiçosas, mas a ciranda dos *ujaj* prossegue sem esmorecer, ladainha repetida ao infinito cujas palavras, no entanto, se renovam a todo instante. Por volta da meia-noite, as mulheres começaram a se revezar de modo a que sempre houvesse sete ou oito cantoras na roda. De vez em quando, Untsumak lhes sopra suco de fumo no nariz para mantê-las acordadas e estimular a sua concentração. Nadamos num turbilhão de alegorias, imagens sem seqüência, misteriosas alusões a um bestiário humanizado que parece enumerar toda uma gama de propriedades desejáveis ou nocivas. Minha mente entorpecida pelo esforço da véspera e pela recorrência dos refrãos, apanha aqui e ali algumas frases fugidias, fragmentos de uma trova estranha, sem prólogo nem prolongamento: "Mostre para nós o bicho preguiça morto! Não está na hora de festejar?" "Esparramado no chão, mal-e-mal estremecendo, meu irmão se transformou numa sucuri azul-noite." "Mulher-andorinha, estou esperando com alguma companhia" "Se perdendo nas profundezas para escapar da pesca com timbó, o peixe *wampi* descarregou a espingarda." "Abrindo e fechando convulsivamente as garras, o meu irmão milhano se joga sobre o meu sobrinho." "Vou com passo decidido, batendo no chão com as patas do sabiá"... Aproveitando uma trégua de Untsumak e acometido, no que pese o meu cansaço, por um retorno da curiosidade, busco junto dela uns esclarecimentos: por que a preguiça? Porque o irmão-milhano leva o sobrinho embora? Por que o peixe *wampi* é chamado de sogro? O que o sabiá representa? E, principalmente, a quem se dirigem os cantos? De fato, à diferença dos *anent*, os termos de parentesco se encadeiam aqui na maior confusão, mesclando afins e consangüíneos em ações obscuras onde mal se distingue quem faz o quê. Mas ela não sabe. Ela aprendeu as *ujaj* com a mãe, exatamente como *tushimp*, o pica-pau dourado, outrora ensinou para os homens a fim de que eles ficassem a salvo de *emesak*, feito a sucuri refugiada sob as águas na segurança da sua toca.

Numa vã vitória da escrita sobre os caprichos da memória, sei provavelmente mais do que Untsumak sobre o significado e a origem do ritual que ela dirige. Nas cantigas de proteção que as mulheres vêm repetindo há horas sem dominar seu conteúdo, reconheço os principais temas dos *ujaj* que pontuam, entre os Shuar, o ritual da *tsantsa*, pacientemente recolhidos por um missionário salesiano e que tive oportunidade de descobrir há pouco tempo. Cada categoria de animal nele é associada aos oficiantes: a preguiça simboliza a cabeça reduzida e o *emesak* que dela emana; as aves de rapina, as andorinhas e os sabiás representam o grupo dos "tabacados" de que o assassino é o pivô; a sucuri, os felinos e os *wampi* simbolizam *arutam* montando a guarda para espantar *emesak*; os diversos termos de parentesco designam as posições que os atores do rito ocupam alternadamente no longo trabalho de metamorfose das identidades que irá desembocar no nascimento de uma criança absolutamente consangüínea. É nesse contexto cerimonial que os *ujaj* adquirem sua importância, seqüências ordenadas de uma vasta liturgia que eles contribuem para alimentar com sentido, e cuja eficácia asseguram em parte. Da grande festa de *tsantsa* que eles deviam praticar antigamente, os Achuar perderam até a lembrança, só retendo daquela grandiosa construção alguns fragmentos fielmente transmitidos ao longo das gerações e remendados com fervor cada vez que as circunstâncias exigem que se reviva uma função cuja plenitude original se esvaneceu. Para eles, como para mim, só resta a emoção de um pensamento inteiro desdobrado no instante presente, negando-se obstinadamente a chamar as coisas por seu próprio nome de medo que uma insistência acentuada as faça murchar ou as torne eternas, pensamento do roçar, do reflexo, da vibração, moldado na espessura de um mundo em fluxo em que a própria morte precisa se enfeitar com as luzes do poente para enfrentar a continuidade do tempo:

A lança do crepúsculo vem vindo, filho, meu filho
Depressa, esquive-se!
A lança oca vem vindo, filho, meu filho
Meu filho Sol, a lança do crepúsculo está vindo para você
Depressa, esquive-se!
Que o *emesak* assim chamado
Não lhe espreite, filho, meu filho
Que não tenha de você a visão clara dos transes do *natem*
Afastando-se pouco a pouco
Que cada passo seu se disfarce de pupunheira.

Encontro numa roça, com o dedo no gatilho da espingarda, baixo Capauari.

Retorno de mãos abanando de uma caçada com zarabatana, Capauari.
Ao lado: recepção marcial à porta de uma casa, Sasaima.

Barragem para uma pesca com timbó sobre o Kusutka, vista do rio abaixo; no meio, o escoadouro.

Verificação do carregamento de uma canoa antes de empreender uma viagem, Sasaima.
Ao lado: cabana de caça sobre o Kusutka.

Pesca com timbó no rio Kusutka: os peixes asfixiados são apanhados e colocados num cesto.

Tirando uma muda de mandioca, Numpaima.

Cerâmica: pintura de uma tigela *pininkia* com pigmentos minerais, Capauari. A mulher está sentada num almofariz de mandioca virado.

Lado de fora de uma casa em Capauari: uma pele de jaguatirica secando numa armação.

Escrever, sempre escrever...
Ao lado: a caça com zarabatana começa como um jogo, Apupentza.

O que é a verdade? É a conformidade entre os nossos julgamentos e os seres.

Denis Diderot. *Diálogo sobre o filho natural*

EPÍLOGO

Entre a conclusão desta crônica, redigida intermitentemente ao longo de toda uma década, e o início da experiência que ela relata, passaram-se pouco mais de dezesseis anos. Só isso bastaria para transformá-la numa espécie de ficção. O tempo da narrativa nunca é, evidentemente, o tempo da ação, mas se optei por evocar o passado no presente, é tanto para o leitor sentir o frescor de uma surpresa cuja novidade para mim já não passa de recordação, como para me convencer de que um dia eu já senti essa surpresa. É certo que o meu diário de campo guiou-me constantemente pelos encraves da memória, restituindo-me dia após dia a ingenuidade dos primeiros olhares, os progressos tremendamente lentos da compreensão ou as ocasionais alegrias dos achados. No entanto, o homem que escreve estas linhas não é mais exatamente aquele que outrora descobriu os Achuar, e a ficção também nasce dessa defasagem no tempo. Como todos aqueles que já se experimentaram na autobiografia, não pude evitar de acrescentar, às emoções e julgamentos que o meu diário me passava em toda a sua verídica ingenuidade, os sentimentos e idéias que os acasos da existência me proporcionaram de lá para cá. Agrada-me pensar que essas interpolações são antes seguimentos plausíveis do que eu poderia ter expressado na época do que embelezamento retrospectivo; mas o fato é que foram pensadas e escritas *a posteriori*, como são pensadas e escritas todas as obras de etnologia. É a principal razão pela qual este livro se assemelha aos romances: os etnólogos tanto são criadores como cronistas e, embora os costumes e discursos das pessoas cuja existência compartilharam sejam em geral relatados com exatidão e, na medida do possível, traduzidos com correção, o modo como os apresentam e interpretam depende tão somente deles. O talento, a imaginação, os preconceitos, as orientações doutrinais ou o temperamento de cada um se expressam com toda a liberdade, chegando às vezes a versões tão contrastadas de uma mesma cultura que fica difícil reconhecê-la sob a pena de seus diversos exegetas. Construindo, com os meros recursos da escrita, a representação de uma sociedade, os etnólogos não têm como oferecer uma cópia fiel do real observado, mas antes uma espécie de miniatura que reproduz com alguma verossimilhança a maioria dos traços característicos do protótipo original o qual, por motivos evidentes de escala, nunca poderá ser inteiramente descrito.

Que ninguém se preocupe: não imaginei os acontecimentos e personagens que constituem a trama desta narrativa; cada um dos episódios se deu na ordem cronológica em que o relato, nos lugares em que o situo, com os protagonistas cujos comportamentos descrevo e de que apenas os nomes foram mudados, para não indispor os seus descendentes se porventura acontecer, com os previsíveis avanços da escolarização, de eles virem a me ler algum dia. A esse quinhão de verdade, porém, vêm somar-se duas competências literárias que os etnólogos estão condenados a empregar mesmo que nem sempre queiram admiti-lo: a composição, que seleciona da experiência vivenciada trechos supostamente mais significativos que outros, e a generalização, que investe esses fragmentos de comportamentos individuais com um sentido a princípio extenso a toda a cultura em questão.

Dentre os milhares de páginas dos meus diários de campo – que já eram filtros daquilo que eu presenciara e só refletiam as situações em que o acaso me colocara – tive de escolher cenas, diálogos, indivíduos; o que significa eliminar aquilo que outro observador teria julgado mais significativo. Precisei romper o fio do tempo e justapor, contando com rememorações oportunas, todo tipo de fatos disparatados que talvez não tivessem vocação para conviver. Esses procedimentos de composição já eram os dos escritores naturalistas. Como eles, de fato, o etnólogo remaneja profundamente os materiais brutos de suas pesquisas, isolando do seu contexto enunciados, acontecimentos e condutas que ele depois apresenta como sendo exemplares de uma situação social ou crença, e que irão ter em sua monografia uma vida quase tão independente do ambiente original do que teriam se empregados para dar substância a um relato romanesco. E olhe que o meu modo de exposição respeita mais o ato de conhecimento do que muitos trabalhos acadêmicos: enquanto estes analisam demorada e abstratamente um fenômeno cultural, às vezes ilustrando-o com um exemplo – artifício metodológico que evita mostrar que o exemplo é na verdade o ponto de partida e fundamento da análise – tomei o cuidado de só derivar para proposições genéricas depois de apresentar os casos que tinham motivado a minha reflexão. Ora, o tempo passado no campo é que comanda os avanços na inteligibilidade de uma cultura: por não dominar a linguagem, fica-se surdo e mudo nos primeiros meses, condenado a observar as atitudes, os modos de utilização do espaço, as técnicas, a ritualização da vida cotidiana; fica-se atento a sonoridades, a cheiros e a um ambiente pouco familiar, obrigado a exercitar o corpo em novos hábitos, precauções e formas de sensibilidade. Dessa imersão na materialidade só se emerge paulatinamente, quando fragmentos de diálogos tornam-se finalmente compreensíveis, revelação análoga ao repentino surgimento de legendas num filme estrangeiro do qual, antes disso, só se adivinhava o teor pela expressão dos atores. Toda a complexidade da vida social se deixa então entrever, de início sem as suas regras, apenas pelo jogo das estratégias individuais, dos conflitos de interesse, das ambições contrariadas, também na expressão das paixões e na dialética dos sentimentos. Enfim, muito mais tarde, quando se adquire certo domínio da língua e a repetição de determinadas crenças e determinados rituais acaba com a sua estranheza, permitindo que se fale sobre eles quase com a ilusão de estar participando, então, somente então, torna-se possível penetrar nos meandros dos modos de pensar. Essas etapas obrigatórias da pesquisa etnográfica transparecem claramente nas antigas monografias na forma de um plano convencional em três partes – a economia, a sociedade, a religião – que, embora ingênuo e desajeitado quando se trata de interpretar uma cultura como totalidade indissociável, respeitava a adequação entre o modo de conhecer e o modo de apresentar os resultados desse conhecimento. Não será surpresa, portanto, encontrar vestígios desse método na presente obra.

A composição literária reorganiza o real para torná-lo mais acessível, às vezes mais digno de interesse, mas não modifica a substância dos fatos. Em contrapartida, quando se propõe desvendar o seu significado, a interpretação lhes traz uma nova dimensão; ela se apresenta graças à criatividade, sem reais garantias de não estar enveredando no imaginário. O etnólogo que analisa uma cultura não se fundamenta, a exemplo do sociólogo, num aparato estatístico que pode prever a norma de acordo com a freqüência das situações; ele depende de suas inferências, intuitivamente construídas a partir de uma série de observações parciais e fragmentos de conversas com um punhado de indivíduos. Nesse livro, portanto, como em toda obra de etnologia, o singular serve constantemente de trampolim para o universal. Como é possível passar sem fraude excessiva da parte para o todo, da declaração "Wajari me disse que" à proposição "os Achuar pensam que", e dessa proposição à explicação "os Achuar pensam dessa forma por tal motivo"? Verificando, primeiramente, se a interpretação que me permiti fazer sobre o que Wajari me disse é confirmada por Naanch ou Tsukanka, ou pelo menos não é explicitamente refutada por eles. Mas, principalmente, testando a sua validade pela comparação. Interpretar um fenômeno cultural significa cotejá-lo com outros fenômenos de mesma natureza que já tenham sido descritos nas populações vizinhas, significa também medir a sua variação em relação ao que nós próprios conhecemos sobre o seu modo de expressão em nossa cultura. A consciência do tempo, a união de um homem com uma mulher, os jogos de poder ou o sentido da morte fazem parte de um patrimônio comum a todos os povos, e é a distância que sentimos entre a nossa própria maneira de encarar todos os pequenos desafios da condição humana e o que conseguimos apreender do outro que constitui o verdadeiro motor da etnologia. Uma longa temporada numa sociedade exótica gera quase que automaticamente uma espécie de ensimesmamento de efeitos paradoxais: quando nos distanciamos dos modos de vida e instituições que nos formaram, eles rapidamente demonstram seu caráter relativo; essa reiterada certeza de que o nosso olhar está domesticado por um substrato cultural bem específico nos evita considerar com condescendência a igual relatividade dos valores daqueles que temos por profissão observar. Evocar essa prova reflexiva que todos os etnólogos atravessaram não quer dizer praticar a apologia da subjetividade como modo de conhecimento, e sim enfatizar mais uma vez a evidência de que os julgamentos que fazemos sobre os costumes alheios são amplamente determinados, na vida como na ciência, por nossa história individual. À maneira dos Achuar, que discriminam os níveis de realidade segundo os campos de percepção e os tipos de comunicação que lhes correspondem, o etnólogo não acredita nas correspondências imutáveis entre as palavras e as coisas. O seu trabalho não tem como dissociar a descrição da invenção, e essa não implica falsidade, aproximando-se antes da verossimilhança do que da verdade.

Quer dizer então que a etnologia não passaria de uma hermenêutica das culturas e se revelaria incapaz de produzir proposições genéricas sobre o homem em sociedade? Não acredito, pois provavelmente a própria subjetividade da nossa atuação lhe proporcione um alcance mais amplo. O exercício do descentramento permite, de fato, que se adquiram algumas convicções rústicas, surgidas do manifesto descompasso entre o que vamos descobrindo aos poucos e o que até então tínhamos, mais ou menos inconscientemente, como universal. Essas convicções são até mais fortes por se originarem da nossa vivência da alteridade, dessa força da evidência suscitada pelo movimento de identificação com um modo temporariamente dominante de estar no mundo; tornam-se até mais legítimas, também, pelo fato de outros antes de nós, em outras regiões do mundo, as terem experimentado com igual vigor. Quando faço um balanço das lições pessoais que a minha vida entre os Achuar me propiciou, percebo que quase todas possuem um valor antropológico que transcende o particularismo das circunstâncias em que foram formuladas.

A primeira dessas lições, e talvez a mais importante, é que a natureza não existe em toda parte e para sempre; ou, mais especificamente, que essa separação radical, há muito estabelecida pelo Ocidente, entre o mundo da natureza e o mundo dos homens não tem grande significação para outros povos, que conferem às plantas e animais os atributos da vida social, consideram-nos como sujeitos mais do que como objetos, e não teriam como expulsá-los, portanto, para uma esfera autônoma, entregue às leis matemáticas e à paulatina dominação por parte da ciência e da técnica. Afirmar que os índios estão "próximos à natureza" é uma forma de contra-senso já que, atribuindo aos seres que a povoam uma dignidade igual à sua própria, não assumem em relação a estes um comportamento de fato diferente daquele que vigora entre eles. Para se estar próximo da natureza é preciso que a natureza exista, disposição excepcional de que só os modernos se mostraram capazes e que torna toda a nossa cosmologia mais enigmática e menos amável do que as de todas as culturas que nos antecederam.

Os Achuar também me ensinaram que se pode viver o próprio destino sem o apoio de uma transcendência divina ou histórica, os dois ramos da alternativa em que nos debatemos há mais de um século. O indivíduo, em sua singularidade, para eles não é determinado por algum princípio superior e externo, não é conduzido por movimentos coletivos de vasta amplitude e longa duração de que não tem consciência, não é definido por sua posição numa hierarquia social complexa que daria à sua vida um sentido de acordo com o lugar onde o acaso o fez nascer. Nem a predestinação, nem o messianismo dos movimentos de massa, nem a preeminência do todo sobre as partes desempenham aqui um papel que é ocupado tão somente pela capacidade de cada um de se afirmar através de seus atos segundo uma escala de objetivos desejáveis partilhados por todos. Porém, à diferença do individualismo moderno, produto da superação, por parte de alguns, de uma condição outrora comum a todos, esse individualismo é de certa forma original. Não se fundamenta numa reivindicação de igualdade social e econômica, pois não sucede de um sistema desigual; tampouco vê no indivíduo a fonte de todos os valores e o motor de todas as inovações, pois uma adesão comum a um código de comportamento supostamente eterno exclui a possibilidade de alguém se sobressair ou estabelecer novas regras de conduta. À imagem dessa "lança do crepúsculo" que ameaça de quando em quando os que alcançaram a fama matando algum inimigo, o destino de cada um é imanente às suas obras, mas é de certa forma idêntico para todos.

O mais difícil para mim foi sem dúvida admitir que se possa ter do tempo uma representação não cumulativa, a idéia de progresso sendo fruto de nossa época. Eu sabia, evidentemente, que a concepção de um tempo orientado não é universal e que a fé num futuro histórico é uma invenção bastante recente. Apesar do meu saber, e apesar do ceticismo que ele me insuflara a respeito das miragens da ideologia contemporânea, senti muita dificuldade para compreender mais do que de maneira abstrata o sistema das temporalidades múltiplas que governa a vida dos Achuar. É que eu estava tocando aí nos limites do que é possível alcançar na identificação com o outro: de todos os atavismos que recebemos de nossa cultura, o modo de apreender a duração é o que mais rapidamente se torna indissociável da aptidão para conhecer. O próprio modo como os Achuar concebiam as suas relações com o sensível e o inteligível foi menos difícil de eu entender – se é que não me enganei de cabo a rabo –, pois a filosofia me ensinara a refletir sobre a relatividade das teorias do conhecimento. Essa bagagem crítica foi para mim um recurso precioso para ultrapassar as evidências do senso comum e descobrir uma maneira nova, senão totalmente original, de organizar a convivência entre as exigências do entendimento e as propriedades da matéria. Descobri com prazer que as crenças aparentemente irracionais revelavam uma atenção sutil para com as relações entre as categorias da sensibilidade, os fatos da linguagem e a escala dos seres, num sistema de pensamento posto em prática no dia-a-dia por homens vivos – por exóticos e pouco numerosos que fossem – e não imaginado por um pensador do passado, reconfortante alternativa para o dualismo desesperador a que um certo pensamento moderno quis nos confinar.

Lição de esperança, igualmente, o modo como os Achuar vivenciam a sua identidade coletiva sem se embaraçarem com uma consciência nacional. Ao contrário do movimento histórico e ideológico de emancipação dos povos que, a partir do final do século XVIII na Europa, quis basear as reivindicações de autonomia política apenas no compartilhamento de uma mesma tradição cultural ou lingüística, os Jivaro não concebem sua etnicidade como um catálogo de traços distintivos que dariam substância e eternidade a um destino compartilhado. Sua vida comunitária não se justifica pela língua, pela religião ou pelo passado, nem sequer pela ligação mística com um território encarregado de encarnar todos os valores instituindo sua singularidade. Ela se alimenta de um mesmo modo de vivenciar o vínculo social e a relação com os povos vizinhos, às vezes sangrento, decerto, em sua expressão cotidiana, não pelo banimento do outro na desumanidade, mas por uma consciência aguda de que ele, quer seja amigo ou inimigo, é necessário para a perpetuação do eu. Os Achuar me ofereciam assim a demonstração *a contrario* de que os nacionalismos étnicos, em toda a eventual barbárie de suas manifestações, são menos uma herança das sociedades pré-modernas do que um efeito de contaminação de antigos modos de organização comunitária pelas modernas doutrinas da hegemonia estatal. O que a história fez ela pode desfazer, prova de que o tribalismo das nações contemporâneas não é uma fatalidade e que a nossa atual maneira de representar a diferença através da exclusão talvez possa algum dia dar lugar a uma sociabilidade mais fraterna.

Esses ensinamentos, e outros que deixo ao leitor o cuidado de depreender, surgiram desse movimento de vaivém entre identificação e alteridade que a experiência etnográfica ocasiona. Identificação com os sentimentos, com os questionamentos morais, com as ambições ou com as disposições mentais que pensamos reconhecer no outro porque nós próprios já os experimentamos, aos quais porém os modos de expressão, à primeira vista estranhos, conferem de início uma maneira de exterioridade objetiva. Ora, é esse desvendamento que atua, em troca, sobre os nossos próprios quadros culturais, iluminando subitamente por analogia o ponto de vista específico que traduzem. A etnologia então não passaria de uma estética do relativismo, oferecendo como que um contrapeso passadista e desencantado aos valores positivos da nossa modernidade? É uma crítica que lhe foi feita inúmeras vezes. O quanto já não nos censuraram por promover a dissolução dos grandes princípios de que o Ocidente contemporâneo prega a universalidade, a pretexto de que nos recusamos a estabelecer uma hierarquia assegurada entre as diversas maneiras de vivenciar a condição humana? Em nossa afirmação de que a ciência não oferece nenhum critério que permita pretender que tal cultura seja inferior ou superior a tal outra, nossos censores percebem um solapamento insidioso da idéia de liberdade, do respeito pelo ser humano, da igualdade dos direitos, das exigências da razão ou mesmo das grandes obras da arte e do espírito de que nossa civilização pode legitimamente se orgulhar. Embalados por nossa admiração pelos povos que estudamos, teríamos nos tornado incapazes de qualquer discriminação, convencidos de que em matéria de expressão artística, regras sociais ou ética individual tudo se equipara e merece ser igualmente defendido.

Tal atitude desconhece a natureza da nossa atuação. Com a sua ambição de trazer alguma luz às razões que determinam a distribuição das diferenças culturais, a etnologia não poderia erigir como normas atemporais certas formas de comportamento, certas maneiras de pensar, certas instituições que, mesmo sendo hoje largamente difundidas, representam apenas uma das múltiplas combinações possíveis do modo de se estar em sociedade. Esse relativismo metodológico, porém, nem por isso implica relativismo moral; talvez seja, inclusive, seu melhor antídoto. E existe melhor maneira de separar o essencial do acessório, em meio a tudo o que moldou a nossa personalidade social, do que ser subitamente transplantado para uma tribo exótica onde se pode contar apenas consigo mesmo? Como então não nos questionarmos sobre aquilo que constitui a nossa identidade, sobre o que nos leva a agir e o que nos repugna, sobre os motivos que justificam nosso apego a determinados valores de nossa comunidade de origem e nos levam a rejeitar outros? Como não ser lúcido sobre os motivos primeiros que nos fazem amar tal paisagem ou tal livro, tal peça de música ou tal pintura cuja falta atiça a nossa lembrança? Como não medir, inclusive, melhor do que quem nunca foi privado deles, o atrativo dos pequenos prazeres familiares cuja falta nunca tínhamos imaginado sentir e que tecem a trama discreta de nossa singularidade cultural? Longe de me conduzir a uma muito improvável adesão a crenças e modos de vida demasiado distantes dos que formaram minha sensibilidade e julgamento, meus poucos anos de convivência com os Achuar me ensinaram, pelo contrário, as virtudes desse olhar crítico que nossa civilização soube tardiamente lançar sobre o mundo e sobre si mesma, tentativa original, talvez sem precedente na história, de fundar o conhecimento do outro sobre o desvendamento das próprias ilusões. Do etnocentrismo comum a todos os povos, fizemos, afinal, um trunfo, e se esperamos poder dar um sentido à miríade de costumes e instituições de que nosso planeta oferece o testemunho, é com a condição de admitir a nossa dívida em relação a esses costumes e instituições que nos distinguem e nos deram essa capacidade única de considerá-los todos como manifestações legítimas de uma condição partilhada.

Que belas lições filosóficas, dirão alguns, mas sem alcance real nenhum para os problemas mais urgentes do nosso mundo contemporâneo. Sem dúvida, se persistirmos em enxergar nas Ciências Humanas apenas um depósito de técnicas subalternas que permitem diagnosticar as feridas da sociedade moderna. Para o desemprego, para o desequilíbrio Norte-Sul ou para a desertificação dos campos, os Achuar evidentemente não apresentam nenhuma solução. Mas certas questões que eles tentaram resolver à sua maneira não deixam de constituir uma experiência de pensamento em dimensão real para quem quiser refletir sem preconceitos sobre o nosso futuro imediato. A superação de uma dominação frenética da natureza, o desaparecimento dos nacionalismos cegos, um modo de vivenciar a autonomia dos povos que combine consciência de si mesmo com respeito pela diversidade cultural, novos arranjos com essa proliferação de objetos híbridos que se tornaram como que prolongamentos do nosso corpo, são questões concretas da nossa modernidade que ganhariam se fossem consideradas em analogia com as concepções de mundo que povos como os Achuar criaram para si. Claro, nenhuma experiência histórica é transponível e a etnologia não tem por vocação oferecer uma coletânea de modos de vida alternativos. Ela oferece, contudo, um meio de se distanciar em relação a um presente não raro encarado como eterno, sugerindo, por exemplo, os múltiplos caminhos que o nosso futuro traz em si. Alguns milhares de índios espalhados numa selva longínqua merecem muitos volumes de futurologia, e embora as suas atuais atribulações só granjeiem indiferença por parte de uma humanidade demasiado impaciente para amar a si mesma sob um outro rosto, saibamos pelo menos reconhecer que no seu destino, por muito tempo tão divergente do nosso, talvez se delineie algum dos que está reservado para nós.

POST-SCRIPTUM

AS ESCRITURAS DA ETNOLOGIA

A etnologia mantém com a literatura um relacionamento marcado pela ambigüidade. A preocupação com a precisão, a importância das fórmulas colhidas e da fluidez narrativa, a necessidade de traduzir o mais corretamente possível conceitos que nem sempre possuem equivalente semântico nas línguas européias, todas essas limitações de uma ciência condenada a produzir sentido com, essencialmente, as palavras da linguagem comum, impõem ao etnólogo que "capriche em seu estilo". Mas são raros aqueles que, como Claude Lévi-Strauss ou Michel Leiris, souberam honrar a República das Letras e elevar a etnologia ao nível de um gênero literário. No entanto, não falta intenção e nem sequer, às vezes, talento. Se os etnólogos são, em sua maioria, romancistas fracassados, segundo a expressão de Edmund Leach, o motivo não se deve apenas ao capricho das musas. As regras da escritura monográfica estão agora fixadas há mais de sessenta anos e obrigam todo etnólogo que aspire ao reconhecimento dos seus pares a um modo de expressão que ele assimila desde cedo em sua carreira, pela leitura dos mais experientes, e que acaba lhe parecendo natural. Disso resulta uma certa padronização das formas de descrição, o uso quase que exclusivo de categorias analíticas reconhecidas pela profissão – o parentesco, a religião ou as técnicas – e a autocensura de julgamentos assumidamente subjetivos. Não há nada de criticável nisso, numa ciência que visa produzir generalizações válidas pela comparação de informações etnográficas obtidas em culturas muito distintas. Compreende-se que tal ambição requeira um modo homogêneo de apresentar os dados.

Ao excluir qualquer referência à subjetividade, a etnologia clássica condena-se, porém, a deixar na sombra o que constitui a particularidade de sua atuação em meio às outras ciências humanas, ou seja, um conhecimento fundado na relação pessoal e continuada entre um indivíduo singular com outros indivíduos singulares, um conhecimento oriundo de uma conjunção de circunstâncias sempre diferentes, nem por isso destituído de legitimidade, mas de que os leigos ignoram quase sempre em que condições foi adquirido. Os historiadores mencionam os arquivos que utilizaram, que outras pessoas terão toda a liberdade de consultar e obter interpretações diferentes, os sociólogos descrevem os questionários e os processos estatísticos que lhes permitem chegar a certas conclusões, os psicólogos não hesitam em descrever demoradamente os protocolos experimentais, em suma, apenas os etnólogos se sentem desobrigados de explicar como souberam tirar, de uma experiência única, um conjunto de conhecimentos cuja validade esperam que seja aceita por todos. O ateliê do etnólogo é ele mesmo, junto com sua relação com uma dada população, suas ingenuidades e espertezas, o andamento tortuoso de sua intuição, as situações em que o acaso o coloca, o papel que lhe atribuem, às vezes à sua revelia, nas estratégias locais, a amizade que pode ligá-lo a um personagem que irá se tornar seu principal informante, suas reações de entusiasmo, de raiva e nojo, todo um complexo mosaico de sentimentos, qualidades e oportunidades que confere ao nosso "método de pesquisa" o seu colorido específico. Ora, é essa parte constitutiva de nossa atuação científica que os preceitos da escrita etnológica obrigam a silenciar. É claro que sempre aparecem, no início de uma monografia, as indicações de data e local, mas, destituídas de substância existencial, servem apenas para estabelecer uma garantia liminar de veracidade: "residi na aldeia tal, ou na comunidade tal, na época tal e, portanto, estou falando com conhecimento de causa". Excetuando-se essa cláusula de estilo, a evocação das condições do "campo" só tornará a transparecer ao longo do texto sob formas alusivas, límpidas para todos os que passaram por experiências similares, mas sobre as quais seria inconveniente insistir.

Além de introduzirem uma limitação propriamente epistemológica na produção científica da etnologia, as regras canônicas da escrita monográfica também limitam singularmente o seu público. Sem querer pregar a instrospecção complacente, o exotismo barato ou a apologia da aventura, é de se perguntar por quê, salvo raras exceções, os etnólogos não possuem o público amplo que os historiadores souberam conquistar para si. Enquanto estes últimos – e os maiores cientistas entre eles – escrevem tanto para os seus pares como para o grande público, sem nem por isso abrir mão das exigências de rigor próprias à sua disciplina, os etnólogos parecem se resignar a publicar cada vez menos – ajudados pelo cansaço dos editores – e para um círculo cada vez mais restrito de profissionais. Foi para reagir a essa situação de fato e tentar restituir à literatura etnológica a subjetividade de que ela foi privada pelas convenções que decidi, por insistência de Jean Malaurie, escrever o presente livro. Nele, apostei que a etnologia poderia sair do gueto em que se deixou encerrar, ainda que permanecendo fiel à sua intenção primeira de, ao mesmo tempo, instruir, edificar e distrair, produzir uma obra científica e interrogar-se sobre suas condições de exercício, retraçar um itinerário pessoal e dar a conhecer toda a riqueza de uma cultura desconhecida. O futuro dirá se consegui. Mas sei desde já que o empreendimento teria sido quase impossível fora do âmbito da coleção que o acolhe. Sem nenhum equivalente de fato na França ou no estrangeiro, Terre Humaine oferece há quarenta anos um refúgio prestigioso aos etnólogos insatisfeitos com as limitações do estilo universitário. Afiançada por alguns precedentes admiráveis, a coleção dá um ar de legitimidade a essas excursões que saem das trilhas repisadas. Ela me ajudou a vencer as reticências que todo etnólogo experimenta para falar sobre si mesmo já que, por um consenso raro em nossa disciplina, todos concordam em ver nela, para além de uma série de obras intencionalmente reunidas, um gênero completo. À diferença da antropologia "pós-moderna" muito em voga nos Estados Unidos, na qual o etnólogo torna-se seu próprio objeto de pesquisa e a observação de si mesmo toma precedência sobre a observação do outro e desemboca num solipsismo narcisista nem sempre compensadas pelas qualidades da língua, à diferença dessa nova mutação egótica do etnocentrismo, portanto, Terre Humaine lembra, livro após livro, que a experiência singular da diversidade alheia é portadora de uma universalidade acessível a todos.

A vontade de atingir um público mais amplo origina-se, finalmente, de uma dupla responsabilidade social em que incorre o etnólogo: em relação a um povo que confiou nele durante vários anos e cuja originalidade ele pode enaltecer com mais correção do que os profissionais da aventura exótica, e em relação aos seus próprios conterrâneos que, financiando o seu trabalho – como pesquisador ou universitário, ele está a serviço do Estado – têm o direito de esperar que ele lhes transmita o seu interesse. Mas a etnologia é uma ciência mais técnica do que a história, e muitos dos seus desdobramentos requerem uma linguagem e métodos que continuarão sendo para todo o sempre prerrogativa dos especialistas. O problema da escrita etnológica não se coloca, portanto, como uma alternativa entre publicação científica e obra de vulgarização, mas como escolha dos modos de expressão segundo as questões abordadas e a intenção definida. O grande mérito de Terre Humaine está em ter sabido criar um fórum dirigido àqueles que se dedicam a partilhar com um público mais amplo esse modo original de conhecimento do outro que eles têm o prazer de exercer.

OS JIVARO NA TRILHA DA GUERRA*

por Didier Eribon

Os livros de etnologia sempre são marcados por uma certa nostalgia. Eles narram uma experiência obrigatoriamente passada: é depois de voltar para casa que o intelectual retoma suas anotações e cadernos de campo para oferecer ao leitor o relato dos anos que passou em contato com uma sociedade distante. É o caso de *Tristes trópicos*, de Claude Lévi-Strauss: o livro foi escrito em 1954, mas as experiências nele registradas aconteceram entre 1936 e 1939. Um espaço de tempo mais ou menos comparável ao que separa o livro de Philippe Descola, *As lanças do crepúsculo*, dos momentos que viveu entre os índios Jivaro.

Não há dúvida de que esse intervalo é necessário: o etnólogo deve cumprir suas obrigações universitárias. Precisa redigir e defender sua tese, se deseja obter reconhecimento de seus pares. Precisa publicar o resultado de suas pesquisas em revistas especializadas antes de pensar em difundi-las para um público mais amplo. Mas quando a tarefa já foi cumprida, essas limitações do ofício desembocam numa liberdade de tom e de escrita que só é possível com o passar do tempo e a distância em relação ao material etnográfico que deve ser reconstituído. O homem de ciência pode afinal escrever o romance verdadeiro daquilo que viveu. E levar o leitor leigo para uma verdadeira aventura, num périplo de tirar o fôlego que nos faz descer de canoa os rios durante a cheia, participar de rituais funerários, caçar macacos-barrigudos com zarabatana, partir para a luta em trilhas incertas e ameaçadoras...

* Publicado na revista *Le Nouvel Observateur*, 20-26 de janeiro de 1994.

Mas vamos começar pelo começo. Foi em meados dos anos 70: um jovem aluno da École Normale Supérieure que se dedicava à filosofia não se sentia à vontade nesse universo de abstração. Era o chamado da etnologia que ele estava ouvindo. Mas antes de dar esse passo, era preciso fazer um desvio, ou melhor, uma visita, que é como um rito iniciático para todos aqueles que se abrasam ao encontrar a condição humana no oco de uma clareira da floresta tropical: ir ver o autor de *Tristes trópicos*. Descola então pediu uma entrevista a Claude Lévi-Strauss, que o recebeu em seu escritório do Collège de France com a impávida cortesia que volta e meia deixa seus interlocutores desconcertados. O jovem estudante está paralisado pelo medo e começa a duvidar da legitimidade de sua vocação. Mas passa com sucesso por esta primeira prova: o grande mestre da antropologia francesa lhe dá alguns conselhos e, principalmente, aceita orientar a sua tese.

Descola e sua mulher não demoram a chegar ao campo que escolheram, entre os Achuar, nos confins do Equador e do Peru. Os Achuar são uma das tribos que constituem o povo Jivaro. São alguns milhares que vivem em casas isoladas, ao longo dos rios, e que resistiram durante muitos séculos à penetração dos Brancos. Os missionários católicos ou protestantes desperdiçaram com eles infinitos tesouros de fé, paciência e energia: nada parece atingir o modo de vida desses índios orgulhosos, cuja existência é ritmada pela troca de bens e pelas declarações de guerra.

Pois a terrível reputação dos Jivaro está longe de ser infundada: eles vivem sempre num estado de guerra civil disfarçada, uma vendeta generalizada e eternamente recomeçada, em que a única coisa que se modifica são as alianças entre os clãs. Uma mulher larga o marido para se refugiar na casa de outro homem? Toda a região se inflama. As relações de parentesco obrigam uns e outros a apoiar um dos protagonistas e ir lutar a seu lado. A guerra rompe o curso do tempo, e assim que ela se desencadeia, mobiliza todas as energias. A tediosa repetição das atividades diárias dá lugar a uma agitação intensa, que começa por um falatório entre as facções rivais e vai até os rituais que anunciam a partida para o combate.

Descola é inigualável na evocação desses quadros animados em que toda uma sociedade parece se renovar no mais profundo de si mesma. Pois acima de tudo é preciso evitar tomar esses relatos pela descrição pitoresca de um universo de barbárie. O objetivo do etnólogo não é, evidentemente, julgar o que está vendo. Ele quer compreender, explicar. Procura construir um modelo que permita entrever segundo quais princípios funciona aquela sociedade que não conhece instituições estabelecidas, não tem organização política aparente, mas obedece a regras tão estritas quanto imutáveis. E se Descola focaliza boa parte de sua atenção no tempo da guerra, é porque se trata de um "fato social total" no qual se encontram condensados todos os traços que definem a cultura Jivaro. É, por exemplo, nos feitos de guerra que entrarão na memória coletiva que se forja o prestígio dos "grandes homens", e, na reunião dos clãs em torno de um desses "grandes homens", se reforça a solidariedade que organiza, em tempos de paz, as redes de troca econômica.

Os Achuar não são "redutores de cabeças". Mas Philippe Descola mostra como a vendeta desempenha entre eles uma função análoga àquela "arte de acomodar os inimigos" que ainda era praticada até pouco tempo atrás em outras tribos jivaro. Reduzir uma cabeça, para a tribo vizinha dos Shuar, por exemplo, era praticar um ritual em que os cantos e danças acompanhassem um monte de operações particulares com significados esotéricos e que tinham a função de exaltar o ciclo da morte e do renascimento, do assassinato e do parto. Pois o fruto desse estranho balé nada mais é que o anúncio de uma criança que vai nascer na parentela do assassino. Tratava-se portanto de um ritual de engendramento, onde se toma a vida de um desconhecido, que não é totalmente um estrangeiro pois deve sempre se tratar de um Jivaro, para transmiti-la de maneira simbólica a uma descendência que é invocada através de seus votos. É, portanto, comenta Philippe Descola, uma espécie de aliança ideal, que tem o paradoxo de ser consangüínea (pois se trata de um Jivaro) sem ser incestuosa (pois se trata de um desconhecido de outra tribo). E se essa prática macabra parece desconhecida na região achuar, onde se vê o mesmo signo da barbárie dos Shuar, Philippe Descola se pergunta se a redução das cabeças entre os Shuar e a vendeta entre os Achuar não seriam "afinadas pelo mesmo diapasão".

Pois a guerra de vingança entre os Achuar sempre é, no sentido próprio, uma questão de família: trata-se de fazer respeitar o sistema de obrigações que um casamento irregular veio atrapalhar. E então o rapto de mulheres e crianças que costuma encerrar as expedições guerreiras é somente um outro modo de manter o ciclo de trocas, das "afinidades", com aliados potenciais que a vendeta excluiu do número de parentes. Entre a prática que consiste em roubar a vida de um inimigo para simular uma aliança ideal e aquela que consiste em roubar a mulher e os filhos de parentes potenciais que se tornaram inimigos, a distância é apenas de grau, e não de natureza.

Se a guerra efetiva, com armas na mão, marca o tempo forte na existência dos Jivaro, há outras batalhas, mais subterrâneas, que se travam sem descanso entre os clãs e que dominam todos os instantes da vida cotidiana: as que opõem os xamãs. O "ofício" deles é cuidar dos doentes e curá-los. Mas eles também devem proteger seus próximos contra o azar lançado pelos xamãs dos clãs hostis. A morte de um doente freqüentemente é atribuída aos malefícios arremessados por um xamã inimigo por meio de flechas invisíveis. E volta-se ao direito de guerra, de guerra armada, até que a vingança seja consumada. Philippe Descola faz questão de descrever longamente as práticas xamânicas e as crenças que as fundam. Faz desfilar diante de nós uma galeria maravilhosa de retratos onde conhecemos, em meio às suas deambulações profissionais, alguns daqueles homens com poderes mágicos e segredos profundos. É uma arte que se aprende durante longos anos. É preciso perseverança. E é uma arte nada repousante: arrisca-se a vida a cada momento, pois pode-se ser tomado pelo responsável pela morte daquele que não se conseguiu curar, ou então ser acusado de ter tramado sua morte.

A partir dessa etnologia médica, Philippe Descola nos faz compreender, de dentro, o conjunto do sistema religioso dos Achuar, e também sua cosmologia, sua relação com a natureza...

Mas não é possível contar como é um livro desses. Mil histórias estão imbricadas nele. É um romance policial em que a todo momento as pistas estão à nossa frente, sem que estejamos realmente prestando atenção nelas. E depois, pouco a pouco, tudo ganha sentido... O que não passava de uma anedota se torna o elemento fundamental de uma filosofia da existência, um mero detalhe que parecia insignificante se revela a chave explicativa de toda uma ordem política. Não, não é possível resumir um livro desses. O que é possível é incitar o leitor a fazer a viagem ao coração desse continente cultural desconhecido e ameaçado.

[tradução Paulo Werneck]

ENSAIO BIBLIOGRÁFICO

Dediquei este livro a leitores muito diversos, esperando que todos nele encontrassem um interesse sustentado. Para que permanecesse acessível a um público de não especialistas omiti particularmente, no corpo do texto, as notas, referências bibliográficas, discussões escolares, termos técnicos, diagramas, em suma, todo o aparato científico que não raro intimida e desanima o leigo nas obras mais clássicas de etnologia. O pequeno guia abaixo visa corrigir um pouco dessa desenvoltura, oferecendo uma lista de leituras complementares àqueles que gostariam de aprofundar o seu estudo. As referências comentadas são apresentadas capítulo por capítulo, na ordem dos temas abordados.

PRÓLOGO

Existe uma abundante literatura sobre os mitos suscitados no Ocidente pela descoberta dos índios da América. Jean-Paul Duviols, *L'Amérique espagnole vue et rêvée: les livres de voyage de Christophe Colomb à Bougainville*. Paris: Promodis, 1986, e Tzvetan Todorov, *A conquista da América: a questão do outro* [1982]. São Paulo: Martins Fontes, 2003, constituem boas introduções nesse campo. Os dois compêndios de Antonello Gerbi, infelizmente não traduzidos para o francês, são indiscutíveis obras de referência sobre o assunto: *La natura delle Indie nove*, Milão/Nápoles: Riccardo Ricciardi Editore, 1975 (tradução espanhola: *La naturaleza de las Indias nuevas*. México: Fondo de Cultura Económica, 1978) e *La disputa del Nuovo Mondo*, Milão, 1955 (tradução espanhola: *La disputa del Nuevo*

Mundo. México: Fondo de Cultura Económica, 1960). Publicada em 1913, a obra de G. Chinard permanece atual: *L'Amérique et le rêve exotique dans la littérature française des XVIIe et XVIIIe siècles*. Paris: Hachette. Sobre a percepção que tinham dos índios do Brasil os franceses do século XVI, é vantajoso consultar: Bernadette Bucher, *La Sauvage aux sins pendants*. Paris: Hermann, 1977, e Frank Lestingant, *L'Atelier du cosmographe, ou l'image du monde à la Renaissance*. Paris: Albin Michel, 1991. O livrinho de Alain Gheerbrant, *L'Amazone, un géant blessé*. Paris: Decouvertes Gallimard, 1988 irá convir perfeitamente ao leitor apressado. Alexandre de Humboldt, geógrafo, naturalista e etnólogo *avant la lettre*, foi decerto o primeiro estudioso que apresentou uma visão científica moderna dos índios da América do Sul no final do século XVIII; é interessante a leitura do seu *Voyage dans l'Amérique équinoxiale*. Paris: Maspero, 1980. Embora os inúmeros livros de Humboldt sobre a América tenham feito sucesso em toda a Europa, não parece que Hegel deles tenha tirado algum proveito; a imagem negativa, e absolutamente imaginária, que ele oferece dos ameríndios nos seus cursos sobre a filosofia da história (publicados em português com o título *A razão na história: uma introdução geral à filosofia da história*. São Paulo: Moraes, 1990) é, sem dúvida, herança de Buffon (*De l'homme*. Paris: Maspero, 1971), que por sua vez foi influenciado pelos relatos tendenciosos dos jesuítas do Paraguai.

Sobre a cidade de Puyo e os índios Canelos de língua quíchua que vivem nos seus arredores, existem as duas monografias etnológicas de Norman Whitten: *Sacha Runa. Ethnicity and Adaptation of Ecuadorian Jungle Quichua*. Urbana: University of Illinois Press, 1976, e *Sicuanga Runa. The Other Side of Development in Amazonian Ecuador*. Urbana: University of Illinois Press, 1985. A literatura sobre os Jivaro é imensa; uma bibliografia publicada em 1978 reúne mais de 1.300 títulos de artigos e opúsculos, aos quais se deve acrescentar pelo menos uns cinqüenta publicados desde então. Trata-se essencialmente de relatos de exploração abortados, de documentos administrativos ou missionários, ou de especulações ociosas sobre as cabeças reduzidas escritas por médicos militares aposentados. Os motivos desse entusiasmo escrevinhador são muitos: as cabeças reduzidas, é claro, mas também a resistência vitoriosa que os Jivaro opuseram durante mais de quatro séculos à presença dos brancos, num território do tamanho de Portugal e bastante próximo das grandes cidades dos Andes. Esse isolamento feroz transformava-os em objeto de especulações intelectuais mais prolixas ainda pela dificuldade de chegar a eles. Acrescente-se a isso uma massa demográfica considerável já que, com uma população atual [1993] de cerca de 70 mil pessoas, eles ainda constituem o maior conjunto étnico culturalmente homogêneo da Amazônia. Sobre a imagem dos Jivaro no mundo hispano-americano e na Europa, leia-se o artigo de Anne Christine Taylor, "'Cette atroce république de la forêt'... Les origines du paradigme jivaro", *Gradhiva*, nº 3, 1987. A etnologia dos Jivaro experimentou dois períodos distintos. O primeiro começa com a monografia de Rafael Karsten, *The Head-Hunters of Western Amazonas: the Life and Culture of the Jivaro Indians of Eastern Ecuador and Peru*, Helsinki: Societas Scientarum Fennica, 1935; continua com o livro de Matthew Stirling, *Historical and Ethnographical Notes on the Jivaro Indians*. Washington: Smithsonian Institution, 1938, e se encerra com o de Michael Harner, *Les Jivaros, hommes des cascades sacrées*. Paris: Payot, 1977 (a edição original americana data de 1972, mas a pesquisa etnográfica foi realizada essencialmente no final dos anos 50). O segundo período começa nos anos 70 com um afluxo de etnólogos de todas as nacionalidades, sendo poucos, porém, os que publicaram monografias. Entre elas, mencionemos Michael Brown, *Tsewa's Gift. Magic and Meaning in an Amazonian Society*. Washington: Smithsonian Institution Press, 1985, e *Una paz incierta*. Lima: CAAP, s.d., sobre os Jivaro Aguaruna; Philippe Descola, *La Nature domestique. Symbolisme et praxis dans l'écologie des Achuar*. Paris: Éditions de la Maison des Sciences de l'Homme, 1986, sobre os usos e concepções da natureza entre os Jivaro Achuar, e Charlotte Seymour-Smith, *Shiwiar, Identidad étnica y cambio en el rio Corrientes*. Quito/Lima, co-edição Abya-Yala-CAAP, 1988, sobre os Jivaro do Corrientes no Peru. Foi igualmente a partir dos anos 1970 que alguns missionários, salesianos no Equador e jesuítas no Peru, começam a publicar sistematicamente em espanhol os materiais etnográficos colhidos durante o seu sacerdócio. O resultado é especialmente frutífero no campo da mitologia e do ritual; farei várias vezes referência a eles ao longo desse ensaio.

O abade François Pierre publicou o relato de suas aventuras no Bobonaza em seu *Voyage d'exploration chez les tribus sauvages de l'Équateu*. Paris: Bureaux de l'Année Dominicaine, 1889. A própria descida do Bobonaza é descrita por Bertrand Flornoy em seu *Voyages en Haut-Amazonie*. Rio de Janeiro: Atlanta Editora, 1945. Quanto às desventuras de Isabelle Godin des Odonnais, são relatadas por Louis, seu marido, em longa carta incorporada num livro de Charles-Marie de La Condamine, *Relation abrégée d'un voyage fait dans l'intérieur de l'Amérique méridionale...* Paris: Veuve Pissot, 1745. Florence Trystam apresentou recentemente um vívido relato do périplo de doña Isabelle num livro dedicado à expedição dos acadêmicos franceses, *Le Procès des étoiles*. Paris: Seghers, 1979, cuja leitura recomendamos. Uma seleção de textos de La Condamine, recentemente publicada, dará uma melhor idéia do que foi a sua viagem pelo Rio Maranhão e Amazonas, *Voyage sur l'Amazone*. Paris: Maspero, 1981. Finalmente, não há melhor convite para uma viagem pelo Equador do que o diário escrito por Henri Michaux depois de sua estada naquele país em 1928: *Ecuador. Journal de voyage*. Paris: Gallimard, 1968 (1ª edição 1929).

CAPÍTULOS I, II E III

Dediquei longas análises ao simbolismo da casa achuar, assim como às suas técnicas de construção, em *La Nature domestique*, op. cit., capítulo 4. Sobre os efeitos sociológicos e ecológicos decorrentes da passagem de um habitat disperso para um habitat artificialmente agrupado em aldeias, consultar Philippe Descola, "Ethnicité et développement économique", in *Indianité, ethnocide, indigénisme en Amérique latine*. Toulouse/Paris: Éditions du CNRS, 1982 e "From scattered to nucleated settlements: a process of socio-economic change among the Achuar", in Norman Whitten (org.), *Cultural Transformations and Ethnicity in Modern Ecuador*. Urbana: University of Illinois Press, 1981.

O sistema jivaro de parentesco pertence a um tipo que os etnólogos chamam de "dravidiano" porque foi descrito pela primeira vez na Índia do Sul, mas que encontramos em outras regiões do mundo, notadamente em boa parte da Amazônia. Esse sistema se baseia num modo de classificar os parentes distinguindo entre primos paralelos (filhos de irmão do pai e de irmã da mãe), assimilados a irmãos e irmãs e tratados como consangüíneos, e primos cruzados (filhos de irmã do pai e de irmão da mãe) considerados como afins, ou seja, como parentes por aliança com os quais o casamento é possível. A partir dessa relação central, todas as pessoas ligadas por laço genealógico a um indivíduo qualquer podem ser por ele classificadas em duas categorias, a dos consangüíneos e a dos afins. Assim, um tio paterno será consangüíneo, enquanto um tio materno será afim; a mulher de um tio paterno será consangüínea, enquanto o marido de uma tia paterna será afim etc. Entre os Achuar, é prescrito o casamento entre primos cruzados, o que leva a perpetuar, geração após geração, ciclos de aliança no seio de um mesmo núcleo de parentesco (uma parentela). A residência após o casamento é uxorilocal, o que significa que o genro deve obrigatoriamente se estabelecer na casa dos pais da sua esposa. Sobre os sistemas de parentesco dravidianos em geral, leia-se Louis Dumont, *Dravidien et Kariera. L'Alliance de mariage dans l'Inde du Sud et en Australie*. Paris-La Haye: Mouton, 1975. O sistema de parentesco achuar é analisado em Philippe Descola, "Territorial adjustments among the Achuar of Ecuador", *Informations sur les Sciences Sociales*, nº 21 (1), 1982, e Anne Christine Taylor, "The marriage alliance and its structural variations in Jivaroan societies", *Informations sur les Sciences Sociales*, 22 (3), 1983.

CAPÍTULO IV

A importância do cromatismo no pensamento ameríndio foi assinalada por Claude Lévi-Strauss nos quatro volumes de suas *Mitológicas* [1964, 1966, 1968, 1971], em especial no primeiro deles, *O cru e o cozido* [1964]. A séria tem tradução para o português coordenada por Beatriz Perrone-Moisés, publicada pela Cosac Naify.

CAPÍTULO V

A troca de bens tem um papel central em diversas sociedades pré-modernas, nem sempre com uma finalidade diretamente econômica. O primeiro a chamar a atenção para essa questão foi Marcel Mauss, no seu célebre "Ensaio sobre a dádiva" (republicado em *Sociologia e antropologia* [1950]. São Paulo: Cosac Naify, 2003). Pode-se igualmente consultar Karl Polanyi e C. Arensberg (orgs.), *Les Systèmes économiques dans l'histoire et la théorie*. Paris: Larousse, 1975 (1ª edição americana, 1957); Marshall Sahlins, *Âge de pierre, âge d'abondance* [1972]. Paris: Gallimard, 1976; Maurice Godelier, "De la monnaie et de ses fétiches" (republicado em *Horizon, trajets marxistes en anthropologie*. Paris: Maspero, 1973, capítulo 4); Arjun Appadurai (org.), *The Social Life of Things: Commodities in Cultural Perspective*. Cambridge: Cambridge University Press, 1986, e Caroline Humphrey e S. Hugh-Jones (orgs.), *Barter, Exchange and Value. An anthropological Approach*. Cambridge: Cambridge University Press, 1992.

Sobre os procedimentos para classificação dos objetos naturais em obra nas sociedades sem escrita, ler Claude Lévi-Strauss, *O pensamento selvagem* [1962]. Campinas: Papirus, 2004; dediquei um longo estudo aos sistemas de classificação achuar das plantas e animais em *La Nature domestique*, op. cit., capítulo 3. Há análises sobre os cantos mágicos *anent* em Anne Christine Taylor, "Jivaroan magical songs: achuar *anent* of connubial love", *Amerindia*, 8, 1983, em Philippe Descola, *La Nature domestique*, op. cit., *passim*, sobre os Jivaro Achuar, em Michael Brown, *Tsewa's Gift*, op. cit., *passim*, sobre os Jivaro Aguaruna.

CAPÍTULO VI

Para um estudo técnico da horticultura de coivara, do tratamento das plantas cultivadas e da simbologia das roças entre os Achuar, consultar Ph. Descola, *La Nature domestique*, op. cit., capítulo 5. O estudo sobre Nunkui, a mítica dona das roças, enfatiza, em oposição às teorias da transcendência das religiões primitivas (por exemplo, Marcel Gauchet, *Le Désenchantement du monde. Une histoire politique de la religion*. Paris: Gallimard, 1985, mas também os missionários salesianos), que os heróis da mitologia jivaro são imanentes ao mundo, que se distinguem pouco dos homens e não são nem superiores nem externos a eles. Esse aspecto é provavelmente característico de todos os politeísmos, como sugere Marc Augé no seu *Génie du paganisme*. Paris: Gallimard, 1982.

CAPÍTULO VII

A etnologia reconheceu muito cedo a importância crucial que as sociedades pré-modernas dão aos sonhos e à sua interpretação. Os primeiros teóricos da disciplina inclusive se esforçaram para explicar, por referência à atividade onírica, tanto a religião primitiva – por exemplo, Edward Tylor, *La Civilisation primitive*. Paris: Reinwald, 1876-1878 (edição original inglesa, 1871) – como a mitologia – Karl Abraham *Oeuvres Complètes, 1: Rêve et mythe*. Paris: Payot, 1965 (1ª edição, 1909). Existe abundante literatura sobre essa questão, que expressa pontos de vista muitas vezes inconciliáveis; ecos dessa situação se fazem presentes em duas obras recentes: Michel Perrin, *Les Praticiens du rêve. Un exemple de chamanisme*. Paris: PUF, 1992, e B. Tedlock (org.), *Dreaming, Anthropological and Psychological Interpretations*. Cambridge: Cambridge University Press, 1987. Minha análise do sistema achuar de interpretação dos sonhos se inspira no método estrutural de análise dos mitos aprimorada por Claude Lévi-Strauss (*Mitológicas*, op. cit.); também tem pontos em comum com esse último (*A oleira ciumenta* [1985]. São Paulo: Brasiliense, 1986) em sua crítica da perspectiva freudiana (S. Freud, *A interpretação dos sonhos* [1899]. Rio de Janeiro: Imago, 2001).

CAPÍTULO VIII

Dediquei um longo estudo às técnicas achuar de caça e ao simbolismo da relação com a presa em *La Nature domestique*, op. cit., capítulo 6. Sobre os motivos culturais que impediram a domesticação dos animais pelos índios da Amazônia, consultar Philippe Erikson, "De l'apprivoisement à l'approvisionnement: chasse, alliance et familiarisation en Amazonie amérindienne", *Techniques et Culture*, nº 9, 1987, e Ph. Descola, "Généalogie des objets et anthropologie de l'objectivation", in B. Latour *et alia* (orgs.), *L'Intelligence des techniques*. Paris: La Découverte, 1993. A figura do dono dos animais é comum desde a Sibéria (por exemplo, Roberte Hamayon, *La Chasse à l'âme. Esquisse d'une théorie du chamanisme sibérien*. Paris: Société d'Ethnologie, 1990) até a Terra do Fogo; existe um estudo sobre esse fenômeno na América do Sul em Otto Zerries, "Wild und Bushgeister in Südamerika", *Studien zur Kulturkunde* 2, VI, e uma tentativa de ordenação comparativa em Ph. Descola, "Societies of nature and the nature of society", in A. Kuper (org.), *Conceptualizing Society*. Londres: Routledge, 1992; vide também um magistral estudo de caso no Noroeste da Amazônia em Gerardo Reichel-Dolmatoff, *Desana. Le Symbolisme universel des Indiens tukano du Vaupés* [1968]. Paris: Gallimard, 1973.

CAPÍTULO IX

Para informações complementares sobre as técnicas de pesca e o simbolismo do rio, consultar Ph. Descola, *La Nature domestique*, op. cit., capítulo 7; sobre os ciclos sazonais e o calendário astronômico e climático, *idem*, capítulo 2. Um número especial do *Bulletin de l'Institut français d'études andines*, v. XX (1), 1991, oferece um panorama bastante completo do fenômeno do *pishtaco* nos Andes; vide também Nathan Wachtel, *Dieux et vampires. Retour à Chipaya*. Paris: Seuil, 1992.

CAPÍTULO X

Sobre a relação *amik* (ou *amigri*) entre os Jivaro Shuar, vide M. Harner, *Les Jivaros*, op. cit., capítulo 3. Existem estudos sobre a amizade cerimonial entre os índios do Brasil Central em David Maybury-Lewis (org.), *Dialectical Societies. The Gê and Bororo of Central Brazil*. Cambridge: Harvard University Press, 1979, e entre os índios Tupi em Eduardo Viveiros de Castro, *Araweté: os deuses canibais*. São Paulo: Zahar/Anpocs, 1986. Claude Lévi-Strauss foi sem dúvida o primeiro a chamar a atenção para a extrema imbricação das relações de hostilidade e das relações de troca, em "Guerra e comércio entre os índios da América do Sul" [1943], in Schaden, E. (org.), *Leituras de etnologia brasileira*. São Paulo: Companhia Editora Nacional, 1976.

CAPÍTULO XI

O "grande homem" achuar difere em vários aspectos da imagem clássica do "chefe sem poder" ameríndio apresentado por Pierre Clastres em *A sociedade contra o Estado* [1974]. São Paulo: Cosac Naify, 2003; para uma discussão crítica, consultar Ph. Descola, "La Chefferie amérindienne dans l'anthropologie politique", *Revue Française de Science Politique*, nº 38 (5), 1988. Sobre o sistema de parentesco achuar, vide referências *supra* (capítulos I, II e III).

CAPÍTULO XII

A antropologia dos sexos está em pleno desenvolvimento de uns quinze anos para cá, principalmente pelo impulso dos movimentos feministas – vide, por exemplo, Nicole-Claude Mathieu (org.), *L'Arraisonnement des femmes. Essais en anthropologie des sexes*. Paris: Éditions de l'EHESS,

1985. Em contrapartida, a antropologia das emoções ainda vem dando seus primeiros balbucios, pelo menos no que diz respeito a suas variantes não psicanalíticas. Sobre o papel dos *anent* no amor conjugal, ler Anne Christine Taylor, "Jivaroan *anent* of magical love", op. cit. A concepção bastante puritana dos Jivaro sobre a sexualidade extraconjugal está longe de ser a norma na Amazônia, como atestam dois exemplos: Thomas Gregor, *Mehinaku. The Drama of Daily Life in a Brazilian Indian Village*. Chicago: The University of Chicago Press, 1977, e E. Viveiros de Castro, *Araweté: os deuses canibais*, op. cit.

CAPÍTULO XIII

A literatura sobre os usos tradicionais dos alucinógenos é considerável; como introdução a essa questão, pode-se ler: L. Lewin, *Phantastica. Drogues psychédéliques, stupéfiants, narcotiques, excitants, hallucinogènes*. Paris: Payot, 1970; Patrick Allain, *Hallucionogènes et société. Cannabis et peyotl*. Paris: Payot, 1973; Peter Furst (org.), *La Chair des Dieux: l'usage rituel des psychédéliques*. Paris: Le Seuil, 1974 (1ª edição em inglês: 1972), e R. Shultes e A. Hofmann, *Les Plantes des dieux*. Paris: Berger-Levrault, 1981 (edição inglesa: 1979). Sobre a utilização ritual de alucinógenos do tipo *ayahuasca* no piemonte amazônico, consultar Marlene Dobkin de Rios, *Visionary Vine. Psychedelic Healing in the Peruvian Amazon*. San Francisco: Chandler Publishing Company, 1972; Michael Harner, *Hallucinogens and Shamanism*. Nova York: Oxford University Press, 1973, e Gerardo Reichel-Dolmatoff, *The Shaman and the Jaguar. A Study of Narcotic Drugs among the Indians of Colombia*. Filadélfia: Temple University Press, 1975. As já citadas monografias de M. Harner e M. Brown compreendem trechos sobre o uso dos alucinógenos entre os Jivaro Shuar e os Jivaro Aguaruna. Finalmente, sobre as relações entre música e transe leia-se o livro de Gilbert Rouget, *La Musique et la transe. Esquisse d'une théorie générale des relations entre la musique et la possession*. Paris: Gallimard, 1980.

CAPÍTULO XIV

Ao livro pioneiro editado por Frederik Barth (*Grupos étnicos e suas fronteiras* [1969]. São Paulo: Unesp, 1997) é que devemos a renovação das perspectivas antropológicas sobre etnia; nele a identidade étnica não é mais considerada uma categoria substantiva com traços fixados por toda a eternidade, e sim um sistema de codificação das diferenças culturais entre grupos vizinhos. Em meio à abundante literatura suscitada por esse *aggiornamiento* teórico, pode-se consultar: Jean-Loup Amselle e E. M'Bokolo (org.), *Au Coeur de l'ethnie. Ethnies, tribalisme et État en Afrique*. Paris: La Découverte, 1985, e *Indianité, ethnocide, indigénisme en Amérique Latine*, op. cit. (notadamente o artigo de Anne Christine Taylor, "Relations interethniques et formes de résistance culturelle chez les Achuar de l'Équateur"). Sobre as classificações étnicas jivaro, leia-se, também de A. C. Taylor, "L'Art de la réduction. La guerre et les mécanismes de la différenciation tribale dans la culture jivaro", *Journal de la Société des Américanistes*, n. LXXI, 1985, e Ch. Seymour-Smith, *Shiwiar*, op. cit.

Sobre a questão genérica das representações do desenvolvimento temporal, ler Henri Hubert e Marcel Mauss, "Étude sommaire de la représentation du temps dans la religion et la magie", in *Mélanges d'histoire des religions*. Paris: Alcan, 1909; e, sobre a Mesoamérica, Jacques Soustelle, *La Pensée cosmogonique des anciens Mexicains*. Paris: Hermann, 1940. As relações entre mito e história suscitaram inúmeros debates, cujos ecos podem ser encontrados em: *Histoire et structure*, número especial da revista *Annales*, 26 (3-4), 1971, e *Le Mythe et ses métamorphoses*, número especial da revista *L'Homme*, 106-107, 1988; encontram-se igualmente nesse volume vários artigos dedicados ao tratamento da história nas mitologias ameríndias. O recente livro de France-Marie Renard-Casevitz, *Le Banquet masqué. Une mythologie de l'étranger*. Paris: Lierre et Coudrier éditeur, 1991, faz uma abordagem particularmente original das representações da história e da temporalidade nos mitos dos Arawak do Peru. Sobre a história antiga dos Jivaro, e mais ainda sobre a dos Achuar, ainda há muito a ser feito; a obra de referência nessa questão é France-Marie Renard-Casevitz, Thierry Saignes et Anne Christine Taylor, *L'Inca, l'Espagnol et les Sauvages. Rapports entre les sociétés amazoniennes et andines du XVe au XVIIe siècle*. Paris: Éditions Recherche sur les Civilisations, 1986. Para os períodos mais recentes, vide Anne Christinne Taylor, "L'Évolution démographique des populations indigènes de Haute-Amazonie du XVIe au XXe siècle", in *Équateur 1986*, v. 1. Paris: Éditions de l'ORSTOM, 1989.

CAPÍTULO XV

As concepções de saúde e doença e, de maneira mais geral, o tratamento do infortúnio nas sociedades tradicionais constituem há uns vinte anos um ramo especializado da antropologia, às vezes chamado de "etnomedicina". Duas publicações recentes dão uma boa idéia de conjunto dessa área de pesquisa: Marc Augé e Claudine Herzlich (orgs.), *Le Sens du mal*. Paris: Éditions des Archives Contemporaines, 1984, e o número especial da revista *L'Ethnographie* (1996-97) intitulado *Causes, origines et agents de la maladie chez les peuples sans écriture*, 1985. No campo ameríndio, ler Jean-Pierre Chaumeil, *Voir, savoir, pouvoir. Le Chamanisme chez les Yagua du Nord-Est péruvien*. Paris: Éditions de l'EHESS, 1983, e Michel Perrin, *Les Practiciens du rêve*, op. cit.

O sistema dos parceiros de escambo jivaro difere das expedições comerciais em grande escala características da Amazônia central peruana (F. M. Renard-Casevitz, "Guerre, violence et identité à partir des sociétés du piémont amazonien des Andes centrales", *Cahiers ORSTOM* (série Sciences Humaines), nº 21 (1), 1985) e do Orinoco (Simone Dreyfus, "Les Réseaux politiques indigènes en Guyane occidentale et leurs transformations aux XVIIe et XVIIIe siècles", *L'Homme*, 122-124, 1992). Sobre a associação, muito comum, entre dívida e vingança, leiam-se as contribuições reunidas por Raymond Verdier em *La Vengeance. Études d'ethnologie, d'histoire et de philosophie*. Paris: Éditions Cujas, 4 vol., 1980-1984.

CAPÍTULO XVI

Sobre a concepção dos Quíchua acerca dos Achuar, consultar as duas monografias já citadas de N. Whitten.

CAPÍTULOS XVII E XVIII

As guerras intestinas travadas entre os índios da América do Sul não deixaram de exercer ambígua fascinação sobre os observadores ocidentais; dos primeiros cronistas da Conquista aos etnólogos contemporâneos, todos manifestam uma mesma perplexidade ante a intensidade desses enfrentamentos, sua aparente falta de motivo e os rituais macabros que não raro os acompanham. Confrontada com essa espécie de escândalo lógico – ou mesmo, para alguns, moral – a etnologia moderna saiu em busca de explicações razoáveis, que ela quis encontrar principalmente nas funções consideradas positivas que a guerra preencheria à revelia daqueles mesmos que a praticam. Quiseram, assim, ver na guerra ameríndia um dispositivo adaptativo às limitações ambientais, notadamente à suposta escassez da caça (para uma síntese recente dos debates sobre as teorias ecológicas da guerra, vide Brian Ferguson, "Game Wars? Ecology and conflicts in Amazonia", *Journal of Anthropological Research* 45, 1989; elementos para uma refutação crítica podem ser encontrados em Ph. Descola, *La Nature domestique*, op. cit., "Le Déterminisme famélique", in A. Cadoret (org.), *Chasser le naturel*. Paris: Éditions de l'EHESS, 1988 e "L'Explication causale", in Ph. Descola *et allia*, *Les Idées de l'anthropologie*. Paris: Armand Colin, 1988). Por outro lado, para Pierre Clastres a guerra ameríndia constitui um mecanismo sutil de dissociação interna que viria prevenir a emergência do Estado (ver seu *Arqueologia da violência* [1980]. São Paulo: Cosac Naify, 2004). Alguns autores consideram, inclusive, as guerras ameríndias como um instrumento de capitalização do patrimônio genético dos grandes guerreiros (por exemplo, Napoléon Chagnon, "Life histories, blood revenge and warfare in a tribal population", *Science*, nº 239, 1988). Não obstante a incompatibilidade de pontos de vista que elas refletem, todas essas explicações têm como característica comum a redução da guerra ameríndia a uma simples função, a uma causa única portanto, sem nunca levar em conta a extrema diversidade dos contextos sociológicos e culturais dos confrontos armados. Em vez de perceber a guerra ameríndia como um conjunto homogêneo de fenômenos passíveis de serem explicados por uma única função oculta, parece-me preferível nela vislumbrar a manifestação de um tipo específico de relações sociais através das quais são constantemente negociadas e reproduzidas a identidade coletiva, as fronteiras étnicas e as posições de status. A violência é, sem dúvida, uma constante da natureza humana; não precisa, portanto, ser explicada enquanto tal. Em compensação, merece a atenção do etnólogo o modo como cada sociedade codifica, segundo os seus próprios critérios, a expressão individual e coletiva da violência considerando algumas de suas formas legítimas e outras, socialmente inaceitáveis. Essa codificação constitui, com efeito, um poderoso revelador da filosofia social de uma cultura. A causa, os motivos ou os resultados da guerra jivaro são portanto, para mim, menos significativos do que o modo como ela inscreve no seio do campo social as relações de aliança e hostilidade. Estas são indícios tanto para se compreender melhor os critérios definidores da identidade e alteridade, como para se estabelecer os limites e intersecções das redes de troca intertribais e dos sistemas políticos regionais. Sobre esse tema, consultar o meu artigo "Les affinités sélectives: alliance, guerre et prédation dans l'ensemble jivaro", *L'Homme*, 126-128, 1993.

A questão da caça às cabeças jivaro é abordada por R. Karsten e M. Harner nas suas já citadas monografias, sem que no entanto os autores forneçam interpretações realmente convincentes. As descrições minuciosas do ritual de *tsantsa* recolhidas pelo padre Siro Pellizzaro junto aos Jivaro Shuar e recentemente publicadas em espanhol têm uma qualidade etnográfica totalmente diversa (S. Pellizzaro, *Ayumpum. La reducción de las cabezas cortadas*. Sucua (Equador): Mundo Shuar, 1980, e *Tsantsa. La celebración de la cabeza reducida*. Sucua: Mundo Shuar, 1980). Ao explorar esses notáveis documentos é que Anne Christine Taylor propôs recentemente uma interpretação particularmente rica e original da caça às cabeças: "Les Bons ennemis et les mauvais parents. Le symbolisme de l'alliance dans les rituels de chasse aux têtes des Jivaros de l'Équateur", in E. Copet e F. Héritier-Augé (org.), *Les Complexités de l'alliance*, IV. *Économie, politique et fondements symboliques de l'alliance*. Paris: Éditions des Archives Contemporaines, 1993; as minhas considerações sobre a caça às cabeças nesse livro devem muito a ela.

Sobre a oposição entre as sociedades modernas, em que o indivíduo é a pedra de toque do edifício social, e aquelas em que ele só assume sentido e valor na subordinação a uma totalidade mais englobante, ler Louis Dumont, *Homo aequalis: gênese e plenitude da ideologia econômica* [1978]. Bauru: Edusc, 2000, e *Individualismo: uma perspectiva antropológica da ideologia moderna* [1985]. Rio de Janeiro: Rocco, 1993. O leitor poderá constatar que a minha posição é mais nuançada que a de Dumont, já que me parece possível falar em valores individualistas em sociedades pré-modernas como as dos Jivaro.

CAPÍTULO XIX

Sobre *arutam*, consultar, acerca dos Jivaro Shuar: R. Karsten, *The Head-Hunters of Western Amazonas*, op. cit., 5ª parte; M. Harner, *Les Jivaros*, op. cit., capítulo 4, e "Les Âmes des Jivaros", in R. Middleton (org.), *Anthropologie religieuse*. Paris: Larousse, 1974 (tradução de um artigo publicado em inglês em 1962), e S. Pellizzaro, *Arutam. Mitos y ritos para propiciar a los espiritus*. Sucua (Equador): Mundo Shuar, s.d.; sobre os Jivaro Aguaruna, buscar em M. Brown, *Tsewa's Gift*, op. cit., capítulos 2 e 6, e *Una paz incierta*, op. cit., capítulo 11.

CAPÍTULOS XX E XXI

A literatura sobre o xamanismo é considerável, porém de qualidade bastante desigual. A única verdadeira síntese sobre a questão ainda é, infelizmente, a de Mircea Eliade (*O xamanismo e as técnicas arcaicas do êxtase* [1951]. São Paulo: Martins Fontes, 1998); infelizmente, porque seu ponto de vista, tanto místico como redutor, retrata muito mal a complexidade do fenômeno. As teses de Eliade serviram de ponto de partida para inúmeras discussões críticas sobre a natureza do xamanismo: E. Lot-Falck, "Le Chamanisme en Sibérie: essai de mise au point", *Bulletin de l'Asie du Sud-Est et du monde insulindien*, IV, 3, fasc. 2, 1979; Jean Malaurie, "Note sur l'homosexualité et le chamanisme chez les Tchouktches et les Esquimaux d'Asie", *Nouvelle Revue d'Ethnopsychiatrie*, 19, 1992. Luc de Heusch, "Possession et chamanisme", in *Pourquoi l'épouser? et autres essais*. Paris: Gallimard, 1971; Roger Bastide, *Le Rêve, la transe et la folie*. Paris: Flammarion, 1972; I. M. Lewis, *Les Religions et l'extase. Étude anthropologique de la possession et du chamanisme*. Paris: PUF, 1977 (1ª edição inglesa, 1971); G. Rouget, *La Musique et la transe*, op. cit. Segundo os autores, a definição de xamanismo pode oscilar entre uma simples técnica terapêutica (M. Bouteiller, *Chamanisme et guérison magique*. Paris: PUF, 1950) e uma ampla concepção do mundo que caracterizaria inúmeros povos (R. Hamayon, *La Chasse à l'âme*, op. cit.). Uma boa síntese dos trabalhos antropológicos recentes sobre o xamanismo pode ser encontrada em dois números especiais da revista *L'Ethnographie*: *Voyages chamaniques*, nº 74-75, 1977 e *Voyages Chamaniques*, nº 2, 87-88, 1982.

Embora o termo "xamã" seja de origem siberiana, é na América do Sul que a prática xamânica talvez tenha sido observada de modo mais apurado. Acerca dessa região, aconselha-se a leitura de D. L. Browman e R. Schwarz (orgs.), *Spirits, Shamans and Stars. Perspectives from South América*. Paris-La Haye: Mouton, 1979; Jon C. Crocker, *Vital Souls. Bororo Cosmology, Natural Symbolism and Shamanism*. Tucson: The University Press of Arizona, 1985; Alfred Métraux, *Religions et magies indiennes d'Amérique du Sul*. Paris: Gallimard, 1967; G. Reichel-Dolmatoff, *The Shaman and the Jaguar*, op. cit.; Jean-Pierre Chaumeil, *Voir, savoir, pouvoir*, op. cit.; Michel Perrin, *Les Practiciens du rêve*, op. cit.; é desse último autor que tomei emprestado o neologismo "xamanice". Sobre o xamanismo jivaro, consultar as já citadas monografias de R. Karsten, M. Harner e M. Brown.

Os cantos xamânicos achuar não são esotéricos, à diferença dos cantos dos xamãs cuna do Panamá, por exemplo, admiravelmente analisados por Carlo Severi ("Le Chemin des métamorphoses. Un modèle de connaissance de la folie dans um chant chamanique cuna", *Res* 3, 1982). Sobre o papel central do fumo no xamanismo ameríndio, consultar Johannes Wilbert, *Tobacco and Shamanism in South America*. Yale: Yale University Press, 1987. Dois textos de C. Lévi-Strauss são absolutamente fundamentais para compreender a dimensão simbólica da cura xamânica: "A eficácia simbólica" e "O feiticeiro e sua magia", ambos publicados em *Antropologia estrutural* [1958] (ed. bras. São Paulo: Cosac Naify, *no prelo*). A tese, atualmente recusada, segundo a qual o xamã seria um neuropata foi defendida por I. M. Lewis, *Les Religions de l'extase*, op. cit., e George Devereux, *Essais d'ethnopsychiatrie générale*. Paris: Gallimard, 1970. Sobre as proibições alimentares enquanto instrumentos de classificação social, ler C. Lévi-Strauss, *O pensamento selvagem*, op. cit., capítulos III, IV e V. O xamanismo dos Quíchua do Bobonaza é abordado nas duas monografias anteriormente citadas de N. Whitten; o dos Quíchua do Napo é tratado no livro de Blanca Muratorio, *The Life and Times of Grandfather Alonso. Culture and History in the Upper Amazon*. New Brunswick: Rutgers University Press, 1991. Para esclarecer a diferença entre o transe do xamã comum e a possessão que caracteriza propriamente o *panku*, consultar as tentativas de definição propostas por M. Eliade, L. de Heusch, I. M. Lewis e G. Rouget em suas obras já citadas.

CAPÍTULO XXII

As dificuldades do apostolado entre os Achuar e os problemas de consciência que delas podem resultar são evocados com notável sinceridade e liberdade no diário de um noviço salesiano, originalmente escrito para si próprio mas que seus superiores – a eles cabe esse mérito – pediram que ele publicasse quando tomaram conhecimento do seu conteúdo: José Arnalot "Chuint", *Lo que los Achuar me han enseñado*. Sucua (Equador): Mundo Shuar, 1978; o autor abandonou a ordem depois de sua estada entre os Achuar. Os leitores de *Tristes trópicos* [1955] de Claude Lévi-Strauss (São Paulo: Companhia das Letras, 1996) talvez tenham percebido que a aula de retórica do padre Albo (trata-se evidentemente de um pseudônimo) era um modo de inversão simétrico à "Leçon d'écriture" (op. cit., capítulo XXVIII), em que um chefe nambikwara reafirma a sua autoridade junto aos seus fingindo escrever. Entre os vários livros que tratam dos efeitos ideológicos da evangelização católica entre os ameríndios, é proveitosa a leitura de: T. Todorov, *A conquista da América*, op. cit.; Serge Gruzinski, *A colonização do imaginário. Sociedades indígenas e ocidentalização no México espanhol: séculos XVI-XVIII*. São Paulo: Companhia das Letras, [1988] 2003, e Victor-Daniel Bonilla, *Serfs de Dieu et maîtres d'Indiens. Histoire d'une mission capucine en Amazonie*. Paris: Fayard, 1972.

O livro de Frank e Mary Drown, um casal de missionários protestantes fundamentalistas que criou a missão de Macuma entre os Jivaro Shuar no final dos anos 40, oferece um contraste perfeito com o diário de J. Arnalot: à apologia triunfante do empreendimento evangélico soma-se uma verdadeira repulsa pelos costumes e crenças dos índios (*Mission among the Head-Hunters*. Nova York: Harper and Row, 1961). A dimensão econômica da evangelização protestante entre os Achuar é abordada em Ph. Descola, "Ethnicité et développement économique", op. cit., e A. C. Taylor, "God-Wealth: the Achuar and the Missions", in N. Whitten (org.), *Cultural Transformations...*, op. cit. A referência clássica em francês sobre o "culto do cargo" na Melanésia é o livro de P. Lawrence, *Le Culte du cargo*. Paris: Fayard, 1974. Dois livros apresentam um estudo crítico particularmente bem informado sobre a atividade e os métodos das seitas fundamentalistas protestantes na América Latina, notadamente do célebre Summer Institute of Linguistics: Peter Aaby e S. Hvalkof (orgs.), *Is God an American? An anthropological Perspective on Missionary Work of the Summer Institute of Linguistics*. Copenhague: IWGIA, 1981, e David Stoll, *Fishers of Men or Founders of Empire?*. Cambridge (EUA): Cultural Survival, 1983.

O desaparecimento definitivo das culturas que são o interesse dos etnólogos vem sendo regularmente anunciada há quase um século. O exemplo recente mais notório é *La Paix blanche*. Paris: Le Seuil, 1970, em que Robert Jaulin condena vigorosamente o etnocídio perpetrado no Ocidente contra as minorias tribais, um empreendimento de destruição cultural (e, com demasiada freqüência, física), hoje praticamente concluída, de que a etnologia teria-se tornado cúmplice. Quem me leu terá compreendido que, embora me una a ele para condenar – junto com muito outros, felizmente – o etnocídio a que são submetidas as culturas ameríndias, minha opinião sobre o seu futuro é mais nuançado e menos pessimista. O exemplo da Federação dos Centros Shuar, uma poderosa organização indígena criada pelos Jivaro Shuar em 1964 com a ajuda dos salesianos, demonstra que os índios se encontram atualmente em condições de tomar as rédeas do seu destino, criando novas formas de etnicidade e coexistência com as sociedades dominantes (vide *Federación de Centros Shuar: Una solución original a un problema actual*. Sucua (Equador): Gráfica Don Bosco, 1976).

CAPÍTULO XXIII

A diversidade de concepções sobre a morte e as operações rituais que a acompanham atraiu desde muito cedo a atenção dos etnólogos; entre as obras genéricas, ler principalmente: Robert Hertz, "Contribution à une étude sur la représentation collective de la mort", in *Mélanges de sociologie religieuse et de folklore*. Paris: Alcan, 1928; Louis-Vincent Thomas, *Anthropologie de la mort*. Paris: Payot, 1975; G. Gnoli & J.-P. Vernant, *La Mort, les morts dans les sociétés anciennes*. Paris-Cambridge: Éditions de la Maison des Sciences de l'Homme. Cambridge University Press, 1985; Sally Humphreys e H. King (org.), *Mortality and Immortality. The Anthropology and Archaeology of Death*. Londres: Academic Press, 1981; Maurice Bloch & J. Parry (org.), *Death and the Regeneration of Life*. Cambridge: Cambridge University Press, 1982. Sobre a morte nas culturas indígenas das terras baixas da América do Sul, três obras são fundamentais: Michel Perrin, *Le Chemin des Indiens morts. Mythes et symboles goajiro*. Paris: Payot, 1976; E. Viveiros de Castro, *Araweté: os deuses canibais*, op. cit., e Manuela Carneiro da Cunha, *Os mortos e os outros. Uma análise do sistema funerário e da noção de pessoa entre os índios Krahó*. São Paulo: Hucitec, 1978. Finalmente, sobre os Jivaro, ler de A. C. Taylor, "Remembering to forget. Mourning, memory and identity among the Jivaro", *Man*, 28 (4), 1993.

As concepções sobre a morte são inseparáveis das concepções sobre a pessoa; também sobre esse tema, Marcel Mauss foi um pioneiro: "L'Âme, le nom et la personne", in *Oeuvres*, vol. 2. Paris: Les Éditions de Minuit, 1969 (1ª publicação, 1929), e "Uma categoria do espírito humano: a noção de pessoa, a de 'eu'" [1938], in *Sociologia e antropologia*, op. cit. Ler também *L'Identité. Séminaire dirigé par Claude Lévi-Strauss*. Paris: Grasset, 1977 (particularmente os artigos de J. C. Crocker sobre os Bororo e de Françoise Héritier-Augé sobre os Samo), e Marc Augé, *Génie du Paganisme*, op. cit. Sobre a América do Sul, consultar os livros de M. Perrin, E. Viveiros de Castro e M. Carneiro da Cunha supracitados, acrescentando J. C. Crocker, *Vital Souls*, op. cit. O leitor terá compreendido que certas reminiscências filosóficas me ajudaram a formular a minha interpretação da cosmologia e da teoria do conhecimento dos Achuar; elas fazem parte da bagagem comum de um aluno que fez um ensino médio com ênfase literária. Minha crítica da interpretação platônica da cosmologia jivaro dirige-se mais particularmente a M. Harner, *Les Jivaros*, op. cit., capítulo 4.

CAPÍTULO XXIV

Não existe nenhuma descrição detalhada do ritual *anemat*; R. Karsten menciona-o rapidamente em referência aos Jivaro Shuar (*The Head-Hunters of Western Amazonas*, op. cit., 4ª parte, capítulo 4). Minha interpretação desse ritual deve muito às idéias desenvolvidas por C. Lévi-Strauss na conclusão de *L'Homme nu*, op. cit. Sobre a função dos *ujaj* no ritual de *tsantsa*, vide S. Pellizzaro, *Tsantsa*, op. cit.

ORTOGRAFIA

O jivaro é uma língua isolada, tradicionalmente não escrita, de tipo aglutinante, isto é, em que as palavras são formadas a partir de um radical a que se acrescentam encadeamentos de sufixos que constituem as marcas das funções sintáticas e das especificações de modo, aspecto, resultado... As publicações missionárias e o material didático utilizado na alfabetização usam atualmente um modo padronizado de transcrição do jivaro baseado na fonologia do espanhol. Embora essa transcrição seja foneticamente pouco rigorosa, foi a que adotei neste livro para me conformar ao uso vigente. Menciono apenas, portanto, as vogais e consoantes cuja pronúncia em espanhol difere da pronúncia em francês [aqui em português]:

"a" sempre se pronuncia como "a", da palavra "marca"
"j" se pronuncia como um "h" aspirado (*jota* espanhol)
"sh" se pronuncia "ch", e "ch" se pronuncia "tch"
"z" e "s" se pronunciam sempre "s", da palavra "som"

GLOSSÁRIOS

VOCABULÁRIO REGIONAL OU CIENTÍFICO

ABIEIRO: *Pouteria caimito*, sapotácea cultivada pelos seus frutos (em achuar, *yaas*).

ACHIRA: *Renealmia alpinia*, planta cultivada da família das zingiberáceas (em achuar, *kumpia*).

AFIM: parente por aliança, ou desposável.

AFINIDADE: vínculo de aliança real ou potencial que une os afins.

AGUAJE: (*Mauritia flexuosa*) frutos comestíveis, vegetação típica dos pântanos (em achuar, *achu*); buriti.

AGUARUNA: tribo jivaro do Peru.

ANTUAS: índios da região de Andoas, à margem do Pastaza, no Peru.

AYAHUASCA: bebida alucinógena preparada com o cipó *Banisteriopsis*, termo de origem quíchua empregado no Equador e no Peru.

BALATA: espécie de borracha natural de qualidade inferior à seringa da hévea.

BANANEIRINHA: *Heliconia sp.*, espécie de musácea silvestre, também chamada de bananeira marrom por sua semelhança com a bananeira cultivada.

BARBASCO: nome genérico dos peixes de pesca na Alta Amazônia.

BICO-ENCARNADO: *Pitylus grossus*, pássaro cinza escuro de bico vermelho, do tamanho de um melro.

BURITI: ver *aguaje*.

CANDIRU: *Vandellia wieniri*, minúsculo peixe parasita (em achuar, *kanir*).

CANDOSHI: tribo de língua candoa, culturalmente próxima dos Jivaro, região do baixo Pastaza, Peru.

CANELOS: índios de língua quíchua da região do alto Bobonaza, no Equador.

CAPIVARA: grande roedor, do tamanho de um porco, que vive em bandos à beira dos rios, também chamado de carpincho.

CEDRO-VERMELHO: *Cedrela sp.*, árvore utilizada na fabricação das canoas.

CHAMBIRA: palmeira *Astrocaryum chambira*, os frutos são comestíveis e as fibras servem para trançar cordéis (em achuar, *mata*).

CIGANA: *Opisthocomus hoazin*, pássaro que vive nas árvores à beira dos rios (em achuar, *sasa*).

CLIBÁDIO: *Clibadium sp.*, planta cultivada utilizada como veneno de pesca (em achuar, *masu*).

COCAMA: tribo de língua tupi à margem do baixo Ucayali no Peru.

COMPADRAZGO: vínculo de parentesco espiritual instituído por ocasião do batismo de uma criança.

COMPADRE: termo de tratamento recíproco entre homens ligados pelo *compadrazgo*.

CUTIA: *Dasyprocta sp.*, roedor do tamanho de um coelho e carne suculenta (os Achuar distinguem duas espécies: *kayuk* e *yunkits*).

CUTIAIA: *Myoprocta sp.*, roedor próximo da cutia porém muito menor (em achuar, *shaak*).

DERRUBADA: na floresta, clareira desmatada e usada para cultivo durante alguns anos antes de ser definitivamente abandonada.

ENGANCHE: adiantamento de objetos manufaturados creditado aos índios pelos comerciantes *regatones* em troca de produtos de colheita; as taxas exorbitantes tornam a dívida praticamente inextinguível.

ESTRAMÔNIO: denominação comum a várias espécies de *Datura* cultivadas.

HUAMBISA: tribo jivaro do Peru.

INGÁ: gênero de leguminosas, silvestres e cultivadas, cujos frutos são comestíveis.

IRARA: *Tayra barbara*, um mustelídeo muito sanguinário do tamanho de um sarigüê grande (em achuar, *amich*).

ISHPINGO: *Nectandra cinnamonoides*, os frutos dessa espécie silvestre, cujo sabor se aproxima do da canela, são um dos principais produtos do comércio de escambo na Amazônia central equatoriana. [em português, nectandra; N.T.]

JACAMIM: *Psophia crepitans*; jacamim das costas cinzentas (em achuar, *chiwia*).

JACU: pássaro do gênero *Penelope*, do tamanho de um faisão (em achuar, *aunts*).

JAPU: *Psarocolius decumanus*, pássaro preto de cauda amarela da família dos icterídeos (em achuar, *chuwi*).

JARITATACA: *Conepatus sp.*, espécie de texugo grande que vive à beira dos rios (em achuar, *juicham*).

JENIPAPO: *Genipa americana*, planta cultivada que serve para a confecção de uma tintura preta (em achuar, *sua*).

LABRETE: bastãozinho ornamental enfiado num pequeno furo debaixo do lábio inferior.

LAMISTA: tribo de língua quíchua, região do médio Huallaga, Peru.

LEVIRATO: obrigação que tem um homem de desposar as viúvas dos seus irmãos.

LLARINA: marfim-vegetal, *Phytelephas sp.*: as fibras internas do estipe servem como pêlo para vassouras, e o caroço dos frutos fornece um legítimo marfim vegetal; importante no comércio de escambo na Amazônia central equatoriana. [em português, jarina; N.T.]

MACACO-BARRIGUDO: *Lagothrix cana*; macaco grande de pêlo avermelhado e cara preta (em achuar, *chuu*).

MARACUJAZEIRO: espécie de *Passiflora*, árvore de frutos comestíveis (em achuar, *munchij*).

MARANTA: *Maranta ruiziana*, planta cultivada, também conhecida pelo nome de araruta (em achuar, *chiki*)

MARFIM-VEGETAL: ver *llarina*.

MAYN: tribo jivaro do Peru, também denominada Maynas.

MORPHO: grande borboleta de asas azuis e pretas, comum em todo o Alto Amazonas. [em português, borboleta morfo ou morfo azul; N.T.]

NARANJILLA: *Solanum coconilla*, espécie cultivada de frutos comestíveis, típica das regiões tropicais do Equador (em achuar, *kukuch*).

PACA: *Cuniculus paca*, roedor que se assemelha a um porquinho-da-índia tamanho grande, de pêlo avermelhado malhado de branco (em achuar, *kashai*).

PARAUAÇU: *Pithecia monachus*, macaco de longos pêlos marrom-escuro e cabeça branca (em achuar, *sepur*).

PASILLO: música popular típica dos Andes equatorianos.

PESCA COM TIMBÓ: comum em toda a América do Sul, é praticada com diferentes espécies de venenos vegetais.

PINHEIRA: *Anona squamosa*, árvore cultivada por seus frutos deliciosos, fruteira-do-conde (em achuar, *keach*).

PISHTACO: termo quíchua para designar certos brancos com fama de matarem os índios para lhes tirar a gordura (Equador, Peru, Bolívia).

PONGO: fosso profundo agitado por turbilhões, situado no estreitamento do leito de um rio que atravessa um desfiladeiro.

PRIMOS CRUZADOS: para um homem ou para uma mulher, todos os filhos das irmãs do pai e dos irmãos da mãe.

PRIMOS PARALELOS: para um homem ou para uma mulher, todos os filhos dos irmãos do pai e das irmãs da mãe.

PUPUNHEIRA: *Bactris gasipaes*, palmeira cultivada por seus frutos (em achuar, *uwi*).

PUSANGA: filtro do amor, termo quíchua usado no Equador e no Peru.

QUATI: *Nasua nasua*, pequeno carnívoro de pêlo marrom-acinzentado e cauda anelada de branco e preto (em achuar, *kushi*).

QUÍCHUA (OU QUECHUA): língua falada por vários milhões de índios dos Andes e do piemonte amazônico no Equador, Peru e Bolívia.

REGATÓN: mascate fluvial que pratica o comércio de escambo com os índios; ver *enganche*.

SAIMIRI: macaco-esquilo, macaquinho de pêlo cinza-avermelhado e cauda comprida (em achuar, *tsenkush*).

SHUAR: tribo jivaro do Equador.

SUPAI: espírito, em quíchua; designa notadamente as "flechinhas" mágicas e os espíritos auxiliares dos xamãs.

TAMANDUÁ: *Tamandua tetradactyla*, espécie de papa-formigas.

TAMARI: *Saguinus illigeri*, macaquinho preto com bigode branco (em achuar, *tsepi*).

TAMBERO: indígena empregado no exército para a manutenção das pistas.

TIMBÓ: *Lonchocarpus sp.*, leguminosa cultivada, utilizada como veneno de pesca (em achuar, *timiu*).

URUCUM: *Bixa orellana*, planta cultivada que serve para fabricar uma tintura vermelha.

WAORANI: tribo de língua isolada; mais conhecida como Auca ("selvagem", em quíchua); Amazônia central equatoriana.

ZAPARO: tribo de língua isolada, atualmente extinta; subsistem apenas alguns indivíduos casados com índios quíchua; Amazônia central equatoriana.

VOCABULÁRIO JIVARO (ACHUAR)

ACHU: buriti ou *aguaje*.

AENTS: "pessoa"; toda entidade dotada de uma alma *wakan* e considerada capaz de comunicação e entendimento; engloba tanto os seres humanos como as plantas, os animais e os objetos.

AJAIMP: personagem da mitologia; raça de gigantes canibais, atualmente desaparecida.

AJUTAP: equivalente do *arutam* para os Aguaruna.

AKARU: espingarda, do espanhol *arcabuz*.

AMANA: indivíduo que representa o protótipo de cada espécie de caça, encarregado de velar pelos seus congêneres; o caçador deve conquistar os seus favores.

AMARAN: espécie de formiga venenosa; personagem da mitologia, está na origem da morte definitiva.

AMASANK: um dos espíritos "mãe da caça", encarregado de velar mais particularmente pelos tucanos.

AMIK: amigo cerimonial.

ANEMAT: ritual de partida para a guerra.

ANENT: encantação cantada, utilizada em todas as circunstâncias da vida cotidiana e ritual a fim de alcançar algum resultado desejado ou conquistar os favores do destinatário.

APACH: termo genérico que designa os Quíchua e os Brancos hispanófonos.

ARAWIR: viela de duas cordas, provavelmente copiada do violino europeu.

ARUTAM: princípio imaterial encarnado no fantasma de um antepassado durante um transe induzido por alucinógenos e que confere força e proteção ao destinatário da revelação.

ATSANMARTIN: monólogo cerimonial por meio do qual o dono da casa recusa uma visita.

AUJMATIN: "conversação"; grande diálogo cerimonial de visita.

CHARAPA: grande tartaruga aquática (*Podocnemis expansa*).

CHIMPUI: banquinho esculpido pertencente ao dono da casa.

CHIRICHIRI: juncos; diferentes espécies de gramíneas utilizadas na farmacopéia.

CHUKUCH: paludismo, malária.

EKENT: parte feminina da casa.

EMESAK: "o nocivo"; princípio imaterial advindo de um inimigo morto na guerra que vem molestar o assassino.

IJIAMPRAMU: dança de festa.

IMIMKETIN: grave distúrbio orgânico provocado pela incorporação da alma de um morto por parte de uma criança.

IMPIKMARTIN: monólogo cerimonial usado para invectivar o adversário durante um combate ou para indicar a um inimigo que a sua presença foi descoberta.

INIAYUA: palmeira *Maximiliana regia*; usada notadamente na confecção dos dardos da zarabatana.

IPIAKRATATUIN: "convite"; trabalho coletivo concluído com uma festa de bebida oferecida pelo beneficiário da ajuda mútua.

ITIP: tanga masculina de algodão.

IWIANCH: espírito dos mortos encarnado em animais ou fantasmas antropóides; termo genérico designando certas manifestações nefastas do mundo sobrenatural e da prática xamânica.

JURIJRI: um dos espíritos "mãe da caça"; canibal, barbudo e troglodita, está encarregado de velar mais particularmente pelos macacos.

JUUNT: "grande homem"; termo de respeito que designa os grandes guerreiros líderes de facções.

KAKARAM: homem valente.

KAMAK: espécie de árvore utilizada para a fabricação dos escudos *tantar*.

KAMPANAK: *Hyospatha sp.*, pequena palmeira utilizada na cobertura de telhados.

KANTSE: amarantácea cultivada, empregada na farmacopéia.

KARAMPRAR: sonho de comunicação com um ser espacial ou ontologicamente distante.

KARIS: tubos ornamentais masculinos enfiados nos lobos das orelhas.

KIRINKU: branco não hispanófono, do espanhol *gringo*.

KUJAMAK: indisposição causada em alguém por pensamentos zombeteiros dirigidos pelas pessoas à sua volta.

KUMPA: do espanhol, *compadre*.

KUNKUK: palmeira *Jessenia weberbaueri*; frutos comestíveis.

KUNTUKNAR: sonho de bom agouro para a caça.

KUSEA: peixe do gênero *Brycon* (caracídeo).

KUTANK: banquinho de madeira reservado para as visitas.

MACHAP: cipó do gênero *Phoebe* utilizado na confecção do curare.

MAEN: baba ou mucosidade contendo as "flechinhas" mágicas do xamã.

MAMU: "caruncho"; lesão considerada contagiosa, caracterizada por necroses e ulcerações.

MESEKRAMPRAR: sonho de mau agouro.

MUITS: vaso de fermentação para a cerveja de mandioca.

MUSACH: constelação das Plêiades e personagens da mitologia.

MUSAP: filtro do amor.

NAMPER: festa.

NAMPET: canto de festa de bebida.

NAMUK: cerveja de mandioca muito fermentada, consumida durante o ritual *anemat* de partida para a guerra.

NAMUR: concreção pedregosa encontrada no corpo de certos animais, que serve como amuleto de caça ou de pesca.

NANTAR: pedra mágica que serve como amuleto para o cultivo das roças.

NASEMAR: "assopradura"; resfriamento, na criança, causado pelo contato com a sombra de um morto.

NATEM: bebida alucinógena dos xamãs, preparada com o cipó *Banisteriopsis*.

NIJIAMANCH: cerveja de mandioca.

NUNKUI: personagem da mitologia; criadora e dona das plantas cultivadas.

NUPIR: sapotácea cujos frutos secos são utilizados como sinos.

PAATI: missionários salesianos; do espanhol *padre*.

PAJUM: "susto repentino"; distúrbio orgânico causado nas crianças por uma visão assustadora, geralmente de uma entidade sobrenatural.

PANKERISTA: missionários protestantes; do espanhol *evangelista*.

PANKI: sucuri

PANKU: espécie de xamã particularmente raro e valorizado, capaz de ser possuído pelo espírito dos mortos.

PASUK: termo genérico que designa os espíritos auxiliares do xamã.

PASUN: qualifica qualquer acontecimento considerado de mau agouro.

PAUSAK: "contaminação" que emana de um morto.

PEAK: leito de tábuas de palmeira ou bambu.

PEEM: flauta curta destinada à execução dos *anent*.

PININKIA: tigela de cerâmica decorada, utilizada para beber cerveja de mandioca.

PINKUI: flauta transversa de dois furos, reservada para a música de dança.

PIRIPIRI: várias espécies de piperáceas cultivadas utilizadas na farmacopéia.

PIRISUK: *Althernanthera lanceolata*, amarantácea utilizada na farmacopéia.

PITIAK: cesto com tampa onde os homens guardam os objetos pessoais.

PRASIS: "francês", do espanhol "*francés*".

PUTSUMAR: "branqueamento"; espécie de anemia considerada contagiosa.

SHAAM: um dos espíritos "mãe da caça"; vive nos pântanos e se manifesta principalmente por meio de gemidos ouvidos na névoa.

SHAKAIM: espírito mestre da floresta; criador e jardineiro das plantas silvestres.

SHAKAP: cinto feminino de festa ornado com sinetas.

SHAUK: miçangas.

SHIMIUT: *Apeiba membranacea*, árvore da família das tiliáceas.

SHINKI-SHINKI: vassoura do xamã, confeccionada com uma piperácea silvestre do mesmo nome.

SHIWIAR: inimigo tribal jivaro; designa qualquer Jivaro que fale outro dialeto e com quem não exista vínculo de parentesco reconhecido.

SUNKIPI: arácea silvestre venenosa, às vezes consumida pelas mulheres para se suicidarem.

SUNKUR: "doença"; qualquer distúrbio orgânico de origem não diretamente xamânica.

TACHAU: prato de cerâmica envernizado, com engobo preto.

TAMPUNCH: indisposição provocada em alguém pelo uso de um objeto que lhe foi dado ou emprestado.

TANHISH: paliçada protetora feita de troncos de palmeira, erguida em volta das casas de guerra.

TANKAMASH: parte masculina da casa.

TANTAR: escudo de guerra redondo.

TAPIMIUR: "susto repentino"; distúrbio orgânico causado na criança pela visão da alma de um morto.

TARACH: corte de tecido de algodão utilizado na confecção da tanga feminina (*pampaynia*).

TARIMIAT: primeira esposa.

TASHIMPIU: arco musical tocado com um arquete.

TAUN: *Aspidosperma megalocarpon*, apocinácea cujo tronco fino e reto serve para fazer varas e hastes.

TAWASAP: coroa de penas pretas, vermelhas e amarelas de tucano; ornamento masculino.

TITIPIUR: espírito familiar dos xamãs; devora o fígado de suas vítimas quando dormem.

TSANTSA: cabeça reduzida de um inimigo; elemento principal do ritual *juunt namper* ("grande festa").

TSAYANTAR: arco musical de que uma extremidade é colocada na boca, a qual faz as vezes de caixa de ressonância.

TSEAS: curare.

TSENTSAK: dardo de zarabatana e "flechinhas" mágicas dos xamãs.

TSUAK: "remédio".

TSUAKRATIN: qualifica o xamã "curador".

TSUNKI: espíritos do rio; criadores e depositários dos poderes xamânicos.

TUMASH: "dívida"; emprega-se tanto no contexto de uma troca postergada como de uma vingança.

TUNCHI: "feitiço"; qualifica todos os distúrbios orgânicos ou psíquicos provocados pelos xamãs.

TUNTUI: grande tambor confeccionado num tronco escavado; seu lugar é no *tankamash* e serve para a comunicação entre as casas e para chamar *arutam*.

TURUJI: *Hyospatha tessmannii*, pequena palmeira utilizada para a cobertura de telhados.

UJAJ: ritual de proteção e estímulo aos guerreiros conduzido por suas mulheres durante todas as noites em que eles estão ausentes na guerra; canto em cânone típico desse ritual.

UWISHIN: xamã.

UYUN: sacola de rede ou couro usada a tiracolo pelos homens na caça ou na guerra.

UYUSH: espécie de preguiça (*Choloepus hoffmanni capitalis*); na mitologia, filha de Nunkui.

WAJE: cônjuge potencial de um homem ou de uma mulher; estão incluídos nessa categoria os primos e primas cruzados (filhos das irmãs do pai e dos irmãos da mãe) assim como, para o homem, as esposas de um irmão e, para a mulher, os irmãos do seu marido.

WAKAN: "alma"; princípio espiritual próprio das "pessoas" e que possibilita a comunicação, a compreensão e a intencionalidade; faculdade atribuída tanto aos humanos como às plantas, aos animais e aos objetos.

WAMPI: peixe do gênero Brycon.

WAUMAK: louco, insensato; pessoa de comportamento imprevisível e inconveniente.

WAWEKRATIN: qualifica o xamã "feiticeiro".

WAYUS: espécie cultivada de *Ilex*; infusão preparada com suas folhas e bebida de manhã cedo.

WEA: mestre-de-cerimônia durante o ritual da *tsantsa* (cabeça reduzida) entre os Jivaro Shuar.

WINCHU: bananeirinha.

YAITIAS CHICHAM: "discurso lento"; pequeno diálogo ritual de visita.

YAKUCH: *Hyeronima alchorneoides*; euforbiácea cujos frutos são particularmente apreciados pelos tucanos.

YANAS: termo empregado por um homem para se dirigir à esposa do seu amigo cerimonial, e por uma mulher para se dirigir à esposa do amigo cerimonial do marido.

YAPAIPA: espécie de *Verbena* cultivada, utilizada na farmacopéia.

YAUNCHU AUJMATSAMU: "discurso de antigamente"; mito.

YAWA AIKIAM: surubim graúdo e malhado (pimelodídeo).

YAWA: jaguar; nome genérico de diversas espécies de felinos; cão doméstico.

YUS: Deus, do espanhol *Dios*.

ÍNDICE ONOMÁSTICO

ÍNDICE DE LUGARES

ÍNDICE TEMÁTICO

ÍNDICE DE ILUSTRAÇÕES

ILUSTRAÇÕES DO AUTOR

LEGENDAS DAS FOTOS

SOBRE O AUTOR

PHILIPPE DESCOLA nasceu em 1949, em Paris. Estudou filosofia na École Normale Supérieure de Saint-Cloud e etnologia na École Pratique des Hautes Études (VI seção). Entre 1976 e 1980, realizou com Anne Christine Taylor, sua mulher, a pesquisa de campo entre os Achuar que deu origem a este livro. Em 1986 defendeu sua tese de doutorado *La Nature domestique – symbolisme et praxis dans l'écologie des Achuar*, orientada por Claude Lévi-Strauss. Docente na École des Hautes Études en Sciences Sociales, foi nomeado, em 2000, professor do Collège de France, ocupando a cadeira de Antropologia da natureza. É, desde 2001, diretor do Laboratório de Antropologia Social.

Entre suas principais publicações estão: *La Nature domestique: symbolisme et praxis dans l'écologie des Achuar* (Paris: Fondation Singer-Polignac/Éditions de la Maison des Sciences de l'Homme, 1986), *Les Idées de l'anthropologie* (Paris: Armand Colin, 1988; com G. Lenclud, C. Severi e A.C. Taylor), *Dictionnaire de l'ethnologie et de l'anthropologie* (Paris: PUF, 1991; com M. Abélés, P. Bonte e outros), *Les Lances du crépuscule. Relations jivaros, haute Amazonie* (Paris: Plon, Terre Humaine, 1993); *La Remontée de l'Amazone. Anthropologie et histoire des sociétés amazoniennes* (Número especial de *L'Homme*, 126-128, avr.-déc. 1993; com A.C. Taylor). Em 2005 lançou *Par-delà la nature et la culture* (Paris: Gallimard, Bibliothèque des Sciences Humaines).

CAPA Flávia Castanheira sobre foto de Philippe Descola

COORDENAÇÃO EDITORIAL Florencia Ferrari
REVISÃO TÉCNICA Renato Sztutman
REVISÃO Emilio Fraia
PROJETO GRÁFICO Flávia Castanheira

Cet ouvrage publié dans le cadre du programme d'aide à la publication, bénéficie du soutien du Ministère français des Affaires Etrangères et avec le concours du Ministère français chargé de la Culture – Centre National du Livre.

Este livro publicado no âmbito do programa de auxílio à publicação, contou com o apoio do Ministério francês das Relações Exteriores e o auxílio do Ministério francês da Cultura – Centro Nacional do Livro.

Dados Internacionais de Catalogação na Publicação (CIP)
(Câmara Brasileira do Livro, SP, Brasil)

Descola, Philippe (1949-)
As lanças do crepúsculo: relações jivaro na Alta Amazônia / Philippe Descola
Título original: *Les Lances du crépuscule: relations jivaro, Haute Amazonie.*
Bibliografia
Tradução: Dorothée de Bruchard
Ilustrações: Philippe Munch
São Paulo: Cosac Naify, 2006
520 pp.

ISBN 85-7503-546-0

1. Etnologia - Amazônia 2. Índios Achuar 3. Índios Jivaro
4. Índios da América do Sul 5. Viagens - Narrativas pessoais
I. Munch, Philippe II. Título

06-5647 CDD-305.89837

Índices para catálogo sistemático:
1. Achuar : Índios : Alta Amazônia : Pesquisa etnográfica : Sociologia 305.89837
2. Jivaro : Índios : Alta Amazônia : Pesquisa etnográfica : Sociologia 305.89837

COSAC NAIFY
Rua General Jardim, 770, 2º andar
01223-010 São Paulo SP
Tel [55 11] 3218 1444
Fax [55 11] 3257 8164
www.cosacnaify.com.br

Atendimento ao professor [55 11] 3823 6595

TIPOLOGIA Apollo PAPEL Pólen soft 80 g/m² IMPRESSÃO Geográfica TIRAGEM 3.000